Matthias Karmasin · Daniela Süssenbacher
Nicole Gonser (Hrsg.)

Public Value

AF156301

Matthias Karmasin
Daniela Süssenbacher
Nicole Gonser (Hrsg.)

Public Value

Theorie und Praxis im
internationalen Vergleich

VS VERLAG

Bibliografische Information der Deutschen Nationalbibliothek
Die Deutsche Nationalbibliothek verzeichnet diese Publikation in der
Deutschen Nationalbibliografie; detaillierte bibliografische Daten sind im Internet über
<http://dnb.d-nb.de> abrufbar.

1. Auflage 2011

Alle Rechte vorbehalten
© VS Verlag für Sozialwissenschaften | Springer Fachmedien Wiesbaden GmbH 2011

Lektorat: Barbara Emig-Roller

VS Verlag für Sozialwissenschaften ist eine Marke von Springer Fachmedien.
Springer Fachmedien ist Teil der Fachverlagsgruppe Springer Science+Business Media.
www.vs-verlag.de

Umschlaggestaltung: KünkelLopka Medienentwicklung, Heidelberg
Gedruckt auf säurefreiem und chlorfrei gebleichtem Papier
Printed in Germany

ISBN 978-3-531-17151-7

Inhaltsverzeichnis

Vorwort

Der vorliegende Band beschäftigt sich mit Public Value als eines der aktuellen Themen, das insbesondere im Zusammenhang mit den Anforderungen an öffentlich-rechtlichen Rundfunk diskutiert wird. Um hier gegenwärtige und kommende Perspektiven zu sammeln, die die vielschichtige medienpolitische Debatte sicherlich auch noch die nächsten Jahre beschäftigen werden, ordnet das Buch theoretische wie praktische Ansichten.

Die theoretische Perspektive eröffnet *Matthias Karmasin* und gibt Einblicke in die Genese des Fachdiskurses rund um den Begriff Public-Value, welchen er als „medienstrategischen Imperativ" zu fassen sucht. Seine Ableitungen für den Österreichischen Rundfunk (ORF) sind dabei exemplarisch und trotz der Landesspezifika auf andere Systeme übertragbar. *Marlies Neumüller* schließt mit einer grundsätzlichen Aufarbeitung des Begriffs Public Value an und analysiert aus seiner Entstehungsgeschichte die künftigen Chancen. *Matthias Rath* beschäftigt sich in seinem Beitrag mit den Veränderungen der normativen Legitimation des öffentliche-rechtlichen Rundfunks und zeichnet den im Diskurs sichtbaren Wechsel von einer Input- hin zu einer Output-Orientierung nach. Zentral ist für ihn dabei die Frage nach der die Orientierung abbildenden ethischen Kategorien. Ein Modell von gerechter Öffentlichkeit skizziert *Thomas A. Bauer* und verweist auf die Anforderungen an die Medienunternehmungen wie an das Publikum. Auch *Marco Höhn* betrachtet Public Value vor dem Hintergrund einer medienkulturellen Perspektive, die zu einer Mehrebenenbetrachtung führt. *Christian Steininger* und *Jens Woelke* nähern sich dem Public Value-Diskurs über eine Auseinandersetzung zu Qualitäts- und Programmanalysen und fokussieren auf den Aspekt der Vielfalt. Für *Matthias Künzler*, *Manuel Puppis* und *Thomas Steinmaurer* gilt es bei der Public-Value-Debatte Strukturbesonderheiten zu berücksichtigen, die einzelne Staaten bzw. Rundfunksystem aufweisen. *Anke Trommershausen* verdeutlicht die gesellschaftliche Verantwortung an Medienunternehmen unter Bedingungen der Medienkonvergenz und ihre sich wandelnde Rolle in Public-Value-Prozessen. *Helmut Scherer* plädiert für die stärkere Einbindung des Publikums, dem eigentlichen, aber vergessenen Stakeholder der Medien. *Bjørn von Rimscha, Miriam de Acevedo* und *Gabriele Siegert* betrachten aus der Tradition des Qualitätsdiskurses Public Value mit dem Fokus auf Unterhaltungsaspekte und analysieren dies an Fallbeispielen. Und *Daniela Süssenbacher* fokussiert auf den Legitimationsdiskurs „Public Value" als Orientierungssuche und Gratwanderung zwischen notwendiger Selbstdarstellung, im Sinne geforderter Transparenz, und dem damit einhergehenden Faktor des Inszenierens.

Die Artikel, die sich mit praktischen Auswirkungen von Public Value beschäftigen, beginnen mit dem Beitrag von *Stoyan Radoslavov* und *Barbara Thomaß*. Die Autoren thematisieren Public Value als europäisches Projekt und unterstreichen die Herausforderung für eine demokratische Öffentlichkeit. Auf die konkreten Public-Value-Tests in Europa geht *Daniela-Kathrin Latzl* näher ein und beleuchtet sie vor dem Hintergrund von nationalen Expertinnen- und Expertenurteilen. *Regula Troxler* und *Nicole Gonser* befassen sich konkret mit österreichischen Medienjournalistinnen und -journalisten und ihren Einschätzungen zur Public-Value-Diskussion.

Anschließend eröffnen verschiedene Medienpraktiker weitere Aspekte der europaweit geführten Debatte: So stellt *Matteo Maggiore* (Group Controller of International Policy der BBC) die Public-Value-Praxis der BBC vor. *Klaus Unterberger* (Public Value-Beauftragter des ORF) prüft auch mit Blick auf den ORF konkrete Qualitätsmerkmale, die gemeinwohlorientierte Medien aufweisen müssen. Die Balance im Dualen System, in welchem sich öffentlich-rechtliche wie privater Medienanbieter bedingen, unterstreicht *Norbert Schneider* (Direktor der Landesanstalten für Medien Nordrhein-Westfalen). *Verena Wiedemann* (ARD-Generalsekretärin) macht die Grundwerte öffentlich-rechtlicher Rundfunkprogramme zum Thema und diskutiert dies hinsichtlich ihrer Zukunftsfähigkeit. *Helmut Peissl* (Verein Freie Radios Österreichs) ergänzt Aspekte zur Medienleistung, die der oft vernachlässigte dritte Rundfunksektor schafft. *Markus Breitenecker* (Geschäftsführer Puls 4) beschäftigt sich in seinem Beitrag mit den Grundprinzipien öffentlich-rechtlicher Rundfunkveranstalter und plädiert für eine mediale Ausgleichsfunktion bzw. Unterschiede zwischen öffentlich-rechtlichen und privaten Anbietern. *Gerald Grünberger* (Geschäftsführer des Verbandes Österreichischer Zeitungen) kritisiert die bislang geführte Public-Value-Diskussion als diffus und fordert ebenfalls eine klarere Differenz zwischen öffentlich-rechtlichen und privaten Medienaufgaben. Den Band beschließt ein kritischer Ausblick der Herausgeber, der die Einzelaspekte der Beiträge noch einmal bündelt und die Anforderungen sowie Chancen der Public-Value-Diskussion herausarbeitet.

Das kurze Vorwort selbst endet mit dem herzlichen Dank an alle am Buch beteiligten Autorinnen und Autoren sowie an alle Expertinnen und Experten, die für einige Beiträge im Rahmen von Interviews zur Verfügung standen.

Wien, im Sommer 2010

Matthias Karmasin, Daniela Süssenbacher & Nicole Gonser

I. Public Value: Theoretische Konzepte

Public Value: Zur Genese eines medienstrategischen Imperativs

Matthias Karmasin

„Public Value" scheint zum Zentralbegriff einer intensiven Debatte über Natur und Aufgabe von Medien in der Medien- und Informationsgesellschaft im Allgemeinen und zu jener von öffentlich-rechtlichen im Besonderen geworden zu sein. Hasebrink (2007) diskutiert den Begriff denn auch im Spannungsfeld von „Leitbegriff oder Nebelkerze in der Diskussion um den öffentlich-rechtlichen Rundfunk". Die Mainzer Tage der Fernsehkritik 2008 standen unter dem Motto: „Ware oder Wert? – Fernsehen zwischen Cash Cow und Public Value", öffentlich-rechtliche Sender bezeichnen Public Value als ihre Kernkompetenz und andere Medien meinen, dass der öffentliche (Mehr-) Wert gerade dort nicht ausreichend erkennbar sei. Freie (nichtkommerzielle) Medien meinen, dass gerade sie Public Value produzierten, während Printmedien aus Reputationsmacht oder Auflagenhöhe denselben Schluss ziehen.

Die divergenten Verwendungen des Begriffs und seine vielfältigen Interpretationen zeigen, dass es keineswegs klar ist, was mit „Public Value" gemeint ist, denn je nach Interessenslage und je nach Zielsetzung werden je spezifische Aspekte und Implikationen in den Mittelpunkt gerückt. Wie immer, wenn Macht und ihre Kontrolle öffentlich verhandelt werden, sind die Begrifflichkeiten, mit denen das geschieht, umkämpftes Terrain.

Der folgende Beitrag will nun keine spezifische Auffassung von Public Value vertreten, sondern versucht sich an einer Begriffsgeschichte (1), einer medienspezifischen Rekonstruktion dieses Begriffes am Beispiel der BBC (2), an einer Kritik seiner Verwendung als Legitimationsbegriff (3) und will mögliche Konsequenzen für die österreichische Debatte darstellen (4).

1 „Public Value" – eine kurze Begriffsgeschichte

Der Begriff „Public Value" kommt aus den Managementwissenschaften und wurde und wird von diesen verwendet, um das Leistungsergebnis und die Struktur von Unternehmungen und Organisationen, deren Eigenkapitalgeber die öffentliche Hand ist, zu beschreiben.

Der vielzitierte Text „Creating Public Value" von Mark Moore (1995) beschreibt dies wie folgt:

> „Once the public starts producing something with public resources raised trough state authority,
> it can not be longer viewed independently of citizens' political preferences and desires. The
> capacity of a public enterprise to satisfy these preferences is, therefore, an important part of its
> value-creating capacities." (Moore 1995: 53)

Moore weist zu Recht darauf hin, dass es sich beim Management öffentlicher
Unternehmungen auch um einen politischen Prozess handelt. Die Frage, welche
(öffentlichen) Güter der Gesellschaft in welchem Ausmaß zur Verfügung gestellt werden, ist eine politische, die in Demokratien durch Prozesse demokratischer Willensbildung entschieden werden sollte, da zu ihrer Herstellung immer
auch öffentliche Ressourcen (die zumeist auch durch staatliche Eingriffe finanziert werden) verbraucht werden. Die Aufgabe des Managements, so folgert
Moore, ist es dann auch, sowohl für eine effiziente Nutzung der Ressourcen als
auch für Legitimation durch öffentliche Akzeptanz zu sorgen. The Work Foundation – ein UK think tank – umreißt den Sinn von Public Value wie folgt:

> „The central purpose of all publicly owned and funded organisations should be to increase
> public value. In return, organisations gain legitimacy from the public they serve, and – ideally –
> leadership, innovation, improved service and greater job satisfaction should follow." (The Work
> Foundation 2008)

Im Unterschied zu Unternehmungen, die im privaten Eigentum stehen und die
vorwiegend ihren Stakeholdern (und damit auch ihren Shareholdern als wesentlichen Stakeholdern) verantwortlich sind, müssen öffentliche Unternehmungen
nicht nur nachweisen, dass sie effizient und effektiv agieren, sondern auch, dass
sie ihre öffentliche (und damit politische Aufgabe) angemessen wahrnehmen.
Kurz: Das politische Feld und die Öffentlichkeit sind für diese Organisationen
ein wesentlicher Stakeholder. Damit ist das Management von öffentlichen Unternehmungen durch die strategische und operative Notwendigkeit charakterisiert:

1. Die Ressourcen möglichst effizient und effektiv einzusetzen, d. h. dem
   Grundsatz der Angemessenheit und Sparsamkeit zu entsprechen.
2. Ihre öffentliche Aufgabe zu erfüllen, d. h. öffentliche Güter in entsprechender Menge und Qualität herzustellen.

Das Grundproblem dabei ist, dass es sich um einen strukturellen trade off handelt: Je mehr in die Qualität der öffentlichen Güter investiert wird, desto weniger können die Grundsätze der Sparsamkeit und Effizienz erfüllt werden, je
mehr man die Kosten einzudämmen versucht, desto weniger Güter und Dienstleistungen können angeboten werden. Da aber Angebot und Nachfrage nicht
über marktlichen Wettbewerb geregelt werden, sondern Ergebnis eines politi-

schen Prozesses sind, wird die Frage nach dem Ausmaß, der Qualität und der finanziellen Bedeckung immer auch Gegenstand öffentlicher Auseinandersetzungen sein.

Damit rückt die Legitimation der öffentlichen Unternehmungen und der Güter und Dienstleistungen, die diese herstellen, in den Mittelpunkt. Auch hier zeigt sich: Weder der Verweis auf prozessuale Kompetenz allein noch der Verweis auf die Produktion gesellschaftlicher erwünschter Güter alleine genügt. Anders formuliert: Effizienz ist notwendige, aber keineswegs hinreichende Bedingung für die Legitimation öffentlicher Unternehmungen.

Moore schlägt als Lösung eine Theorie der Koproduktion vor, die auf die sich ändernden Bedürfnisse und Präferenzen der NutzerInnen eingeht und bei der Anbieter und NutzerInnen gemeinsam daran arbeiten, dass die öffentlichen Aufgaben erfüllt werden (Moore 1995). Da öffentliche Ressourcen (die meist durch staatliche Autorität erhoben werden) zum Betrieb dieser Unternehmungen herangezogen würden, hätten die Betroffenen auch das Recht mitzuentscheiden. Und zwar nicht abstrakt über Prozesse politischer Willensbildung oder über das Ausweichen auf andere Angebote (so möglich), sondern konkret in den Unternehmungen selbst. Dies erst mache eine Adaption des Angebotes auf die sich ändernden Präferenzen möglich und legitimiere die Existenz der Organisation. Nicht das Management oder politische Funktionsträger, nicht der Markt oder die Börse, sondern Prozesse demokratischer Mitbestimmung entscheiden über die Produktion von Public Value. Dazu Moore:

> „Like private sector managers, managers in the public sector must work hard at the task of defining publicly valuable enterprises as well as producing that value. Moreover, they must be prepared to adapt and reposition their organizations in their political and task environments in addition to simply ensuring their continuity." (Moore1995: 55)

Insgesamt beinhaltet der Begriff des Public-Value-Managements, schlussfolgert Hasebrink (2007: 39), also eine Abgrenzung sowohl vom Marktprinzip als auch von hierarchischer Steuerung; stattdessen wird die gesellschaftliche Beteiligung an den öffentlichen Institutionen und deren demokratische Kontrolle hervorgehoben – unter Beibehaltung des Prinzips des Wettbewerbs. Es handelt sich dabei um die Grundidee einer selbstorganisierten und kooperativen Form der Steuerung, bei der die Interessen divergenter Stakeholder im größtmöglichen Ausmaß erfüllt werden. Mit Hasebrink wollen wir Public-Value-Management als ausbalancierten Dreiklang verstehen *„aus der Produktion von an gesellschaftlichen Zielsetzungen orientierten Angeboten, transparenter Evaluation und konsequenter Einbeziehung der Öffentlichkeit"* (Hasebrink 2007: 40).

Das Konzept des Stakeholder Managements, das ja am Leistungsergebnis der Unternehmung ansetzt und einen pluralistischen selbststeuernden Unternehmensbegriff vertritt, der die Unternehmung als Wertschöpfungsgemeinschaft von Organisationsbürgern versteht (vgl. Karmasin 2009), scheint sich also besonders zur Realisierung von Public Value zu eignen. Damit wird auch der enge Bezug von Public Value und Corporate-Social-Responsibility-Konzepten (CSR) deutlich. Während die Übernahme autonomer gesellschaftlicher Verantwortung im Sinne von CSR vor allem durch im privaten Eigentum stehende Unternehmungen aufgegriffen wurde, um deren Beitrag zum Gemeinwohl deutlich zu machen und den durch die ökologische und wirtschaftliche Krise bedingten Legitimationsdefiziten zu begegnen, scheint Public Value vor allem der Legitimation von öffentlichen Unternehmungen zu dienen. Eine Abkehr von einseitigen Shareholder Orientierungen und eine Redefinition der Zielsystems der Unternehmungen sowie eine Hinwendung zu Stakeholder-Orientierungen scheinen im öffentlichen Bereich weniger notwendig. Wohl aber sind die demokratische und pluralistische Orientierung und die transparente und konsequente Evaluation der Leistungsergebnisse erforderlich.

Die Grundidee der Produktion von Public Value als zentraler Kompetenz öffentlicher Unternehmungen wurde anfangs vor allem im UK im Rahmen der Diskussion um New Public Management aufgegriffen. Think tanks wie *The Work Foundation* und Beratungsunternehmen wie *Accenture* (Institute for Public Service Value[1]) popularisierten das Konzept. Organisationen wie BBC, Capita Group plc, Metropolitan Police, NHS Institute for Innovation and Improvement, Ofcom, Quality Improvement Agency, Royal Opera House etc. implementierten Stakeholder Management mit dem Ziel der Schaffung von Public Value. Zur Verbreitung des Konzeptes in Kontinentaleuropa trug dabei vor allem die BBC bei, die auch als Benchmark für den Medienbereich in diesem Kontext gelten kann (vgl. Collins 2007).

---

[1]   „Public service managers worldwide are increasingly being asked to do more with less and to answer critical questions about public sector productivity. The question becomes: how do we create and sustain public value in today's environment?" (Accenture 2010)

2 Das Modell BBC: Building Public Value

Die BBC wurde 1926 gegründet und ist mit einem Umsatz von £ 4,606 Mrd. (€ 5,170 Mrd.) für 2009 (vgl. Mediendatenbank 2010) die größte öffentlich-rechtliche Rundfunkanstalt der Welt.

Das Unternehmen betreibt gebührenfinanziert innerhalb Großbritanniens zwei analoge Fernsehsender, sechs digitale Programme sowie fünf Hörfunkangebote und vierzig Lokalsender. Weltweit werden aktuell elf TV-Sender ausgestrahlt, die über 140 Millionen Zuschauer erreichen. Ferner bietet die BBC mit ihrer Homepage *www.bbc.co.uk* eine der reichweitenstärksten Internetseiten Europas. Die BBC beruht auf einer *Royal Charter*, die sie zu einer staatlichen Institution außerhalb des Einflussbereichs der Regierung, nicht aber des Parlaments macht und stets für zehn Jahre gültig ist.

Das öffentlich-rechtliche Unternehmen soll laut Programmauftrag *„Lernen und Erziehung fördern"*, die *„zivile Gesellschaft und den sozialen Zusammenhalt stützen"*, *„kulturelle und gesellschaftliche Vielfalt widerspiegeln und zelebrieren"*, Programme von *„hoher Qualität"* bieten und darüber hinaus *„originell wie innovativ"* sein sowie *„unterhalten"*. Die leitenden Prinzipien seit der Gründung sind *„universality, fairness and accountability"* (vgl. Kaumanns et al. 2007).

Vor dem Hintergrund der Notwendigkeit, den Programmauftrag und die strategische Neuausrichtung alle zehn Jahre neu definieren zu müssen, hat die BBC stets aktuelle politische, technische, gesellschaftliche und wissenschaftliche Entwicklungen aufgegriffen. So auch das Public-Value-Konzept, das 2004 unter dem Titel *„Building Public Value: Renewing the BBC for a digital world"* (BBC 2004), präzisiert, in der Folge umgesetzt und seit 2007 durch den BBC Trust[2] (und die Regulierungsbehörde Ofcom als Fremdreferenz v. a. zur Überprüfung der Programmquoten) begleitet wird.

Im Jahr 2007 hat die BBC mit der neunten *Royal Charter* eine strategische Neuausrichtung erfahren, die das Unternehmen zwar nicht vollständig neu definiert, aber mit dem Leitwert „Building Public Value" die strategische Kernkompetenz öffentlich-rechtlicher Anbieter in den Mittelpunkt rückt und besonders auf die aktive Einbindung der Stakeholder und die kooperative Umsetzung der Unternehmensziele abstellt.

---

2   Der BBC Trust hat 12 Mitglieder: 1 Chairman, 1 Vice-Chairman; 6 „Trustees" vertreten allgemeine Interessen der Gebührenzahler, 4 „Trustees" vertreten Teilstaaten, sie werden unterstützt von einer Geschäftsstelle (Trust Unit) mit mehr als 60 MitarbeiterInnen (vgl. Kelly et al. 2002)

Zentral sind drei Punkte (vgl. Kurp 2007):

(1) Angestrebt wird ein „Mehrwert für alle", um gesellschaftliche Ziele wie demokratische Meinungsvielfalt, Partizipation oder die Vermittlung von Kultur und Bildung zu erreichen, die unter rein marktwirtschaftlichen Bedingungen nicht oder nur unzureichend erfüllt werden können.[3]

(2) Zum Qualitätsmanagement gehört eine regelmäßige Evaluierung, bei der Reichweite, Relevanz, Qualität und „monetärer" Mehrwert der Programme regelmäßig kontrolliert (*Public Value Assessment* durch den BBC Trust) und die Folgen für den Markt (*Market Impact Assessment* durch Ofcom) evaluiert werden. Dabei ist durch Bevölkerungsumfragen auch zu ermitteln, wie viel die BBC-Angebote den Gebührenzahlern hinsichtlich ihrer gesellschaftlichen Funktion und des persönlichen Nutzens wert sind. Alles zusammen wird als Public-Value-Test vom BBC-Trust vor dem Hintergrund öffentlicher Stellungnahmen zur Evaluierung der Angebote der BBC zusammengefasst.

(3) Zur gesellschaftlichen Legitimierung des Public Service muss gewährleistet werden, dass sich die BBC durch Transparenz und Publikumspartizipation gegenüber der Gesellschaft verantwortet. Alle Prozesse und Stellungnahmen werden veröffentlicht.[4]

Operational umgesetzt wird dies in einer Vielzahl von „Consultations", einer Kombination aus quantitativen und qualitativen Methoden, die verschiedene Stakeholder und ihre Interessen abbilden (vgl. BBC Trust o. J.). Dabei wird nicht nur der Aspekt der Programmakzeptanz durch die GebührenzahlerInnen erhoben, sondern es werden auch quasi Preise ermittelt (die Zahlungsbereitschaft für das Programm – „willingness to pay") und das subjektiv empfundene Preis-Leistungsverhältnis („consumer surplus") festgestellt.[5] Dabei wird ver-

---

3   The Public Purposes: (1) sustaining citizenship and civil society; (2) promoting education and learning; (3) stimulating creativity and cultural excellence; (4) representing the UK, its nations, regions and communities; (5) bringing the UK to the world and the world to the UK; (6) in promoting its other purposes, helping to deliver to the public the benefit of emerging communications technologies and services and, in addition, taking a leading role in the switchover to digital television. Vgl. www.bbc.co.uk (25.06.2010)

4   Dies wird durch den Freedom of Information Act gesichert. Vgl. www.bbc.co.uk/foi (25.06.2010)

5   Audience appreciation: surveys measuring the extent to which the audience appreciates the range, balance, quality, diversity and social values communicated by a public service broadcaster.
Audience recall: the extent to which someone cites a given programme as being memorable, also captures enjoyment to some extent.
Perceived value for money: another attitudinally-based measure that captures the extent to which consumers perceive and value the consumer surplus that a public service broadcaster can deliver.

sucht, den „Consumer Value" (den Konsumentenwert) und den „Citizen Value" (den staatsbürgerlichen Wert) der Programmangebote gleichermaßen zu bewerten. Wie Gundlach (2009: 92ff.) wohl zu Recht kritisiert, sind diese empirischen Verfahren, so repräsentativ sie auch sein mögen, nicht in der Lage, den gesamten Wert der Angebote öffentlich-rechtlicher Sender abzubilden, da sie externe Effekte und meritorische Anteile der Produktion nicht erfassen können. Deswegen kommt der Evaluierung durch externe Experten und dem Prozess der öffentlichen Debatte ein hoher Stellenwert zu. Dadurch könnten die dem bonum commune (und nicht nur den Einzelpräferenzen) verpflichteten Anteile der Produktion der BBC im Zielsystem der Unternehmung angemessen repräsentiert werden. Ob dem wirklich so ist und ob die Strategie des „Building Public Value" neben der Präzisierung des öffentlich-rechtlichen Auftrages und dem Eröffnen von Legitimationspotenzialen auch die Realisierung einer umfassenden Gemeinwohlverpflichtung ist, wird sich erweisen.

Die aus diesen Prozessen gewonnenen Vorgaben werden in der BBC in operationale (und damit messbare) Ziele transformiert, und es wird versucht, sie in der Organisation umzusetzen. Diese Ziele betreffen das Programm (z. B. prozentualer Anteil von Eigenproduktionen und Nachrichtensendungen in BBC1/2), aber auch Bereiche wie Management (z. B. Quoten für ethnic minority staff, Behinderte etc.) und die Involvierung des Publikums. *„Audiences will be able to participate in the process of content creation and its more active consumption"* (BBC 2008: 153). Das Konzept des crossmedialen Einbezugs der Nutzer in sämtliche Stufen der Wertschöpfungskette wird dabei als *360°-Content-Produktion* bezeichnet. Der Nutzer kann in einem *Open Archive* sämtliche Inhalte suchen und mit Hilfe des *BBC iPlayers* abspielen sowie mittels Web 2.0-Funktionalitäten die Inhalte verändern oder eigene Dateien veröffentlichen bzw. diese mit anderen Nutzern teilen. Die vielfältigen Aktivitäten der BBC im Bereich des Stakeholder Management (*„Must engage in consultation with all its stakeholders"* BBC Trust o. J.) und das CSR-Engagement können hier nicht dargestellt werden, es möge der Hinweis genügen, dass diese Aktivitäten einen wesentlichen Beitrag zur Umsetzung, aber auch zur Glaubwürdigkeit des Engagements der BBC beitragen. Die BBC begegnet mit dieser Strategie dem Legitimationsproblem des öffentlich-rechtlichen Rundfunks. Die Ziele werden kooperativ festgelegt und ihre Erreichung wird überprüft. Vor dem Hintergrund einer pluralistischen Grundhaltung wird auch der Aspekt der je spezifischen Auffassungen von Qualität, die ja für je spezifische Stakeholder Unterschiedliches bedeuten kann, reflektiert. Da die Ziele kooperativ und in Abstimmung mit den Stakeholdern festgelegt werden, wird über Ausmaß und Qualität

---

Willingness to pay: (as a stated preference) captures quantitatively the amount the consumers would be willing to pay as a subscription for the public service broadcasting services.

der medialen Produktion nicht nur von den Content Professionisten und dem Management entschieden, sondern es können auch die Vorstellungen und Präferenzen des Publikums einfließen. Damit wird dem Anspruch der Effizienz ebenso Rechnung getragen, wie jenem nach der Produktion öffentlicher Güter in entsprechender Menge und Qualität, und damit im Kern die Frage beantwortet, ob die BBC zum Nutzen der Gesellschaft besteht und worin ihr Beitrag zu Werten wie Pluralismus, Demokratie, Bildung, Fairness, Informiertheit etc. besteht. Dass die BBC an diesem Maßstab gemessen wird und dass es nicht mehr in der Hand des Managements liegt, in welchen Kontexten der Erfolg und die Performance des Unternehmens gemessen werden, kann wohl – jenseits aller Diskussion um die Struktur – als Erfolg der Reorientierung gesehen werden.[6]

3 „Public Value" als Legitimationsbegriff

Digitalisierung, Konvergenz, Refinanzierungsprobleme, Wandel medialer Märkte, politische Unabhängigkeit, geänderte Publikumspräferenzen und daraus resultierende Legitimationskrisen betreffen nicht nur die BBC, sondern stellen Strukturmerkmale des öffentlich-rechtlichen Rundfunks in der europäischen Union dar.[7] Da Medien, wie wir andernorts ausführlich (Karmasin 1998 sowie 2002) argumentiert haben, Wirtschafts- und Kulturgüter zugleich sind, ist nicht a priori festgelegt, ob öffentliche Unternehmungen immer öffentliche Güter und private Medienunternehmungen stets private Güter produzieren. Auch öffentliche Anbieter können private Güter herstellen, und umgekehrt können private Anbieter auch öffentliche Güter herstellen (allerdings in je spezifischen Kombinationen). Was nun im Medienbereich als öffentliches und als privates Gut gehandelt wird, hängt nicht von den Gütern selbst ab, sondern wesentlich von der jeweiligen politischen und ökonomischen Situation und Prädisposition des jeweiligen Mediensystems. Als pluralistische Wertschöpfungsveranstaltung ist das Medienunternehmen Anbieter von Gütern und Services, die die Öffentlichkeit und das demokratische Gemeinwesen zentral beeinflussen. Medien sind Dreh- und Angelpunkt gesellschaftlichen Wandels und dienen dem Individuum heute zusehends mehr als Orientierungshilfe in einer von flüchtigen und hoch komplexen Zusammenhängen gezeichneten Welt (vgl. Winter 2006). Nicht zuletzt sind Medien Produzenten und Garanten einer deliberativen Öffentlichkeit. Medienunternehmen stellen kulturelle Orientierungen und kommunikative

---

6   Der öffentliche Diskurs, dem sich die BBC aussetzt, hat auch dazu geführt, dass die Entlohnung von Managern und Moderatoren und die geplanten Personalkürzungen unter dem Aspekt von Public Value und öffentlicher Verantwortung thematisiert werden.

7   Zu einer allgemeinen Darstellung und Differenzierung der Ziele von öffentlich-rechtlichen und privaten Rundfunkveranstaltern vgl. Ludwig 2009a.

Zugangsmöglichkeiten für das Individuum in einer globalisierten Welt zur Verfügung. Kurz gesagt: Medienunternehmen sind quasi-öffentliche Institutionen, die duale Güter (Wirtschafts- und Kulturgüter, private und öffentliche Güter) anbieten. Medienunternehmen benötigen daher Klarheit darüber, worin ihr Kerngeschäft besteht, um die Frage nach ihrer gesellschaftlichen Verantwortung und ihrem Sinn und Nutzen für die Gesellschaft beantworten zu können. Diese Antwort ist nicht nur relevant, da Medienunternehmen gesellschaftliche Privilegien (erhöhter Schutz der Meinungsfreiheit, Subventionen, Lizensierungen, Transferleistungen, Förderungen etc.) rechtfertigen müssen, sondern auch, da Medienunternehmen in konvergenten und dynamischen Märkten zunehmend auf die Loyalität von Werbekunden und Publikum angewiesen sind.

Die Antwort, die in privatem Eigentum stehende Medienunternehmen auf diese Herausforderungen gefunden haben, lautet grosso modo CSR, also die Übernahme autonomer gesellschaftlicher Verantwortung im Spannungsfeld von ethischer Vernunft und ökonomischer Rationalität (vgl. ausführlich Karmasin/ Trommershausen 2009). Public Value zu produzieren heißt in diesem Kontext, sich an bestimmte (meist selbstauferlegte) ethische Standards zu halten. Die Antwort, die im öffentlichen Eigentum stehende Medienunternehmungen gefunden haben, scheint Public Value zu lauten. Dass die Produktion von Public Value ein möglicher Weg sein könnte, Alleinstellungsmerkmale für öffentlich-rechtliche Sender zu definieren, und ein an Stakeholdern orientierter Zieldefinitionsprozess Legitimationspotenziale (v. a. für Gebührenprivilegien) öffnen kann, schien aber bald auch andernorts plausibel. Hasebrink (2007: 42) meint, dass „*Public Value ein konstruktiver Leitbegriff für die Weiterentwicklung des öffentlich-rechtlichen Rundfunksystems*" sein könnte, da es Public Value nicht an und für sich gibt, sondern nur als Ergebnis eines Verständigungsprozesses, der alle relevanten Stakeholder einbezieht und zugleich flexibel genug ist, um auf die sich verändernden gesellschaftlichen Bedingungen rasch mit entsprechend angepassten gesellschaftlichen Zielsetzungen reagieren zu können.

Auf Grund der kulturellen Differenzen und der divergenten regulatorischen Regimes und anderer Traditionen der Media Governance (vgl. hierzu Hallin/ Mancini 2004) wird jedoch unter dem Konzept Public Value in Europa durchaus unterschiedliches verstanden. Auch wenn hier nicht der Ort ist, diesen Differenzen nachzugehen, sei darauf hingewiesen, dass Public Value im Wesentlichen verstanden wird:
- als Kompensation von Marktversagen (als öffentliches Gut). D. h. Public Value ist vorwiegend definiert als jener Teil von Öffentlichkeit, der durch den „freien" Markt nicht, oder nicht in angemessener Form und Qualität, produziert werden kann. Ähnlich wie bei anderen öffentlichen Gütern, steht der Aspekt der Finanzierung durch die Allgemeinheit (keine oder kaum

Werbeerlöse bei öffentlich-rechtlichen Anbietern) und die (demokratische) Regulierung jenseits von Marktprinzipien im Vordergrund, welche die Ziele in einem offenen Prozess festlegt (als Beispiel gilt hier UK, vgl. Latzl 2010).
- als Kulturgut (als Teil nationaler Identität). D. h. Public Value wird im Wesentlichen durch den Beitrag zu kultureller bzw. nationaler Identität, die als meritorisches Gut verstanden wird, bestimmt. Die Zielbestimmung ist enger und präziser an konkrete Programmvorgaben wie Verbreitung und Förderung nationalsprachlicher Programmanteile, Bildung, Eigenproduktionen etc. gebunden (als Beispiel gilt hier Frankreich, vgl. Troxler 2010).
- als Teil demokratischer Öffentlichkeit (als Teil des politischen Systems). Hier stehen die Rolle der öffentlich-rechtlichen Medien als Teil der Vierten Gewalt und ihre durch Gebührenfinanzierung erreichte Unabhängigkeit im Mittelpunkt. Public Value wird als Beitrag zur Qualität von Öffentlichkeit verstanden, Werte wie Meinungspluralismus, Unabhängigkeit, Vielfalt und journalistische Qualität (v. a. im Informationsbereich) stehen im Mittelpunkt (als Beispiel gilt hier Deutschland, vgl. Gonser/Baier 2010).

Im Kern wurde der Begriff bis dato verwendet, um die Spezifika des öffentlichen-rechtlichen Rundfunks und seinen gesellschaftlichen Sinn vor dem Hintergrund einer je spezifischen historischen Mediendebatte darzustellen und der aktuellen Legitimationskrise angemessen zu begegnen.

Da die BBC vor allem in Österreich und Deutschland stets ein Referenzpunkt von Mediendiskursen war, wurde auch „Building Public Value" zum Angelpunkt der Diskussion um Zukunft und Struktur des öffentlich-rechtlichen Rundfunks. Dass dabei – wie in anderen Kontexten auch –ein gewisses Maß an Mythologisierung und Mystifizierung dieser Prozesse einher ging, mag wenig verwundern.

Die Analogien sind dennoch nicht zu übersehen: In Deutschland trägt das Verfahren zur Prüfung von Online-Aktivitäten der öffentlich-rechtlichen Sender, der Ausweitung ihres digitalen TV-Angebots und des kommerziellen Engagements in verwandten Märkten den Namen „Drei-Stufen-" oder eben „Public Value Test" (vgl. Kurp 2007) und wurde im 12. Rundfunkänderungsstaatsvertrag (12. RÄStV) mit dem 1. Juni 2009 verpflichtend umgesetzt. Der ORF will seinen „Value vor Money" unter dem Titel „Wert über Gebühr" in einem Public-Value-Bericht (ORF 2010) transparent machen. In der Folge wollen wir – vor dem Hintergrund der internationalen Debatte über Public Value – einige Konsequenzen für Österreich zur Diskussion stellen.

4 Konsequenzen: Public Value in Österreich?

Fassen wir zusammen: Das Konzept des Public Value wird in Europa zunehmend als Möglichkeit gesehen, den Anforderungen für die Produktion öffentlicher Güter gerecht zu werden. Es umfasst die korporative und konsensuale (dialogische, demokratische) Festlegung von Zielen, deren effiziente Erreichung, die Kontrolle der Zielerreichung und die Reformulierung von Zielen, und dies vor dem Hintergrund einer sich wandelnden Umwelt unter konsequenter Einbindung aller Stakeholder. Besonders für den Medienbereich und hier v. a. für den öffentlich-rechtlichen Rundfunk wird die Idee der Schaffung von Public Value als Möglichkeit gesehen, die Kernkompetenz und ein wesentliches Alleinstellungsmerkmal zu definieren und damit auch der Legitimationskrise des öffentlich-rechtlichen Rundfunks zu begegnen. Da Public Value besonders im Medienbereich nicht ein für alle Male definitorisch festgelegt werden kann, werden Modelle der regulierten Selbstregulierung favorisiert, die die Umsetzung der allgemeinen Vorgaben den Unternehmungen selbst überlassen, aber diese Umsetzung wieder an die Allgemeinheit rückkoppeln. Dies wird von der BBC, aber auch sehr konkret von der SRG (die als Beispiel auf Grund der Ähnlichkeit mit Österreich m. E. besser geeignet wäre als die BBC) umgesetzt. Dies scheint – cum grano salis – auch eine probate Lösung für Österreich zu sein. Die oft ins Treffen geführten Spezifika Austriaca (Kleinstaat mit gleichsprachigem Medienmarkt im größeren Ausland, hohe Printkonzentration, beschränkter Werbemarkt, wenig entwickelter dualer Markt, Anpassungsdruck an ausländische Medienprodukte etc.) sprechen m. E. nicht gegen eine Adaption des Public-Value-Konzeptes auf die Redefinition der Aufgaben des ORF: Ein breit angelegtes internationales Forschungsprojekt zum Thema Public Value (vgl. FHWien 2009) verweist darauf, dass dies möglich und im Sinne der Unabhängigkeit und Qualität des ORF auch durchaus wünschenswert sei. Darüber hinaus ist eine Präzisierung der Aufgaben und Kernkompetenzen des ORF nicht nur unternehmensstrategisch, sondern auch strukturell geboten.

Wie in Deutschland scheint der Impuls für eine Neuordnung des öffentlich-rechtlichen Rundfunks auch in Österreich ein zweifacher zu sein: Einerseits ist es das Bestreben der EU-Kommission, öffentlich-rechtlichen Rundfunk unter dem Aspekt der Wettbewerbsgleichheit und der Beihilfenkontrolle stärker auf die Wahrnehmung öffentlicher Aufgaben zu fokussieren, und andererseits liegt eine Entwicklung des Medienmarktes vor, der sinkende Quoten und sinkende Werbeeinnahmen für öffentlich-rechtliche Anbieter auch in Zukunft wahrscheinlich macht. Daraus erwächst auch für den ORF die Notwendigkeit, die Qualität und Quantität der angebotenen Programme und Services zu legitimieren und die eingesetzten Mittel so effizient wie möglich zur Erreichung dieser Ziele einzusetzen. Zur Bewältigung dieser strategischen und operativen Heraus-

forderungen scheint Public-Value-Management, wie einleitend dargestellt, eine
zeitgemäße und sinnvolle Antwort zu sein. Eine bruchlose Adaption von Konzepten aus den USA oder aus dem UK würde aber weder der regulatorischen
noch der medienkulturellen Tradition Österreichs entsprechen, auch wenn der
Kern und die Substanz des Ansatzes erhalten bleiben. In der Folge möchte ich
einige Rahmenbedingungen skizzieren, die eine Adaption des Public-Value-
Konzeptes für Österreich implizieren würde.

4.1 Von der Medienpolitik zu Media Governance

Der Kern des Problems der Adaption von Public-Value-Konzepten liegt m. E.
nicht in der Umsetzung von Managementmaßnahmen, sondern in der Rahmenordnung, die dem Unternehmen auch die Chance geben muss, den Public-
Value-Prozess im Dialog mit den Stakeholdern zu erarbeiten. Dazu gehören
nicht nur die Transparenz und die Veröffentlichung der Kriterien, sondern auch
die Veröffentlichung der Prüfberichte und eine öffentliche Debatte darüber.

Der demokratiepolitisch bedeutsame Kern der Konzeptes ist, dass das Leistungsergebnis und die Kernkompetenz nicht a priori festgelegt werden (und
schon gar nicht von einer Regierungsmehrheit), sondern sich aus dem Prozess
selbst ergeben. Es geht also nicht um eine taxative Aufzählung von Inhalten und
eine Überregulierung des Programmauftrages, sondern um Legitimation und
Präzisierung der öffentlich-rechtlichen Kernkompetenz in einem offenen an
Stakeholdern orientierten Verfahren. Hasebrink resümiert, dass Public Value
nicht als feststehendes, von außen vorgegebenes Zielkriterium aufzufassen sei,
sondern als Prozess, im Zuge dessen sich der Rundfunkveranstalter intern bei
allen seinen Angeboten sowie auch bei seinem Gesamtprogramm darüber ver-
ständigt, welche Ziele diese erreichen bzw. welche kommunikativen Funktionen
sie erfüllen sollen:

> „Die Zielsetzungen werden gegenüber der Öffentlichkeit kommuniziert, um so transparent zu
> machen, wie der öffentlich-rechtliche Auftrag interpretiert wird und aus welchen Gründen man
> an genau diesen Kriterien gemessen werden will. Der Public-Value-Prozess setzt sich fort in
> internen und externen Evaluationen, in denen ermittelt wird, inwieweit die sich gesteckten Ziele
> erreicht wurden." (Hasebrink 2007: 41)

Dies erscheint vor dem Hintergrund der österreichischen Rechtsordnung durchaus realisierbar und plausibel, wenn – und dies ist eine realpolitische Einschränkung – nicht nur der Programmauftrag in diese Richtung flexibilisiert wird,
sondern der regulative Zugang auch eher das Konzept der regulierten Selbstre-
gulierung (also der Media Governance) favorisiert, als jenes der politischen
Kontrolle der Rahmenbedingungen der öffentlichen Kommunikation. Um es
zuzuspitzen: Ein öffentlicher und transparenter Public-Value-Test für den Pro-

grammauftrag und seine strukturelle Umsetzung sollte am Beginn des Reformprozesses stehen (und dies nicht nur für digitale Angebote).

4.2 Legitimation durch Operationalisierung

Der im Prinzip von allen Medien zu fordernde Nachweis, zum Nutzen der Gesellschaft zu operieren, ist besonders von jenen Medienunternehmen zu erbringen, die zu einem großen Teil aus öffentlichen Mitteln refinanziert werden. Dieser Nachweis ist auch in Österreich über CSR-Maßnahmen und über Public-Value-Management zu erbringen. In beiden Fällen gilt, dass es nicht um die bloße Legitimation und um strategisches Reputationsmanagement durch die Kommunikation dieser Maßnahmen allein geht, sondern, dass es sich um eine Institutionalisierung und Operationalisierung dieser Maßnahmen handelt. Im Sinne der obigen Ausführungen bietet sich auch für den ORF eine Operationalisierung der Ziele und ihrer Erreichung an, wie dies etwa bei BBC, ZDF und SRG üblich ist.

Ziele wären etwa, einen bestimmten Anteil an Information im Programm, an Eigenproduktionen, an regionalisierter Information zu erreichen, und festzustellen, welche Inhalte von den Stakeholdern wie aufgenommen werden, welche Zahlungsbereitschaft dafür besteht und wie die Akzeptanz der Inhalte ist. Reichweite, Relevanz, Qualität und empfundener monetärer Mehrwert stellen die Richtschnur der Akzeptanz dar. Darüber hinaus sollte die Erreichung dieser Ziele auch an Prämien für das Management und die Redaktion gekoppelt werden. Dies scheint ein plausibler Weg zu sein, die Produktion von Public Value auch nach innen zu motivieren.

Wesentlich scheint auch hier, dass die Kernkompetenz Public Value im Rahmen von operativen Zielvorgaben umgesetzt und messbar gemacht wird, so dass die Zielerreichung auch diskutiert und evaluiert werden kann. Die Frage der Refinanzierung ist davon nicht primär betroffen, denn die Erreichung der Ziele, die sich aus einem Prozess des Public-Value-Managements ergeben und die operativ umgesetzt werden, können durch Mischfinanzierung ebenso erreicht werden wie durch reine Gebührenfinanzierung.

Zentral ist die Frage nach dem Ausmaß und der Qualität der öffentlichen Angebote, und dies ist in einem Public-Value-Management-Prozess festzulegen und durch (v. a. von der jeweiligen Regierungsmehrheit, aber nicht vom Parlament) unabhängige unternehmensexterne Instanzen zu kontrollieren. Nur so sind Autonomie und Transparenz als Basis für eine beständige Legitimation öffentlich-rechtlicher Medienangebote zu erreichen. In einem zweiten Schritt kann und soll die Frage nach der Refinanzierung diskutiert und angemessen festgelegt werden.

4.3 Public Value ist viel – aber nicht alles

Public Value wird wohl noch einige Zeit Zentralbegriff der Debatten über Sinn, Natur und Zukunft des ORF sein. Auch wenn der Ansatz der BBC „Building Public Value" und das Konzept des deutschen Public-Value- bzw. Drei-Stufen-Tests für den ORF rationale und zeitgemäße Vorgaben darstellen, soll Public Value nicht zum alleinigen Imperativ medienpolitischer Reformbemühungen und managementstrategischer Neuausrichtungen werden.

Auch wenn die aktuelle Diskussion eine Fokussierung auf den ORF nahe legt, so ist diese durch eine strategische Ausrichtung der Media Governance insgesamt zu flankieren. Offene Themen, wie die Koppelung gesellschaftlicher Privilegien (Förderungen, Subventionen, Lizensierungen etc.) an gemeinwohlverträgliches und gemeinwohlförderndes Verhalten, die Realisierung von regulierter Selbstregulierung im gesamten Medienbereich, die Realisierung demokratischer Kontrolle und Vielfaltsförderung, die Förderung medialer Kompetenzen des Publikums, die Verantwortung der Werbewirtschaft, Anreize für die Umsetzung von Stakeholder Management, harren auch in Österreich dringend der Bearbeitung.

Sicher: der Beitrag des öffentlich-rechtlichen Rundfunks zur Qualität von Öffentlichkeit ist höchst relevant. Aber der öffentliche-rechtliche Rundfunk ist nicht der einzige Garant der Qualität von Öffentlichkeit, denn auch andere Medien gestalten und schaffen Öffentlichkeit. Der Sinn von Öffentlichkeit ist mit Peters (2007: 59ff.) nicht Legitimation durch Verfahren, sondern Meinungs- und Willensbildung über die Regelung der öffentlichen Angelegenheiten. Daran wirken alle (kommerzielle und nicht-kommerzielle) Medien mit und daraus ergibt sich ihre besondere – und wohl auch besonders reizvolle – Stellung, aber auch ihre spezifische Verantwortung. Die Diskussion um Public Value sollte trotz ihrer Aktualität und Relevanz nicht den Blick darauf verstellen, dass die Verantwortung für die Zukunft der Zivilgesellschaft und für das Gedeihen des demokratischer Gemeinwesens nicht den öffentlich-rechtlichen Anbietern alleine zukommt. Sondern allen Medien und letztlich: uns allen.

Literatur

12. RÄStV vom 18.12.2008: Staatsvertrag für Rundfunk und Telemedien, in der Fassung des 12. Staatsvertrages zur Änderung rundfunkrechtlicher Staatsverträge
Accenture (2010): Institute for Health & Public Service Value. Online: www.accenture.com/Global/Research_and_Insights/Institute_For_Public_Service_Value/default.htm (25.06.2010)
BBC (2004): Building Public Value: Renewing the BBC for a digital world. London: BBC
BBC (2008): The creative perspective. Online: http://www.bbc.co.uk/thefuture/pdf/creative_book.pdf (25.06.2010)
BBC Trust (o. J.): http://www.bbc.co.uk/bbctrust (25.06.2010)

Christl, Reinhard/Süssenbacher, Daniela (Hg.) (2010): Der öffentlich-rechtliche Rundfunk in Europa. ORF, BBC, ARD & Co auf der Suche nach dem Public Value. Wien: Falter

Collins, Richard (2007): The BBC and „public value". In: Medien & Kommunikationswissenschaft 55. 2. 164–184

FHWien (2009): Mehr Qualität und Unabhängigkeit für den ORF. Nachbericht zur Pressekonferenz vom 23.06.2009. Online: http://www.fh-wien.ac.at/lehre/bachelor/journalismus-medienmanagement/news/article/nachbericht-mehr-qualitaet-und-unabhaengigkeit-fuer-den-orf/491 (25.06.2010)

Gonser, Nicole/Baier, Barbara (2010): Deutschland. In: Christl/Süssenbacher (Hg.) (2010): 99–134

Gundlach, Hardy (2009): Öffentliche Aufgaben und Public Value im Cyber-Space. In: Ludwig (Hg.) (2009b): 86–109

Hallin, Daniel C./Mancini, Paolo (2004): Comparing Media Systems: Three Models of Media and Politics (Communication, Society and Politics), Cambridge: Cambridge University Press

Hasebrink, Uwe (2007): „Public Value": Leitbegriff oder Nebelkerze in der Diskussion um den öffentlich-rechtlichen Rundfunk. In: Rundfunk und Geschichte. Mitteilungen des Studienkreises Rundfunk und Geschichte 33. 1–2. 38–42

Karmasin, Matthias (1998): Medienökonomie als Theorie (massen-)medialer Kommunikation. Kommunikationsökonomie und Stakeholdertheorie. Wien/Graz: Nausner & Nausner

Karmasin, Matthias (Hg.) (2002): Medien und Ethik. Stuttgart: Reclam Verlag

Karmasin, Matthias (2009): Medienmanagement als Stakeholder Management. In: Karmasin/Winter (Hg.) (2010): in Druck

Karmasin, Matthias/Trommershausen, Anke (2009): Medienmanagement als CSR Management. In: Karmasin/Winter (Hg.) (2010): in Druck

Karmasin, Matthias/Winter, Carsten (Hg.) (2006): Konvergenzmanagement und Medienwirtschaft. München: Fink (UTB)

Karmasin, Matthias/Winter, Carsten (Hg.) (2010): Grundlagen des Medienmanagements. 3. verbesserte und veränderte Auflage. München: UTB [in Druck]

Kaumanns, Ralf/Siegenheim, Veit/Knoll, Eva Marie (2007): BBC – Value for Money & Creative Future: Strategische Neuausrichtung der British Broadcasting Corporation. München: Reinhard Fischer

Kelly, Gavin/Mulgan, Geoff /Muers, Stephen (2002): Creating Public Value. An Analytical Framework for Public Service Reform. London: Strategy Unit, Cabinet Office

Kurp, Matthias (2007): Auf der Suche nach der Mehrwertformel. Online: http://www.medienforum.nrw.de/medientrends/specials/rundfunk-public-value-test.html (25.06.2010)

Latzl, Daniela-Kathrin (2010): Großbritannien. In: Christl/Süssenbacher (Hg.) (2010): 201–241

Ludwig, Johannes (2009a): Duales Rundfunksystem. In: Ludwig (Hg.) (2009b): 8–28

Ludwig, Johannes (Hg.) (2009b): Sind ARD und ZDF noch zu retten? Baden-Baden: Nomos

Mediendatenbank (2010): BBC. Online: http://www.mediadb.eu/datenbanken/internationale-medienkonzerne/bbc.html (25.06.2010)

Moore, Mark H. (1995): Creating public value. Strategic management in government. Cambridge, Mass.: Harvard University Press

ORF (2010): Wert über Gebühr. Public Value Bericht 2009/2010. Online: http://zukunft.orf.at (25.06.2010)

Peters, Bernhard (2007): Der Sinn von Öffentlichkeit. Frankfurt am Main: Suhrkamp

The Work Foundation (2008): Public Value. Online: http://www.theworkfoundation.com/research/publicvalue.aspx (25.06.2010)

Troxler, Regula (2010): Frankreich. In: Christl/Süssenbacher (Hg.) (2010): 243–267

Winter, Carsten (2006): Medienentwicklung und der Aufstieg einer neuen Beziehungskunst. In: Karmasin/Winter (Hg.) (2006): 183–216

Von der Bürokratie zur BBC – Zur Entwicklung des Begriffs Public Value

Marlies Neumüller

Als die BBC im Jahr 2004 mit dem Papier „Building Public Value" (BBC 2004) eine Vision für die nächsten zehn Jahre ihres Bestehens vorlegte und ihr Ziel mit der Schaffung eines öffentlichen Werts, eines Public Value, definierte, führte sie damit einen Begriff in die Diskussion um die Zukunft des öffentlich-rechtlichen Rundfunks ein, der seither als Schlagwort durch die Medienbranche geistert. Die BBC übernahm mit Public Value einen Begriff, der in den Verwaltungs- und Politikwissenschaften bereits seit einigen Jahren diskutiert worden war. Analog zu den Reformbemühungen der BBC steht Public Value auch dort in Verbindung mit einer Neuausrichtung der öffentlichen Verwaltung – in einer Zeit, in der die in den letzten Jahrzehnten dominierenden Dogmen des freien Marktes zunehmend hinterfragt und modifiziert werden. Referenzpunkt für die meisten Diskussionen rund um Public Value ist dabei Mark Moores „Creating Public Value" (Moore 1995), das der Politikwissenschaftler und Ökonom 1995 an der Harvard School of Government verfasst hat. Auch wegen seiner Adaptierung durch die BBC hat das Public-Value-Konzept zuletzt viel mediale Aufmerksamkeit bekommen. Neben Moores Arbeit sind besonders in den letzten zehn Jahren eine ganze Reihe von Konzepten entwickelt worden, von denen viele eine Neubewertung öffentlicher Aufgaben jenseits des ausschließlichen ökonomischen Imperativs fordern (vgl. hierzu beispielsweise Bozeman 2007; Denhardt/Denhardt 2000; Meynhardt 2009). Zwischen diesen Ideen gibt es viele Querverbindungen und gegenseitige Beeinflussungen, weshalb sie im zeitlichen und inhaltlichen Kontext betrachtet werden müssen.

Ausgehend von den USA wurde der Public-Value-Ansatz zuerst in Ländern wie Großbritannien und den Commonwealth-Staaten Neuseeland und Australien weiterentwickelt. Die öffentlichen Verwaltungen dieser Länder waren so wie die Administration der USA in den 1980er und 1990er Jahren im Rahmen des sogenannten „New Public Managements" unter Verwendung stark marktwirt-schaftlich geprägter Ideen reformiert worden (vgl. O'Flynn 2007: 353; Kelly et al. 2002: 9). Die BBC hat diese Weiterentwicklungen im eigenen Land wiederum für sich adaptiert, was in vielen anderen öffentlich-rechtlichen Rundfunkan-stalten Europas zur Diskussion des Public-Value-Konzepts führte.

Ziel dieses Artikels ist es, den Public-Value-Begriff in seinem ursprünglichen Kontext, den Verwaltungs- und Politikwissenschaften, zu beleuchten, und die grundsätzliche Intention des Konzepts darzustellen. Danach erfolgt eine Abgrenzung zum New Public Management, als dessen Korrektiv Public Value oft bezeichnet wird. Dies soll zu einem besseren Verständnis des Begriffs beitragen, da er in der Medienbrache oft nur als Schlagwort verwendet wird, und als Hilfestellung dienen, um die Stärken und Schwächen der Theorie bei der Anwendung auf Medienunternehmen zu analysieren.

1   Die Ursprungstheorie von Mark Moore

Im Mittelpunkt von Moores Werk „Creating Public Value – Strategic Management in Government" (Moore 1995) steht der „Public Manager", der öffentliche Manager. Public Manager können Beamte oder Leiter einer Behörde sein, aber auch das Personal von Politikern, Richter oder Anführer von Interessensgruppen können eine solche Position innehaben, genauso wie die Leiter von NGOs oder anderen Organisationen, die von der Politik oder der Verwaltung dazu beauftragt werden, öffentliche Leistungen zu erbringen (vgl. Moore 1995: 2f). Solche Leistungen können von der Pflege und Betreuung älterer Menschen oder der Straßenreinigung bis hin zu öffentlichem Rundfunk reichen. Allen Public Managern ist gemeinsam, dass sie mit den ihnen anvertrauten finanziellen Ressourcen, die sich meist aus Steuergeldern speisen, gewisse Leistungen erbringen sollen (vgl. Moore 1995: 16).

Die zentralen Fragen in Moores Werk sind nun, welche Rolle Public Manager im Prozess der Leistungserbringung spielen sollen und welches Verhältnis sie dabei zur Politik, aber auch zu Nutzern der Services und sonstigen Stakehodern einnehmen sollen. Nach Moore bewegt sich ein Public Manager in einem „strategischen Dreieck" („strategic triangle"). Das Dreieck ergibt sich aus drei Punkten (vgl. Moore/Khagram 2004: 3):

- Legitimation und Unterstützung („legitimation and support"),
- öffentliche Werte („public values") und
- operative Leistungsfähigkeit („operational capabilities").

Um erfolgreich einen öffentlichen Wert oder Public Value zu schaffen, muss der Public Manager alle drei Punkte im strategischen Dreieck gleichermaßen berücksichtigen.

1.1 Legitimation und Unterstützung („Legitimation and Support")

Um überhaupt Leistungen für die Öffentlichkeit erbringen zu können, braucht eine Organisation dazu erst einmal die Legitimation und die Unterstützung von Seiten der Politik. Gemeint sind damit aber nicht nur Berufspolitiker, die einen Leistungsauftrag beschließen und mit der Formulierung von Gesetzen die rechtliche Grundlage dafür schaffen, sondern auch die Bürger, die mit ihrer Wahlentscheidung Politiker dazu ermächtigen, eine bestimmte Politik zu verfolgen, und entsprechende Mandate an gewisse Organisationen vergeben. Moore nennt diese Quellen von Legitimation und Unterstützung auch „authorative environment" (Moore 1995: 117–132). Es ist also die Gesellschaft, die im politischen Prozess festlegt, welche Ziele oder Werte mit Hilfe welcher Leistungen umgesetzt werden sollen. Der Public Manager muss zuerst ganz nach traditioneller Verwaltungslehre also den Auftrag der Politik, gewisse Leistungen zu erbringen, erfolgreich umsetzen. Um dies nachzuweisen, ist er den übergeordneten zuständigen Politikern Rechenschaft schuldig. Diesen Mechanismus der Rechenschaftslegung bezeichnet Moore als „Orientierung nach oben" („upward orientation") (Moore 1995: 17). Die Rechenschaftsberichte, die in der Regel der Legislative oder den von ihr beauftragten Einrichtungen vorgelegt werden, dienen dazu, die Fortführung der Aktivitäten zu legitimieren. Nach Auffassung der klassischen Verwaltungslehre enden hier die Aufgaben und Kompetenzen von Beamten oder Behördenleitern. Moore sieht für die Public Manager nach seinem Konzept allerdings weitreichendere Handlungsspielräume vor. So sollen Public Manager nicht nur dort Rechenschaft für ihre Organisation ablegen, wo sie rechtlich dazu gezwungen sind, sondern auch nach außen hin gegenüber Bürgern und anderen wichtigen Stakeholdern für Transparenz sorgen, denn schließlich sind es die Bürger an der Basis, die mit ihrer Wahlentscheidung über politische Grundsätze und damit auch darüber entscheiden, was als jener Public Value angesehen wird, der in der Folge von öffentlichen Organisationen erzielt werden soll. Moore spricht hier von Rechenschaftslegung nach unten bzw. außen („downward" bzw. „outward orientation") (Moore 1995: 17).

Diese Transparenz ist auch Grundlage für einen Dialog mit den Bürgern als auch Nutzern eines Services, der dazu dienen soll, das Angebot einer Organisation laufend zu verbessern und auf sich verändernde Bedürfnisse zu reagieren. Public Value beinhaltet damit auch das Gebot zur Änderung und Innovation von Leistungen (vgl. Moore 1995: 57).

Der Public-Value-Ansatz betont die Notwendigkeit der Einbindung verschiedenster Stakeholder. Er steht damit in einer Reihe mit anderen neuen Ansätzen der Verwaltungswissenschaft wie dem Konzept des „New Public Service" (vgl. Denhardt/Denhardt 2000: 553), aber auch bestimmten Strömungen des „New Public Management", die alle netzwerkorientierte Governance-

Aspekte als neue Quellen der Leistungslegitimation berücksichtigen (vgl. Huber 2007: 15). Sie wenden sich damit vom Prinzip der klassischen Verwaltung ab, das nur das Prinzip des hierarchischen Managements kannte (vgl. Denhardt/ Denhardt 2000: 554).

Darüber hinaus gesteht der Public-Value-Ansatz den Beamten auch zu, nicht nur getreu detaillierten Vorgaben aus der übergeordneten Politik zu handeln, sondern in Zusammenarbeit mit anderen den Public Value zu definieren bzw. die Bestimmung eines Public Values zu moderieren. Auch diese Auffassung eines aktiven öffentlichen Managers widerspricht der klassischen Verwaltungs-lehre, die der Verwaltung klar die Rolle der Ausführung und der Politik die Rolle der Gestaltung zuwies (vgl. O'Flynn 2007: 361f).

Diese aktive Aufgabe erfordere auch ein erneuertes Selbstverständnis bzw. „Ethos" der Public Manager, das im Einklang mit jenen Werten stehen muss, die die Organisation verfolgt. Gemeint sind damit zum einen klassische Werte des öffentlichen Sektors, zum anderen Werte wie Gleichbehandlung, Fairness und Unparteilichkeit, aber auch die Orientierung an den Bedürfnissen der Kun-den bzw. der Gesellschaft als Ganzem. Dies bedeutet für die Mitarbeiter einer öffentlichen Organisation, nicht bloß vorgegeben Ziele erreichen, sondern nach-haltige Werte schaffen zu wollen (vgl. Collins 2007: 6; Kelly et al. 2002: 4, 24f).

1.2 Öffentlicher Wert (Public Value)

Da Public Value von der Gesellschaft bestimmt wird und daher das Ergebnis eines politischen Aushandlungsprozesses ist, ist er nicht von sich aus gegeben oder allgemein gültig (vgl. Moore 1995: 32). Public Value lässt sich daher auch nicht mit dem in Wirtschaft und Wissenschaft viel häufiger verwendeten Begriff des öffentlichen Gutes gleichsetzen. Als öffentliche Güter werden in den Wirt-schaftswissenschaften Güter definiert, die durch Nichttrivialität im Konsum bzw. Nichtausschließbarkeit in der Nutzung charakterisiert sind (vgl. Karmasin/ Winter 2002: 32). Klassische Beispiele, die in der Literatur immer wieder ge-nannt werden, sind etwa Luft oder Landesverteidigung. Beide Güter können von Vielen gleichzeitig genutzt werden, ohne dass das Produkt an Wert verliert. Außerdem kann niemand vom Nutzen des Produktes ausgeschlossen werden, auch wenn jemand beispielsweise keine Steuern zahlt, mit denen die Landesver-teidigung finanziert wird. Daraus folgt, dass diese Güter auf dem Markt nicht mit Preisen belegt werden können und es zu Marktversagen kommt. Da die Güter am freien Markt dann nicht oder nicht im optimalen Maß bereitgestellt werden, muss der Staat eingreifen. Auch der Rundfunk galt lange Zeit als Bei-spiel für ein öffentliches Gut, ist es doch möglich, dass seine Programme von mehreren gleichzeitig konsumiert werden. Darüber hinaus konnte (zumindest vor der Einführung von Technologien zur Programmverschlüsselung) niemand vom Konsum ausgeschlossen werden. Infolge der neuen technologischen Möglichkeiten wird aber zunehmend in Frage gestellt, ob es sich beim Rundfunk noch um ein klassisches öffentliches Gut handelt, das der Staat bereitstellen muss (vgl. Davies 2004: 10, 14).

Im Gegensatz zu öffentlichen Gütern stelle Public Value nicht ausschließlich auf die Korrektur von Marktversagen ab, schreiben Alford und O'Flynn: „(...) *public value entails a wider range of things than those encompassed by public goods. Public value includes but is not limited to public goods*" (Alford/O'Flynn 2009: 175). Public Value könne, im Gegensatz zu öffentlichen Gütern, auch dann staatliche Interventionen rechtfertigen, wenn ihnen kein klassisches Marktversagen vorausgeht. Außerdem seien öffentliche Güter streng genommen Outputs, das heißt materielle oder immaterielle Produkte bestimmter Leistungen, während Public Value auch im Rahmen der sogenannten „Outcomes" jene Wirkungen auf die Gesellschaft berücksichtigt, die bei der Bereitstellung bestimmter Güter gewissermaßen „herauskommen". Da die Gesellschaft bestimmt, was Public Value sein soll, hat diese für ihre Mitglieder darüber hinaus noch eine (normative) Bedeutung (vgl. Alford/O'Flynn 2009: 175f). Die normative Dimension des Begriffs Public Value leitet sich nach Knoll vom öffentlichen Interesse ab, in dessen Namen ein Staat generell im Gegensatz zum freien Markt arbeiten soll (vgl. Knoll 2008: 35). Das mit staatlichen Aktivitäten im Zusammenhang stehende öffentliche Interesse wird in der Literatur oft als nicht umsetzbare theoretische Idealvorstellung beschrieben. Public Value(s) (im Singular oder Plural) dagegen seien daraus abgeleitete Werte, die mit konkreten Maßnahmen umgesetzt und mit dem öffentlichen Interesse begründet werden könnten (vgl. Alford/O'Flynn 2009: 176; Bozeman 2007: 14).

Public Value beinhaltet demnach gleichzeitig eine operative und eine normative Dimension. Der Begriff der meritorischen Güter kommt dem nahe. Meritorische Güter sind Güter, von denen unter marktwirtschaftlichen Bedingungen ohne Intervention des Staates weniger bereitgestellt gestellt würde, als gesellschaftlich wünschenswert wäre, weil von Seiten der einzelnen Konsumenten zu wenig Nachfrage bestünde. Um dieses Defizit auszugleichen, greift der Staat ein. Meritorische Güter dienen also „*der aus normativer Hinsicht wünschenswerten Korrektur individueller Präferenzen*" (vgl. Rieger 2002: 529). Nach Davies sind auch die klassischen öffentlich-rechtlichen Programmgenres wie Nachrichten oder Dokumentationen meritorische Güter, da der Wert dieser medialen Inhalte für viele Menschen erst (lange Zeit) nach der Rezeption ersichtlich würde (vgl. Davies 2004: 26).

Um die optimale Versorgung der Gesellschaft mit meritorischen Gütern sicherzustellen, müssten sie, so Horner et al., daher bereitgestellt werden, auch wenn
die Zustimmung der Bevölkerung dafür fehle. Der kommunikative, Stakeholder-
orientierte Ansatz des Public-Value-Konzepts könne dabei helfen, die Ermäch-
tigung für die Bereitstellung solcher Güter zu bekommen (Horner et al. 2006a:
44).

1.3 Operative Leistungsfähigkeit („Operational Capabilities")

Wird eine Organisation ermächtigt, bestimmte Maßnahmen umzusetzen, braucht
sie dazu auch die notwendigen Mittel. Dies bezieht sich einerseits auf materielle, aber auch auf immaterielle Ressourcen, wie das Selbstverständnis und die
Motivation der in einer Organisation tätigen Mitarbeiter, die Fähigkeit Innovationen umzusetzen oder für ein Vorhaben strategische Partner zu finden. (vgl.
Moore 1995: 71 bzw. Moore/Khagram 2004: 9).

1.4 Co-Production

Die drei Eckpunkte des „strategischen Dreiecks" sind jene Parameter, innerhalb
derer öffentliche Organisationen agieren müssen. Oft können sie den von der
Gesellschaft als richtig erachteten Public Value nicht von sich heraus schaffen,
sondern brauchen dazu die Mithilfe der Gemeinschaft.

Moore nennt dieses Prinzip „Co-Production" und gibt dafür ein einfaches
Beispiel: Startet die Regierung mit Hilfe von Steuermitteln ein Impfprogramm
zur Vermeidung bestimmter Krankheiten, so kann der Public Value einer gesunden Bevölkerung nur realisiert werden, wenn sich die Menschen auch tatsächlich impfen lassen. Tun sie dies nicht, hilft auch die beste Organisation der
Verwaltung nichts, der gewünschte Public Value könnte nicht geschaffen werden (vgl. Moore 1995: 110–115).

Die Co-Production betrifft aber nicht nur die erfolgreiche Umsetzung von
Maßnahmen. Im weiteren Sinne muss sie auch schon auf der Ebene der Autorisation stattfinden. So kann es wie im Falle der Impfkampagne notwendig sein,
sich die Unterstützung von Politikern und anderen wichtigen Personen zu suchen, die mit ihrer öffentlichen Befürwortung der Maßnahme die Menschen
dazu mobilisieren, sich impfen zu lassen. Soll die Unterstützung glaubwürdig
wirken, sind alle darin involvierten Parteien aufeinander angewiesen, das heißt,
sie müssen kooperieren und Unterstützung koproduzieren (vgl. Moore 1995:
118).

2   Public Value als Korrektiv des „New Public Management"

Moore stellt mit seinem Public-Value-Ansatz und der darin enthaltenen Stakeholder-Orientierung einerseits die Grundsätze der klassischen hierarchischen Verwaltung in Frage. Anderseits kritisiert er aber auch den internationalen Trend in der Verwaltung im Rahmen des sogenannten „New Public Management", jene Menschen, denen die öffentliche Administration dienen soll, ausschließlich als Konsumenten öffentlicher Leistungen wahrzunehmen. Mit der verstärkten Kundenorientierung wollten die Befürworter des New Public Managements der oft geäußerten Kritik Rechnung tragen, die öffentliche Verwaltung sei zu starr, bürokratisch und orientiere sich nicht an den Bedürfnissen der Menschen (vgl. Horner et al. 2006b: 13). Erreicht werden sollte dies vor allem durch die Übernahme marktwirtschaftlicher Prinzipien, wie Wahlmöglichkeit aus konkurrierenden Angeboten. Dahinter steht die Auffassung, dass der Staat nicht allein für die Lösung gesellschaftlicher Probleme verantwortlich ist, sondern dass er zur Bewältigung gesellschaftlicher Aufgaben mit anderen Leistungsanbietern am freien Markt zusammenarbeiten und gegebenenfalls auch konkurrieren soll (vgl. Huber 2007: 13). Die Aufgabe des Staates ist es demnach, die Erstellung gewisser Leistungen zu gewährleisten, beispielsweise indem er die Aufgabe zur tatsächlichen Erbringung der Leistungen Anbietern auf dem privaten Markt überlässt und sie mittels Verträgen zur Einhaltung festgelegter Mindeststandards verpflichtet.[1] Dem Bürger soll als Konsument so die Möglichkeit gegeben werden, zwischen öffentlichen und privaten Leistungen zu wählen, und so jenes Angebot auszusuchen, von dem er sich den größten Nutzen verspricht. Der öffentliche Nutzen ergibt sich demnach aus der Summe des individuellen Nutzens. Diese Annahme aus der Public-Choice-Theorie hat das New Public Management maßgeblich beeinflusst (vgl. Grüning 2000: 123).

Die daraus resultierende marktwirtschaftliche Sichtweise wurde auch in der Performancemessung der Verwaltung weitergeführt. Vor allem wurde versucht, marktwirtschaftliche Kriterien wie Effektivität und Effizienz, die monetär gemessen werden können, auf die öffentliche Verwaltung zu übertragen. Die primäre Orientierung an ökonomischen Zielen ist als eine Reaktion auf die zunehmenden Staatsdefizite der 1970er und 1980er Jahre zu sehen. Ganz nach dem Motto „mehr privat, weniger Staat" sollten die öffentliche Verwaltung verkleinert, Kosten reduziert und vormals öffentliche Leistungen an private Anbieter ausgelagert werden (vgl. Huber 2007: 12).

---

1   In der Literatur der Verwaltungswissenschaften wird diese Vorgangsweise auch als „Prinzipal-Agent-Prinzip" bezeichnet. Der Beamte einer Behörde (Prinzipal) überwacht demnach nur, ob eine von einer anderen unabhängigen Stelle (Agent) erbrachen Leistung bestimmten Kriterien entspricht (vgl. O'Flynn 2007: 355f). Leistungserbringung und -überwachung erfolgen nicht mehr an einer Stelle, wie in der klassischen Verwaltung üblich, sondern getrennt.

Auch Moore spricht sich für die Verwendung gewisser Managementtechniken aus, vor allem was das Stakeholder-Management betrifft. Er wehrt sich aber gegen die Reduktion der Ziele öffentlicher Verwaltung auf die Einhaltung ökonomisch bewertbarer Kriterien und die Auffassung, nur die Konsumenten einer öffentlichen Dienstleistung individuell befriedigen zu müssen. Die öffentliche Verwaltung muss demnach nicht nur auf die Zufriedenheit ihrer Kunden mit den erbrachten Dienstleistungen achten. Wichtig sei es auch, den Bürgern in ihrer Gesamtheit das Gefühl zu geben, die staatliche Administration erbringe Leistungen in Übereinstimmung mit ihren politischen Vorstellungen und Wünschen, denn die Bürger sind es schließlich, die die öffentliche Verwaltung indirekt durch demokratisch gewählte Vertreter zur Leistungserbringung ermächtigen. Das Bedürfnis der Bürger nach einer fairen, effizienten und transparenten Verwaltung könne durch Mechanismen der Rechenschaftslegung befriedigt werden, die die kompetente Führung einer öffentlichen Organisation belegen.

„(...) what citizens and their representatives (as opposed to clients and beneficiaries of programs) buy from public managers is an account of the public enterprise – a story contained in a policy. In this sense a policy is to the public sector manager what a prospectus is to a private and entrepreneur." (Moore 1995: 54)

Public Value ist demnach also mehr als die bloße Aggregation individueller Präferenzen, wie die Public-Choice-Theorie postuliert, nämlich eine kollektive Entscheidung, die in politischen Prozessen getroffen wird. Natürlich spielen hier bei der Bestimmung, was ein verfolgenswertes Ziel ist, individuelle Interessen eine Rolle, letztlich entscheidend ist aber das Kollektiv (vgl. Moore 1995: 30).

Die Interessen der Bürger zu befriedigen kann daher wichtiger sein, als den Bedürfnissen der Nutzer einer Leistung zu entsprechen. So kann es für die öffentliche Verwaltung durchaus sinnvoll sein, beispielsweise die Empfänger von Sozialleistungen strengen Kontrollen zu unterziehen, selbst wenn dies höhere Kosten verursacht, als würde man die Überprüfungen einsparen und dafür gelegentlichen Missbrauch in Kauf nehmen. Für die Nutzer eines Services sind solche kostenintensiven Kontrollen eine Belastung, die ihre Zufriedenheit schmälern können, für das Gerechtigkeitsempfinden der Steuerzahler (Bürger) kann eine solche Maßnahme aber wichtig sein (vgl. Moore 1995: 37).

3 Weiterentwicklung des Public-Value-Ansatzes in Großbritannien

Das Public-Value-Konzept von Mark Moore traf außerhalb der USA besonders im Vereinigten Königreich, in Australien und Neuseeland auf große Resonanz. In diesen Ländern wurden in den 1980er und 1990er Jahren die Verwaltungen unter Verwendung von New-Public-Management-Strategien reformiert. Die verstärkte Orientierung an den Bedürfnissen der Kunden brachte zwar Verbesserungen, was die Nutzerfreundlichkeit der Verwaltung betraf, in anderen Bereichen erwiesen sich die Grundsätze des New Public Managements aber als weniger vorteilhaft. So orientierten sich die Verwaltungsbediensteten zunehmend ausschließlich an verhältnismäßig einfach zu messenden betriebswirtschaftlichen Kennzahlen wie Effizienz, Durchschnittskosten oder etwa der Anzahl durchgeführter medizinischer Beratungsgespräche (vgl. Kelly et al. 2002: 9). Die wesentlich schwierigere Beurteilung, ob beispielsweise mehr Arztgespräche in kürzerer Zeit tatsächlich zu einer besseren Gesundheit der Patienten führen würden, erfuhr wenig Beachtung. Kritiker beschrieben diese Praxis mit den Worten *„hitting the target, but missing the point"* (Horner et al. 2006b: 12).

Mit dem auf den öffentlichen Wert einer Leistung abstellenden Public-Value-Ansatz sahen Wissenschaftler und Angehörige der Verwaltung bzw. Regierung eine Möglichkeit, die Fehlentwicklungen des New Public Managements zu korrigieren.

3.1 Creating Public Value: An analytical framework for public service reform

Im Jahr 2002 erstellten drei Mitarbeiter der britischen Regierung, Gavin Kelly, Geoff Mulgan und Stephen Muers, ein Diskussionspapier, in dem sie das Public-Value-Konzept als möglichen Ansatz darstellen, um den öffentlichen Sektor in Großbritannien zu reformieren. In ihrem Paper mit dem Titel „Creating Public Value – An analytical framework for public service reform" (Kelly et al. 2002) entwickelten sie Moores Ideen weiter. Sie berücksichtigen dabei auch die britische politische Landschaft und Kultur, die sich zum Teil von der amerikanischen Politik unterscheidet, in deren Kontext Moores ursprüngliches Konzept entwickelt worden war (vgl. Horner et al. 2006b: 16). Collins bezeichnet die Arbeit von Kelly et al. daher auch als *„key route for transmission of Moore's public value doctrine into the UK"* (Collins 2007: 13) und als besonders einflussreich, was die Entwicklung des Public-Value-Konzepts der BBC betrifft.

Analog zu Moore gehen die drei Autoren davon aus, dass Public Value letztlich durch die Bürger definiert und von der Verwaltung durch Dienstleistungen, Gesetze und andere Tätigkeiten geschaffen wird (vgl. Kelly et al. 2002: 4). Darüber hinaus könne die öffentliche Verwaltung einen zusätzlichen Wert („Value added"; Kelly et al. 2002: 5) schaffen. Die Bezeichnung „Value added" könnte man, wie in der öffentlichen Diskussion so oft geschehen, auch mit dem Begriff des „Mehrwert" übersetzen. Dieser Mehrwert ergibt sich aus der Differenz zwischen den Ressourcen, die die Öffentlichkeit in Form von Finanzmitteln und Autorität der Regierung bzw. der Verwaltung überlässt, und dem Nutzen jener Leistungen für die Gesellschaft, die die Regierung bzw. Verwaltung mit diesen Ressourcen erbringt (vgl. Kelly et al. 2002: 4). Da die Ressourcen, die die Öffentlichkeit zur Verfügung stellen kann, nicht unendlich sind, müssen Entscheidungen darüber getroffen werden, welche Leistungen erstellt werden sollen und welche Mittel die Gesellschaft bereit ist dafür aufzuwenden.

> „For something to be of value it is not enough for citizens to say that it is desiderable. It is only of value if citizens – either individually or collectively – are willing to give something up in return for it." (Kelly et al. 2002: 4)

Das, was die Gesellschaft bereit ist zu aufzugeben, können monetär bewertbare Steuern und Gebühren sein, aber auch die nicht in Zahlen festlegbare Bereitschaft, beispielsweise Informationen für erhöhte Sicherheit preiszugeben. Die Idee der Opportunitätskosten ist nach Kelly et al. für den Public-Value-Ansatz zentral. Als Opportunitätskosten werden in der Volkswirtschaft Kosten bezeichnet, die sich aus der Wahl einer Handlungsalternative ergeben. Wenn beschränkte Ressourcen für die Produktion eines Gutes verwendet werden, können sie nicht mehr für die Erstellung eines anderen genutzt werden, wodurch eine Wahl zwischen dem einen oder dem anderen Gut unausweichlich ist (vgl. Holzinger 2002: 599). Die Höhe der Opportunitätskosten könne daher als Gradmesser für Public Value dienen,

> „(...) if it is claimed that citizens would like government to produce something but they are not willing to give anything up in return, then it is doubtful that the activity in question will genuinely create value." (Kelly et al. 2002: 4)

3.2 Koexistenz von öffentlichen und privaten Anbietern

Analog zu Moore ist klassisches Marktversagen für Kelly et al. bei der Bereitstellung öffentlicher Güter nicht alleiniges Kriterium. Darüber hinaus können bei der öffentlichen Bereitstellung von Gütern und Dienstleistungen private und öffentliche Institutionen am Markt koexistieren und Public Value erbringen:

> „Much of the experience of the last 20 years has shown that public value is best maximised neither by competitive private markets nor by monopoly public provision. Instead, as UK experience in prisons, employment and welfare services has shown, the combination of strong public sector institutions and competition from private and non-profit organisations achieves the best balance of accountability, innovation and efficiency." (Kelly et al. 2002: 5)

Der Grundsatz des New Public Managements, wonach Konkurrenz zur Verbesserung öffentlich bereitgestellter Dienstleistungen beitragen kann, wird somit auch im Public-Value-Ansatz weitergezogen (vgl. Horner et al. 2006b: 17). Die Koexistenz von privaten und öffentlichen Dienstleistern gilt in Großbritannien auch für den Bereich des öffentlich-rechtlichen Rundfunks. So wird die BBC fast ausschließlich durch Rundfunkgebühren finanziert, während andere Sender wie Channel 4, ITV und Five auf Werbeeinnahmen angewiesen sind (vgl. Latzl 2010: 202).

Dem Public-Value-Ansatz von Kelly et al. zufolge lässt sich Public Value aus drei Kriterien ableiten (vgl. Kelly et al. 2002: 11):

- gute Leistungen bzw. Produkte der Verwaltung („services"),
- Wirksamkeit der Services in Bezug auf ein gesellschaftliches Ziel („outcomes") sowie
- Vertrauen der Bürger in die ordnungsgemäße Leistungsabwicklung und in die Kompetenz der Regierung Probleme zu lösen („trust").

Mit der Unterteilung in „services" und „outcomes" führen sie eine stärkere analytische Trennung von Leistungen und Produkten sowie deren Wirkung ein. Bestimmte Leistungen oder Produkte können zur Erreichung eines gesellschaftlichen Ziels nur einen Teil beitragen, oft sind dazu viele weitere Faktoren notwendig. Das bedeutet aber auch, dass gesellschaftliche Ziele oder Wirkungen Werte repräsentieren, die von einer einzelnen Leistung nicht erfasst werden.

„There is value in safe streets beyond the quality of police services, benefits to low unemployment over and above quality of service offered by the Employment Service and gains from having a healthy population over and above those enjoyed by users of a high quality NHS[2]." (Kelly et al. 2002: 15)

Zwar schreibt auch Moore beispielsweise im Zusammenhang mit der Co-Production, dass über die eigentliche Leistung hinaus noch andere Faktoren, wie etwa die Mithilfe der Bevölkerung notwendig sind, um gewisse gesellschaftliche Wirkungen zu erreichen. Leistungen und Wirkungen werden von ihm im Übrigen aber nicht so stark analytisch getrennt.

---

2   National Health Service: britischer, allgemeiner, staatlicher durch Steuern finanzierter Gesundheitsdienst (vgl. NHS 2010).

3.3 Der Public-Value-Ansatz der Work Foundation

Aufbauend auf den Arbeiten von Moore und Kelly et al. hat die Work Foundation, ein britischer Think Tank, den Public-Value-Ansatz weiterentwickelt. Dabei hat die Work Foundation mit britischen öffentlichen Einrichtungen, wie der BBC, zusammen gearbeitet. So wie Moore und das Team um Kelly hat man dort ein Dreieck zur Beschreibung von Public Value entwickelt, das „Public Value Dynamic" (Horner et al. 2006b: 27) genannt wird. Die „Public Value Dynamic" umfasst drei Punkte:

- die Schaffung von Werten bzw. Leistungen („creation"),
- Autorisation („authorisation") und
- Messung („measurement") (vgl. Horner et al. 2006b: 27).

Mit diesen drei Punkten behält die Work Foundation die Grundsätze von Moore bzw. Kelly et al. bei, setzt aber zum Teil andere Schwerpunkte und Akzente: „This builds explicitly on Moore's authoring environment, but differs in that it identifies the issue of measurement as critical to the production of public value " (Coyle/Woolard 2009: 10). Der Fokus der Work Foundation auf die Messung von Public Value kann als eine Reaktion auf die engen ökonomischen Zielvorgaben gesehen werden, mit denen die britische Verwaltung in der Vergangenheit konfrontiert war und die oft den Blick auf größere Zusammenhänge verstellten. Die Anwendung nicht geeigneter Messgrößen könne nach Auffassung der Work Foundation Public Value sogar zerstören. Hingegen trage eine breitere Beurteilung des Public Value mit verschiedensten – auch nicht-ökonomischen Kriterien – dazu bei, auf die Bedürfnisse der Bevölkerung angemessener reagieren zu können, was wiederum die öffentlichen Leistungen verbessern und das Vertrauen und die Legitimität öffentlicher Institutionen stärken würde (vgl. Horner et al. 2006b: 37–43). Die Messung von Public Value hat damit wesentlichen Anteil an seiner Schaffung – ein Grundsatz, der später auch von der BBC übernommen wurde.

Die Frage der Messung betrifft alle Bereiche: die Outputs bzw. Outcomes, die Qualität und Intensität der deliberativen Prozesse, die Rechenschaftslegung und die Autorisation. Zentral ist sie somit auch bei der entscheidenden Determinante für Public Value, den „Präferenzen der Bürger", deren Unterscheidung von den Präferenzen der Konsumenten auch für die Work Foundation große Wichtigkeit zukommt. Gleichzeitig betont die Work Foundation aber auch, dass nicht jede populäre bzw. populistische Forderung als eine Äußerung solcher Präferenzen gewertet werden könne. So sei die Politik nicht verpflichtet, auf unreflektierte Forderungen der Bürger zu reagieren bzw. wüssten die Bürger oft nicht ausreichend über den Wert bestimmter Produkte und Dienstleistungen für die Gesellschaft Bescheid (vgl. Horner et al. 2006b: 37–43).

Diese Argumentation erinnert stark an jene, die auch bei der Bereitstellung meritorischer Güter immer wieder angeführt wird. Allerdings betonen die Autoren in Bezug auf Public Value, dass bei Anwendung eines Public-Value-orientierten Ansatzes auch solche Güter nicht einfach ohne Zustimmung der Bürger bereitgestellt werden dürften. Vielmehr müssten die Bürger in die Lage versetzt werden, über den zur Debatte stehenden Sachverhalt zu reflektieren, um differenzierte, sogenannte „refined preferences" äußern zu können. Um dies zu erreichen, können deliberative Verfahren eingesetzt werden, in denen den Bürgern zuerst Wissen über einen bestimmten Sachverhalt vermittelt wird, zu dem sie später ihre Meinung äußern sollen (vgl. Horner et al. 2006b: 15).

3.4 Der Ansatz der BBC

Der Public-Value-Ansatz der Work Foundation mit seinen Eckpunkten „creation", „authorisation" und „measurement" diente der BBC wiederum als Grundlage für die Entwicklung ihrer eigenen Ideen zu Public Value. Das Public-Value-Konzept umfasst grundsätzlich alle möglichen Felder des öffentlichen Sektors. Der Schwerpunkt der in der Literatur diskutierten Fallbeispiele liegt jedoch in den Bereichen Gesundheitsversorgung, Infrastruktur, Sicherheit oder Bildung. Im Zuge der Debatte um Public Value in Großbritannien versuchte schließlich Holden, den zuvor wenig beachteten kulturellen Wert analog und in Verbindung mit Public Value zu beleuchten.[3] Auch diese Arbeiten haben die Entwicklung des Public-Value-Ansatzes der BBC beeinflusst. Die Produkte der BBC und anderer Medien können neben ihrer Zuordnung zu Konsum- und öffentlichen Gütern auch als Kulturgüter aufgefasst werden (vgl. Karmasin/Winter 2002: 30–32). Nicht zuletzt aufgrund der Besonderheit der BBC als Kulturproduzent, weist der angewendete Public-Value-Ansatz des Unternehmens einige Modifikationen in Bezug auf die Ursprungskonzepte auf. Dies betrifft auch den international so häufig diskutierten Public-Value-Test, der umgelegt auf das Modell der Work Foundation den Eckpunkt der Messung („measurement") repräsentiert. Der Public-Value-Test wurde bereits in mehreren anderen Publikationen im deutschen Sprachraum beschrieben, weshalb hier nicht auf die genaue Ausgestaltung der Prüfverfahren eingegangen werden soll (für einen Überblick vgl. Latzl 2010 und in diesem Band). Zu beachten ist hier allerdings, dass auch der künstlerische bzw. kulturelle Wert der Produkte berücksichtigt wird. So muss die BBC den „cultural and creative value" ihrer Services einerseits durch Publikumsbefragungen nachweisen, andererseits werden auch Auszeich-

---

3   Vergleiche hierzu die von Holden für den britischen Think Tank DEMOS verfassten Arbeiten „Capturing Cultural Value" (2004) sowie „Cultural Value and the Crisis of Legitimacy" (2006). In seinen Arbeiten beschreibt Holden Public Value als eine Determinante von Cultural Value.

nungen und positive Kritiken von Professionalisten einbezogen (vgl. Collins 2007: 48).

Was die internationale Public-Value-Diskussion in Bezug auf den öffentlich-rechtlichen Rundfunk betrifft, fällt auf, dass es mit dem Fokus auf dem Public-Value-Test fast ausschließlich um die Frage der Messung bzw. Evaluation von Public Value geht. Die Punkte der Public-Value-Creation und der Autorisation werden hingegen viel weniger beachtet, obwohl diese – zumindest in der Theorie – genauso wichtig sind. Neben dem Public-Value-Test hat die BBC eigene Wege gefunden, mit den Punkten der Autorisation und Creation umzugehen. So erfährt die sowohl für die Schaffung als auch für die Autorisation bzw. Legitimierung von Public Value so wichtige Co-Production eine zentrale Wandlung, hin in Richtung Konsultation und Information der Bevölkerung. So kann beispielsweise beim Charter-Review-Prozess, in dem die Aufgaben und Tätigkeiten der BBC für die nächsten zehn Jahre rechtlich bindend festgelegt werden, jeder eine Stellungnahme abgeben (vgl. BBC Charter Review 2010). Darüber hinaus sind auch im Public-Value-Testverfahren Konsultationen vorgesehen (vgl. Gold 2010: 85).

Dass die BBC vorangig Konsultationen als „weichere" Variante der Autorisierung einsetzt, liegt zum einen an den Bedingungen des Kontakts einer Rundfunkanstalt mit ihrem Publikum, zum anderen aber auch an der rechtlichen Stellung der BBC. So ermöglicht die Einweg-Kommunikation des linearen Rundfunks generell wenig Kontakt mit den Nutzern. Die Herstellung eines Produkts erfolgt an einer anderen Örtlichkeit als die Nutzung und ist auch oft zeitlich verschieden. Direkter Kontakt zwischen den Nutzern und Produzenten ist de facto nicht vorhanden (vgl. Collins: 63). Eine Lösung des Problems könnte sich mit Internet und digitalem Fernsehen auftun. Des Weiteren stehen das Gebot der Unabhängigkeit bzw. die etablierten Kontrollmechanismen einer allzu direkten Einflussnahme der Nutzer entgegen (vgl. Collins 2007: 55, 66).

Auch die von Kelly et al. geforderte Konkurrenzsituation mit anderen Anbietern ist in der britischen Rundfunklandschaft nicht vollkommen umgesetzt. Zwar konkurriert die BBC auf dem Zusehermarkt mit anderen (öffentlich-rechtlichen) Marktteilnehmern, die Rundfunkgebühren sind davon aber noch nicht betroffen. Von Seiten der britischen Rundfunkregulierungsbehörde bzw. der bis Mitte 2010 im Amt befindlichen Regierung wurde ein Gebührensplitting-Modell angedacht, wonach bestimmte Programme anderer öffentlich-rechtlicher Anbieter mit einem Teil der Rundfunkgebühren subventioniert werden könnten (vgl. Collins 2007: 57).

4 Fazit

Seit Mark Moore die Grundzüge des Public-Value Konzepts Mitte der 1990er in den USA erstmals vorgestellt hat, wurde der ursprünglich rein verwaltungswissenschaftliche Ansatz vor allem in Großbritannien, zuletzt aber auch in Kontinentaleuropa weiterentwickelt und diskutiert. Wie die folgende Tabelle zusammenfassend zeigt, haben verschiedene Wissenschaftler und Institutionen den Public-Value-Ansatz unterschiedlich interpretiert und ihren Fokus auf unterschiedliche Aspekte gelegt. Mit der Modifizierung des Prinzips der Co-Produktion und der Aufweichung des Konkurrenzgedankens hat die BBC die bestehenden Public-Value-Ansätze ihren Bedürfnissen angepasst.

Public-Value-Eckpunkte			
Ansatz	**Eckpunkt 1**	**Eckpunkt 2**	**Eckpunkt 3**
Moore (1995)	Legitimation & Support	Values	Operational Capabilities
Kelly et al. (2002)	Trust	Services	Outcomes
Work Foundation (2006)	Authorisation	Creation	Measurement
Umsetzung durch BBC (ab 2004)	z. B. Charter Review mit Möglichkeit der Stellungnahme sowie Konsultationen in vielen Bereichen	Service-Angebot der BBC	Public-Value-Test

Abb.: Eckpunkte der verschiedenen Public-Value-Ansätze im Vergleich

Das Beispiel der BBC zeigt auch, dass die Idee des Public Value nicht unmittelbar auf (öffentlich-rechtliche) Rundfunkanbieter zu übertragen ist, da rechtliche und branchenspezifische Gegebenheiten dem entgegenstehen können und der Wert des Rundfunks als Kulturgut in den ursprünglichen Public-Value-Konzepten oft nicht genügend berücksichtigt wird. Dies gilt für die BBC und folglich auch für die kontinentaleuropäischen Rundfunkanbieter etwa in Deutschland und Österreich. Doch auch mitsamt der Modifikationen der Ursprungstheorien von Public Value bedarf es einiger Änderungen in der alltäglichen Arbeit und im Selbstverständnis der Rundfunkunternehmen einerseits, aber

auch veränderte Einstellungen und Haltungen der Bürger bzw. der Politik andererseits.

Zentral für alle oben diskutierten Public-Value-Ansätze ist, dass Public Value bzw. die Ziele und Maßnahmen, die eine Organisation verfolgen soll, sowie
die Art und Höhe der dazu zur Verfügung stehenden Mittel in einem demokratischen Prozess unter Einbeziehung der Bevölkerung ausgehandelt werden müssen. In einer immer komplexer werdenden Welt werden Entscheidungen über
die Mittelverwendung verstärkt an professionelle Politiker und Beamte dele-
giert, die Verbindung zu den Bürgern beschränkt sich zunehmend nur noch auf
die Stimmabgabe bei Wahlen, bei denen überdies mit einer Entscheidung für
eine bestimmte Partei oder Person gleichzeitig über eine ganze Reihe von öffentlichen Angelegenheiten abgestimmt werden muss. Der Public-Value-Ansatz
hingegen setzt auf eine vermehrte Einbindung der Bürger bzw. Stakeholder bei
spezifischen Sachverhalten, wie beispielweise den Aufgaben des öffentlich-
rechtlichen Rundfunks, auch außerhalb der routinemäßigen Legitimierung durch
Wahlen. Public Value rückt damit das Politische in den Mittelpunkt. Von den
einzelnen öffentlichen Organisationen verlangt dies eine stärkere Orientierung
nach „außen" und „unten", hin zu Bürgern und Stakeholdern, zusätzlich zur
Rechenschaftlegung bzw. zum Austausch „nach oben" in Richtung übergeord-
neter politischer Instanzen. So schreibt auch die BBC in ihrem Strategie-Papier
„Building Public Value":

> „Historically the BBC has been a relatively closed organisation. It has guarded its independence
> fiercely and has tended to try to do most things itself – in common with many other public
> organisations. (…) Today's audiences, contemporary public standards and the opportunities and
> challenges of the next decade all demand a more responsive BBC. This calls for a more open
> climate within the BBC, with improved access for independent and regional programme-
> makers, commercial partners and other parts of the public and private sector. The BBC will also
> be more open to the public themselves – as individuals, as citizens, and, above all, as owners."
> (BBC 2004: 98)

Diese verstärkte Offenheit bezieht sich auf die gesamte Organisation, weshalb
es auch in der Diskussion über Public Value, sofern sie an die zu Grunde liegenden Theorie anschließen möchte, um die Organisation als Ganzes und nicht
nur um einzelne Produkte gehen soll. In der Diskussion um Public Value öffentlich-rechtlicher Medien liegt der Fokus – zumindest in Österreich – auf der
Output- bzw. Produktebene, das heißt, es wird hauptsächlich diskutiert, ob bestimmte Sendungen oder Programme genug Public Value aufweisen (vgl. Neumüller 2010: 54–60).

Der Public-Value-Ansatz stellt aber nicht nur neue Forderungen an öffentliche Organisationen, sondern auch an die Menschen, die sich ganz im Sinne des
liberalen Ideals vom aufgeklärten, informierten Bürger an Dialogen zum Wohle

der Gesellschaft beteiligen sollen. Die Frage ist, ob die Menschen Willens und in der Lage sind, sich an solchen Dialogen zu beteiligen, zählen doch die klassischen öffentlich-rechtlichen Aufträge wie Information und Bildung zu den meritorischen Gütern, deren Charakteristik es ja gerade ist, das die Menschen ihren Wert nicht erkennen. Der Public-Value-Ansatz nimmt sich diesem Problem an, indem er Initiativen fordert, die Präferenzen der Bürger zu „verfeinern". Für die Rundfunkanstalten bzw. die Medienpolitik würde dies eine verstärkte Förderung medienpädagogischer Initiativen bedeuten.

Eine ernsthafte Umsetzung des Public-Value-Ansatzes verlangt also mehr als den bloßen Verweis auf den Wert einer Organisation für die Gesellschaft in Statements und Reden, sie verlangt echtes Engagement von Public Managern, Politikern, Konsumenten und Bürgern als Konstituenten von Öffentlichkeit.

Literatur

Alford, John/O'Flynn, Janine (2009): Making Sense of Public Value: Concepts, Critiques and Emergent Meanings. In: International Journal of Administration. 32. 171–191

BBC (2004): Building Public Value. Renewing the BBC for a digital world. London. BBC.

BBC Charter Review (2010): Online: http://www.bbccharterreview.org.uk/have_your_say/hys_home.html (14.06.2010)

Berka, Walter/Grabenwarter Christoph/Holoubek Michael (Hg.) (2010): Public Value im Rundfunkrecht. Fünftes Rundfunkforum. Schriftenreihe Recht der elektronischen Massenmedien. Band 6. Wien: Manz'sche Verlags- und Universitätsbuchhandlung

Bozeman, Barry (2007): Public Values and Public Interest. Counterbalancing Economic Individualism. Washington, D.C.: Georgetown University Press

Christl, Reinhard/Daniela, Süssenbacher (Hg.) (2010): Der öffentlich-rechtliche Rundfunk in Europa. ORF; BBC, ARD & Co auf der Suche nach dem Public Value. Wien: Falter

Collins, Richard (2007): Public Value and the BBC. A report prepared for the Work Foundation's public value consortium. London: The Work Foundation. Online: http://www.thework foundation.com/assets/docs/publications/174_publicvalue_bbc.pdf (30.05.2010)

Coyle, Diana/Woolard, Christopher (2009): Public Value in Practice. Restoring the ethos of public service. London: BBC Trust

Davies, Gavyn (2004): The BBC and Public Value. London: The Social Market Foundation. Online: http://www.smf.co.uk/assets/files/publications/TheBBCandPublicValue.pdf (30.05.2010)

Denhardt, Robert B./Denhardt, Janet Vinzant (2000): The New Public Service: Serving Rather than Steering. In: Public Administration Review 60. 6. 549–559

Gold, Alison (2010): Der Public Value-Test. Das britische Modell. In: Berka et al. (Hg.) (2010): 83–87

Grüning, Gernod (2000): Grundlagen des New Public Management. Entwicklung, theoretischer Hintergrund und wissenschaftliche Bedeutung des New Public Management aus Sicht der politisch-administrativen Wissenschaften der USA. Münster: LIT

Holden, John (2004): Capturing Cultural Value. How culture has become a tool of government policy. London. DEMOS. Online: http://www.demos.co.uk/files/CapturingCulturalValue.pdf? 1240939425 (30.05.2010)

Holden, John (2006): Cultural Value and The Crisis of Legitimacy. Why culture needs a democratic mandate. London: DEMOS. Online: http://www.demos.co.uk/files/Culturalvalueweb.pdf? 1240939425 (30.05.2010)

Holzinger, Katharina (2002): Opportunitätskosten. In: Nohlen/Schultze (Hg.) (2002b): 529

Horner, Luise/Blaug, Ricardo/Lekhi, Rohit (2006a): Public value, politics and public management. A literature review. London: The Work Foundation. Online: http://www.theworkfoundation.com/ assets/docs/publications/117_politics_lit_review.pdf (27.05.2010)

Horner Luise/Blaug, Ricardo/Lekhi, Rohit (2006b): Deliberative democracy and the role of public managers. Final report of The Work Foundation's public value consortium – November 2006. London: The Work Foundation. Online: http://www.theworkfoundation.com/assets/docs/ publications/107_Deliberative%20democracy%20and%20the%20role%20of%20public%20man agers.pdf (27.05.2010)

Huber, Herbert (2007): New Public Management und Verwaltungsreform. Voraussetzungen und Rahmenbedingungen zur Anwendung wirtschaftswissenschaftlicher Reformkonzepte, dargestellt am Beispiel der Stadt Innsbruck. Innsbruck: Dissertation aus Verwaltungslehre

Karmasin, Matthias/Winter, Carsten (2002a): Einleitung: Kontexte und Aufgabenfelder von Medienmanagement. In: Karmasin/Winter (Hg.) (2002b): 15–39

Karmasin, Matthias/Winter, Carsten (Hg.) (2002b): Grundlagen des Medienmanagements. 2. Aufl. München: Fink

Kelly, Gavin/Mulgan, Geoff/Muers, Stephen (2002): Creating Public Value. An analytical framework for public value service reform. London: Strategy Unit, Cabinet Office. Online: http://www.cabinetoffice.gov.uk/media/cabinetoffice/strategy/assets/public_value2.pdf (20.05.2010)

Knoll, Eva-Marie (2008): Public Value. In: Medienwirtschaft. 5. 3. 34–39

Latzl, Daniela-Kathrin (2010): Großbritannien. In: Christl/Süssenbacher (Hg.) (2010): 202–267

Meynhardt, Timo (2009): Public Value Inside: What is Public Value Creation? In: International Journal of Public Administration. 32. 192–219

Moore, Mark H. (1995): Creating Public Value. Strategic Management in Government. Cambridge/London: Harvard University Press

Moore, Mark H./Khagram, Sanjeev (2004): On Creating Public Value. What Businesses Might Learn from Government about Strategic Management. Corporate Social Responsibility Initiative Working Paper No. 3, Cambridge, MA: John F. Kennedy School of Government, Harvard Univ. Online: http://www.hks.harvard.edu/m-rcbg/CSRI/publications/workingpaper_ 3_moore_khagram.pdf (31.05.2010)

Neumüller, Marlies (2010): Österreich. In: Christl/Süssenbacher (Hrsg.) (2010): 20–63

NHS (2010): About the NHS. Online: http://www.nhs.uk/NHSEngland/thenhs/about/Pages/ overview.aspx (31.05.2010)

Nohlen, Dieter/Schultze, Rainer-Olaf (2002a): Lexikon der Politikwissenschaft. Theorien, Methoden, Begriffe. Band 1. München: Beck

Nohlen, Dieter/Schultze, Rainer-Olaf (2002b): Lexikon der Politikwissenschaft. Theorien, Methoden, Begriffe. Band 2. München: Beck

O'Flynn, Janine (2007): From New Public Management to Public Value: Paradigmatic Change and Managerial Implications. In: The Australian Journal of Public Administration 66. 3. 353–366

Rieger, Günter (2002): Meritorische Güter. In: Nohlen/ Schultze (Hg.) (2002a): 529

Public Value oder bonum commune?
Anmerkungen zu einem medienethischen Desiderat

Matthias Rath

Der US-amerikanische Familien-Blockbuster *Mrs. Doubtfire* ist nicht nur die rührende Geschichte des kreativen, liebenswerten, aber beruflich ebenso wie im Privaten chaotischen Schauspielers Daniel Hillard, gespielt von Robin Williams, dessen sicherheitsorientierte Frau Miranda ihn quasi hinauswirft und dem es gelingt, durch eine geradezu klassische Travestie als ältliche Haushälterin und Kinderfrau – eben Mrs. Doubtfire – seinen Kindern nahe zu sein. Seine Versuche, sein Leben auch beruflich in den Griff zu bekommen, führen ihn über verschiedene Zufälle in ein Fernsehstudio – und wir erleben die gar nicht so überzogene Realisierung eines medialen Bildungsauftrags. Daniel Hillard beobachtet als Studio-Bote die Aufzeichnung einer Kinder-Bildungssendung, die er schon aus eigenen Kindertagen kennt: Langweilig, uninspiriert, unengagiert, entspricht sie aber dennoch – so die Auskunft des zufällig im Studio zugegenen Sender-Chefs, gespielt von Robert Prosky – dem gesellschaftlichen Bildungsanspruch an einen TV-Kanal. Zum Happyend, nach viel Klamauk und Tränendrüsen, erhält Daniel Hillard nicht nur wieder erlaubten Umgang zu seinen Kindern – ohne Maskerade –, sondern wird darüber hinaus in der Figur der Mrs. Doubtfire auch zum erfolgreichen Protagonisten einer neuen, pädagogisch und menschlich „wertvollen" Kinderserie. Was lehrt uns das zum Thema Public Value?

Nehmen wir die zumindest in den Spitzen überzogene Darstellung der wenig effizienten Bildungsangebote des Senders in *Mrs. Doubtfire* heraus, haben wir hier in unterhaltsamer Gestalt das Dilemma öffentlicher Erwartungen an ein mediales Angebot vor Augen. Die Kindersendung alter Provenienz entspräche zweifelsohne den normativen Vorgaben an einen öffentlich-rechtlichen Sender in Deutschland: Bildung als Medienauftrag (vgl. RStV, § 11, Abs. 1, Satz 4). Die Tetrade „Information, Bildung, Beratung und Unterhaltung" stellt das rundfunkrechtliche Mantra dar, das nicht nur die Angebotsseite definiert, sondern auch noch auf Nachfrageseite die Finanzierung des öffentlich-rechtlichen Rundfunks durch Gebühren legitimieren soll. Und die Konkurrenz der privaten Rundfunkanbieter stimmt auch bereitwillig in dieses Mantra ein, da ihre Quoten zeigen, dass nicht unbedingt die Flaggschiffe öffentlich-rechtlichen Kulturauftrags zu den Quotenbringern gehören: *Arte, 3Sat, Phönix* und die Dritten Programme bieten – so stellt sich das zumindest im Quotenspiegel dar – gesetzlich gefordertes Nischenfernsehen und die Angebote privater TV-Sender haben zwar hohe

Quoten bei den Kids, aber nicht immer die höchsten Noten bei den Medienpädagogen.

Der Studio-Boss in *Mrs. Doubtfire* würde heute lieber als morgen die unattraktive Sendung kippen – sie bringt keine Quote. Er soll aber, über die privatwirtschaftlich allein an Marktbedürfnissen orientierten Angebote, auch etwas gesellschaftlich anscheinend Wünschenswertes anbieten – was ihm aber nicht so recht gelingen will. Und doch – er erfüllt die Erwartungen. Anscheinend ist die Leistungserwartung der Öffentlichkeit, der sich der Sender beugt, nicht so sehr an der Konkretion des Auftrags orientiert als an der formalen Erfüllung einer Erwartung oder, wie in Deutschland, einer rechtlichen Vorgabe – wir können sagen, diese Art von öffentlicher Angebotssteuerung ist Input-orientiert.

Die Erweiterung der öffentlich-rechtlichen TV-Angebote über den Rahmen des Push-Mediums (Kelly/Wolf 1997) Fernsehgerät hinaus in den Pull-Markt Internet hingegen rief Zweifel daran wach, ob auch dieser Zug noch unter den Schutzmantel der Protokollerklärung zum Amsterdamer Vertrag über den öffentlich-rechtlichen Rundfunk in den Mitgliedstaaten der EU von 1997 (Protokollerklärung 1997) fällt. Sind Telemedien-Angebote der öffentlich-rechtlichen Sender, die gebührenfinanziert (also quasi subventioniert) sind, noch ein schützenswerter Beitrag zu den *„demokratischen, sozialen und kulturellen Bedürfnissen jeder Gesellschaft"* und zum *„Pluralismus in den Medien"*, die nicht den Marktabhängigkeiten der privaten Rundfunksender allein überlassen werden dürfen? Das Protokoll zum Amsterdamer Vertrag hat hohe, gesellschaftspolitische und medienethisch plausibilisierbare Ziele gesteckt und setzt die Mitgliedsstaaten nicht nur ins Recht, diese Vorgaben durch eine Subventionierung oder „Beihilfe" zu finanzieren, sondern überlässt ihnen auch noch die inhaltliche Ausgestaltung und Operationalisierung dieser hohen Ziele.

Die Mitteilung der EU-Kommission über die *„Anwendung der Vorschriften über staatliche Beihilfen auf den öffentlich-rechtlichen Rundfunk"* von 2009 hingegen betont, stärker als das Protokoll, neben den gesellschaftlichen Bedürfnissen die möglichen Marktauswirkungen (Mitteilung der Kommission 2009: 11). Es nimmt wunder, dass gerade diese leichte Verschiebung des Fokus anscheinend in der öffentlichen Diskussion die Oberhand gewinnt – obwohl der 12. Rundfunkänderungsstaatsvertrag (RStV) in Deutschland diesen Marktaspekt eher klein hält: In § 11f, Abs. 4, setzen die Bundesländer in Deutschland vor allem die qualitativen Anforderungen (die „demokratischen, sozialen und kulturellen Bedürfnissen der Gesellschaft" sowie der Beitrag zum „publizistischen Wettbewerb") und den finanziellen Aufwand in den Fokus einer Überprüfung, die als Drei-Stufen-Test im Moment kontrovers diskutiert wird. Die marktliche Seite hingegen hat im RStV nur nachrangige Bedeutung:

„Dabei sind Quantität und Qualität der vorhandenen frei zugänglichen Angebote, die marktlichen Auswirkungen des geplanten Angebots sowie dessen meinungsbildende Funktion angesichts bereits vorhandener vergleichbarer Angebote, auch des öffentlich-rechtlichen Rundfunks, zu berücksichtigen." (RStV, § 11f, Abs. 4)

Es scheint, als sei eine marktliche und betriebswirtschaftliche Diskussion des RStV und des Drei-Stufen-Tests leichter in den Gremien durchsetzbar als ein gesellschaftspolitischer oder gar medienethischer Diskurs über das, was ein Public Value sein könnte und sollte.

Im Weiteren soll diesem Drei-Stufen-Test, vor allem in seiner u. E. marktlichen Überbetonung (vgl. Dewenter/Haucap 2009; Trappel/Hürst 2009), nicht nachgegangen werden, zumal die Diskussion, ausgehend von der BBC und ihrem Public-Value-Test (Collins 2009 und 2007: 8), zu einer Verwischung der Unterschiede zwischen den geforderten Beiträgen zu gesellschaftlichen Bedürfnissen und der BBC-Variante eines Public Value (Meyer 2008) geführt hat. Die Diskussion in den europäischen Staaten, ob nun mit den Vorgaben der EU konfrontiert (wie Deutschland und Österreich) oder nicht (wie die Schweiz), hat z. T. sehr unterschiedliche Begriffe und sehr unterschiedliche Verfahren hervorgebracht – von Public Value ist ebenso die Rede wie von Public Service, Mehrwert oder missions de service public (vgl. dazu die ausführlichen und übersichtlichen Darstellungen in Christl/Süssenbacher 2010).

Die Diskussion, die wir aber zur Zeit erleben, ist nicht nur die Reaktion auf eine marktliberale, wettbewerbsorientierte Kommissionsentscheidung der EU und den Versuch, diese politische Diskussion durch ein handhabbares Verfahren gremientauglich zu machen. Die hier nicht weiter zu diskutierende Vorgabe der EU führt in den Versuchen, dieses Problem zu lösen (und damit – nolens volens – der eigentlichen normativen Intention der Protokollerklärung zum Amsterdamer Vertrag gerecht zu werden), zu einer Veränderung der normativen Legitimation von öffentlich-rechtlichem Rundfunk. Die Betonung eines Public Value für den Rundfunk ist eine Abkehr von der reinen Input-Orientierung zu einer Output-Orientierung, die zugleich das Problem mit sich bringt, wie sich dieser Output nicht nur messen (Talbot 2008), sondern auch noch als werthaft erweisen lässt.

Im Folgenden wird zunächst den beiden Orientierungen Input und Output in ethischer Absicht nachgegangen und versucht zu klären, welche ethische Kategorie geeignet ist, diese Orientierung abzubilden. Es werden dabei Norm und Wert thematisieren. Daran anschließend werden die normativen Implikationen eines solchen Wertbegriffs aufgewiesen und zum Abschluss aus medienethischer Sicht ein Begriff von Public Value vorgeschlagen, der sich – über kontingente soziale Bedürfnislagen hinaus – am klassischen Konzept des *bonum commune* oder Gemeinwohls orientiert. Dieser Begriff wird dann im Hinblick auf mediale Angebote und mediale Handlungsformen kriteriologisch differenziert. Ziel ist es, ein zunächst noch ganz grobes Analyseraster zu entwerfen, das erlaubt, mediale Angebote und Handlungsformen auf ihre medienethisch verstandene Gemeinwohl-Verträglichkeit hin zu untersuchen und damit einem „praktischen Diskurs" (Habermas) allererst zugänglich zu machen.

Input vs. Output

Die Diskussion um einen so genannten Public Value im öffentlich-rechtlichen Rundfunk und in seinen Internetangeboten hat hohe Wellen geschlagen. Ausgehend von der Nutzung dieses Ausdrucks durch die BBC in ihrem Manifest „Building Public Value" aus dem Jahre 2004 wurde Public Value zum Prüfstein öffentlich-rechtlicher Legitimation, sich als gebührenfinanziertes Medienangebot auch auf dem engen Internet-Markt zu platzieren. Allerdings ist nicht eindeutig geklärt, was in den vielen Vorstößen, Projekten und Hochglanzbroschüren unter Public Value genau zu verstehen ist.

Die Geschichte der BBC-Public-Value-Konzeption und ihrer Rezeption in anderen Rundfunkanstalten beginnt eigentlich mit einer Krise der öffentlichen Dienstleistungen überhaupt. Die seit den 1970er Jahren verstärkt auftretende, marktorientierte Doktrin, „staatliche" Dienstleistungen seien generell weniger effektiv als privatwirtschaftliche Leistungen und nur ein „necessary evil" (Osborne/McLaughlin 2002: 7), stellt Mark H. Moore (1995) mit seinem Buch „Creating Public Value" in Frage. Public Value zeichnet sich neben der Funktion, öffentliche Güter zu produzieren, vor allem dadurch aus, den „Kunden" als Bürger am Prozess der „Produktion öffentlicher Werte" zu beteiligen (Moore 1995: 53). Obwohl Moore seine Konzeption als normativ (1995: 2) bezeichnet, bleibt er die inhaltliche Diskussion der Gesolltheit der konkreten Public Values doch schuldig. Bedeutung für die Betrachtung öffentlicher Aufgaben in UK erhält Moores Konzept durch die Weiterentwicklung und Fokussierung seiner Konzeption für das britische Cabinet Office. In diesem Papier stellen Kelly et al. die Beteiligung des Bürgers („coproduction") (2002: 26–27) und Wettbewerb („competition") (2002: 5) in den Mittelpunkt. Für unseren Zusammenhang interessant ist die Bestimmung von Public Value bei Kelly et al. (2002: 4):

> „For something to be of value it is not enough for citizens to say that it is desirable. It is only of value if citizens – either individually or collectively – are willing to give something up in return for it. (...) The idea of opportunity cost is therefore central to public value: if it is claimed that citizens would like government to produce something, but they are not willing to give anything up in return, then it is doubtful that the activity in question will genuinely create value."

Diese Bestimmung beschreibt jedoch lediglich die „Präferenzhandlung" der Betroffenen von Public Services und bietet keine Definition. Public Value legitimiert sich in diesem Verständnis partikularistisch aus den kontingenten Interessen der konkreten Stakeholder (Karmasin 2002). Dies sagt allerdings noch nichts aus über (1.) die grundsätzliche Legitimierbarkeit bestimmter Public Services nach allgemeinen und plausiblen normativen Prinzipien und (2.) ermöglicht keineswegs die Übertragung dieses Konzepts auf unterschiedliche Bereiche öffentlicher Dienstleistungen, wie dies in der medienpolitischen Rezeption der 1995 formulierten Konzeption eines strategischen Public Value Management von Mark H. Moore wie selbstverständlich vorausgesetzt wird.

Aber diese Bestimmung verweist zumindest auf zwei Aspekte, die für unsere weitere Diskussion wichtig sein können. Zum einen wird deutlich, dass Werte Präferenzen sind und keinen eigenen ontischen Charakter haben oder in einem anderen, vom Wollenden unabhängigen Sinne unbedingte Gültigkeit verlangen, wie dies z. B. die Wertphilosophie des Neukantianismus der Badischen Schule (Rickert/Windelband) behauptet hat: Werte sind Wertungen. Zum anderen heben Kelly et al. (2002) auf einen post-hoc-Erweis der wirklichen vollzogenen Wertung ab – d. h., sie verlangen, dass sich der postulierte Wert legitimieren muss. Für sie ist diese Legitimation bereits durch die Bereitschaft des Bürgers erfüllt, Kosten für die Verwirklichung eines bestimmten Wertes zu tragen. Dieses empirische Konzept greift jedoch in doppelter Weise zu kurz: Bleibt es auf die empirisch beschriebene Bereitschaft des Bürgers beschränkt, „den Preis zu zahlen", dann gibt diese Konzeption jedes über partikulare Interessen hinaus gehende Prinzip der Legitimation von vornherein auf. Oder aber die feststellbare Bereitschaft, die Kosten zu tragen, würde als Legitimation im normativen Sinne verstanden, dann verfiele diese Argumentation dem Vorwurf des naturalistischen Fehlschlusses, d. h. dem logischen Fehler, aus Seinsaussagen Sollensaussagen ableiten zu wollen (vgl. Rath 2000a; 2010). In beiden Fällen ist mit der Bestimmung von Public Value bei Kelly et al. (2002) nichts zur Frage der Legitimation beigetragen. Aber ist dies denn überhaupt notwendig?

Abgesehen von der rechtspragmatischen Argumentation, dass angesichts der europäischen Rechtsprechung die Protokollerklärung zum Amsterdamer Vertrag die einzige Rechtsbasis ist, um eine EU-Klage gegen die öffentliche Subventionierung öffentlich-rechtlicher Rundfunkanstalten durch Gebühren und Beihilfen abzuwenden und daher die normativen Vorgaben „demokratische, soziale und kulturelle Bedürfnisse jeder Gesellschaft" und „Pluralismus in den Medien" eingelöst werden müssen, kann die Zustimmung einer wie auch immer repräsentativ zu erfassenden Mehrheitsmeinung nicht allein als Maßstab öffentlichen Handelns dienen. Moore (1995: 294) greift zwar tief in die historische Plausibilisierung hinein, wenn er die Nürnberger Prozesse gegen die Mittäter des nationalsozialistischen Regimes als Beispiel anführt, wo die Exekutive moralisch versagt habe. Unter dem Schlagwort „duty to protest" (Moore 1995: 294) formuliert er eine Pflicht und Tugend der öffentlichen Verwaltung zu einem *moral point of view*. Aber welche Kategorien bieten sich für die inhaltliche Bestimmung eines *moral point of view*? Die ethische Tradition nennt hier vor allem drei Kategorien: Normen, Werte und Tugenden. Im Folgenden sollen die beiden Erstgenannten thematisiert werden.

Medienqualität: Norm oder Wert?

Normen sind als gesellschaftlich durch Verfahren in Geltung gesetzte Handlungsorientierung besonders geeignet, institutionelle Input-Steuerung zu leisten. Unter Input-Steuerung versteht man die normativen Vorgaben von personellen, finanziellen, sächlichen Ressourcen und vor allem Verfahrensregeln (vgl. Bieker 2004: 105) zur Bewältigung einer Aufgabe. Das Ergebnis hingegen kommt weniger in den Blick. Normen geben vor, wie was mit welchem Aufwand zu leisten ist. Die Vorgaben des RStV, Rundfunk habe der Information, Bildung, Beratung und Unterhaltung zu dienen, formuliert zunächst einmal eine solche Norm. Aus ethischer Sicht ist die Steuerung durch Normen jedoch unbefriedigend. Denn Normen, verstanden als in Geltung gesetzte Regeln, stellen selbst keine Legitimation dar.

Um Normen zu legitimieren, bedarf es immer einer weiteren Ermächtigungsnorm und, als Abbruch des *regressus ad infinitum*, eines Normgründers (vgl. Kelsen 1979). Kelsen bleibt in seiner *Allgemeinen Theorie der Normen*, einer der wohl am meisten rezipierten Normtheorien, nichts anderes übrig, als die großen Religionsstifter zu benennen, ein Ausweg, der für eine philosophisch-ethische Argumentation mehr als unbefriedigend ist (vgl. Rath 1988a). Allerdings, und damit weist Kelsen uns unfreiwilliger Weise den Weg zu einer Werttheorie, resultiert sein letztliches Scheitern aus dem Grundansatz, jede Norm sei Ergebnis eines distinkten Willensaktes, ohne die Frage zu stellen, woran dieser Wille sich seinerseits orientiert. Hierauf kann uns die Norm – als institutionalisierter Imperativ – keine Antwort geben, aber der Wertbegriff.

Werte sind Wertungen, Präferenzhandlungen, Akte des Vorziehens und Nachsetzens. In ihnen formuliert sich eine Rangordnung, die nicht in der Realität des Bewerteten liegt, sondern in der Präferenz des Bewertenden. Dieses Bewertete ist jedoch nicht die Voraussetzung des Handelns (auch nicht des Verwaltungshandelns), sondern das Ergebnis. Eine Steuerung über das Gewollte entspricht demnach einer Output-Steuerung, einer Steuerung über das Ergebnis. Am Beispiel der *Mrs. Doubtfire* verdeutlicht hieße dies, nicht dass ein Sender eine Bildungssendung anbietet, erfüllt die medienpolitische Vorgabe, sondern wie diese Sendung gemacht ist, mit anderen Worten welche Qualität sie hat. Medienqualität ist demnach keine Input-Norm, sondern ein Output-Wert, der durch eine (näherhin zu bestimmende) Evaluation der Erfüllung der als positiv bewerteten Zielvorgaben überprüft wird.

Zwischen Normen und Werten nicht zu unterscheiden, macht denn auch erklärlich, warum bestimmte sozialwissenschaftliche Untersuchungen zur Moralität medialer Akteure bei der Klage über mangelnde Kodifizierung, z. B. rundfunkethischer Normen (vgl. z. B. Beck et al. 2006), stehen bleiben. Rundfunkethische Normen als allgemeine Prinzipien qualitativ (professionell und moralisch) „guter" Medienangebote bedürfen nämlich nicht nur zur Input-Steuerung der Handlungsorientierung, sondern auch und vor allem zur Output-Steuerung qua Evaluation konkreter (operationalisierter) Indikatoren, die nicht mehr als Prinzip, sondern als Bewertung formuliert wird (vgl. Beck et al. 2006: 60–74, die allerdings diese Indikatoren als „abgeleitete Verhaltensweisen" missdeuten, statt sie als Prinzipien operationalisierende Wertungen zu erkennen). Diese Indikatoren drücken also die Werte aus, die im Handeln verwirklicht werden sollen. Für Institutionen, die in ihrem Handeln öffentliche Werte verwirklichen sollen, sind Public Values demnach operationalisierte Handlungsziele, die als Ergebnis (Output) einer öffentlichen Überprüfung, z. B. durch eine Art „Stiftung Medientest" (vgl. Krotz 1996), zugänglich wären.

Philosophische Ethik wird solche Wertungen auf ihre Plausibilisierung hin untersuchen müssen, um sie als legitimiert anzusehen. Hier muss daher eine medienethische Reflexion der Public-Value-Diskussion ansetzen. Zwei Wege bieten sich dafür an. Zum einen die empirische Erhebung konkreter Präferenzen, wie sie Kelly et al. (2002) zur Bestimmung des Public Values vorschlagen haben. Wie die oben bereits ausgeführten Überlegungen zum naturalistischen Fehlschluss zeigen, ist das Konzept des Public Value als Legitimationsinstrument aber nur dann tragfähig, wenn nicht nur empirisch belegt wird, dass ein öffentliches Bedürfnis für eine mediale Dienstleistung vorliegt. Sondern zuvorderst müsste, zum anderen, normativ das öffentliche Interesse selbst als begründet und plausibel aufgewiesen sein, soll nicht einer Majorisierung von Interessen Tür und Tor geöffnet werden.

Moralische Präferenz als ethische Kategorie

Damit reiht sich die Public-Value-Diskussion ein in die grundsätzliche (nicht nur medien-)ethische Problematik, moralische Präferenzen auf eine ethische Legitimation hin zu befragen, und wird ein grundsätzliches Problem der (nicht nur angewandten) Ethik deutlich: die argumentative Verwurzelung in der empirisch erhebbaren Realität, ohne dem naturalistischen Fehlschluss zu verfallen (vgl. Rath 2000a). An anderer Stelle (Rath 1988b) wurde gezeigt, ausgehend von Hans Jonas' Prinzip Verantwortung, dass eine intuitionistische Ethikkonzeption, sofern sie die positiven Werte über plausibilisierbare Unwerte – also erfahrbare Ungerechtigkeit, erfahrbares Leid, erfahrbare Missachtung – Grundlage einer konkreten Wertformulierung sein kann. Jonas (1979: 63) nennt dies die „Heuristik der Furcht".

Hier trifft sich die Frage nach einem plausibilisierbaren Public Value mit der Forderung nach einem „rundfunkethischen Diskurs" (Beck et al. 2006: 152), der die operationalisierbaren Wertungen aus den diskursiv als abzulehnend plausibilisierten Realisierungen mediale Scheiterns ableitet. Das Projekt einer abwägenden Auseinandersetzung mit medialen Inhalten (vgl. Rath 2003b) hätte die Folgerungen zu ziehen aus den empirischen Erkenntnissen medialen Scheiterns. Hier zeigt sich zugleich, dass dieser Diskurs keine allein medienethische Veranstaltung sein kann. Es bedarf medienhistorischer, mediensoziologischer und anderer medien- und kommunikationswissenschaftlicher Untersuchungen. In der Zielsetzung allerdings wird solche eine wissenschaftskonvergente Kooperation (vgl. Marci-Boehncke/Rath 2009) normativ sein müssen. Public Value wird so medienethisch nicht als medienpolitische Wertung (im Sinne von Kelly et al. 2002) verstehbar, sondern als Wertungsplausibilisierung. Welche Kriterien ließen sich formulieren, um solch einen Diskurs zu strukturieren?

Public Value als bonum commune

In Abgrenzung von einem rein prozessuralen und kontingenten Majorisierungsprinzip der Public-Value-Diskussion schlagen wir hier eine Rückwendung auf einen klassischen Begriff der Sozialethik vor, das *bonum commune*. *Bonum commune* meint in der Tradition ein Gemeinwohl, das nicht mit einem Common Sense sich quasi selbstverständlich erschließt, sondern als Gerechtigkeit zu deuten ist. Diese ist aber auslegungsbedürftig, in der Moderne durch die verallgemeinerbare Präferenz aus Nicht-Wissen (Rawls) oder aus der Zustimmungsfähigkeit aller Beteiligten (Habermas). Öffentlichkeit bzw. (vor allem unter den Bedingungen der Telemedien-Angebote im Web 1.0 und Web 2.0, vgl. Rath (im Druck)) Aufmerksamkeit sind als Leistungen der Medien nicht als ein privates (und allein marktlich zu bewirtschaftendes), sondern als ein quasi „öffentliches Gut" zu verstehen (Karmasin/Winter 2002b: 31–37), das diesem Verständnis des *bonum commune* zu unterwerfen ist.

Public Value im medienethischen Sinne meint also eine dem *bonum commune* verpflichtete, mediale Öffentlichkeit und Aufmerksamkeit, die an Kriterien orientiert werden müssen, die für die Schaffung einer gerechten Öffentlichkeit selbst schon als konstitutiv angesehen werden können. Diese Kriterien müssen ihrerseits aber legitimiert sein. Als Prinzip schlagen wir hier die „Verallgemeinerbarkeit für alle Betroffenen qua Kommunikation" (vgl. Rath 2003a) vor: (1) Verallgemeinerbarkeit, weil die Akzeptanz eines normativen Urteils sich als mit den normativen Überzeugungen und Wertungen einer Gruppe oder Gesellschaft vereinbar erweisen muss, (2) die Betroffenen, weil in der Moderne keine an Tradition und Kultur orientierte Selbstverständlichkeit innerhalb einer gesellschaftlichen Gruppe vorausgesetzt werden kann, (3) qua Kommunikation, weil daher moralische Gültigkeit nur auf dem Wege des öffentlichen moralischen Diskurses eingeholt werden kann.

Folgende Kriterien erfüllen diese Bedingung (vgl. auch Wunden 1999):

- *„Qualität" in Produktion bzw. Infrastrukturaufbau:* Aus ökonomischer Sicht reicht Qualität nur in sehr beschränktem Maße hin, nämlich sofern es um die Qualitätsmerkmale „Zweckmäßigkeit" (z. B. von elektronischen Diensten) und „Kundenzufriedenheit" geht. Hier setzen Kelly et al. (2002) an. Normativ sind diese beiden Qualitätsmerkmale jedoch unterbestimmt, denn die Zweckmäßigkeit eines Produkts ist zunächst nur die Feststellung seiner instrumentell hinreichenden Qualität. Ob der Zweck selbst, unter dem das Produkt steht, hinreichend begründet ist, bleibt dabei noch völlig offen. Ebenso ist die Tatsache, dass ein Produkt eine bestimmte Kundenerwartung erfüllt, nicht hinreichend für das medien- und wirtschaftsethische Merkmal Qualität. Der ethisch zu fordernde Qualitätsbegriff geht weiter. So ist für ein Medienprodukt, das vor allem der Information dient (wie z. B. die Informationsportale der öffentlich-rechtlichen TV-Sender im Internat), der Wert Wahrhaftigkeit ein notwendiger Aspekt der Qualität dieser Produkte (vgl. Rath 2006), denn nur zumindest wahrhaftig erstellte Information erlaubt die Orientierung am Sachverhalt und erlaubt sachgerechte Kommunikation, z. B. zum Zwecke der politischen Meinungsbildung. Sofern also ein Nutzer diese Produkte als Informationsprodukte rezipiert, ist die Qualitätsforderung Wahrhaftigkeit angemessen und verallgemeinerbar zu fordern.

Die Forderung nach Qualität wird bei einem anderen Medienbereich, z. B. dem der elektronischen Dienste (z. B. e-mail, Newsgroups usw.), andere Aspekte hervorbringen, z. B. den der Diskretion, denn nur Diskretion garantiert zumindest technisch die Privatheit der one-to-one-Kommunikation, erfüllt damit die Erwartung der Nutzer und den Schutz der Privatsphäre und ermöglicht so eine auch unter allgemeinem Gesichtspunkt zu fordernde Kommunikationsmöglichkeit ohne Zugriff von außen.

- *„Öffentlichkeit" in Distribution bzw. Bereitstellung:* Wunden (1999: 41) führt als Grundwert der Mediendistribution den Wert „Öffentlichkeit" ein. In Bezug auf die Telemediendienste der öffentlich-rechtlichen Sender können wir das Kriterium „Öffentlichkeit" als Public Value übernehmen, sofern wir darunter die öffentliche Zugänglichkeit der Dienste verstehen. Damit ist die prinzipielle Gelegenheit für jeden gemeint, der über die technischen Notwendigkeiten verfügt, diese Dienste in Anspruch zu nehmen, u. U. dann auch gegen Entgelt oder, bei werbefinanzierten Angeboten, über Aufmerksamkeit. Ebenso wie Qualität ist Öffentlichkeit aber immer noch normativ unterbestimmt. So muss im Hinblick auf ein Printprodukt die Öffentlichkeit darauf hin untersucht werden, an wen sich das Produkt wendet: regional (Regionalpresse), zielgruppenspezifisch (Special-Interest-Magazin) und kompetenzabhängig (Fachzeitschrift mit entsprechender Terminologie, Fremdsprachigkeit). Damit ist zugleich der Rahmen beschrieben, innerhalb dessen ein Zugang prinzipiell möglich sein muss. Darüber hinaus ist zu fragen, inwieweit der prinzipielle Zugang (nicht unbedingt ein spezifisches Produkt, aber eine bestimmte Produktgattung, z. B. Tageszeitung) unter dem Verallgemeinerungsgesichtspunkt zu fordern ist, z. B. in Bezug auf politische Meinungsbildung, Teilhabe an der öffentlichen Diskussion, Bildung und freier Zugang zur Information. Außerdem muss berücksichtigt werden, wer keinen Zugang zu Produkten bzw. Dienstleistungen hat. Dabei kommen sowohl der Aspekt der Diskriminierung wie auch der des Schutzes (z. B. Jugendschutz) zur Geltung.
- *„Kompetenz" in Rezeption bzw. Nutzung:* Am Ende der medienwirtschaftlichen Handlungskette steht die Rezeption oder Nutzung. In diesem Zusammenhang hat kaum ein Ausdruck disziplinübergreifend solch eine Bedeutung erlangt wie „Medienkompetenz" (vgl. Marci-Boehncke/Rath 2009). Vor allem ist damit, neben der technischen Fertigkeit, moderne Medien zu nutzen, die Fähigkeit gemeint, die Medienangebote, Produkte wie Dienstleistungen, in ihrer weltvermittelnden, aber auch verbiegenden Bedeutung zu erfassen, zu verstehen und gegebenenfalls zu kompensieren. Medienkompetenz ist somit ebenfalls, je nach medialer Nutzung, noch inhaltlich zu füllen, zum Beispiel durch „Suchkompetenz" im überflutenden Informationsangebot, durch die Fähigkeit zur „ergänzenden Mediennutzung", z. B. schnelle und oberflächliche Medien (Fernsehen, Internet) durch langsamere, aber tiefer gehende Medien (Zeitungen, Zeitschriften, Bücher).

Alle drei Kriterien dienen dem *bonum commune*, müssen aber in der Konkretion noch durch einen gesellschaftlichen Diskurs operationalisiert werden. Dieser Diskurs wird aber – nicht nur aus Globalisierungstendenzen der Medien, v. a. im Netz – immer weniger in parlamentarischen Institutionen erfolgen, sondern in

Schulen, Universitäten und vor allem in Medien selbst. Wo Medien zu Orten der medienethischen Selbstvergewisserung werden, z. B. durch den Aufbau konkreter Rückkanäle der Nutzer in die Medien hinein, dort wird der Diskurs selbst zu einem weiteren Indiz für die Realisierung von Public Value als *bonum commune*.

Literatur

Altmeppen, Klaus-Dieter/Karmasin, Matthias (Hg.) (2003): Medien und Ökonomie. Bd. 1/2: Grundlagen der Medienökonomie. Wiesbaden: Westdeutscher Verlag

BBC (2004): Building public value. Renewing the BBC for a digital world. London: BBC. Online: http://downloads.bbc.co.uk/info/policies/pdf/bpv.pdf (21.06.2010)

Beck, Klaus/Voigt, Susanne/Wünsch, Jana (2006): Medienethische Qualitätskriterien für den Rundfunk. Analysen und Empfehlungen für Rundfunkmacher. Berlin: Vistas

Bieker, Rudolf (2004): Neue Kommunalverwaltung. Eine Einführung für Sozial- und Sozialverwaltungsberufe. München: Juventa

Christl, Reinhard/Süssenbacher, Daniela (Hg.) (2010): Der öffentlich-rechtliche Rundfunk in Europa. ORF, BBC, ARD & Co auf der Suche nach dem Public Value. Wien: Falter

Collins, Richard (2007): Public Value and the BBC. The Work Foundation: London

Collins, Richard (2009): Die BBC, das Internet und „Public Value". In: Aus Politik und Zeitgeschichte. 9–10. 32–38. Online: http://www.bpb.de/files/ZXV87B.pdf (15.05.2010)

Dewenter, Ralf/Haucap, Justus (2009): Ökonomische Auswirkungen von öffentlich-rechtlichen Online-Angeboten. Marktauswirkungen innerhalb von Drei-Stufen-Tests. Baden-Baden: Nomos

Funiok, Rüdiger/Schmälzle, Udo F./Werth, Christoph H. (Hg.) (1999): Medienethik – die Frage nach Verantwortung. Bonn: Bundeszentrale für politische Bildung

Jonas, Hans (1979): Das Prinzip Verantwortung. Versuch einer Ethik für die technologische Zivilisation. Frankfurt am Main: Suhrkamp

Karmasin, Matthias (2002): Medienmanagement als Stakeholder Management. In Karmasin/Winter (Hg.) (2002): 279–302

Karmasin, Matthias/Winter, Carsten (Hg.) (2002a): Grundlagen des Medienmanagements. München: Fink

Karmasin, Matthias/Winter, Carsten (2002b): Kontexte und Aufgaben von Medienmanagement. In: Karmasin/Winter (Hg.) (2002a): 15–40

Kelly, Gavin/Mulgan, Geoff/Muers, Stephen (2002): Creating Public Value. An analytical framework for public service reform. Strategy Unit, Cabinet Office UK; Online: http://www.cabinetoffice.gov.uk/media/cabinetoffice/strategy/assets/public_value2.pdf (15.05.2010)

Kelly, Kevin/Wolf, Gary (1997): Push! Kiss your browser goodbye, the radical future of media beyond the web. In: Wired. 5.03. März 1997. Online: http://www.wired.com/wired/archive/5.03/ff_push_pr.html (15.05.2010)

Kelsen, Hans (1979, postum): Allgemeine Theorie der Normen. Wien: Manz

Krotz, Friedrich (1996): Zur Konzeption einer Stiftung Medientest. In: Rundfunk und Fernsehen 44. 2. 214–229

Marci-Boehncke, Gudrun/Rath, Matthias (2009): Wissenschaftskonvergenz Medienpädagogik. Medienkompetenz als Schnittfeld von Medienpädagogik, KMW und anderer Wissenschaften. In: Medienjournal 33. 3. 11–23

Meyer, Rudolph (2008): Der Drei-Stufen-Test und „public value" – Modell für Deutschland. Universität Mainz; Online: http://dju.verdi.de/schwerpunkte/medienpolitik/meyer_drei-stufen-test_.../data/rudolph_meyer_masterarbeit_-_drei-stufen-test_und_public_value.pdf (15.05.2010)

Mitteilung der Kommission (2009): Über die Anwendung der Vorschriften über staatliche Beihilfen auf den öffentlich-rechtlichen Rundfunk. Amtsblatt Nr. C 257 vom 27.10.2009; Online: http://eur-lex.europa.eu/LexUriServ/LexUriServ.do?uri=OJ:C:2009:257:0001:0014:DE:PDF (15.05.2010)

Moore, Mark H. (1995): Creating Public Value. Strategic Management in Government. Cambridge, MA/London: Harvard University Press

Niesyto, Horst/Rath, Matthias/Sowa, Hubert (Hg.) (2006): Medienkritik heute. München: Kopaed

Osborne, Stephen P./McLaughlin, Kate (2002): The New Public Management in context. In: Osborne et al. (Hg.) (2002): 7–14

Osborne, Stephen P./McLaughlin, Kate/Ferlie, Ewan (Hg.) (2002): New Public Management. Current trends and future prospects. London: Routledge

Protokollerklärung (1997): über den öffentlich-rechtlichen Rundfunk in den Mitgliedstaaten. Amtsblatt Nr. C 340 vom 10.11.1997, S. 0109; Online: http://eur-lex.europa.eu/LexUriServ/LexUriServ.do?uri=CELEX:11997D/PRO/09:DE:HTML (15.05.2010)

Rath, Matthias (1988a): Fiktion und Heteronomie. Hans Kelsens Normtheorie zwischen Sein und Sollen. In: Archiv für Rechts und Sozialphilosophie 74. 2. 207–217

Rath, Matthias (1988b): Intuition und Modell. Hans Jonas' „Prinzip Verantwortung" und die Frage nach einer Ethik für das wissenschaftliche Zeitalter. Frankfurt am Main: Lang

Rath, Matthias (2000a): Kann denn empirische Forschung Sünde sein? Zum Empiriebedarf der normativen Ethik. In: Rath (Hg.) (2000b): 63–87

Rath, Matthias (Hg.) (2000b): Medienethik und Medienwirkungsforschung. Wiesbaden: Westdeutscher Verlag

Rath, Matthias (2003a): Die medienphilosophische Perspektive: Medien, Wirtschaft, Sinn. In: Altmeppen/Karmasin (Hg.) (2003): 125–139

Rath, Matthias (2003b): Media Assessment: The Future of Media Ethics. In: Schorr et al. (Hg.) (2003): 187–198

Rath, Matthias (2006): Wahrhaftigkeit des Journalismus: Moralanspruch oder Marktfaktor? In: Niesyto et al. (Hg.) (2006): 117–128

Rath, Matthias (2010): Artikel „Empirische Perspektiven". In: Schicha/Brosda (Hg.) (2010): 136–146

Rath, Matthias (in Druck): Vom Flaschenhals zum Aufmerksamkeitsmanagement. Überlegungen zum Online-Journalismus und einer Ethik der öffentlichen Kommunikation 2.0. In: Zeitschrift für Kommunikationsökologie und Medienethik 12. 1. o. S.

Schicha, Christian/Brosda, Carsten (Hg.) (2010): Handbuch Medienethik. Wiesbaden: VS

Schorr, Angela/Campbell, William/Schenk, Michael (Hg.) (2003): Communication Research and Media Science in Europe: Perspectives for Research and Academic Training in Europe's Changing Media Reality. Berlin, New York: de Gruyter

Talbot, Colin (2008): Measuring Public Value. A competing values approach. London: The Work Foundation; Online: http://www.theworkfoundation.com/Assets/Docs/measuring_PV_final2.pdf (15.05.2010)

Trappel, Josef/Hürst, Daniel (2009): Leitfaden für externe Gutachten zu marktlichen und publizistischen Auswirkungen im Rahmen von Drei-Stufen-Tests im Auftrag der Direktorenkonferenz der Landesmedienanstalten DLM. Zürich: IPMZ Universität Zürich. Online: http://www.blm.de/apps/press/data/pdf1/Leitfaden_IPMZ_20090916.pdf (15.05.2010)

Wunden, Wolfgang (1999): Freiheitliche Medienmoral. Konzept einer systematischen Medienethik. In: Funiok et al. (Hg.) (1999): 35–55

Der öffentlichkeitskulturelle Wert von Medienunterhaltung
Eine theoretische Skizze zu Public Value als Referenz für eine emanzipatorischen Medienkultur

Thomas A. Bauer

Die Diskussion zu Public Value hat nach längerem ideologischen Leiden in den öffentlichen Debatten in Österreich nun endlich auch die wissenschaftliche Ebene erreicht, auf der die moralische und intentionale Argumentation durch kritische Reflexion und Analyse ergänzt bzw. korrigiert werden kann. Das Forschungsprojekt „Public Value" (vgl. Christl/Süssenbacher 2009) kann, so es seine Problematisierungsperspektive nicht nur auf Interessen des öffentlich-rechtlichen Senders konzentriert, durchaus ein Anstoß sein, den persuasiven und schon etwas verfestigten Diskurs zur gesellschaftlichen Legitimation der bestehenden Medienordnung (vor allem: Dualer Rundfunk) aufzumischen und den Horizont aufzumachen für Argumente, die sich nicht aus der politischen Tradition, sondern aus einer gesellschaftspolitisch engagierten Beobachtung des Medienwandels ergeben. In diese Beobachtung sind vor allem jene Entwicklungsprozesse eingeschlossen, die in transaktionalem Zirkel einander voraussetzen und auch wieder folgen, so zum Beispiel: Kommunikationstechnologie, Kommunikationsmarkt, Öffentlichkeitskultur, Gesellschaftsstruktur (Migration, Netzwerkbildung, Community Building), Medienkultur und Mediengebrauch, Medienkompetenz und Media Literacy und last but not least: das Erwachen und der Strukturaufbau der Zivilgesellschaft.

1 Das theoretische Potenzial des Lebensweltkonzepts

Das Plädoyer geht in die Richtung, das Konzept von Public Value nicht – wie in medienpolitischen Debatten üblich – als ein wirtschaftsmoralisches Argument zu gebrauchen, sondern – und das wäre dann eine ethische Grundlage für ein vernünftiges Handlungsprogramm – als kritisch-emanzipatorisches Paradigma einer an der vernünftigen, weil nachhaltigen Verteilung von Gesellschaftlichkeit interessierten und engagierten Kommunikationswirtschaft. Diese schaffe dann dadurch Mehrwert (kulturstiftenden Nutzen), dass sie die Sehnsucht nach Gefälligkeit nicht einfach marktmechanisch bedient, sondern mit einem Programmangebot beantwortet, das im Thema die Adressaten, die man erreichen will, dort abholt, wo sie ihre Lebenswelt ein- und ihre Alltagsorganisation ausrichten, das aber im Duktus darauf zielt, sie zugleich aus der Enge (z. B. Perspektivenarmut,

Alltagsresignation, repressive Daseinstechniken, selbstgenügsame Selbstein-
schätzung, Provinzialität etc.) zu holen.
   Die theoretische Perspektive dafür wäre das von Alfred Schütz und später
bzw. weiter von Thomas Luckmann entwickelte Lebensweltkonzept (Schütz/
Luckmann 1984). Schütz konzentriert sich auf die Vorstellung, dass subjektives
Handeln als Grundlage von Sinnstiftung immer eingebunden ist in ein Umfeld
von Sozietät, Reflexivität, Rationalität, Positionierung und die Koordination der
Interessen. Eben in diesem Sinne, in dem Handeln als Ankerpunkt im Netz von
Denken, Verhalten und (Be)Wirken verstanden wird, beschreiben Schütz und
Luckmann das Verhältnis von Alltag und Lebenswelt. Schütz meint mit dem
Begriff Lebenswelt alles, was als „Inbegriff einer Wirklichkeit, die erlebt, erfah-
ren und erlitten" wird wie auch als eine, die „im Tun bewältigt wird" (Schütz/
Luckmann 1984: 11). Lebenswelt ist für Schütz im Kern synonym für alles, was
den menschlichen Alltag ausmacht, während er unter Alltag jenen Bereich der
Wirklichkeit versteht, „in dem uns natürliche und gesellschaftliche Gegebenheiten als die Bedingungen unseres Lebens unmittelbar begegnen" (Schütz/Luck-
mann 1984: 11). In diesem Sinne umfasst das Lebenswelt-Alltag-Konzept zwei
Wirkungsmechanismen: Auf der einen Seite wirkt die Lebenswelt auf den Menschen ein, weil sie ihn umgibt. Auf der anderen Seite kann der Alltag auf das,
was letztendlich die Lebenswelt ausmacht, durch sein eigenes Handeln direkt
einwirken und somit auch verändern. Ersterer Wirkmechanismus darf allerdings
nicht als passiver Akt der Wahrnehmung extrinsischer Reize verstanden werden,
sondern im Gegenteil als aktiver Prozess der Konstruktion von Realität, im
Zuge dessen verschiedene Wahrnehmungssinne (visuell, auditiv etc.) in Verbindung mit kognitiven Momenten (im Gedächtnis gespeicherten Wissensvorräten
und Erfahrungen) synthetisiert werden (vgl. Schütz/Luckmann 1984: 12). Im
Blick auf dieses Konzept sind Medien als Instanzen des Alltags zu verstehen
– nicht unbedingt sinnproduktiv –, die aber, weil sie im Gebrauch Intentionen
wahrnehmen, lebensweltliche Umgebungen (sinnproduktive Horizonte) schaffen. Ein so in den Kontext von Alltag und Lebenswelt gestelltes Konzept von
Public Value kann an der Vernunft des Alltags nicht vorbeigehen und sie nicht
als Minderwert degradieren (Hradil 2000: 643–645). Gesellschaftliche Vernunft
(in sozialer Verständigung vermittelte Alltagsvernunft) ist das begriffliche Sub-
strat zu einem Desiderat, das annimmt, dass Menschen im Zuge ihrer komplexen, in vielen unterschiedlich generierten Kontexten und auf vielen Ebenen
verlaufenden Verhandlungsprozessen jene Kompetenz (Balance der Kongruenz
von Haltung, Verhalten, Handeln) aufbringen, um sich zu Gunsten der materiellen wie immateriellen Bedingungen (Ressourcen) für die nachhaltige Gültigkeit
von Sinn (Balance zwischen Nutzen, Ästhetik, Ethik jenseits einer aktuellen
Problemgrenze) zu entscheiden.

Im Hinblick auf diesen Horizont der gesellschaftlichen Vernunft ist das Konzept des sozialen Wandels kein beliebiges, sondern – eben – ein geschlossenes oder offenes Konzept. Geschlossen angewandt hieße: Der gesellschaftliche Wandel ist ein Vorgang, gegen den man nichts machen kann, man muss ihn halt bestmöglich nützen. Das wäre eine repressive, mindestens aber eine affirmative Auslegung. Offen angewandt wäre das Konzept des sozialen Wandels ein Denkmodell, das sagt: Wandel ist die Chance der Entdeckung von noch nicht ausprobierten Sinnmodellen von Soziabilität. Das wäre eine emanzipatorische Auslegung, die aus einem Desiderat ein Postulat macht: Den sozialen Zusammenhang unter der Perspektive der Möglichkeiten seiner Veränderung zu betrachten, um damit Kriterien und Parameter für die Nachhaltigkeit des Sinns von Veränderung sichtbar zu machen. Ein so definiertes Konzept von sozialem Wandel beobachtet Gesellschaft als jenen sozialen Zusammenhang, in dem Innovation und Modernisierung – was in unseren Tagen immer auch heißt: Globalisierung – den Alltag und damit die Beziehungsmuster, in denen Individuen ihre Soziabilität testen, nachhaltig bestimmen. Entwicklungen in den Basisinstitutionen Technologie, Recht, Wirtschaft und Politik spielen Menschen jene Möglichkeiten durch, die ihnen durch die praktische Unausweichlichkeit der Gesellschaftlichkeit des Daseins gegeben oder genommen sind, wissend, dass jede Drehung an einer dieser Schrauben (um es technisch auszudrücken) jeweils die Setzung der anderen Komponenten wie auch des ganzen (gedachten und daher faktisch bewirkten) Gefüges tangiert. Der Wandel, insofern er sozial relevant ist, ist nicht ein physikalisch nachzeichenbarer, wohl aber ein in Metaphern beschreibbarer und beschriebener Vorgang, der sich vor allem in der Semantik sozialer Beziehungen zu erkennen gibt: Der Schlüsselbegriff ist hier wohl der des gesellschaftlichen Vertrauens (Luhmann 1968).

Stellt man, so abgeleitet, das Konzept von Public Value in den kritisch-theoretischen Denkzusammenhang von dem, was man als gesellschaftlich verhandelbaren und verhandelten Vertrauensmechanismus in einer sozial sich laufend wandelnden Welt (z. B. Globalisierung, wirtschaftlich getrieben, kulturell relevant) beschreibt, dann ergibt sich die Möglichkeit, die medienpolitische Debatte zu Public Value auf eine andere Ebene zu heben: Die der gesellschaftlich vernünftigen, weil den Entwicklungen der Gesellschaft Rechnung tragenden Antwort von Medienunternehmen auf den Medienwandel. Und dieser ist beschreibbar auf den Ebenen von Technologie, Wirtschaft und Kultur: Digitalisierung, multivariate Konvergenz, Mobilität, Multimedialität, Netzwerkbildung und Mediatisierung der alltäglichen Lebenszusammenhänge (vgl. Krotz 2001, Bauer 2006a: 31–33) sind die dazu einschlägigen Schlüsselbegriffe.

In dieser Umwelt verschwimmen die einst (in der Industriegesellschaft) so sauber gezogenen Grenzen zwischen einzelnen Medienontologien, zwischen den medienbasierten Kommunikationsberufen und zwischen den analytischen Typen der Produktion und Konsumption von medienbasierten Kommunikationsangeboten (Information, Unterhaltung, Werbung), ja selbst zwischen den Rollen und Handlungsmustern von Produktion und Konsumtion. Wenn man die Effekte der Globalisierung gerne an der Auflösung von nationalen, systemischen, institutionellen und kulturellen Grenzen festmacht (Fukuyama 1992), dann lässt sich auch die Grenzauflösung zwischen Medien und Medienwelten als ein solcher Effekt beschreiben, der allerdings vor allem eines deutlich macht: Die Medien- und/oder Kommunikationsgesellschaft kann nicht mehr über einzelne Medienontologien beschrieben werden (z. B. Buchgeneration, Zeitungsgeneration, Radiogeneration, Fernsehgeneration, Internetgeneration). Das Eine ist nicht vom Andern zu trennen und nicht ohne das Andere zu verstehen. Die einzelnen Medien ergänzen einander strukturell, funktional und kulturell in einer generell durch symbolische Generierung konstituierten Medialität des gesellschaftlichen Zusammenhangs (Bauer 2008b: 112). Das Riepel'sche Gesetz hat sich als Interpretationsrahmen für die Beschreibung von Veränderungen in der Medienwelt erübrigt, weil die Koordinaten der Medienentwicklung und deren (kritische) Beobachtung sich verändert haben: vom Strukturblick zum Kulturblick.

Wenn nun öffentlich-rechtliche, kommerzielle und private („freie") Medienunternehmungen im Zuge der kompetitiven Infragestellung ihrer gesellschaftlichen Bedeutung und ihrer gesellschaftspolitischen Position im betrieblichen System der Medienkommunikation in dem Terminus „Public Value" eine neue Referenzgröße des Vergleichs von Relevanz, Legitimation und Anspruch gefunden haben, dann ist der Gebrauch und dessen Intention zu hinterfragen. Die Parameter, die sich lange in allgemeinen Beschreibungen des öffentlichen Auftrags (Bildung, Wissen, Kultur, Information, Unterhaltung) verloren haben, werden im Zuge der Debatte der letzten Jahre konkreter und emanzipieren sich nun auch langsam von den Prototypen (z. B. BBC), was der praktischen Realisierung sicher einen Gefallen tut. So schnell man war in der Besetzung des Begriffes durch öffentlich-rechtliche Medieninstitutionen und so überzeugend auch die Umsetzung durch die BBC war und ist (Kaumanns et al. 2007), so offen muss man nun doch auch eingestehen, dass Public Value per se kein Modell von öffentlicher Rechtlichkeit, sondern ein Modell für gerechte Öffentlichkeit und sozial relevante Verteilung von Gesellschaftlichkeit ist, und wie es ebenso dem inhärenten Sinn des Konzepts widerspricht, hier wie dort und unter national jeweils anders entwickelten Medienlandschaften das Modell von der BBC einfach zu kopieren. Es wird klar, dass Public Value kein Besitz ist, kein Territorialrecht und kein Institutionenprivileg. Es gehört nicht den öffentlich-rechtlichen Einrichtungen, genauso wenig, wie es sich privatwirtschaftlichen oder freien

Medienunternehmungen nicht verschließt. Es ist ein Konzept demokratielogischer Balance, das die gesellschaftliche Moral der Ökonomie, die ethische Kompetenz und so den gesellschaftlichen Vertrauensbeweis von Kommunikationsunternehmen fordert. Public Value ist nicht ein Modell *von* irgendeinem dieser Typen, sondern ein Modell *für* jedweden Typus öffentlich relevant, gerecht und nachhaltig verteilter Gesellschaftlichkeit im Gebrauchszusammenhang von medialer Kommunikation. Klar wird auch, dass ein solches Wertkonzept ein entsprechendes unternehmerisches Biotop braucht – eines, das seinerseits eben nicht strukturell, sondern kulturell und daher durch Qualität begründet wird und nur so zu begründen ist. Diese Qualitätsforderung richtet sich an die Struktur der Unternehmung, an die Kultur der Unternehmensgovernance (Media Governance), an die Produktionszusammenhänge, an Produkte und Produktverteilung genauso wie an die strukturellen und kulturellen Rahmenbedingungen des konsumptiven Mediengebrauchs.

Oft genug wird argumentiert, dass das öffentlich-rechtliche Strukturgefüge das überzeugendere, verlässlichere, gewissermaßen moralisch natürlichere Biotop für Medienqualität wäre, weil dort Bedingungen und Programme favorisiert würden, die in erster Linie kulturelle und erst in zweiter Linie ökonomische Werte ermöglichen bzw. repräsentieren sollten. Abgesehen von der theoretisch nicht nachvollziehbaren Asymmetrie der Verteilung und Zuerkennung von ethischer Kompetenz – Warum sollte der Markt als gesellschaftlicher Handlungszusammenhang weniger ethisch bzw. moralisch sein als Institutionen, die sich ebenfalls als nichts anderes denn als gesellschaftlicher Zusammenhang konstituieren? –, erkennt man den engen Spielraum Der moralischen Argumentation ohnedies schnell, denn es gilt auch umgekehrt: warum sollten die von öffentlich-rechtlichen Institutionen zusätzlich zu den eingenommenen Gebühren erwirtschafteten Einnahmen weniger moralisch gerechtfertigt sein als die Einnahmen in der Privatwirtschaft? Es geht nicht um Moral, es geht um politische Kultur. Das Argument der ethisch besser gedeckten Affinität öffentlich-rechtlicher Institute zu Public Value dient natürlich auch der Legitimierung der allgemeinen Einhebung von Gebühren durch öffentlich-rechtlich institutionalisierte Medienunternehmen, weil man weiß, dass die privatwirtschaftlich gesteuerten Einnahmemechanismen um einiges schwieriger und aufwändiger sind als öffentlich geregelte. Andererseits haben öffentlich-rechtliche Anstalten wieder das Problem der „moralischen" Rechtfertigung der Gebühren, die sie einheben, was sie immer wieder in die Argumentation treibt darzulegen, wie wenig ihnen davon bleibt, weil andere Institutionen mitprofitieren, und wie viel sie denn aus dem verbleibenden Rest machen. Diese Position seitens öffentlich-rechtlicher Einrichtungen wird auf Seiten der kommerziellen Programmanbieter dialektisch ergänzt durch deren Argument, dass ein Betrieb, der das strukturelle Überleben aus eigenen Ressourcen sichern müsse, erst Geld machen müsse, um dann Programm machen zu können. Kommerzielle Umgebungen könnten solche Bedingungen nicht frei Haus zur Verfügung stellen und sich solche kulturellen Nischenprodukte wegen der sinkenden oder ausfallenden Quoten nicht leisten. Auch hier dient das Argument mehr der Affirmation schon erwiesener Praktikabilität denn einer plausiblen (emanzipatorischen) Dialektik des Erkennens. Aus einer distanzierten und nicht der Loyalität, sondern der Analyse verpflichteten Perspektive betrachtet stellt sich dieses Argumentationsmuster als latente ideologische Komplizenschaft zwischen öffentlich-rechtlich und privatwirtschaftlich strukturierten Medienunternehmen dar. Auch hier gilt: Die moralische Argumentation ist ein zu enger Rahmen, um das Konzept von Public Value politisch sinnvoll zu argumentieren. Die kommunikative Rahmung des Konzepts von Public Value kann sich nicht auf den moralischen, sondern muss sich auf den gesellschaftlichen Wettbewerb einstellen. Es braucht da eine dritte intervenierende Größe, die in der Routine der wirtschaftlichen Argumentation der Praxis meist ausgeblendet wird, weil sie nicht wie ein aktiver Faktor im Geschehen gewertet wird, sondern als reaktive Referenz der (Zufriedenheits-) Wirkung der von beiden (sic!) als Versorgung konzipierten Medienarbeit gewertet wird. Diese intervenierende Größe in der kritischen Beobachtung der betrieblichen Kultur von Medienunternehmen ist das (theoretisch) partizipatorische Konzept zur Position des Publikums.

In einem bewusst emanzipatorischen – und eben nicht affirmativen – theoretischen Konzept der Medienkommunikation ist die Position des Publikums der eigentliche Ort der Konstruktion von Realität. Es ist nicht einfach nur „der Empfänger", bei dem Programme abgeliefert werden oder auf den man mit solchen einwirken könnte. Publikum ist im medialen Kommunikationsgeschehen die Position der Überraschung und die Referenz für die Qualität der Öffentlichkeit von Information und Meinung. Die Unterstellung, dass Medien es möglich machen, dass jeder andere wissen könnte, sollte oder müsste, was man selbst weiß oder man selbst wissen könnte, sollte oder müsste, was alle anderen wissen, hat in der Position des Publikums eine soziale Figur, durch die und derentwegen Programme und Content öffentlich werden. In der Metapher des Publikums wird die Voraussetzung angesprochen, durch die im Modus der sozialen Vermittlung (Individualisierung des Kollektiven, Kollektivierung von Individualität) des medialen Gebrauchs von Kommunikationsangeboten Programme als Content gedeutet werden und Content zu Programmen (Agenda Setting) gemacht werden. Das Publikum ist der Grund, warum man sich über Qualität und Quote Gedanken machen sollte, weil es die soziale Position vertritt, in der beides schlagend wird.

Die Verhandlung über Qualität und/oder Quote läuft so lange praktisch im Kreis und theoretisch in die Sackgasse, so lange man die Metapher einer Versorgungslinie im Kopf hat, die beim Produzenten beginnt und beim Rezipienten, wenn man Glück hat, erfolgreich endet. Abgesehen davon, dass in diesem Kontext „Erfolg" als unternehmerisches Durchsetzen von Wirkung einer Stimulus-Response-Konzeption von Kommunikation bzw. Unternehmung gleichkäme, von der man mittlerweile theoretisch weiß, dass sie die Komplexität der kommunikativen Verhandlung nicht hinreichend interpretieren kann, ist sie auch epistemologisch ungeschickt, oberflächlich und restriktiv, weil sie eine fehlerbefreite (= „erfolgreiche") Praxis für den besten Beweis dafür hält, dass eine Theorie gut oder die beste wäre, wenn sie nur praktisch ist – was zwangsläufig dem Verzicht auf emanzipatorische Erkenntnisinteressen Vorschub leistet. Eine die Komplexität des kommunikativen Handlungszusammenhangs abbildende Erfolgskonzeption muss als ein dem Geschehen intrinsisch inhärenter und so gesellschaftlich relevantes Wertemodell gedacht werden, nicht als Ergebnis, sondern als Modus. In diesem Modus ist „der Rezipient" nicht das Objekt, sondern das Subjekt (der subjektive, wiewohl situativ wie kulturell verhandelte Faktor) von Wirkung. Die Rezipientenposition („das Publikum") ist in diesem Sinne die dritte Größe, die eine solche Konzeption des direkt-linearen Prozesses zwischen Intention (Input) und Wirkung (Output) theoretisch unterbricht: Das mechanistische Input-Output-Modell muss ersetzt werden durch ein kulturalistisches Modell der symbolisch generierten und symbolisch vermittelten Aneignung von Wirklichkeit (Bateson 1972; Mead 1973).

Der Rezipient ist, wie man nach und seit den Studien der Cultural Studies bewusster wahrnimmt, nicht Objekt der Wirkung, sondern partizipativer und – wenn seiner eigenen Lebenskonzeption gegenüber kompetent genug – durchaus eigenwilliger Faktor des Geschehens der Ausverhandlung von Deutung und Bedeutung. Was „er" als Nachricht, Unterhaltung, Konversation, Information oder Bildung wahrnimmt, entscheidet er mit, wenn auch in der metakommunikativen Rahmung, die ihm ein Format, ein Programm oder ein Medium vorgibt. Der Rezipient weiß, dass er einen Film sieht, wenn er einen Film sieht und er weiß, dass er Nachrichten liest oder Werbung sieht, wenn er dies tut. Dennoch bleibt ihm die Verhandlung (Verarbeitung) der in dieser Rahmung gebotenen Simulakren (vgl. Baudrillard 1983/1993). Dieses Modell der Verhandlung folgt einem Diskursmodell (Ordnungsmodell – vgl. Flusser 1998, Foucault 1974) der Bestimmung von Unbestimmtheit bzw. der Konstruktion von Wirklichkeit (vgl. Berger/Luckmann 1972) und repräsentiert drei Beobachtungszusammenhänge: Kommunikation als Zusammenhang technischer Organisation, als Zusammenhang symbolisch generierter Bedeutung und als Zusammenhang wechselweiser sozialer Wahrnehmung. In allen drei Kontexten ist Qualität eine Referenzkategorie des Publikums. Das Publikum ist der soziale Ort des Geschehens, in dem sich Inhalt und Ausrichtung der Qualität entscheiden. Das Publikum ist die Referenz für die Qualität von Erfolg, Überraschung und/oder Enttäuschung.

Aber für welche Qualität? Wenn man Qualität der Kommunikations- und Medienarbeit nicht einfach für einen ethischen Aufputz oder nur für ein ästhetisch oder technisch gelungenes Ergebnis hält, sondern sich darunter ein kommunikativ geteiltes, im gesellschaftlichen Dialog verhandeltes Beobachtungskonzept vorstellt, das beispielsweise zwischen Produzenten- (Intention) und Konsumenten- (Überraschung) Position wechselseitig unterstellt wird. Ein Konzept also, das sich nicht auf ein Objekt richtet (das daher nicht für sich selbst produziert werden kann), sondern an das man sich wechselseitig immer dann erinnert, wenn und weil ein in sich geschlossener Handlungszusammenhang als Modell *für* einen Wert oder für Werte bzw. gegen Werte steht, die gesellschaftlich als nützlich, notwendig oder lohnend konsentiert werden. Unter diesen Umständen ist Qualität im Spektrum des Public-Value-Konzepts eine Beschreibungsmetapher für die in Produktion und Konsumtion sich widerspiegelnde Übereinkunft einer bewusst kreativen Achtung für den kommunikativen Sinn (Nutzen, Wahrnehmung, Würde) der Investition von Aufmerksamkeit.

Um diesen Mehr-Wert zu erfassen, gibt es gesellschaftlich strukturierte Gefäße: Bildung, Wissen, Kultur, Gesellschaftlichkeit, Öffentlichkeit, Politik etc. Kann ein Programm einem dieser oder ähnlichen Basisinstitutionen zugeordnet werden, dann scheint die Public-Value-Sättigung ziemlich selbstverständlich gegeben zu sein. Schwieriger ist es mit Programmen, die nicht auf den ersten Blick solchen Kategorien zuzuordnen sind, weil sie andere kommunikative Intentionen verfolgen, zum Beispiel die der Unterhaltung. Kultureliten hatten immer schon das Interesse, mediale Unterhaltungsprogramme kulturpessimistisch zu bewerten und deren oft populärkulturelle Ästhetik als niedrigkulturelle Auslassung minder gebildeter Schichten und daher für eine auf Selbstreflexion gegründete Entwicklung der Gesellschaft als öffentlich minder relevant einzustufen. Die Hypothese, die der nachfolgenden Analyse zugrunde liegt, lautet: Die Zuordnung dieser oftmals als Kulturabfall bewerteten medientypischen Unterhaltung zum Wirtschaftskomplex ermöglicht die moralische Ausklammerung aus dem (gesellschaftlichen und) stark normativ begründeten Öffentlichkeitskomplex. Sie sagt überdies auch aus, dass gesellschaftliche Eliten dazu neigen, über den wirtschaftlichen Mechanismus der medialen Kommunikation so abfällig zu denken wie über die programmliche Konzeption medialer Unterhaltung. Horizontale Diversität von Kultur (Lebensentwürfe) wird sozial vertikal (hierarchisch) gedeutet. Wenn bzw. weil man vertikale Diversität nicht verhindern kann, muss man sie eben (nur) wirtschaftlich bzw. der Wirtschaft wegen tolerieren.

2 Die Kompetenz der Kommunikationswissenschaft

Noch ist die Hypothese zu flach. Sie braucht eine vertiefende kultur- und kommunikationswissenschaftliche Interpretation. Wenn die Kommunikationswissenschaft theoretisch glaubwürdig zum Phänomen Unterhaltungskommunikation aussagen möchte, dann muss sie eine Vorbedingung einer erkenntnistheoretisch nachvollziehbaren Einordnung erfüllen: Über Kulturen – und Unterhaltung ist ein kultureller Modus von Kommunikation – kann man nur kultürlich sprechen, also nur im Wege der Exegese von kulturellem Habitus. Das Sprechen über (andere) Kulturen problematisiert und thematisiert die (eigene) Kultur des Sprechens im Sinne ihrer Legitimation. Die Wissenschaft von Kommunikation und Medien kann keine von der Praxis der gesellschaftlichen Kommunikation unabhängige Autorität beanspruchen, auch und gerade wenn sie sich als Kulturwissenschaft mit geisteswissenschaftlicher Ambition ausweisen und als solche ernst genommen werden möchte. Diese Legitimation einer verhandlungsfähigen Reflexion kann sie nur für sich beanspruchen, wenn sie sich als Agentur theoretischer wie methodischer Hermeneutik versteht; als Modell der sozialen Konstruktion von Wissen, das generell nachvollziehbar und verstehbar darstellt, wie man bezugs- und verhandlungsfähiges Wissen zu Kommunikation schaffen kann. Indem die Kommunikationswissenschaft den gesellschaftlichen Austausch von Wissen, Meinung und Erfahrung im systemischen Kontext von Medien als Kommunikation versteht, schließt sie an den Alltagstheorien an, die quer durch verschiedene Kulturen, Gesellschaften und Systeme nichts anderes sagen, als dass das über die komplexe Konstellation von Technologie, betriebswirtschaftlicher Organisation und Konzentration von professioneller Kompetenz produzierte und konsumierte Programm einem sozialen Muster von Kommunikation entspricht: der Verteilung von Gesellschaftlichkeit durch die Vergemeinschaftung von Unterschied (Bauer 2006b: 57).

Allerdings versteht sich die theoretische Wissenschaft dann als kritische Beobachtung gegenüber den Ordnungsmodellen der Alltagstheorie, die ja auch das Ergebnis von Beobachtung ist, und fragt nach in den Interpretationen des Alltags implizierten Denkfiguren, die im Falle von Medien (vielleicht allzu selbstverständlich) dem sozio- und anthropologischen Postulat von Kommunikation zufallen und klarerweise kulturelle sind. Es sind also Deutungsmuster von Kommunikation im Hinblick auf ein Menschenbild, das beschreibt, dass und warum es die Chance und die Herausforderung des Menschen ist, den (einen) Sinn des Lebens im Wege der Vergemeinschaftung von unterschiedlich bedingter Erfahrung zu erproben und – nun im Kontext der Mediengesellschaft – der generellen Unbestimmtheit (und Unsicherheit) des individuellen Lebens gesellschaftlich vernetzte, kulturell geteilte und sinnbesetzte Interpretation und ethisch wie ästhetisch viable Versionen der Gestaltung des Lebens gegenüberzustellen.

3 Die mediale Signatur der Bestimmung von Wirklichkeit

Dies beschreibt die Existenz des Menschen als Suche nach sich selbst und als Beobachtung von sich selbst in den Spiegelungen der sozialen, kulturellen und symbolischen Umwelt, als Bestimmung der eigenen Wahrnehmung (Identität und Identitätsdeutung) im Wege der kommunikativen Aneignung von gesellschaftlicher Wirklichkeit. Es sagt darüber hinaus, dass es in der Gesellschaft, in und mit der wir leben, keine medienfreie Existenz gibt (vgl. Hartmann 2003: 24) In dieser so organisierten Gesellschaft ist die Bedeutung von Menschen, Themen, Wissen und Ereignissen immer medial charakterisiert. Es ist daher nicht das einzelne Medium relevant, sondern die in allen Bestimmungen des Lebens eingemischte Medialität der Konstruktion von Wirklichkeit. In diesem Sinne stimmt die lapidare These Luhmanns: Alles was wir von dieser Welt wissen, wissen wir über Medien (Luhmann 2004).

Wissen – die eben (nur) über Kommunikation generierten Zusammenhänge der Beobachtung von Phänomenen im Interesse der möglichen Deutung, Erklärung, Ordnung und Bewertung – ist die Ressource für den sozialen Anschluss an Routen des sozialen Wandels und der Stoff für die Akkumulation von Sozialkapital (Bourdieu 1982). Wissen definiert sich nicht nur in Kategorien von Inhalt und (kommunikativer) Form, sondern auch in Kategorien des Gebrauchs. Da medialer Gebrauch und mediale Aneignung von Wirklichkeit (Wissen) immer und im besten Sinne des Wortes Unterhaltung ist, also nicht nur dem Funktionsgedächtnis von Individuum und Gesellschaft dient, sondern auch als Ressource für die Anreicherung des kulturellen Gedächtnisses der Gesellschaft (Assmann 2007) überhaupt erst den Kontext für die Bestimmung des Informationswertes (Inhalts- und Gebrauchswert) formuliert, ist Wissen wissenswert, wenn es ethischen, ästhetischen und kulturellen Unterhalt gibt. Die wirtschaftliche Metaphorik (Unterhalt) ist hier keine Zufälligkeit, sondern ein in die wissenschaftliche Theorie übernommenes und in die Beobachtung eingemischtes alltagstheoretisches Postulat, dass Wissen als solches erst gewertet (und geschätzt) werden kann , wenn es an den Sinn-Desideraten des konkreten Lebens (Nutzen, Ästhetik, Ethik) ankoppelt.

Die Anschlussfähigkeit – in (und aus vor-medialen Zeiten von) Klassengesellschaften gerne dem Vorsprung von Bildung zugesprochen – kann aber im Kontext demokratischer Verteilung von Wissen (und anders kann im Kontext öffentlicher Medienkommunikation Wissen nicht verteilt oder generiert werden) nicht nur als Kompetenz von bildungsprivilegierten Menschen gewertet werden, sondern muss als Kommunikationsleistung (Kompetenz) des medialen Charakters von Wissensdarstellung eingefordert werden. Wissen als mediales Programm und im Kontext von medialen Programmen ist mehr denn je (d. h. in ehemals personalen und interpersonalen Kommunikationsverhältnissen) eine

Implikation medialer und zugleich emanzipatorischer Konversation. Mediale Kommunikation hat eben wegen ihres Konversationscharakters ein emanzipatorisches Potenzial (vgl. Enzensberger 1970; Hall 1993), insofern sie als Habitus (Bourdieu 1982) des Alltags über eine kulturelle Grammatik verfügt, die neue Kulturmuster (Ethik, Ästhetik) zu generieren in der Lage ist. In diesem Sinne ist Medienkonversation das Ambiente für den sozialen und kulturellen Wandel.

4 Unterhaltung als Kommunikation und Kommunikation als Unterhaltung

Unterhaltung versteht man in unseren Kulturwelten, die ja mittlerweile stark mediatisiert und medialisiert sind, zunehmend als medientypisches Phänomen, das mit der Charakteristik der distanten Kommunikation zu tun hat: Lesen, Hören, Zuschauen sind mediatisierte Eingriffe in Lebenszusammenhänge anderer, die man imaginieren und in Deutungsrelation zu sich selbst stellen kann, deren möglichen Konsequenzen man sich aber entziehen kann, weil das Setting der Medialität mit dem Konstruktionscharakter zugleich die Möglichkeit der Dekonstruktion zulässt. Es ist ein Spiel mit Möglichkeiten, das an erinnerbaren Welten anschließt und Erinnerung mit Überraschung kombiniert. Das schafft eine Paradoxie zwischen Rationalität und Irrationalität, eine mitunter belustigende, weil befreiende oder beängstigende, weil belastende Mischung von Erfahrung und Erinnerung. In eben diesem Sinne hat Unterhaltung, gerade wenn es als mediatisiertes und medialisiertes und auch so organisiertes Programm angeboten und ausgewiesen wird, wie man sich gut vorstellen kann, mit Bewusstsein und dessen Konkretion oder Abstraktion zu tun (vgl. Flusser 1997b: 185; Horkheimer/Adorno 1969; Anders 1956).

Wenn man also bedenkt, dass im Kontext des symbolisch und alltagsrituell vermittelten Mediengebrauchs Unterhaltung eine Kommunikationsleistung zwischen Produktion und Konsumtion, zwischen Produzent und Rezipient ist, die (weil mit Bewusstsein) mit der Kompetenz von Selbstwahrnehmung und Umweltbeobachtung (Reflexion) des Rezipienten korreliert, dann kann man nachvollziehen, dass mediale Unterhaltungskultur als Spiegel gesellschaftlicher Alltagsbildung und gesellschaftlich vermittelter Lebensentwürfe gewertet werden kann, die man im Sinne ihrer inhaltlichen und ästhetischen Nivellierung heben oder senken kann. In dieser medialen Kommunikationspartnerschaft sind beide Seiten des Mediengebrauchs – Produzenten wie Konsumenten – als sich selbst und zueinander verantwortliche Akteure der sozialen Praxis kulturell, also auch ethisch durch ein Konzept von Bildung (Kulturbildung) verpflichtet. Bildung ist nicht nur eine inhaltliche Dimension von kategorialem Wissen (gescheit), sondern auch eine ethisch-ästhetische Komponente von Alltagswissen (bewusst). Wenn man Bildung versteht als die Fähigkeit, Bereitschaft, Zuständigkeit und Verantwortung (alles in allem: Kompetenz; vgl. Bauer 2008a: 21) sich jenes Wissen anzueignen, mit dem man sein Verhältnis zur natürlichen, sozialen, kulturellen und symbolischen Umwelt entscheiden, moralisch begründen und dadurch eben diese Kompetenz steigern kann, dann hat sie den Charakter eines Habitus (Bourdieu 1982), der - ähnlich dem Konzept der generativen Grammatik (Chomsky) - Voraussetzungen schafft daraus neue soziale Sätze (Verhaltensmuster) sozial-grammatisch richtig zu generieren. In diesem Sinne ist Bildung das mentale Dispositiv (Deleuze 1991) für kulturelle und soziale Kreativität.

5 Medienunterhaltung als Konversationsmuster der Gesellschaft

Wenn man Unterhaltung medial programmiert, dann arrangiert man – unabhängig von den theoretischen und praktischen Möglichkeit des Rollentausches – sowohl in der Rolle des Produzenten wie in der des Rezipienten eine Verständigungsleistung, die mit den Chancen und Risiken von Wahrheit und Täuschung operiert. Unterhaltung als mediales Programm hat in sich das Potenzial der Repression wie das der Emanzipation. Sich so wähnende freie Gesellschaften spiegeln sich in diesem Muster der medialen Konversation genauso wie die der Totalität verdächtigten. Davon ist auch die politische Kommunikation im medial programmierten Format der Nachricht affiziert: Der jeweils für politisch korrekt gehaltene Stil der politischen Nachricht unterhält das System (und dessen Wahrnehmung) da wie dort. In diesem Sinne kann man Kommunikation, vor allem Medienkommunikation theoretisch als gesellschaftliche Übereinkunft und als Ritualisierung gegenseitiger wie wechselseitiger Täuschung konzipieren (Bauer 2009: 68).

Was die Welt zusammenhält, sind die Geschichten und Diskurse (Schmidt 2003), in welchen Formaten auch immer sie Relevanz gewinnen: Wirklich ist, was in und als Kommunikation darstellbar und deutbar ist. Wenn man schon im Kontext medialer Kommunikationsprogrammatik die Unterscheidung von Information (Nachricht), Unterhaltung und Werbung für die Kennzeichnung der medialen Kommunikationsabsichten gebraucht, dann sollte man mit bedenken, dass auch Programmrezipienten auf solche Zuordnungen eingeübt sind und den Sinn ihrer Medienzuwendung (Information, Unterhaltung, Werbung) danach ausrichten. Eben wegen dieser medienkulturell eingeübten und ritualisierten Unterscheidung muss man in Rechnung stellen, dass, weil sich die Konstitution der Gesellschaft im Modus von Kommunikation vollzieht, dieser Modus sich in der Mediengesellschaft zunehmend auf das Modell von Medialität einstellt. Das heißt, um hier die postmodernen Kritiken zu Wort kommen zu lassen (Baudrillard 1983/1993; Lyotard 1979; Derrida 1970/1993): Programmierung, Standardisierung, Distanzierung, Funktionalisierung, Simulierung, Fragmentierung etc. Dieser Wandel der Kommunikationskultur spiegelt den Wandel der sozialen Kultur, der Verteilung von Gesellschaftlichkeit und der Kultur der Aufmerksamkeit für Differenz wider: Persönliches Wissen und intime Lebenshaltungen erreichen öffentliche Aufmerksamkeit und werden so gesellschaftlich relevant, wie öffentliche Themen und Ereignisse zunehmend die persönliche Lebensgestaltung bestimmen. Weil also durch die zunehmende Medialisierung der gesellschaftlichen Kommunikation (quer zu den herkömmlichen hierarchisch gebauten Räumen der Diskursordnung wie Familie, Institutionen) sich neue Konstellationen und Qualitäten des gesellschaftlichen Vertrauens bilden, braucht es durch öffentlichen Konsens geschaffene Instanzen der Verteilung von Gesellschaftlichkeit.

6 Medienpolitische Konzepte im Blick auf Public Value

Im Grunde kann dieses Vertrauen von Medienunternehmungen auf unterschiedliche Art und Weise beansprucht werden: öffentlich-rechtlich, privatrechtlich und privatwirtschaftlich. Theoretisch sind alle Modelle vertrauensfähig und praktisch sieht es danach aus, dass keines der Modelle das allein seligmachende Prinzip für sich beanspruchen könnte, weil jedes der Modelle einer ähnlichen Polarität, wenn auch mit jeweils unterschiedlicher Ressourcenlage gegenübersteht: Akzeptanz oder Mission, Qualität oder Quote. Weil alle Modelle aus jeweils unterschiedlicher Ausgangslage auf organisatorische, institutionelle und wirtschaftliche Grenzen stoßen, wird es verunmöglicht, dass in einem einzigen Modell alle gesellschaftlichen Ansprüche (Akzeptanz und Mission, Qualität und Quote) gesättigt werden. Es braucht ein Konstrukt, das die Summe gesellschaftlicher Kommunikationswerte zu interpretieren in der Lage ist, auf das sich Medienunternehmungen ethisch einigen, durch das die Kompetenzen von Programmanbietern klassifiziert und verglichen werden und auf das hin Medienunternehmungen auch ihre Kompetenzen ausrichten und ordnen können, um das gesellschaftliche Vertrauen zu verdienen. Die Struktur selbst (z. B. die öffentlich-rechtliche Institution) steht nicht mehr in dem Maße für die Qualität des gesellschaftlichen Vertrauens, wie umgekehrt andere Strukturen (z. B. die privatwirtschaftliche Organisation) nicht mehr in dem Maße in Zweifel zu ziehen sind, wie dies zu Zeiten des totalen Monopols des ORF Strategie war.

Das Wettbewerbsprinzip hat sich von Strukturen zu Qualitäten und von Rechtskriterien zu Kompetenzkriterien verlagert. Eben diese Verlagerung der Beobachtungsperspektive macht deutlich, dass nicht qua Struktur öffentlich-rechtliche Programmanbieter öffentlich-rechtlich relevantes Programm anbieten,

weil sie durch ihre Kompetenzausrichtung ein gesellschaftliches bzw. öffentlich-rechtliches Desiderat sättigen, das formal öffentlich-rechtliche Einrichtungen nur (mehr) durch ihre Struktur spiegeln. In dieser Verlagerung der Perspektiven macht sich die Zivilgesellschaft bemerkbar: Öffentliche Relevanz ist verhandelbar. Das Konstrukt, das diesen Wandel aufnimmt und als Qualität abbil-
det, findet sich – im medienpolitischen Diskurs zunehmend als gemeinsamer
Widerspruchspunkt konsentiert – im Begriff von Public Value: Das qualifizie-
rende Unterscheidungsmerkmal in der Wertung der Medienprogramme ist der
öffentliche Zusatznutzen, den Programme stiften, auch wenn und vielleicht
sogar weil sie der wirtschaftlichen Rationalität wegen auf große Reichweiten
oder ausgemachte Zielgruppen setzen. In diesem Umfeld ist Public Value aber
auch eine Abstraktion des Wertetausches: öffentliche Leistung verdient öffentliche Entgeltung. Das ist die pragmatische Seite eines theoretisch ja schon mehrfach durchgespielten Konzepts (vgl. Karmasin 1996).

7   Unterhaltungsprogramme im Kontext der Konstitution von Öffentlichkeit

Dieser öffentlich und gesellschaftlich relevante Mehrwert kann im Kontext der
Programmgestaltung unterschiedlich erreicht werden: entweder als Quer-
schnittswert eines in sich differenzierten Programms oder als spezifischer Wert
bestimmter Programmelemente. Appliziert man das Konzept von Public Value
auf die zuvor getroffenen Aussagen zum Konversations- und Unterhaltungscha-
rakter medialer Kommunikation und zur Notwendigkeit von Unterhaltung als
medialem Format der gesellschaftlichen Praxis, dann muss man zu dem theoretischen Schluss kommen, dass Unterhaltung im medialen Format sozialer Konversation geradezu ein Dispositiv von Public Value ist. Der Beispiele dazu gibt
es viele. Programme, die dazu beitragen, dass Menschen sich von eingeübten
Mentalitäten freispielen können, weil sie kognitiv und auch emotional in die
Lage versetzt werden, sie aus anderen Perspektiven zu reflektieren, haben einen
gesellschaftlichen Wert, der gesellschaftlich abzugelten ist, auch wenn die Werte nur schwer zu definieren bzw. in jedem Fall verhandelbar sind. Ein anderes
Beispiel: Das programmliche wie wirtschaftliche Bemühen um die Kunst der
Unterhaltung (Musikszene, Film, Theater, Kabarett, Sport etc.) ist ebenso als
Kompetenz für Public Value zu werten und zu entgelten, wie die Entwicklung
bzw. Verbreitung von Sendeformaten, die im Genre der Unterhaltung den Diskurs um gesellschaftliche Werte aufgreifen wie Integration, Toleranz, Aufklärung, interkulturelle Verständigung, friedliche Nachbarschaft etc. Unterhaltung
ist ein gesellschaftliches Muster der Sinnbestimmung, das – zum Beispiel im
Vergleich zu Information und Nachricht – nicht weniger, sondern eine andere

Qualität von Dialog und Diskurs beansprucht. Die darin vermutete und von elitärer Kulturkritik gerne herabgewürdigte Implikation von Zerstreuung und Dekonzentration muss man als kommunikatives Ritual verstehen, auf das Menschen vor allem dann zurückgreifen, wenn sie sich (z. B. von der Thematik) überfordert fühlen. Im Genre von Unterhaltung werden gesellschaftliche Erwartungen und Wertepositionen, die im Kontext des sozialen Handelns eingefordert werden, entkrampft, entmystifiziert und von Autoritätsdruck befreit. Unterhaltung ist im interpersonalen wie im medialen Kontext das kommunikative Ambiente für die Bildung von Einstellungen, Attitüden, Rollendeutungen, die Zuschreibung von Positionen und das kommunikative Dispositiv für die Generierung von gesellschaftlich wechselseitig zugespielter Erwartung. Als ein in diesem Sinne kulturspezifisch unterschiedlich ausgeprägtes Muster der symbolischen Interaktion entwickelt sie eben auch ästhetisch unterschiedliche und unterschiedlich nivellierte Muster der Konstruktion von Identität oder der Vergegenwärtigung von Mentalität.

Es kommt daher nicht von ungefähr, dass die Diskussion um Public Value sich vor allem im Umfeld von öffentlichen Medieneinrichtungen (z. B. BBC) entwickelt hat, weil dort die öffentliche Reputation als das Kompetenzmerkmal öffentlich-rechtlicher Einrichtungen auf dem Spiel steht (vgl. Christl/Süssenbacher 2010). Denn von diesen Einrichtungen erwartet man in erster Linie, dass sie sich als struktureller und kultureller Beitrag zur Bestimmung gesellschaftlicher Identität verstehen, was sich neben anderen Kategorien eben auch in seinem Unterhaltungsprogramm spiegeln sollte. Medieneinrichtungen, die sich dieser gesellschaftlichen Verhandlung stellen, brauchen ein flexibles Management, eine elastische Organisationsstruktur, Mitarbeiterinnen und Mitarbeiter, die vielseitig gebildet sind und die es zu ihrer Kompetenz rechnen, ein sensibles Sensorium gegenüber ihrer sozialen Umwelt aufzubringen. Neben all der nach innen gerichteten Forderung nach Kompetenz wird das Konzept von Public Value aber zunehmend durch eine andere Thematik bestimmt: die der Media Literacy des Publikums. Medienunternehmungen, die ihr Programm und ihre Programmorganisation strukturell und funktional danach ausrichten, Betroffene zu Beteiligten (Partizipation, z. B. Programm nicht nur für, sondern auch von Migrantinnen und Migranten) zu machen und ihnen z. B. auch durch medienpädagogische Hilfestellungen eine Position der Authentizität einzuräumen, werden dem Konzept von Public Value und der wegen des zunehmenden Mangels an finanziellen Mitteln immer strengeren Auslegung des Konzepts um vieles gerechter als Programme, die sich nur auf die inhaltliche Seite konzentrieren. Public Value ist ein Konzept, das die Ontologie der Öffentlichkeit der medialen Kommunikation in Bewegung setzen wird.

Literatur

Anders, Günter (1956): Die Antiquiertheit des Menschen, Band 1: Über die Seele im Zeitalter der zweiten industriellen Revolution. München: Beck

Anders, Günter (1956): Die Welt als Phantom und Matrize. Philosophische Betrachtungen über Rundfunk und Fernsehen. In: Anders, Günter (1956): 97-212

Assmann, Jan (2007): Das kulturelle Gedächtnis. Schrift, Erinnerung und politische Identität in frühen Hochkulturen, 8. Auflage. München: Beck

Bateson, Gregory (Hg.) (1972): Steps to an Ecology of Mind. London: Intertext

Bateson, Gregory (1972): A Theory of Play. In: Bateson (Hg.) (1972): 177–193

Baudrillard, Jean (1983/1993): The Precession of Simulacra. In: Natoli/Hutcheon (Hg.) (1993): 342–375

Bauer, Thomas A. (2006 a): Wertegemeinschaft und Mediengesellschaft. In: Bauer/Ortner (Hg.) (2006): 20–44

Bauer, Thomas A. (2006b): Kommunikationskulturen im Wandel. Wertemodelle und Wissensmodelle der Mediengesellschaft. In: Bauer/Ortner (Hg.) (2006): 46–62

Bauer, Thomas A. (2008a): Bildung als soziale Praxis. Zum kulturellen Wandel von Wissen und Bildung im Kontext zunehmend medialisierter Gesellschaften. In: Bauer/Ortner (Hg.) (2008): 14–35

Bauer, Thomas A. (2008b): Land der Berge – die medienpädagogische Bildungslandschaft in Österreich – Eine Bildbeschreibung. In: Blaschitz/Seibt: (Hg.) (2008): 105–117

Bauer, Thomas A. (2009): Die journalistische Persönlichkeit – Potenziale und Grenzen eines normativen Konzepts. In: Duchkowitsch et al. (Hg.) (2009): 67–93

Bauer, Thomas A./Ortner, Gerhard E. (Hg.) (2006): Werte für Europa. Medienkultur und ethische Bildung in und für Europa. Düsseldorf: B+B

Bauer, Thomas A./Ortner, Gerhard E. (Hg.) (2008): Bildung für Europa. Politische Ansprüche und Anregungen für die Praxis. Paderborn: B+B

Berger, Peter L./Luckmann, Thomas (1972): Die gesellschaftliche Konstruktion von Wirklichkeit. Eine Theorie der Wissenssoziologie. Frankfurt am Main: Fischer

Blaschitz, Edith/Seibt, Martin: (Hg.) (2008): Medienbildung in Österreich. Historische und aktuelle Entwicklungen, theoretische Positionen und Medienpraxis. Wien-Berlin: LIT Verlag

Bourdieu, Pierre (1982): Die feinen Unterschiede. Frankfurt: Suhrkamp

Christl, Reinhard/Süssenbacher, Daniela (Hg.) (2010): Der öffentlich-rechtliche Rundfunk in Europa. ORF,BBC, ARD & Co auf der Suche nach dem Public Value. Wien: Falter

Deleuze, Gilles (1991): Was ist ein Dispositiv? In: Ewald/Wadenfels (Hg.) (1991): 153–162

Derrida, Jaques (1970/1993): Structure, Sign, and Play in the Discourse of the Human Sciences. In: Natoli/Hutcheon (Hg.) (1993): 223–242

Duchkowitsch, Wolfgang/Hausjell, Fritz/Pöttker, Horst/Semrad, Bernd (Hg.) (2009): Journalistische Persönlichkeit. Fall und Aufstieg eines Phänomens. Köln: Herbert von Halem

During, Simon (1993): The Cultural Studies Reader. London: Routledge

Enzensberger, Hans Magnus (1970): Baukasten zu einer Theorie der Medien. In: Kursbuch 20. Frankfurt am Main: Suhrkamp, 159–186

Ewald, François/Wadenfels, Bernhard (Hg.) (1991): Spiele der Wahrheit. Michel Foucaults Denken. Frankfurt am Main: Suhrkamp

Flusser, Vilém (1997a): Medienkultur. Hg. von Stefan Bollmann. Frankfurt am Main: Fischer

Flusser, Vilém (1997b): Die Welt als Oberfläche. In Flusser, Vilém (1997a): 185–236

Flusser, Vilém (1998): Kommunikologie. Hg. von Edith Flusser und Stefan Bollmann. Frankfurt am Main: Fischer

Foucault, Michel (1974): Die Ordnung der Dinge. Eine Archäologie der Humanwissenschaften. Frankfurt am Main: Suhrkamp

Fukuyama, Francis (1992): Das Ende der Geschichte. Wo stehen wir? München: Kindler Verlag

Hall, Stuart (1993): Encoding, decoding. In: During, Simon (1993): 507–517

Hartmann, Frank (2003): Mediologie. Ansätze einer Medientheorie der Kulturwissenschaften. Wien: WUV

Hradil, Stefan (2000): Sozialer Wandel. Gesellschaftliche Entwicklungstrends. In: Schäfers/Zapf (Hg.) (2000): 642-653

Horkheimer, Max/Adorno, Theodor W. (1969): Kulturindustrie. Aufklärung als Massenbetrug. Philosophische Fragmente. Frankfurt am Main: Fischer

Karmasin, Matthias (1996): Ethik als Gewinn. Zur ethischen Rekonstruktion der Ökonomie. Konzepte und Perspektiven von Wirtschaftsethik, Unternehmensethik und Führungsethik. Wien: Linde

Kaumanns, Ralf/Siegenheim Veit/Knoll Eva Marie (2007): BBC – Value for Money & Creative Future. München: Fischer

Krotz, Friedrich (2001): Mediatisierung von Alltag, Kultur und Gesellschaft. Ein gesellschaftlicher Metaprozess wird besichtigt. Wiesbaden: Westdeutscher Verlag

Luhmann, Niklas: (1968): Vertrauen. Ein Mechanismus der Reduktion sozialer Komplexität. Stuttgart: Enke

Luhmann, Niklas (2004): Die Realität der Massenmedien, 3. Auflage. Wiesbaden: VS

Lyotard, Jean-François (1979): Experts from the Postmodern Condition: A Report on Knowledge. In: Natoli/Hutcheon (Hg.) (1993): 71–90

Mead, George Herbert (1973): Geist, Identität und Gesellschaft. Frankfurt am Main: Suhrkamp

Natoli, Joseph/Hutcheon, Linda (Hg.) (1993): A Postmodern Reader. New York: University of New York Press

Schäfers, Bernhard/Zapf, Wolfgang (Hg.) (2000): Handwörterbuch zur Gesellschaft Deutschlands, 2. Auflage. Opladen: Leske+Budrich

Schmidt, Siegfried J. (2003): Geschichten & Diskurse. Abschied vom Konstruktivismus. Reinbek: Rowohlt

Schütz, Alfred/Luckmann, Thomas (1984): Strukturen der Lebenswelt, Band 2. Frankfurt am Main: Suhkamp

Public Value und Medienkultur

Marco Höhn

Public Value: „*Das ist ein Begriff, von dem man bisher sagen kann, er ent-stammt der englischen Sprache, aber was sonst noch darunter zu verstehen ist, das weiß man, obwohl ein Public-Value-Test jetzt politisch vorgegeben ist, nun tatsächlich noch nicht*" (Elitz 2007: 19). Als Ernst Elitz mit dieser Äußerung im Oktober 2007, damals noch als Intendant des Deutschlandradios, empfahl, den Begriff Public Value erst einmal zu definieren, bevor man ihn anwendet, ist einige Zeit vergangen, in der die angesprochenen Tests zwar durchgeführt wur-den und werden, es aber keineswegs klarer geworden ist, was unter Public Va-lue eigentlich zu verstehen ist. Höchste Zeit also, sich mit dem Begriff intensiv zu beschäftigen, was dankenswerterweise das Anliegen der Herausgeber dieses Sammelbandes ist.

Der vorliegende Beitrag erhebt nicht den Anspruch, Public Value aus der Perspektive eines Ansatzes von Medienkultur ein für alle Mal klar und eindeutig zu definieren, möchte aber einen Denkanstoß aus dieser Richtung geben und Fragen zum bisherigen Verständnis und seiner Umsetzung in Public-Value-Tests in Deutschland aufwerfen.

Public Value als „*Leitbegriff oder Nebelkerze in der Diskussion um den öf-fentlich-rechtlichen Rundfunk*" (Hasebrink 2007) zu bezeichnen, ist Ausdruck der vielfältigen und teils fragwürdigen Verwendung des Begriffes in der aktuel-len Debatte um die Zukunft des öffentlich-rechtlichen Rundfunkmodells im Allgemeinen und seiner digitalen Angebote im Besonderen.

Um Klarheit zu erhalten, erscheint es sinnvoll, sich dem in diesem Zusam-menhang viel zitierten Mark Moore (1995) zuzuwenden, der wohl als Erster den Begriff Public Value als Managementansatz öffentlicher Einrichtungen ins Ge-spräch brachte. Demnach handelt es sich um einen Ansatz, in dem Anbieter öffentlicher Güter mit ihren Nutzern zusammenarbeiten, um zu effizienteren Ergebnissen zu kommen, also in einer Kosten-Nutzen-Relation wirtschaftlicher die angestrebten Ziele zu erreichen. Damit geht aber auch einher, dass die Ent-scheidung über die Verteilung der (öffentlichen) Ressourcen ein politischer Prozess ist, wie Karmasin (2009) noch einmal betont hat, und somit Machtfra-gen aufwirft. Nach Moore sollten diese Abläufe durch demokratische Mitwir-kung der Betroffenen in den Unternehmungen selbst entschieden werden und nicht durch (externe) abstrakte politische Willensbildung. Erst dies ermöglicht öffentliche Akzeptanz und Legitimation des Angebotes und des Anbieters.

Die British Broadcasting Corporation (BBC) setzte nun Public Value als erste öffentlich-rechtliche Rundfunkanstalt im Jahr 2004 mit der Motivation der eigenen Erneuerung und Begründung ihrer Daseinsberechtigung gegenüber der Politik in die Tat um. Dabei basiert dieser Ansatz in erster Linie auf einem Public-Value-Test, in dem einerseits die Auswirkungen des Angebotes der BBC auf den Markt privatwirtschaftlicher Anbieter (Market Impact Assessment) evaluiert werden und andererseits der Nutzen für die Allgemeinheit (Public Value Assessment) durchaus auch monetär von den Nutzern bewertet wird, um den Konsumentenwert (Consumer Value) und den staatsbürgerlichen Wert (Citizen Value) zu ermitteln. Insgesamt muss sich die BBC dabei durch Transparenz und Nutzerpartizipation gesellschaftlich immer wieder neu legitimieren. Dieser Ansatz fußt also auf der Annahme eines Marktversagens, in dem meritorische Güter wie Meinungsvielfalt, Partizipation, Vermittlung von Nachrichten, Kultur und Bildung usw. öffentlich bereitgestellt werden müssen und dabei ein Mehrwert für alle geschaffen werden soll (Collins 2009; Karmasin 2009).

Hier könnte man nun direkt die Frage aufwerfen, *„ob Public Value etwas ist, was die Öffentlichkeit schätzt (hohe Reichweite) oder was für die Öffentlichkeit gut ist (Kultur, Bildung)"* (Kurp 2007)? Diese Frage macht allerdings keinen Sinn, denn nimmt man Moores Ansatz als Grundlage, so ist Public Value als Aushandlungsprozess zu verstehen, der den Prinzipien Contestation (Wettbewerb) und Co-Production (gemeinsame Entscheidung) unterliegt und somit prinzipiell konfliktär ist. Bei der Aushandlung der Bedeutung und des Wertes von Medienangeboten rückt die Kulturbedeutung von Medien in den Mittelpunkt.

Medienkultur

Schon weit vor der Proklamierung eines „cultural turns" (Hall 2002: 105) forderte Max Weber im Rahmen seines allgemeinen Verständnisses von Sozialwissenschaften als Kulturwissenschaft eine „Soziologie des Zeitungswesens" (Weber 1911; Kutsch 1988), die die Zeitung als Betrieb und genutztes Produkt in ihrer Kulturbedeutung für die Moderne analysieren sollte. Dies kann als Ausgangspunkt unseres Verständnisses von Medienkultur gesehen werden. Mit fortschreitenden Meta-Entwicklungen wie Globalisierung, Individualisierung sowie Kommerzialisierung von Medienkommunikation wird ‚das Kulturelle' zunehmend wichtig: In den Vordergrund rücken beispielsweise Themen wie die Fragmentierung und Refiguration kultureller Publika oder das Wechselverhältnis von kommunikativer Integration und kulturellen Konflikten.

Medienkultur interessiert hier nicht einfach als ästhetische Dimension von Medienkommunikation oder eine bestimmte Sparte eines Medienangebots. Vielmehr rückt – bei aller Varianz unterschiedlicher Kulturbegriffe – ein breiteres Verständnis von Medienkultur ins Zentrum der Betrachtung, wonach Medienkultur als Gesamtphänomen zu fassen ist, das sich auf den Ebenen von Medienproduktion, Medieninhalten, deren Rezeption und Aneignung, aber auch der (politischen) Regulation und Identifikation konkretisiert.

Den unserer Ansicht nach bedeutendsten Beitrag zu Fragen der Medienkultur haben in den letzten beiden Jahrzehnten die Cultural Studies geleistet. Im Gegensatz zu den meisten anderen theoretischen Ansätzen zeichnen sich die Cultural Studies dadurch aus, dass sie einen funktionalen Zugang auf Medienkultur ablehnen: (Medien-)Kultur ist nicht das System oder Programm, das in eine Gesellschaft integriert. Vielmehr wird (Medien-)Kultur selbst als ein umkämpfter Bereich widersprüchlicher und konfligierender Wirklichkeitsdefinitionen angesehen, die als solche machtgeprägt sind.

Hierauf hebt konkret die Kulturdefinition von Stuart Hall ab, wenn er formuliert, Kultur sei als die Summe der verschiedenen Klassifikationssysteme und diskursiven Formationen zu verstehen, auf die im Alltagshandeln (kommunikativ) Bezug genommen wird, um Dingen eine Bedeutung zu geben (Hall 2002: 108): Zwar ist Kultur in dem Sinne ‚musterhaft', so dass wir mit diesem Ausdruck systematische Zusammenhänge der Bedeutungsproduktion bezeichnen. Gerade in ihrer Regelhaftigkeit ist Kultur aber eingebunden in Formationen von Diskursen im Sinne Foucaults (1996), also in Gesamtheiten von diskursiven Ereignissen, die letztlich für bestimmte Machtverhältnisse und eine spezifische Wissensproduktion stehen.

Von Populär- und Medienkultur wird dann in dieser Perspektive auch gesprochen, weil – in Anlehnung an Antonio Gramsci (1987) – davon ausgegangen wird, dass sich die primären (kommunikativen) Auseinandersetzungen der Gegenwart im Bereich des medial vermittelten Populären konkretisieren. Entsprechend geht es den Cultural Studies um die Analyse von Medienkultur als „sites of struggle" (Ang 2008: 238), wobei eine Mehrebenenbetrachtung dominiert: Medienkultur konkretisiert sich in einem Kreislauf der Kultur (du Gay et al. 1997; Hepp 2004; Johnson 1999; Klaus/Lünenborg 2004), d. h. auf den Ebenen von Medienproduktion, Repräsentation, Aneignung, Identifikation und Regulation in ihrer Gesamtheit.

Mit diesem Grundverständnis zeichnen sich die Cultural Studies durch einen Zugang zu Medienkultur aus, der sich bemüht, diese nicht zu essentialisieren. So positionieren sich die Cultural Studies in ihrer Konfliktorientierung gegen eine Konzeptionalisierung von Kultur als homogene und integrierende Kultur(en) (Hall 1993). Vielmehr ist der Ausgangspunkt ein umfassendes Verständnis kultureller Komplexität, das versucht, Medienkultur jenseits von Modellen autonomer, kohärenter, lokalisierter und ethnisch spezifischer Kulturen zu begreifen (Couldry 2000: 136). Es geht bspw. um die Frage, wie Medien in unseren heutigen Medienkulturen als die zentralen Instanzen der Bedeutungsproduktion inszeniert werden, wie ein „mediated centre of society" konstruiert wird (Couldry 2003: 2009). Die Betonung der „zentrierenden" Aspekte in kulturellen Konstruktionsprozessen akzentuiert bereits Fragen der Macht, indem das Bilden eines „kulturellen Zentrums" immer eine machtvolle Geste ist. Jenseits dieser „zentrierenden Aspekte" finden sich in Medienkulturen weitere Muster, die in Beziehung zu Macht stehen: Bestimmte kulturelle Formen bieten bspw. Möglichkeiten der Hegemonie und Dominanz, andere nicht. Entsprechend gilt es zu reflektieren, inwieweit die beschriebenen kulturellen Muster verbunden sind mit Machtbeziehungen innerhalb von Medienkulturen, aber ebenso, ob Räume alltäglicher Handlungsfähigkeit eröffnet werden oder nicht.

Als ein weiterer Ansatz der Beschreibung von Medienkultur beginnen sich Theorien zur Mediatisierung, d. h. zum Einfluss einer „Medienlogik" auf verschiedene Bereiche von Kultur und Gesellschaft zu etablieren, was man als Reaktion darauf begreifen kann, dass zunehmend alles medial vermittelt – „mediated" – ist und Medien entsprechend den Wandel in verschiedensten kulturellen Kontexten prägen (Livingstone 2009). Knut Lundby fasst Mediatisierung als einen zentralen Schlüsselbegriff, um die Rolle der Medien in dem gegenwärtigen sozialen Wandel in spätmodernen Gesellschaften zu fassen (Lundby 2009: 1). Mediatisierung bezeichnet dann die Prägekräfte, die Medien in spezifischen Prozessen des kommunikativen Handelns entfalten. Hier stellt sich also die Frage, wie im Prozess der zunehmenden Verbreitung von Medien diese in ihren institutionalisierten sozialen Formen Einflüsse ausüben. In einem solchen Begriffsrahmen wird Medienkultur als mediatisierte Kultur greifbar, d. h. als Kultur, in der technisch vermittelte Kommunikation vielfältige Bereiche von Gesellschaft durchdringt und so mit ihren symbolischen Formen prägend ist. Wie Friedrich Krotz (2007) formuliert, ist das Konzept der Mediatisierung ähnlich dem der Individualisierung oder Globalisierung auf der Ebene der Metatheorie zu verorten. Es bietet demnach einen grundlegenden Interpretationsrahmen, der einerseits die zunehmende (quantitative) Verbreitung von Medien über den Prozess der Zivilisation reflektiert, andererseits die damit verbundenen (qualitativen) Prägungen von Kultur durch Formen mediatisierter Kommunikation.

Betrachtet man diese beiden Theorieansätze in ihrer Gesamtheit, so können wir Medienkulturen als Kulturen definieren, „deren primäre Bedeutungsressourcen durch technische Kommunikationsmedien in einem konfliktären Prozess vermittelt bzw. zur Verfügung gestellt werden. Kultur ist dabei eine Verdichtung von Klassifikationssystemen und diskursiven Formationen, auf die die

Bedeutungsproduktion in alltäglichen Praktiken Bezug nimmt" (Hepp et al. 2010a: 21). Diese Definition berücksichtigt, dass keine Kultur jemals in der Form mediatisiert ist, dass jegliche ihrer Ressourcen exklusiv medial kommuniziert werden. Allerdings lässt sich argumentieren, dass in Medienkulturen ‚das Mediale' als Zentrum der Gesellschaft konstruiert wird, ein Prozess, in den neben den Medien verschiedene andere Institutionen einbezogen sind.

Zusammenführung und Kritik der Umsetzung

Das oben beschriebene Verständnis von Medienkultur kann insofern eine Stärkung des oben vorgestellten Public-Value-Ansatzes nach Moore bedeuten, als dass folgende Punkte deutlich werden:

Das Publikum von öffentlich-rechtlichen Medienangeboten ist nicht als homogen zu verstehen. Vielmehr müssen wir hier von verschiedenartig medienkulturell geprägten Publika sprechen, deren fortschreitende Ausdifferenzierung und Fragmentierung im Zusammenhang mit Public Value zu beachten ist. Einen Mehrwert für alle zu schaffen, dürfte als eine Art Utopie in höchstem Maße nur schwer gelingen, da die Publika von kulturellen Auseinandersetzungen geprägt sind und die Leistungsfähigkeit von Medienangeboten für Aneignung, Identifikation und Vergemeinschaftung bzw. Refiguration innerhalb der Medienkulturen äußerst unterschiedlich ist. Die Bedeutung und den Wert von Medienangeboten dementsprechend zu ermitteln, macht nur im jeweiligen medienkulturellen Kontext Sinn, was allerdings wiederum zu einer zu großen Komplexität führt, als dass sich allgemeingültige Aussagen daraus ableiten lassen. Als eher quantitative Messung eher monetärer Größen eignet sich zudem der Public-Value-Test der BBC für diese als qualitativ zu bearbeitende Frage wohl nicht.

Um aber Aussagen über die Relevanz und den Wert der Medienangebote in ausdifferenzierten Medienkulturen zu treffen, müssten die jeweils sinnhaften Bedeutungsproduktionen von Medien in diesen Publika nachgezeichnet werden. Dies über die aktuellen Public-Value-Tests wie bei der BBC zu erreichen, scheint zumindest schwierig zu sein, wie oben schon ausgeführt wurde. Schon gar nicht möglich ist dies wohl mit dem deutschen Drei-Stufen-Test, denn hier, so könnte man sagen, ist Public Value gar kein Prüfkriterium. Vielmehr muss hier zunächst gegenüber den Rundfunkräten (Anstalten der ARD) bzw. dem Fernsehrat (ZDF) oder dem Hörfunkrat (Deutschlandfunk) angegeben werden, inwiefern das Angebot sehr pauschal der Allgemeinheit dient und dem Gemeinwohl förderlich ist, qualitativ zum publizistischen Wettbewerb beiträgt und welche Kosten das Angebot verursacht (Schulz 2008). Dieser Test ist in jeder Hinsicht vom so genannten Beihilfeverfahren der EU geprägt und in Sachen Public Value nicht eben dienlich.

Die Evaluierung durch Gremien wie etwa den Rundfunkräten wirft Fragen nach Macht, Dominanz bzw. Hegemonie auf. Bestimmte Medienkulturen sind in der Lage, ihre kulturellen Muster dominant durchzusetzen und als z. B. gesellschaftlich wertvoll in Public-Value-Konzepten zu verankern, andere wiederum nicht. Diese Machtverhältnisse dürften durch die Zusammensetzung der Rundfunkräte als hauptsächlich parteigebundene Personen und durch das Fehlen bestimmter gesellschaftlicher Großgruppen (z. B. die mit den neuen digitalen Medienangeboten doch so umworbenen jungen Zielgruppen) eher gefestigt denn gesprengt werden. Von direkter Mitwirkung und Mitentscheidung von Hörern bzw. Zuschauern, wie im Ansatz von Moore gefordert, kann dabei in keiner Weise die Rede sein, dies ist aber jedenfalls zu fordern. Neben der fehlenden Publikumspartizipation ist in diesem Zusammenhang auch die mangelnde Transparenz der Public-Value-Tests in Deutschland zu erwähnen, wie sie z. B. Hilker (2009) schon kritisiert hat.

Schließlich ist Medienkultur als Mehrebenenbetrachtung zu verstehen, in der nicht nur die Medienproduktion, ihre Umstände, ihre finanziellen Kosten und monetären Werte Berücksichtigung bei der Beschäftigung mit Public Value finden sollten, wie sie vor allem beim Aspekt der Konkurrenz zu privatwirtschaftlichen Wettbewerbern gesehen wird. Der Nutzen für die Allgemeinheit, sofern von Allgemeinheit überhaupt die Rede sein kann, entsteht eben auch auf den Ebenen der Repräsentation (hier eben auch unter Einfluss von Macht und Hegemonie in der kulturellen Auseinandersetzung), der Aneignung und Identifikation. Gerade diese Punkte finden in den Public-Value-Konzepten in Deutschland und Großbritannien wenig Berücksichtigung und werden beispielsweise in Frankreich zu eng an konkrete Vorgaben wie z. B. die Förderung nationalkultureller Eigenproduktionen gebunden (Karmasin 2009: 95).

Die Zusammenführung des vorgestellten Ansatzes der Medienkultur mit dem des Public Value von Moore kann hilfreich sein, um die Prägekraft der Medien im sozialen Wandel spätmoderner Gesellschaften in einem Konzept des Public Value zu begreifen und zu berücksichtigen und so zu einem wirklich demokratischen Entscheidungsprozess über die Zukunft öffentlich-rechtlicher Medienangebote sowie einer großen öffentlichen Akzeptanz und Legitimation führen. Schließlich ist Hasebrink uneingeschränkt zuzustimmen:

„Public Value gibt es danach nicht an und für sich, sondern nur als Ergebnis eines Verständigungsprozesses, der alle relevanten Stakeholder einbezieht und zugleich flexibel genug ist, um auf die sich verändernden gesellschaftlichen Bedingungen rasch mit entsprechend angepassten gesellschaftlichen Zielsetzungen reagieren zu können." (Hasebrink 2007: 42)

Literatur

Ang, Ien (2008): Cultural Studies. In: Bennett/Frow (Hg.) (2008): 227–248

Bennett, Tony/Frow, John (Hg.) (2008): The Sage Handbook of Cultural Analysis. London, New Delhi & Singapore: Sage

Brandner-Radinger, Ilse (Hg.) (2009): Was kommt, was bleibt. 150 Jahre Presseclub Concordia. Wien: Facultas

Bromley, Roger/Göttlich, Udo/Winter, Carsten (Hg.) (1999): Cultural Studies. Grundlagentexte zur Einführung. Lüneburg: Dietrich zu Klampen Verlag

Collins, Richard (2009): Die BBC, das Internet und „Public Value". In: Aus Politik und Zeitgeschichte. 9–10. 32–38

Couldry, Nick (2000): Inside Culture. Re-Imagining the Method of Cultural Studies. London/Thousand Oaks/New Delhi: Sage

Couldry, Nick (2003): Media Rituals. A Critical Approach. London: Routledge

Couldry, Nick (2009): Does „the media" have a future? In: European Journal of Communication. 24 (4). 437–450

Deutsche Gesellschaft für Soziologie (Hg.) (1911): Verhandlungen des Ersten Deutschen Soziologentages. Tübingen: Mohr Verlag

du Gay, Paul/Hall, Stuart/Janes, Linda/Mackay, Hugh/Negus, Keith (1997): Doing Cultural Studies. The Story of the Sony Walkman. London: Sage

Elitz, Ernst (2007): Ausblick. Schlusswort zur Herbsttagung der Initiative Qualität im Journalismus „Medien und Publikum: Partnerschaft der Qualität?" am 08.10.2007 in Berlin. Online: http://www.initiative-qualitaet.de/fileadmin/IQ/Doku-IQ-Forum_2007-1.pdf (29.06.2010)

Foucault, Michel (1996): Wie wird Macht ausgeübt? In: Foucault/Seitter (Hg.) (1996): 29–47

Foucault, Michel/Seitter, Walter (Hg.) (1996): Das Spektrum der Genealogie. Frankfurt am Main: Philo

Gramsci, Antonio (1987): Marxismus und Kultur. Ideologie, Alltag, Literatur. Hamburg: VSA-Verlag

Hall, Stuart (1993): Culture, Community, Nation. In: Cultural Studies. 7 (3). 249–363

Hall, Stuart (2002): Die Zentralität von Kultur: Anmerkungen zu den kulturellen Revolutionen unserer Zeit. In: Hepp/Löffelholz (Hg.) (2002): 95–117

Hasebrink, Uwe (2007): „Public Value": Leitbegriff oder Nebelkerze in der Diskussion um den öffentlich-rechtlichen Rundfunk? In: Rundfunk und Geschichte 33. 1–2. 38–42

Hepp, Andreas (2004): Netzwerke der Medien. Medienkulturen und Globalisierung. Reihe „Medien - Kultur – Kommunikation". Wiesbaden: VS

Hepp, Andreas/Löffelholz, Martin (Hg.) (2002): Grundlagentexte zur transkulturellen Kommunikation. Konstanz: UVK

Hepp, Andreas/Höhn, Marco/Wimmer, Jeffrey (2010a): Medienkultur im Wandel. In: Hepp et al. (Hg.) (2010b): 9–36

Hepp, Andreas/Höhn, Marco/Wimmer, Jeffrey (Hg.) (2010b): Medienkultur im Wandel. Konstanz: UVK

Hilker, Heiko (2009): Rundfunkpolitik ohne Vision. Stau durch Staatsverträge: Drei-Stufen-Bürokratie statt innovative Perspektiven. In: Funkkorrespondenz 27. 3–6

Johnson, Richard (1999): Was sind eigentlich Cultural Studies? In: Bromley et al. (Hg.) (1999): 139–188

Karmasin, Matthias (2009): „Public Value": Konturen und Konsequenzen eines Legitimationsbegriffes. In: Brandner-Radinger (Hg.) (2009): 91–101

Klaus, Elisabeth/Lünenborg, Margreth (2004): Cultural Citizenship. Ein kommunikationswissenschaftliches Konzept zur Bestimmung kultureller Teilhabe in der Mediengesellschaft. In: Medien und Kommunikationswissenschaft 52 (2). 193–213

Krotz, Friedrich (2007): Mediatisierung: Fallstudien zum Wandel von Kommunikation. Wiesbaden: VS

Kurp, Matthias (2007): Auf der Suche nach der Mehrwertformel. Online: http://www.medienforum.nrw.de/medientrends/specials/rundfunk-public-value-test.html (23.06.2010)

Kutsch, Arnulf (1988): Max Webers Anregung zur empirischen Journalismusforschung. In: Publizistik 33. 5–31

Livingstone, Sonia M. (2009): On the mediation of everything. In: Journal of Communication 59 (1). 1–18

Lundby, Knut (2009a): Introduction: ‚Mediatization' as a Key. In: Lundby, Knut (Hg.) (2009b): 1–18

Lundby, Knut (Hg.) (2009b): Mediatization: Concept, Changes, Consequences. New York: Peter Lang

Moore, Mark H. (1995): Creating public value. Strategic management in government. Cambridge: Harvard University Press

Schulz, Wolfgang (2008): Der Programmauftrag als Prozess seiner Begründung. In: Media Perspektiven. 4. 158–165

Weber, Max (1911): Geschäftsbericht. In: Deutsche Gesellschaft für Soziologie (Hg.) (1911): 39–62

Der Wert öffentlich-rechtlichen Rundfunks für die öffentliche Kommunikation: Programmstruktur und Institutionalisierung

Christian Steininger & Jens Woelke

In der Ökonomie ist der Wert einer Sache in Geld ausgedrückt ihr Preis. Preise kann man für Güter verlangen, bei denen Zahlungsunwillige und zur Zahlung nicht Fähige vom Konsum ausgeschlossen werden können. Der Wert öffentlicher Kommunikationsangebote dagegen kann nicht auf Ausschluss begründet werden, denn hier geht es um den Wert, den diese für die Gesellschaft haben. Wer sich mit dem Wert öffentlich-rechtlichen Rundfunks („Public Value") für die öffentliche Kommunikation beschäftigt, der muss sich zwangsläufig mit dem Verhältnis von Rundfunk und Öffentlichkeit beschäftigen. Die dabei zu konstatierende Vagheit des Öffentlichkeitsbegriffes ist nicht nur ein Problem der Kommunikationswissenschaft, es ist vielmehr der öffentlich-rechtliche Rundfunk, der um die Klärung dieses zentralen Begriffs bemüht sein muss. Wenn Konzepte wie Medienfreiheit sowie Vorstellungen einer sozialen und kulturellen Verantwortung der Medien der Überprüfung und Neuformulierung bedürfen (vgl. Kiefer 1999: 715), dann gilt dies auch für die gängigen Konzepte von Öffentlichkeit. Dem Begriff der Öffentlichkeit wird eine Komplexität zugetraut wie dem Kulturbegriff. *„Deshalb wird auf Öffentlichkeit verwiesen, aus demselben Grund wird sie theoriebautechnisch gemieden"* (Görke 1999: 286).

Auch Bausch zieht in seiner Beschäftigung mit Rundfunk den Schluss, dass Theorie und Praxis den Bereich des Öffentlichen bislang nicht systematisch und kategorial ausgeprägt hat (vgl. Bausch 1980: 853). Und so verdeutlichen gerade jene Passagen der Reihe „Rundfunk in Deutschland" (Bausch 1980; vgl. auch Schwarzkopf 1999), die Öffentlichkeit behandeln, Probleme des öffentlich-rechtlichen Rundfunks. Laut Bausch bestehe grundsätzlich eine Denksperre bei der Vorstellung, *„daß der Staat Anstalten instituiert, ohne sie mit originären Staatsaufgaben zu versehen oder auch nur zu überwachen"* (Bausch 1980: 853) Auch Lerg konstatiert, dass dem Rundfunk eine notorische Staatsnähe nachgesagt wird (vgl. Lerg 1980: 27). Die Kritik am öffentlich-rechtlichen Rundfunk zeichne sich dabei durch den *„Verzicht auf kommunikationshistorische Erkenntnisse im allgemeinen und rundfunkgeschichtliche Erfahrungen im besonderen"* (Lerg 1980: 28) aus. So wurde und wird ausgeblendet, dass öffentliche Monopole ihren Ursprung in den limitierten finanziellen Möglichkeiten privater Unternehmen hatten, die auf Rentabilität abzielten.

Vor diesem Hintergrund wird der öffentlich-rechtliche Rundfunk hier idealty-pisch als Institution begriffen, die sich ökonomischer und administrativer Ratio-nalität und der Umstellung auf die „Medien" Geld und Macht zu widersetzen sowie der einseitiger Rationalisierung und Verdinglichung der kommunikativen Alltagspraxis entgegenzuwirken hat. Denn: *„Wer von Instituten, die (...) auf privaten Vorteil angelegt werden, die Wahrung des reinen Volksinteresses er-wartet, der ist zu naiv, als daß man seine Unschuld stören dürfte"* (Löffler zit. nach Ronneberger 1978: 209) Trotzdem konstituieren auch private Anbieter, wenngleich unter Marktgesichtspunkten operierend und auch nicht mit einem Kulturauftrag versehen, – gewollt oder ungewollt (ob ihrer externen Effekte) – Öffentlichkeiten (vgl. Steininger 2007).

Um Öffentlichkeiten zu etablieren, braucht es also nicht notwendiger Weise öffentlich-rechtlichen Rundfunk. Es gibt aber gute Gründe anzunehmen, dass die öffentlich-rechtliche Organisationsform am besten dafür geeignet ist, merito-rische Güter (vgl. Steininger 2005) herzustellen. In dualen Mediensystemen sind öffentlich-rechtliche Anbieter wie der ORF gehalten, *„im Wettbewerb mit den kommerziellen Sendern (...) in Inhalt und Auftritt auf die Unverwechselbarkeit des öffentlich-rechtlichen Rundfunks zu achten"* (ORF-G § 4 Abs. 4). Eine sol-che Unverwechselbarkeit ergibt sich aber nicht allein daraus, dass ein Medien-anbieter im Wettkampf um Quoten und Werbegelder durch Gebühren unter-stützt oder aber öffentlich-rechtlich organisiert ist. Um öffentliche Kommunika-tion wesentlich anzuleiten, muss öffentlich-rechtlicher Rundfunk nicht nur Quo-ten (im Sinne eines „Advertising Value") sondern vor allem „Public Value" erzeugen und nachweisen. Um eben jenen Nachweis, den Nachweis der Qualität eines Rundfunkanbieters, konkurrieren eine Reihe von Ansätzen und Modellen. Der vorliegende Aufsatz berücksichtigt diese Ansätze unter den Aspekten:
- inhaltliche Relevanz,
- Relevanz aus Sicht der Öffentlichkeit (gesellschaftliche Relevanz),
- institutionelle Relevanz,
- sowie Operationalisierbarkeit für die empirische Forschung
und versucht eine Synopse in Form eines multidimensionalen Ansatzes zur Prüfung der Qualität öffentlich-rechtlicher Rundfunkangebote. Dieser Ansatz wird am Beispiel des ORF-Fernsehens in ein Studiendesign übersetzt.

Public Value und die Qualität von Rundfunk

Konsentierte Definitionen für den Begriff „Public Value" liegen nicht vor. Von öffentlichem Wert, Mehrwert und Gemeinwohl ist die Rede. Man könnte auch von einem gesellschaftlich erwünschten externen Effekt sprechen, der meritorische Güter kennzeichnet bzw. diesen zugeschrieben wird. Für den ORF ist Public Value *„eine neue Leitwährung, die für den öffentlich-rechtlichen Rundfunk in ganz Europa gilt. Gemeint sind Relevanz, gesellschaftlicher Bezug und die besondere Qualität, die gemeinwohlorientierte Medien herstellen"* (ORF 2008: 2). Wenn Public Value mehr als das Ergebnis des Public Value Managements sein soll, eines Managementkonzepts für die öffentliche Verwaltung, das Schwächen des Traditional Public Managements und jene des New Public Managements (vgl. Kelly et al. 2002) durch öffentliche Deliberation beseitigen soll, dann muss man in Zweifel ziehen, ob die rhetorische Verschmelzung von Management und Deliberation es dem ORF ermöglichen wird, die Bedürfnisse der Bürger sowie jene der Gesellschaft zu befriedigen. Vertrauen schaffen und durch Programmqualität das eigene Tun legitimieren, ist nicht so einfach. Dies verdeutlichen die Ursprünge der Diskussion um Programmqualität:

Diese Diskussion setzte mit den Liberalisierungen im Fernsehbereich und der Etablierung privater Fernsehanbieter in Europa ein. Waren die Erwartungen der Protagonisten eines dualen Rundfunksystems anfangs durchwegs positiv (vgl. etwa für Deutschland Hirsche 1992; CDU-Bundesgeschäftsstelle 1985), setzte bald Kritik an dessen Leistungsfähigkeit ein, die sich u. a. aus den tatsächlichen Programmentwicklungen speiste (vgl. Donsbach/Dupre 1994). Insbesondere vertrat Schatz (1993) mit der Konvergenzthese im Kern die Ansicht, dass die Marktöffnung im Fernsehbereich nicht zwangsläufig zu einer Erweiterung des Angebotsspektrums, einer Verbesserung der informationellen Infrastrukturen und mehr Vielfalt führt. Stattdessen ging er davon aus, dass sich die öffentlich-rechtlichen sowie die privaten Anbieter solange einander annähern, bis deren Programmprofile dem Median der Zuschauerpräferenzen entsprechen. Die Folge: Sowohl *„anspruchsvolle Informations- und Bildungssendungen (...) als auch die aggressiven, reißerischen, tabuverletzenden Angebote (...) [dürften] nur für Minderheiten interessant [sein]"* (Schatz 1993: 69). Der gegenwärtige Programmalltag zeigt, dass sich tatsächlich nahezu alle Vollprogramme in Richtung unterhaltungsorientierter Mischprogramme verändert haben, d. h. öffentlich-rechtliche und private Anbieter (insbesondere bei dezidierter Betrachtung auf inhaltlicher Ebene) oftmals nur graduell statt substantiell unterscheiden – abgesehen von gestalterischen und dem Gesichtspunkt der Formatierung ist die Unverwechselbarkeit des ORF – insbesondere durch die parallele Programmierung zu den deutschen privaten Programmen in den Abendstunden – nicht zweifelsfrei gegeben. So gesehen erscheint es dringend geboten, die Entwicklung des ORF-Fernsehens nicht allein den Spielregeln des Marktes, also der Quote zu überlassen, sondern die Qualität von Fernsehprogrammen systematischer zu evaluieren.

Ansätze zur Qualitätsbewertung von Fernsehprogrammen

Was Qualität meint, ist im Zusammenhang mit Fernsehen nicht einfach zu beantworten. Unterschiedliche Ebenen des Mediensystems sowie der Gesellschaft sind die relevanten Bezugsrahmen und lassen eine differenzierte Analyse zu: So erscheinen Evaluierungen des Programmangebotes aus der Perspektive eines öffentlich-rechtlichen Auftrages ebenso als sinnvoll wie Befragungen und Rezeptionsanalysen bei Zuschauern, Analysen der Medieninstitutionen oder Beobachtung der Kommunikatoren unter dem Gesichtspunkt Professionalität.

Einen vordergründig mehrdimensionalen Ansatz verfolgen Eigenevaluierungen der Sender, die sich seit einigen Jahren intensiv um die Sendungserfolgskontrolle bemühen, etwa das Qualitätsmonitoring des ORF (vgl. Bretschneider/ Hawlik 2001): Neben der von GFK-Fessel durchgeführten quantitativen Sendungsanalyse (ORF-Bericht), die durch Befragungen von ExpertInnen sowie von ZuschauerInnen (in Form von Gruppendiskussionen, Videometer-Tests, Tiefeninterviews) ergänzt wird, sind vor allem die Ergebnisse des TELETEST, der misst, wer wann was und wie lange sieht, Maßstab der Programmerfolgskontrolle. In der Schweiz wurde im Zusammenhang mit einer Programm- und Strukturreform ebenfalls ein Mehr-Säulen-Modell der Programmbeurteilung etabliert (vgl. Wildberger 1994): Neben der Ermittlung der Kosten sowie der Erhebungen von Attraktivität und Verständlichkeit von Sendungen, von technischer Qualität, von Emotionalität, von Fokussierungen bei Informationsbeiträgen oder von Resonanz in anderen Medien anhand eines Programmbewertungsbogens ist auch hier die gemessene Nutzung durch ZuschauerInnen erheblich (vgl. Bretschneider/Hawlik 2001; Schwanderlapp 1995; Tebert 2000).

Wie ist der Wert der einzelnen Analysen einzustufen? Die von GfK-Fessel im Rahmen des Qualitätsmonitoring des ORF angestellten Sendungsanalysen sind als quantitative Maßstäbe sinnvoll, wenn sie a) in den Kategorien rückbezogen auf medienrechtliche Normen sind, oder b) beim Fehlen eines normativen Maßstabs vergleichend angelegt sind. In der Form, wie die aktuelleren ORF-Berichte publiziert wurden, ist jedoch weder ein Rückbezug auf normative medienrechtliche Maßstäbe erkennbar, noch sind diese in ihren Kategorien abgestimmt für internationale Vergleiche. Allein die Tatsache, dass ORF 1 und 2 nicht getrennt, sondern gemeinsam berichtet werden, macht deutlich, wo die Leerstellen dieser Analyse liegen.

In den 90er Jahren setzte in der Kommunikationswissenschaft ein Boom von Studien unter unmittelbarem/mittelbarem Einbezug des Publikums ein. Mit diesen neueren Arbeiten zur Aneignung und Wirkung von Medienangeboten trat aber auch Ernüchterung ein: Arbeiten zum Umschaltverhalten und zur Kanalnutzung zeigten, dass sich die Präferenzen der Zuschauer aufgrund einer Informationsasymmetrie (Zuschauer können nur bewerten, was sie kennen, und müssen sich darauf verlassen, dass der versprochene Wert einer Information tatsächlich vorhanden ist[1]) eher habitualisiert und affektiv an momentanen Reizen und Empfindungen ausrichten (vgl. Maier 2002; Bretschneider/Hawlik 2001: Fn 12) und eher nicht dem Ziel umfassender Information und Meinungsbildung entgegen kommen. Solange sich Kommunikation also als Wechselverhältnis von Angebot und Rezipient darstellt (vgl. Woelke 2005), und wenn man berücksichtigt, dass es sich bei Medien um Vertrauens- oder Erfahrungsgüter handelt, deren Qualität von den NutzerInnen schwer bis gar nicht abzuschätzen ist, sind Zuschauerpräferenzen (Einschaltquoten, Bewertungen) zwar ein relevanter Maßstab – ohne Rückbindung an definierte Zielkriterien zur Beschreibung eines Public Value verharren solche Analysen aber in einer Binnenperspektive, d. h. dem System von Programmangeboten und ihren Zusehern. Antworten jenseits von Marktpräferenzen im Hinblick auf die Frage, ob das, was aus den Angeboten mitgenommen wird, optimal im Sinne öffentlicher gesellschaftlichrelevanter Kommunikation ist – im Sinne reflexiver Präferenzen –, können die bisherigen Zuschauerstudien nicht geben. Um diese reflexiven Präferenzen zu ermitteln, sind Befragungen von Zuschauern nicht nur um Befragungen der derzeitigen Nicht-Seher zu ergänzen, sondern auch um die oben genannten Daten zum Programmangebot, d. h. welcher Sender wann welche Sendungen und Beiträge verbreitet (vgl. Weiß 1998; Hasebrink 1999).

Kriterien zur Bewertung von Qualität in Programmstudien

Um die Qualität von Fernseh- und anderen Rundfunkprogrammen mit der Methode Inhaltsanalyse zu untersuchen, werden überwiegend die von Schatz und Schulz (1992: 693) vorgeschlagenen Dimensionen Akzeptanz, Rechtmäßigkeit, Relevanz, Vielfalt und Professionalität herangezogen.

Leitend ist vor allem das Kriterium Vielfalt. Besonders auch deshalb, da Bewertungen im Hinblick auf Akzeptanz und Rechtmäßigkeit des Rückgriffs auf externe Maßstäbe wie Rundfunkrecht oder Wahrnehmungen der Zuschauerbedürfen und nicht eigenständig kommunikationswissenschaftlich begründet werden können (vgl. Fahr 2002: 11). Vielfalt – andere Termini sind Vielfältig-

---

1   Gerade mit der Vermischung von Fakt und Fiktion und von PR und Journalismus gerät diese Voraussetzung problematisch.

keit, Ausgewogenheit oder Pluralität (vgl. Fahr 2002: 15) – ist für Programm-
bewertungen insbesondere zentral, als Medien als Vertrauensgüter (vgl. Steininger 2004; Kohring 2004) über Sachverhalte berichten, die erst durch Medienberichterstattung zu Sachverhalten werden (also kommunikativ hergestellt werden). Sie lassen sich damit nicht sicher in ihrer Relevanz vergleichen (vgl. Hagen 1995) oder es fehlen intersubjektiv akzeptierte Ausgewogenheits- und Be-
gründungskriterien (vgl. Erbring 1989). Insofern meint Vielfalt im Grunde zunächst einmal „(...) *möglichst viel [an] Unterschiedlichem*" (Fahr 2002: 16).

Hinsichtlich dieses möglichst viel an Unterschiedlichem unterscheidet man
allgemein zwischen struktureller und inhaltlicher Vielfalt (vgl. etwa Bretschnei-
der/Hawlik 2001: 23), in dezidierteren Arbeiten wird als weitere Dimension auf
formale Vielfalt verwiesen (vgl. Fahr 2002: 16). *Strukturelle Vielfalt* (auch
Funktionsvielfalt genannt) sowie *formale Vielfalt* bezeichnen das Vorkommen
unterschiedlicher Programmgattungen und -genres sowie Präsentationsformen
in Angeboten des Fernsehens. Angenommen wird, dass die bei unterschiedlichen Gattungen und Genres vorliegenden unterschiedlichen Gestaltungsmittel
mehr Abwechslung bieten und eine höhere Qualität induzieren. Auch wenn
diese These in gewisser Weise trivial erscheinen mag und oftmals ein Einbezug
von Zuschauerperspektiven gefordert wird (vgl. Brosius/Zubayr 1996; Livingston 1993), erhält sie doch Plausibilität aufgrund der Erkenntnisse aus der Me-
diengattungstheorie (vgl. Rusch 1993). Danach drücken über unterschiedliche
formal-perzeptive Eigenschaften kommunizierte Gattungs- und Genredifferen-
zierungen letztlich auch unterschiedliche inhaltlich-kommunikative Eigenschaften von Medianangeboten aus, vor allem hinsichtlich Relevanz und Referenz zur
sozialen Realität. Und auch empirisch gilt als bestätigt, dass formale und strukturelle Differenzierungen von Angeboten die Rezeption und die Wirklichkeits-
konstruktionen von Zuschauern verändern (vgl. Woelke 2004).

Allerdings wird durch Intertextualität und mit der Ausbildung von Hybrid-
formen, etwa Infotainment oder Formaten wie Doku-Soaps, die Kopplung von
Referenz- und Relevanzunterschieden an formale und strukturelle Kriterien
zunehmend problematisch. Damit ist gemeint, dass der Informationswert eines
Medienangebotes nicht zwangsläufig hoch ist, wenn es formal an Informationsangebote angelehnt ist (als Extrembeispiel können hier Infomercials gesehen
werden) und umgekehrt muss ein formal als Unterhaltung zu klassifizierendes
Angebot nicht zwangsläufig nur unterhaltsam sein (vgl. Bosshart/Hoffmann-
Riem 1994; Görke 2001; Klaus/Lünenborg 2002). Damit gerät eine Vielfaltdi-
mension in den Fokus, die als *inhaltliche Vielfalt* beschrieben wird. Nach Schatz
und Schulz bezieht sich inhaltliche Vielfalt auf vier Hauptbereiche: die Vielfalt
von Lebensbereichen, eine Vielfalt regionaler Räume, Vielfalt kultureller und
ethnischer Gruppen sowie die Vielfalt gesellschaftlicher und politischer Interes-

sen, wobei letztere vor allem Ausdruck in der Vielfalt von Themen und Akteuren findet (vgl. Schatz/Schulz 1992: 693).

Vielfalt als Summe unterschiedlicher Programmsparten und thematischen Beiträge sagt allein dennoch wenig über die Qualität eines Fernsehprogramms als öffentliches Kommunikationsmedium aus: Ergänzendes Kriterium sollte sein, welche Themen im Einzelnen ausgewählt und berichtet werden (vgl. McQuail 1992; Bretschneider/Hawlik 2001: 33). *Relevanz*, d. h. die Entscheidung, manche Mitteilungen als bedeutsam einzustufen und andere nicht, gilt als wichtiges Selektionskriterium in Organisationen. Allerdings sind mit der empirischen Prüfung von Relevanz im Rahmen medialer Angebote eine Reihe von Schwierigkeiten verbunden. Als Zuschreibungen der Zuschauer (vgl. Ruhrmann 1989: 36) gibt Relevanz zunächst Auskunft darüber, ob eine Mitteilung Betroffenheit bei den Rezipienten auslöst, d. h. subjektive Normen, Bedürfnisse, Interessen und Einstellungen berührt (vgl. Schatz/Schulz 1992: 696). Darüber hinaus begründen Zuschauer wie auch Journalisten als professionelle Kommunikatoren ihre Auswahlentscheidungen oftmals mit dem Hinweis auf die natürliche Relevanz von Ereignissen an sich (vgl. Diehlmann 2003; Woelke 2003). Aus einer externen Perspektive bedarf es deshalb regelmäßig eines objektiven Vergleichskriteriums, wobei Statistiken, andere externe Kriterien oder Medienberichte oft als Maßstab herangezogen werden. Ob ein solcher Bezug in einer medialisierten Realität überhaupt sinnvoll ist, kann dahingestellt bleiben, wenn man Relevanz aus einer anderen Perspektive betrachtet: Aus Sicht der Frage nämlich, ob Mitteilungen ein (wichtiges) politisches, gesellschaftliches, soziales, wirtschaftliches oder ökologisches Problem ansprechen (vgl. Rosengren et al. 1991: 41). Betrachtet man die Funktion, die öffentlichen Kommunikationsmedien in der Gesellschaft zugeschrieben wird, ist unmittelbar ersichtlich, dass diese zwar auch der Selbstvergewisserung der Individuen dienen, vordergründig aber eben der Orientierung der Gesellschaft. Insofern bezeichnet Relevanz nicht ein Themenspektrum im weiten Sinne, sondern fokussiert auf solche, die öffentliche bzw. gesellschaftlich relevante Informationsangebote sind – nicht irgendeine Vielfalt ist deshalb entscheidend, sondern Vielfalt an gesellschaftlich relevanten Themen. Welche das sind, wäre kontextuell zu bestimmen, durch Vergleich mit den Themenschwerpunkten anderer Medien.

Kriterien zur Bewertung von Relevanz von Programmveranstaltung aus institutionenökonomischer Perspektive

Aus der Tatsache, dass Medienangebote zeitgleich immer beides vornehmen, nämlich einerseits über die Realität berichten und andererseits Realität konstruieren, folgt ein Dilemma, mit dem insbesondere öffentlich-rechtliche Anbieter konfrontiert sind: Es kumuliert in der Frage, ob die hinter Beiträgen des Fernsehens stehenden Nachrichtenwerte tatsächlich der Grund für die Berichterstattung waren, oder ob diese journalistische Beobachtungen von einem anderen Grund (die Möglichkeit zur Nennungen von Sponsoren, von dritten Akteuren bei Programmkooperationen) angeleitet war. Mit anderen Worten: Handelt es sich bei dem Thema um eine in der Tat aus Sicht der Öffentlichkeiten relevanten Beitrag, oder erfolgt ein solcher zum Nutzen anderer Personen/Gruppen. Da diese Frage durch Analysen von Programmangeboten nicht zufriedenstellend und valide geprüft werden kann (vgl. Ruhrmann/Woelke 2003; Woelke 2004), haftet insbesondere öffentlich-rechtlichen Anbietern mit hohem Werbeanteil bzw. zu Gebühren sonstigen alternativen Finanzierungsquellen der Makel einer unterstellten Bezahlung oder Berichterstattung im fremden Interesse an (vgl. für das ZDF Niggemeier 2005).

Solche Fragen zu beantworten, gelingt eher, wenn man die Rahmenbedingungen (Finanzierung und Produktionsstrategien) von Rundfunkanbietern ins Visier nimmt (vgl. Woelke/Steininger 2005). Um dies folgend kurz am Beispiel der Finanzierung zu verdeutlichen: Fernsehen ist ein Kuppelprodukt. Dies bedeutet, dass redaktionelle Inhalte und werbliche Aussagen gekoppelt sind. Die Entscheidung für eine Finanzierungsform geschieht nicht zufällig und entsprechend sind die konkreten Erscheinungsformen, in denen redaktionelle Inhalte und werbliche Aussagen auftauchen, nicht zufällig. Fernsehfinanzierung ist Resultat des medialen Gutcharakters und der institutionellen Ausgestaltungsmöglichkeiten. Während der Werbemarkt voll funktionsfähig ist, da das Preissystem hier seine Funktionen erfüllen kann, ist der Publikumsmarkt nicht oder nur eingeschränkt funktionsfähig. Dies hat nicht nur Folgen für den Medienunternehmer, beruht doch die Marktmacht des Zusehers auf dessen Möglichkeit seine Zahlungsbereitschaft zu dosieren oder zu verweigern. Beim rein werbefinanzierten Rundfunk ist es dem Zuseher grundsätzlich nicht möglich, über seine Zahlungsbereitschaft Präferenzen zu signalisieren, Konsumentensouveränität ist hier inexistent.

Kriterien zur Bewertung von Relevanz von Programmveranstaltung sind aus institutionen- bzw. konstitutionenökonomischer Sicht (vgl. Kiefer 2007) die folgenden: (a) Institutionen müssen, folgt man Rawls (2003) *Hintergrundgerechtigkeit* verkörpern, so auch Medien, die der Schulung und Bildung von bürgerlichem Grundvermögen dienen sowie den Einsatz dieses ermöglichen sollen (vgl. Rawls 2003: 262). Der Hoffnung, dass Medien diese 'Hintergrund-gerechtigkeit' per se verkörpern, widersprechen insbesondere medienpsychologische Befunde. Verwiesen sei hier auf Vitouch (2000), der betont, dass Massenmedien Kompensationsbedürfnisse bestimmter Rezipientengruppen nicht nur befriedigen, sondern auch verstärken. Inhalte zeichnen sich demnach durch Stereotype aus und werden homogener, um bei großen Gruppen Zuspruch zu finden. Weiters (b) müssen Institutionen dem Grundsatz der *Volkssouveränität* folgen und deshalb demokratisch kontrollierbar sein. Ausnahmen von dieser Regel demokratischer Kontrolle betreffen hier vornehmlich so genannte 'autonome Institutionen'. Diesen spezifischen Institutionen wird eine *„rechtliche und faktische Kompetenz-Kompetenz"* (Franke 1998: 102) eingeräumt, sie sind dem unmittelbaren Einfluss von Regierung und Parlament entzogen und unterliegen allenfalls einer Rechtsaufsicht. Als autonome Institutionen im engeren Sinn gelten Gerichte, als autonome Institutionen im weiteren Sinne gelten sowohl semiautonome Institutionen, als auch quasiautonome Institutionen. Zur Kategorie der semiautonomen Institutionen zählt der öffentlich-rechtliche Rundfunk, dessen Aufgabenbereich partiell vom Gesetzgeber gestaltet werden kann, dessen Einrichtung jedoch verfassungsrechtlich verbürgt ist. Zur Kategorie der quasiautonomen Institutionen – *„dem Privatrecht zugeordnete Entscheidungsgremien mit quasiautonomer Aufgabenwahrnehmung"* (Kiefer 2007: 7) – zählt auch der private Rundfunk.

> „Autonome Institutionen sollen dem Kurzzeitrhythmus der Politik eine Langfristorientierung entgegensetzen, so die langfristigen Vorteile der gesellschaftlichen Kooperation gegenüber kurzfristigem und zügellosem Anspruchsdenken und -druck der 'rentensuchenden Gesellschaft' sichern und dadurch die Demokratie stabilisieren." (Kiefer 2007: 7)

Dass dieses Dilemma zu lösen der semiautonomen Institution öffentlich-rechtlicher Rundfunk besser gelingt, als der quasiautonomen Institution privater Rundfunk, gilt es zu prüfen. Im Rahmen dieser Prüfung ist zu berücksichtigen, dass es der medialen Produktion von Inhalten bedarf, die sozialen Zusammenhalt ermöglichen. Die Konstitutionenökonomik zeigt, dass Individuen in einem Gesellschaftsvertrag festlegen, welche Regeln ihren Umgang bestimmen und welche öffentlichen Güter sie bereitstellen wollen/bereitgestellt sehen wollen. Öffentlich-rechtlicher Rundfunk ist idealtypisch als Ausfluss eines solchen Gesellschaftsvertrages zu verstehen. Das Problem der konsentierten Festlegung von Zielwerten ist damit theoretisch lösbar. Aber: Konsens(fähigkeit) gründet auf Wissen bezüglich der eigenen Position in der Gesellschaft sowie auf Wissen um Ursache-Wirkungs-Zusammenhänge. Der Aufbau dieses Wissens geschieht zunehmend medial. Auf Medien kommen demnach Aufgaben zu, die sie zu autonomen Institutionen machen. Zu Institutionen, die in unterschiedlichem

Ausmaß dem Einfluss der Regierung entzogen sein müssen, um das demokratische System zu stabilisieren, indem sie gesellschaftliche Kooperation ermöglichen und ökonomische sowie bürokratische Rationalität der ‚rentensuchenden Gesellschaft' in Grenzen halten. Wissensaufbau durch Medien ist jedoch auch von deren kommunikativem Anschluss an die Präferenzen der Bürger abhängig. Qualität und Nutzen medialer Inhalte sind für Rezipienten schwer abschätzbar, Interessen kaum durchsetzbar, da Rezipienten mangels Organisiertheit und Organisierbarkeit nicht als medienpolitische Akteure gelten können. Es zeigt sich, dass letztlich eine Informationsasymmetrie zu Ungunsten der Medienkonsumenten besteht, die vom öffentlich-rechtlichen Rundfunk durch binnenplurale Vielfaltsicherung aufgehoben werden könnte.

Ausblick

An Kategorien für ‚Value' fehlt es dem ORF nicht: vertrauenswürdige Information, Service, Unterhaltung, Wissen, Verantwortung, Vielfalt, Orientierung, Integration, Bürgernähe, Kulturauftrag, Identität, Wertschöpfung, Föderalismus, Europaintegration, globale Perspektive, Innovation, Transparenz, Kompetenz (vgl. ORF 2010). Man kann Kategorien selbst entwickeln oder sie den medienrechtlichen Vorgaben entnehmen. Es ist absehbar, dass das, was man als ‚Public Value' fassen will, eine Mischung aus Kategorien sein wird, von denen jede einzelne zumindest ein Problem mit sich bringt: Das Problem ihrer konsentierten Messung, nämlich der Umstand, dass schon umstritten sein wird, wer festlegt, was als wertvoll gilt. Verwiesen sei hier auf eine Debatte innerhalb der Ökonomik über meritorische Güter, Güter, deren Produktion und Konsum als gesellschaftlich erwünscht gelten. Aber welche medialen Inhalte sind gesellschaftlich erwünscht? Und wer darf das bestimmen?

Wir haben dargelegt, dass von den oben genannten Kategorien am ehesten Vielfalt als Bewertungsmaßstab taugt. Messen kann man Vielfalt durch Programmstrukturanalysen (idealerweise verknüpft mit Befunden der Nutzungsforschung), ein Vergleich der Inhalte unterschiedlicher Mediengattungen bietet sich hier an. Man verlässt auf dieser Basis die Ebene rein normativer Bewertungen und kann konstatieren, was die spezifischen inhaltlichen Beiträge einzelner Medien zur Generierung von ‚Value' sind. Hier ist folgendes Vorgehen angeraten: Allein auf Basis der von der RTR seit 2006 kontinuierlich in Auftrag gegebenen TV-Programmanalyse, die sämtliche Fernsehvollprogramme in Österreich in einer Stichprobe nicht nur auf Sendungsebene analysiert, sondern Vielfalt und Relevanz auch auf inhaltlicher Ebene prüft, sodass in Bezug auf andere Medienanbieter (privates Fernsehen), andere Mediensysteme (Schweiz und Deutschland), sowie unter der Perspektive der Vorgaben des ORF-G und des PrTV-G Vergleiche möglich sind, können die Leistungen des ORF nicht beurteil werden. Damit dies valider möglich ist, muss auch ein Vergleich nach demselben Themenkatalog mit den Angeboten anderer Mediengattungen (Print und Radio) geschehen (vgl. Abbildung, Module 1 und 2).

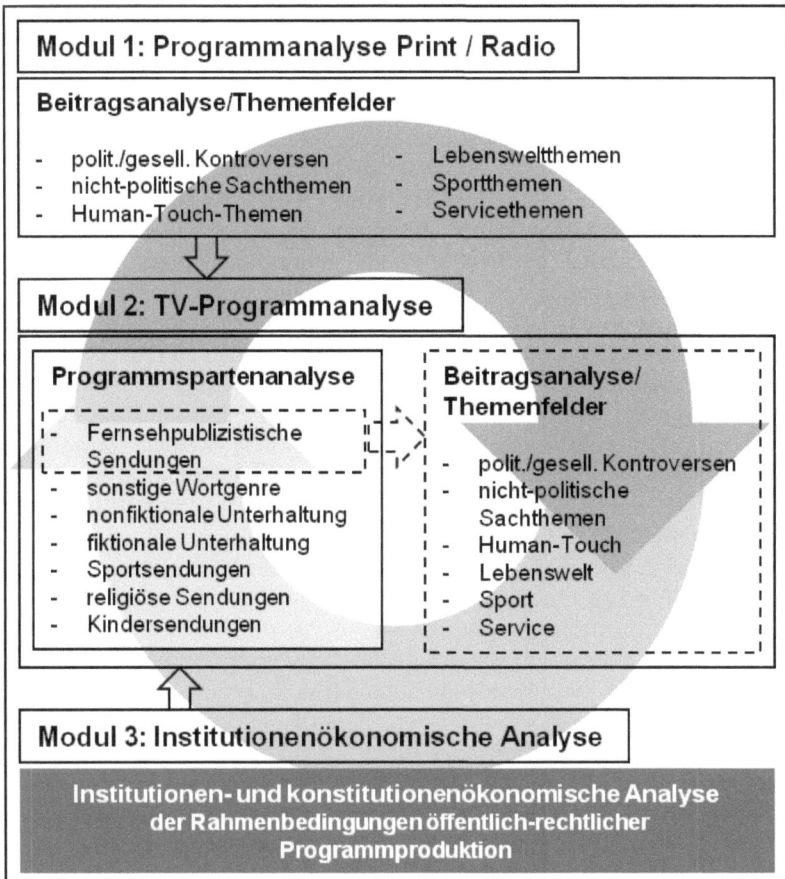

Abb.: Die Leistungen des ORF im Cross-Media-Vergleich

Zu ‚Public Value' ist damit aber noch gar nichts gesagt. Um die Frage beantworten zu können, was eine Kategorie zu einer für die Öffentlichkeit wertvollen macht, sollte man wissen, was man unter Öffentlichkeit versteht. Denn sozialstaatliche Demokratien dürfen sich nur dann in einer Kontinuität mit den Grundsätzen eines liberalen Rechtsstaates sehen, wenn sie für die Konstituierung einer politisch fungierenden Öffentlichkeit sorgen. Diese Einsicht verdanken wir Jürgen Habermas (1995). Öffentlich-rechtlicher Rundfunk kann dieser Forderung am ehesten Rechnung tragen, Rundfunk per se nicht. Peter Dahlgren bringt dies auf den Punkt:

> „While television is the dominant medium of the public sphere, ‚public sphering' is clearly not television's dominant purpose, and its institutional logic of course greatly conditions its role within the public sphere." Dahlgren (1995: 148)

Es geht um mehr als Quoten und Zielgruppen. So wie Konzepte von Medienfreiheit und Vorstellungen einer sozialen und kulturellen Verantwortung der Medien einer steten Überprüfung und Neuformulierung bedürfen, gilt dies auch für die Konzepte von Öffentlichkeit. Bedienen wir uns der Vorstellung von Öffentlichkeit als medial gestifteten Raum: Einerseits definiert öffentlich-rechtlicher Rundfunk (wie alle Medien) die Grenzen des sozialen Raums durch die mediale Definition politischer, ökonomischer, kultureller und symbolischer Werte mit; andererseits beeinflusst er die Mobilität und Veränderungsfähigkeit der von ihm konstituierten Öffentlichkeiten und damit auch deren Potenzial zur Konstruktion sozialer Wirklichkeit. Wenn nun gesellschaftliche Prozesse von Medien interpretiert, konstruiert und nicht zuletzt geprägt werden, müssen die Institutionalisierungs- und Organisationsformen von Rundfunk (öffentlich-rechtlich oder privat/kommerziell) ins Zentrum des Interesses rücken (vgl. Abb. 1, Modul 3). Öffentlich-rechtlicher Rundfunk, der diese Bezeichnung verdient, muss als Institution agieren, die sich ökonomischer und administrativer Rationalität widersetzt. Wie kann dies gelingen?

Es bedarf der medialen Produktion von sozialen Zusammenhalt ermöglichenden Inhalten. Gesellschaftliche Wahrnehmung verlangt nach gesellschaftlicher Synchronisierung, und Medien als kulturell dominante sinnproduzierende Steuerungs- und Orientierungsinstanzen etablieren diese. Insbesondere werbefinanzierte Medien etablieren Stereotype durch ihr Angebot von Identifikationsobjekten sowie durch die homogenisierende und integrierende Wirkung ihrer Fokussierung auf eine begrenzte Zahl von Formaten, um ihren eigenen Bestand zu sichern. Dass dieser Umstand auch für mischfinanzierten öffentlich-rechtlichen Rundfunk folgenreich ist, ist nachvollziehbar: Vielfalt beugt sich Formaten und Stereotypen, Aktualität wird durch Wirtschaftlichkeit ersetzt, durch die Spezifik des Mediengutes ist Richtigkeit für den Rezipienten nicht abschätzbar und Relevanz orientiert sich an den Präferenzen kaufkräftiger Konsumenten.

Derzeit pendelt der ORF zwischen Markt- und Staatsversagen und läuft damit nicht nur zunehmend Gefahr, seine ökonomische, sondern auch politisch und kulturell begründete Sonderstellung zu verlieren. Ohne Zweifel lässt sich über seinen ‚Value' sprechen und forschen, diesen inhaltsanalytisch im Vergleich mit anderen Medien am Kriterium Vielfalt festzumachen, erscheint notwendig, um den ORF eine Grundlage für künftige strategische Entscheidungen geben zu können. ‚Value' wird aber erst dann ‚Public Value', wenn der ORF von Marktzwängen und politischer Instrumentalisierung befreit, Inhalte produziert, die einer politisch fungierenden Öffentlichkeit zuträglich sind, Inhalte, die dann auch eine konsentierte Festlegung der vom ORF formulierten Kategorien für Value in einem Gesellschaftsvertrag ermöglichen.

Literatur

Baum, Achim/Schmidt, Siegfried J. (Hg.) (2002): Fakten und Fiktionen. Über den Umgang mit Medienwirklichkeiten. Konstanz: UVK

Bausch, Hans (1980): Rundfunkpolitik nach 1945. Zweiter Teil. (Rundfunk in Deutschland. Band 4). München: dtv

Bosshart, Louis/Hoffmann-Riem, Wolfgang (Hg.) (1994): Medienlust und Mediennutz. Unterhaltung als öffentliche Kommunikation. Schriftenreihe der Deutschen Gesellschaft für Publizistik- und Kommunikationswissenschaft, Bd. 20. München: Ölschläger

Bretschneider, Rudolf/Hawlik, Johannes (2001): Programm und Auftrag – Zwischen Qualität und Quote. ORF: Wien

Brosius, Hans-Bernd/Zubayr, Camille (1996): Vielfalt im deutschen Fernsehprogramm. Eine empirische Anwendung eines Qualitätsmaßstabs. In: Rundfunk und Fernsehen 44. 2. 25–43

Bundesgesetz über den Österreichischen Rundfunk (ORF-G) gemäß BGBl. Nr. 379/1984, zuletzt geändert durch BGBl. I Nr. 159/2005

CDU-Bundesgeschäftsstelle (Hg.) (1985): Medien von Morgen. Für mehr Bürgerfreiheit und Meinungsvielfalt. Bonn

Dahlgren, Peter (1995): Television and the Public Sphere. Citizenship, Democracy and the Media. London: Sage

Diehlmann, Nicole (2003): Journalisten und Fernsehnachrichten. In: Ruhrmann et al.: 99–144

Donsbach, Wolfgang/Dupre, Daniele (1994): Mehr Vielfalt oder „more of the same" durch mehr Kanäle? Möglichkeiten zum Unterhaltungsslalom im deutschen Fernsehen zwischen 1983 und 1991. In: Bosshardt/Hoffmann-Riem (Hg.) (1994): 229–247

Erbring, Lutz (1989): Nachrichten zwischen Professionalität und Manipulation. Journalistische Berufsnormen und politische Kultur. In: Kaase, Max (Hg.) (1989): 301–313

Fahr, Andreas (2002): Katastrophale Nachrichten. Eine Analyse der Qualität von Fernsehnachrichten. München: Reinhard Fischer

Franke, Siegfried F. (1998): Autonome Institutionen und die Grenzen ihrer demokratischen Legitimation. In: Grözinger/Panther (Hg.) (1998): 89–130

Friedrichsen, Mike (Hg.) (2004): Kommerz – Kommunikation – Konsum. Zur Zukunft des Fernsehens. Baden-Baden: Nomos

Görke, Alexander (1999): Risikojournalismus und Risikogesellschaft. Sondierung und Theorieentwurf. Opladen: Westdeutscher Verlag

Görke, Alexander (2001): Entertainment as Public Communication. A System-Theoretic Approach. In: Poetics. 29. 209–244

Grözinger, Gerd/Panther, Stephan (Hg.) (1998): Konstitutionelle Politische Ökonomie. Marburg: Metropolis

Habermas, Jürgen (1995): Strukturwandel der Öffentlichkeit. Untersuchungen zu einer Kategorie der bürgerlichen Gesellschaft. Frankfurt am Main: Suhrkamp

Hagen, Lutz M. (1995): Informationsqualität von Nachrichten. Meßmethoden und ihre Anwendung auf die Dienste von Nachrichtenagenturen. Opladen: Westdeutscher Verlag

Hasebrink, Uwe (1999): Ist Qualität von Fernsehprogrammen messbar? Stichworte und Materialien zum Vortrag bei der Arbeitstagung „Programm-Controlling für öffentlich-rechtliches Fernsehen" am 3. März 1999 in Köln

Hirsche, Walter (1992): Offen, pluralistisch und staatsfern – Leitlinien liberaler Medienpolitik. In: Wittkämper (Hg.) (1992): 187–198

Jarren, Otfried (Hg.) (1993): Politische Kommunikation in Hörfunk und Fernsehen. Opladen

Kaase, Max (Hg.) (1989): Massenkommunikation. Theorien, Methoden, Befunde. (Kölner Zeitschrift für Soziologie und Sozialpsychologie, Sonderheft 30). Opladen: Westdeutscher Verlag

Kelly, Gavin/Mulgan, Geoff/Muers, Stephen (2002): Creating Public Value. An Analytical Framework for Public Service Reform. Strategy Unit, Cabinet Office. Online: http://www.cabinetoffice.gov.uk/media/cabinetoffice/strategy/assets/public_value2.pdf (03.01.2010)

Kiefer, Marie Luise (1999): Privatisierung und Kommerzialisierung der Medienwirtschaft als zeitgeschichtlicher Prozeß. In: Wilke (Hg.) (1999): 705–717

Kiefer, Marie Luise (2007): Öffentlich-rechtlicher Rundfunk als autonome Institution. Versuch einer konstitutionenökonomischen Begründung. unveröffentlichtes Manuskript

Klaus, Elisabeth/Lünenborg, Margreth (2002): Journalismus. Fakten, die unterhalten – Fiktionen, die Wirklichkeiten schaffen. In: Baum/Schmidt (Hg.) (2002): 152–164

Kreuzer, Helmut/Thomsen, Christian W. (Hg.) (1993): Geschichte des Fernsehens in der Bundesrepublik Deutschland. München: Fink

Kohring, Matthias (2004): Vertrauen in Journalismus. Theorie und Empirie. Konstanz: UVK

Lerg, Winfried B. (1980): Rundfunkpolitik in der Weimarer Republik. (Rundfunk in Deutschland. Band 1). München: dtv

Livingston, Sonja M. (1993): The Rise and Fall of Audience Research: An old Story with a new ending. In: Journal of Communication 43. 4. 5–12

Maier, Michaela (2002): Zur Konvergenz des Fernsehens in Deutschland. Ergebnisse qualitativer und repräsentativer Zuschauerbefragungen. Konstanz: UVK

McQuail, Dennis (1992): Media Performance. Mass Communication and the Public Interest. London u. a.: Sage

Niggemeier, Stefan (2005): Schleichwerbung. Der öffentlich-rechtliche Zuschauerverrat. In: FAZ vom 05. Juni 2005. Online: http://www.faz.net/s/Rub8A25A66CA9514B9892E0074EDE4E5AFA/Doc~EF52851B42C684025B91CE3592F488729~ATpl~Ecommon~Scontent.html (16.06.2007)

ORF (2008): Wert über Gebühr. Public Value Bericht 2008. Wien: ORF

ORF (2010): Wert über Gebühr. Pubic Value Bericht 2009/2010. Wien: ORF

Paus-Hasebrink, Ingrid/Woelke, Jens/Pluschkowitz, Alois/Bichler, Michelle (2005): Einführung in die Audiovisuelle Kommunikation. München: Oldenbourg Verlag

Rawls, John (2003): Gerechtigkeit als Fairness. Ein Neuentwurf. Frankfurt am Main: Suhrkamp

Ridder, Christa-Maria/Langenbucher, Wolfgang R./Saxer, Ulrich/Steininger, Christian (Hg.) (2005): Bausteine einer Theorie öffentlich-rechtlichen Rundfunks. Festschrift für Marie Luise Kiefer. Wiesbaden: VS

Ronneberger, Franz (1978): Kommunikationspolitik I. Institutionen, Prozesse, Ziele. Mainz: v. Hase & Koehler Verlag

Rosengren, Karl E./Carlsson, Mats/Tagerud, Yael (1991): Quality in Programming: Views from the North. In: Studies of Broadcasting. 27. 21–80

Ruhrmann, Georg (1989): Rezipient und Nachricht. Opladen: Westdeutscher Verlag

Ruhrmann, Georg/Woelke, Jens/Maier, Michaela/Diehlmann, Nicole (2003): Der Wert von Nachrichtenwerten. Ein Modell zur Validierung von Nachrichtenfaktoren. Opladen: Leske+Budrich

Ruhrmann, Georg/Woelke, Jens (2003): Der Wert von Nachrichten. Ein Modell zur Validierung von Nachrichtenfaktoren. In: Ruhrmann et al. (Hg.) (2003): 13–26

Rusch, Gebhard (1993): Fernsehgattungen in der Bundesrepublik Deutschland. Kognitive Strukturen im Handeln mit Medien. In: Kreuzer/Thomsen (Hg.) (1993): 289–321

Schatz, Heribert (1993): Rundfunkentwicklung im „dualen System": Die Konvergenzhypothese. In: Jarren (Hg.) (1993): 67–79

Schatz, Heribert/Schulz, Winfried (1992): Qualität von Fernsehprogrammen. Kriterien und Methoden zur Beurteilung von Programmqualität im dualen Fernsehen. In: Media Perspektiven. 11. 690–712

Schwanderlapp, Werner (1995): Mehr Konkurrenz – weniger Geld. Herausforderungen an Programmqualität und Programmökonomie aus der Sicht des ZDF. In: Rundfunk und Fernsehen. 43. 41–55

Schwarzkopf, Dieter (Hg.) (1999): Rundfunkpolitik in Deutschland. Wettbewerb und Öffentlichkeit. München: dtv

Seufert, Wolfgang/Müller-Lietzkow, Jörg (Hg.) (2005): Theorie und Praxis der Werbung in den Massenmedien. Baden-Baden: Nomos

Steininger, Christian (2004): Kommerz, Öffentlichkeit und das Medium Fernsehen. In: Friedrichsen (Hg.) (2004): 27–43

Steininger, Christian (2005): Zur Öffentlichkeit des öffentlich-rechtlichen Rundfunks. In: Ridder et al. (Hg.) (2005): 223–239

Steininger, Christian (2007): Markt und Öffentlichkeit. München: Wilhelm Fink Verlag

Tebert, Miriam (2000): Erfolg durch Qualität. Programmcontrolling beim WDR Fernsehen. In: Media Perspektiven. 2. 85–93

Vitouch, Peter (2000): Fernsehen und Angstbewältigung. Wiesbaden: Westdeutscher Verlag

Weiß, Hans-Jürgen (1998): Auf dem Weg zur kontinuierlichen Fernsehprogrammforschung der Landesmedienanstalten: eine Evaluations- und Machbarkeitsstudie. Berlin: Vistas

Wildberger, Jörg (1994): Das Instrument der Sendungserfolgskontrolle. Schweizer Fernsehen DRS. In: Media Perspektiven. 2. 63–66

Wilke, Jürgen (Hg.) (1999): Massenmedien und Zeitgeschichte. Konstanz: UVK

Woelke, Jens (2003): Rezeption von Fernsehnachrichten - Befunde zum Nachrichtenwert und zur Relevanz von Nachrichtenfaktoren. In: Ruhrmann et al. (2003): 163–199

Woelke, Jens (2004): Durch Rezeption zur Werbung. Kommunikative Abgrenzung von Fernsehgattungen. Köln: Herbert von Halem

Woelke, Jens (2005): Rezeption audiovisueller Medienangebote. In: Paus-Hasebrink et al. (2005): 180–276

Woelke, Jens/Steininger, Christian (2005): Nicht das Gleiche! Empirische Befunde zu den Leistungen (PR-vermittelter) programmintegrierter Werbung und von Werbespots. In: Seufert/Müller-Lietzkow (Hg.) (2005): 51–165

Public Value in Kleinstaaten

Zielsetzungen, regulatorische Vorgaben und Strategien öffentlicher Rundfunkorganisationen in einer konvergenten Medienwelt

Matthias Künzler, Manuel Puppis & Thomas Steinmaurer

1 Public Value durch öffentlichen Rundfunk

Die Medienpolitik der meisten europäischen Länder weist dem öffentlichen Rundfunk nach wie vor einen wichtigen Stellenwert zu. Dieser spezielle Organisationstyp wird als eigentlicher Garant gesehen, gemeinwohlorientierte Leistungen im Rundfunkbereich zu erbringen (vgl. Saxer 2005: 15, 29; Puppis 2010: 200–204). Diese gemeinwohlorientierten Leistungen des öffentlichen Rundfunks werden in jüngster Zeit oftmals mit dem Begriff des Public Value umschrieben.

Eine solche Begriffsverwendung entspricht inhaltlich nicht direkt dem ursprünglichen Public-Value-Begriff, wie er Mitte der 1990er-Jahre in der US-amerikanischen Managementlehre als Korrektiv zum „New Public Management" entwickelt wurde und eine kooperative Verständigung zwischen einer öffentlichen Institution (Produzenten) und Bürgern (Nutzern) über die öffentliche Leistung und deren Beurteilung verstand (vgl. Hasebrink 2007: 38f). Die erwähnte Begriffsverwendung entspricht eher der Reformulierung des Public-Value-Begriffs durch die britische BBC. Sie nahm den Begriff auf, um damit ihre verschiedenen gemeinwohlorientierten Zielsetzungen zu fassen und auf Prozesse zu fokussieren, die der Legitimierung und der Verständigung über ihre Zielsetzungen und deren Evaluierung mit und gegenüber den wichtigsten Teilöffentlichkeiten dienen. Als eine Maßnahme zur Umsetzung dieser Zielsetzung implementierte die BBC einen „Public Value Test", mit dem der Nutzen neuer Online- und digitaler Angebote für die Bürger sowie die Auswirkungen solcher Angebote auf den gesamten Medienmarkt und mögliche Konkurrenten geprüft werden (vgl. Woldt 2006: 598, 602f; Hasebrink 2007: 40f; Collins 2007: 166).

In diesem breiteren Verständnis wurde der Begriff des Public Value in vielen anderen europäischen Staaten übernommen und inhaltlich mit den je spezifischen Zielsetzungen des öffentlichen Rundfunks in den einzelnen Ländern gefüllt (vgl. Woldt 2006: 599f; Christl/Süssenbacher 2010b: 13f). Ebenfalls haben einige Länder die Idee eines Public-Value-Tests aufgenommen und in teilweise veränderter Form implementiert. So haben Deutschland und Österreich ein Prüfverfahren eingeführt, um alle neuen und veränderten digitalen Angebote ihrer öffentlichen Rundfunkorganisationen danach zu testen, ob diese zum öffentlichen Auftrag gehören. Damit sollen die Vorgaben der EU-Kommission erfüllt werden, die verlangt, gebührenfinanzierte Angebote des öffentlichen Rundfunks konkreter zu fassen, um keine ungerechtfertigte Marktverzerrung entstehen zu lassen (sogenannter Beihilfenkompromiss, vgl. Schulz 2008).

Im Folgenden wird hier der Begriff des Public Value in diesem breiten Verständnis verwendet, um damit die besonderen, gemeinwohlorientierten Leistungen des öffentlichen Rundfunks zu bezeichnen. Diese Leistungen bestehen in den meisten Länder in einer Non-Profit-Orientierung, der Produktion einer Programmvielfalt innerhalb eines Vollprogramms, umfassenden journalistischen Leistungen, der Versorgung der gesamten Bevölkerung mit frei zugänglichen Rundfunkdienstleistungen und einem Beitrag zur Förderung von Kultur, Identität und Integration (vgl. Jarren et al. 2002: 283–285). Trotz dieser Gemeinsamkeiten weicht die Akzentuierung solcher Public-Value-Leistungen in den einzelnen Ländern voneinander ab.

Insbesondere in Kleinstaaten (max. 18 Mio. Einwohner) kommt dem öffentlichen Rundfunk eine weitere, eminent wichtige Aufgabe zu: Er ermöglicht überhaupt erst die Aufrechterhaltung einer kontinuierlichen und umfassenden einheimischen Rundfunkproduktion. Dies ist den Besonderheiten kleinstaatlicher Mediensysteme geschuldet, die sich durch kleine Zuschauer- und Werbemärkte auszeichnen, was die Produktion von Rundfunkangeboten massiv verteuert. Zudem stehen die Rundfunksender von Kleinstaaten mit gleichsprachigen größeren Nachbarländern in großer Konkurrenz zu einstrahlenden Sendern, denen jedoch viel größere finanzielle Mittel zur Verfügung stehen (vgl. dazu ausführlich Puppis 2009; Bonfadelli/Meier 1994; Siegert 2006). Deshalb setzt die Medienpolitik von Kleinstaaten zumeist verstärkt auf Protektionismus und Interventionismus, d. h. auf den Schutz einheimischer Medienunternehmen vor ausländischen Konzernen durch die Förderung von Medienkonzentration (für die Schweiz nachgewiesen von Künzler/Ledergerber 2006) und auf staatliche Eingriffe (ausführlich begründet bei Puppis 2009: 13f). Zu diesen staatlichen Eingriffen zählen Presseförderung und die Wahrung eines starken öffentlichen Rundfunks. Letzteres soll es erlauben, die knappen finanziellen Ressourcen auf einen Anbieter zu bündeln, um ihn in die Lage zu versetzen, mit ausländischen Wettbewerbern konkurrieren zu können.

Trotz dieser wichtigen Aufgaben stehen auch die öffentlichen Rundfunkorganisationen in Kleinstaaten vor großen Herausforderungen: Eine zunehmend konvergente Medienwelt ermöglicht Onlineangebote und verändert das Nutzungsverhalten (Zunahme des zeitversetzten Medienkonsums); der medienpolitische Rückhalt für die Gebührenfinanzierung und für Aktivitäten insbesondere im Online-Sektor schwindet; der öffentliche Auftrag muss stärker begründet werden, nicht zuletzt aufgrund von Vorgaben der EU (vgl. Iosifidis 2007: 66).

Die inzwischen entwickelten und von privaten Medienanbietern eingeforderten Prüfverfahren und Tests für Angebote öffentlich-rechtlicher Rundfunkanbieter (vom Public-Value-Test in Großbritannien bis zum Drei-Stufen-Test in Deutschland) sind Ergebnis eines sich verschärfenden Marktdrucks und Ausdruck einer Regulierungswirklichkeit, die zunehmend unter dem Einfluss des europäischen Wettbewerbsrechts steht. Angesichts dieser Herausforderungen stellt sich die Frage, welcher Stellenwert dem öffentlichen Rundfunk in Kleinstaaten zur Erbringung von Public Value medienpolitisch zugestanden wird und wie der öffentliche Rundfunk versucht, auf diese Herausforderungen zu reagieren. Diese Fragen werden im Folgenden anhand zweier Fallstudien medienpolitischer Vorgaben und Strategien öffentlicher Rundfunkorganisationen in den beiden Kleinstaaten Österreich und Schweiz beantwortet.

2 Regulatorische Anforderungen und Strategien des öffentlichen Rundfunks in Österreich

2.1 Bedeutung und Struktur des öffentlichen Rundfunks in Österreich

Das österreichische Mediensystem kann hinsichtlich seiner Größe und Struktur zu den typischen kleinstaatlichen Medienmärkten gezählt werden, wobei die Anbindung an den deutlich größeren gleichsprachigen Nachbarmarkt Deutschland besondere Ungleichgewichtigkeiten mit sich bringt. Mit zunehmender Digitalisierung der Empfangsinfrastruktur stieg die Zahl empfangbarer Sender deutlich an: Durchschnittlich waren 2009 in einem österreichischen TV-Haushalt 88 Sender, davon 63 in deutscher Sprache, zu empfangen. In Haushalten mit digitalisiertem Satellitenempfang – das waren 2009 knapp über 50 Prozent aller Haushalte – standen knapp 140 Sender (93 davon in deutscher Sprache) zur Verfügung (vgl. ORF mediaresearch). Der Marktanteil der größeren deutschen Fernsehsender in Österreich beträgt über alle Empfangsbereiche hinweg 50,5 Prozent, die Fernsehsender des ORF erreichten im gleichen Zeitraum zusammen 39,1 Prozent, der größte österreichische Privatsender (ATV) dagegen 3,6 Prozent. Inzwischen können zudem die für den österreichischen Markt produzierten Werbefenster mit 29 Prozent einen ansehnlichen Marktanteil für sich verbuchen (vgl. RTR 2010: 131).

Vor dem Hintergrund dieser Strukturbesonderheiten kann die Position des ORF, auch wenn er in den letzten Jahren spürbare Rückgänge in der Zuschauergunst hinnehmen musste, als nach wie vor gefestigt bezeichnet werden. Seine Angebotsstruktur umfasst (inkl. des digitalen Spartenkanals) drei Fernsehkanäle, drei nationale Radioprogramme sowie neun Radiosender in den jeweiligen Bundesländern. Darüber hinaus betreibt er das bislang beliebteste Online-

Newsportal und unterhält Kooperationen mit anderen Fernsehsendern wie 3sat und BR-alpha (vgl. Steinmaurer 2009a). Mit seinen insgesamt neun Landesstudios, die neben ihren Radioprogramm auch ein tägliches rund 20-minütiges Nachrichten-Fenster sowie Online-Berichte anbieten, liefert er einen bedeutenden Beitrag zur föderalen Struktur des Landes.

Hinsichtlich der Organisationsstruktur wird der öffentlich-rechtlich Rundfunk von einem mit weitreichenden Kompetenzen ausgestatteten Stiftungsrat geleitet, der über Finanzierung, Programmplanung und die innere personelle Führungsstruktur entscheidet. Die Interessen des Publikums werden wiederum von einem Publikumsrat vertreten. Die Finanzierung des größten Medienunternehmens des Landes erfolgt mittlerweile zu fast 50 Prozent aus Gebühren, der Anteil von auf dem Werbemarkt erzielten Erlösen macht nur noch ein Viertel des Umsatzes aus (vgl. ORF 2010). Die im europäischen Vergleich äußerst spät erfolgte Dualisierung des Fernsehmarktes im Jahr 2001 erschwerte die Entwicklungschancen privater Fernsehanbieter (vgl. Steinmaurer 2009a).

2.2 Medienpolitische Anforderungen an den öffentlichen Rundfunk

Der gesetzlich festgeschriebene öffentlich-rechtliche Auftrag des ORF ist grundsätzlich in einen Versorgungsauftrag, einen Programmauftrag und die besonderen Aufträge unterteilt, wobei insbesondere der Programmauftrag eine umfassende Auflistung von Anforderungen umfasst. Der Begriff des Public Value ist als solcher zwar im Gesetz nicht verankert, ergibt sich aber aus den festgelegten Verpflichtungen der zu erfüllenden Aufgaben. In der jüngst beschlossenen Novelle zum ORF-Gesetz wurde die Einrichtung eines Qualitätssicherungssystems beschlossen, in dessen Erstellung Stiftungs- wie Publikumsrat sowie externes Sachverständigenwissen eingebunden sind. Derzeit stellt der ORF im Rahmen seines Public-Value-Kompetenzzentrums inhaltlich auf eine Dokumentation seiner Leistungen ab, die dort den „individuellen Wert", den „Gesellschaftswert", den „Österreichwert", den „internationalen Wert" und den „Unternehmenswert" belegen (vgl. http://zukunft.orf.at).

Die neue, am 17. Juni 2010 beschlossene Novelle des ORF-Gesetzes spiegelt einerseits die auf politischer Ebene und auf Ebene der relevanten Marktteilnehmer ausgehandelten finanziellen und organisatorischen Rahmenbedingungen wider und berücksichtigt andererseits die Verhandlungsergebnisse aus dem im Frühjahr abgeschlossenen Verfahren mit der Generaldirektion Wettbewerb der Europäischen Kommission (vgl. Steinmaurer 2009b). Demnach soll etwa im Online-Bereich dem ORF zukünftig weiterhin die Möglichkeit von Werbung eingeräumt werden, wobei eine Beschränkung auf vorerst drei Prozent der Gebühreneinnahmen vorgenommen wurde, die 2013 auf vier und 2016 auf fünf Prozent ausgedehnt werden soll.

Auf Forderungen der Zeitungsverleger hin kam es erstmals – sieht man von kleineren Angebotsrücknahmen im Vorfeld des EU-Verfahrens ab – zu Einschränkungen des Angebots im Online-Bereich, die den ORF dazu zwingen, insbesondere in der Lokalberichterstattung und in spezifischen Themenportalen Reduktionen auf Programmebene hinzunehmen. Inhalte ohne Bezug zum klassischen Rundfunkprogramm sind grundsätzlich nicht mehr erlaubt. Weiters wurden – ähnlich wie in Deutschland – Einschränkungen hinsichtlich Umfang und Dauer der Onlineberichterstattung festgesetzt. Neue Angebote müssen im Rahmen eines Prüfverfahrens auf ihre öffentlich-rechtliche Qualität einen Public-Value-Test durchlaufen. Für diesen wie auch für Belange der Finanzierungsfragen (z. B. bei der Gebührenbemessung und generellen Wirtschaftsführung) übernimmt eine strukturell veränderte und nunmehr unabhängig gestellte Medienbehörde die Kontrolle von außen.

Neben diesen prinzipiellen strukturellen Neuregelungen werden dem ORF Mittel in der Höhe von 160 Mio. Euro aus bislang einbehaltenen Mitteln von Gebührenbefreiungen zuerkannt, für die er sich auf eine Reihe von Aufgaben, die er zum Teil bisher schon erfüllte, zu verpflichten hat. Darunter fallen Maßnahmen im Bereich verstärkter Eigenproduktionen, der Beauftragung heimischer Filmprojekte, der Aufrechterhaltung des Radiosymphonieorchesters und der Veranstaltung eines neu einzurichtenden Info- und Kulturspartenkanals (vgl. Republik Österreich, Parlamentsservice. Regierungsvorlage zum ORF-Gesetz sowie Abänderungsanträge).

2.3 Strategien des öffentlichen Rundfunks

Grundsätzlich sieht sich der ORF aufgrund seiner Finanzierungsstruktur, der föderalen Ausrichtung sowie vor dem Hintergrund einer vergleichsweise beschränkten Anzahl von Gebührenhaushalten (von 3,2 Mio.) verpflichtet, auf mehreren Schauplätzen gleichzeitig agieren zu müssen. Unter zunehmendem Druck einerseits festgelegt auf eine präzisere Erfüllung des Public Value, hat er sich andererseits auch auf dem Feld der publikumsattraktiven Programm- und Zielgruppenbewirtschaftung zum Zweck der Einwerbung von Werbeerlösen zu behaupten. Er tat das bislang im Fernsehbereich mit einer nicht unumstrittenen programmlichen Doppelstrategie in der Positionierung seiner beiden Hauptfernsehsender. So zielt der erste Kanal mit überwiegend massenattraktiven Programmanteilen vordringlich auf den Werbemarkt, währenddessen der zweite Kanal stärker auf öffentlich-rechtliche und österreichische Programme ausgerichtet ist.

Auch wenn diese Strategie für die Zwecke einer differenzierten Marktpositionierung geboten sein mag, eröffnete man damit jenen kritischen Stimmen breiten Raum, die dem öffentlichen Rundfunk zu Recht erhöhte Selbstkommerzialisierungstendenzen vorwerfen konnten. Private Anbieter zogen nicht selten die Existenzberechtigung des ersten Fernsehkanals in Zweifel. Der Generaldirektor sprach dagegen im Rahmen einer parlamentarischen Enquete im September 2009 von der *„Notwendigkeit, sich als Teil des deutschsprachigen Medienmarktes als ‚Zentralanstalt der elektronischen Identität Österreichs' zu behaupten"* (Wrabetz 2009). Die Strategie des ORF ist also – als solche schon seit 1994 geprägt vom ehemaligen Generalintendanten Gerhard Zeiler – stark von einem „Spagat zwischen Qualität und Quote" dominiert. Die privaten Medienanbieter würden dagegen den ehemaligen Monopolisten nach Möglichkeit auf die Einnahmemöglichkeiten aus den Gebührengeldern reduziert wissen und auf ausschließlich öffentlich-rechtliche Programmanteile beschränkt sehen.

3 Regulatorische Anforderungen und Strategien des öffentlichen Rundfunks in der Schweiz

3.1 Bedeutung und Struktur des öffentlichen Rundfunks in der Schweiz

Im schweizerischen Mediensystem sind die kleinstaatlichen Strukturmerkmale besonders ausgeprägt, da das Land mit seinen rund 7,7 Mio. Einwohnern in verschieden große Sprachregionen aufgeteilt ist, von denen jede an ein großes gleichsprachiges Nachbarland (Deutschland, Frankreich, Italien) grenzt. Dies wirkt sich besonders auf die Zuschauer- und Werbemärkte im Fernsehbereich aus: Die Marktanteile ausländischer TV-Sender liegen in allen drei Sprachregionen über 60 Prozent. Auf dem Fernsehwerbemarkt beträgt der Anteil der Werbefenster deutscher und französischer Privatsender rund 30 Prozent (Stiftung Werbestatistik Schweiz 2010: 39). Neben diesen drei Sprachregionen existiert noch eine rätoromanische Sprachminderheit (vgl. Künzler 2009b: 67).

Unter den inländischen Rundfunkanbietern nimmt der öffentliche Rundfunk SRG SSR die wichtigste Stellung ein: Die SRG bietet je Sprachregion mindestens drei Radio- und zwei Fernsehprogramme an, während die meisten Privatsender auf der lokalen/regionalen Ebene tätig sind. Dieses umfassende Angebot der SRG wird hauptsächlich über Rundfunkgebühren finanziert, die zu rund 70 Prozent aller Einnahmen beitragen, sowie einen internen Finanzausgleich, mit dem ein Teil der in der Deutschschweiz generierten finanziellen Mittel in die französisch-, italienisch- und romanischsprachige Schweiz fließen (vgl. Künzler 2009b: 67f).

Organisatorisch ist die SRG entlang der beiden Achsen „Trägerschaft/ Unternehmen" und „regionale/nationale Ebene" aufgebaut, worin sich das Anliegen, das Publikum einzubeziehen, und der föderale Aufbau des Landes widerspiegeln. Für die Produktion von Radio- und Fernsehprogrammen ist das Unternehmen zuständig. Es steht unter der Leitung einer auf der nationalen

Ebene angesiedelten Generaldirektion. Die eigentliche Programmproduktion findet hingegen bei regionalen Unternehmenseinheiten in den Sprachregionen statt. Diese Unternehmenseinheiten agieren voneinander autonom und haben sich lediglich an die allgemeinen strategischen Vorgaben der SRG zu halten (vgl. SRG SSR 2010c). Die Trägerschaft nimmt hauptsächlich Wahl-, Aufsichts- und Programmbeobachtungsfunktionen wahr und legt die allgemeine Strategie fest. Die Trägerschaft besteht auf nationaler Ebene aus dem Verwaltungsrat und der Delegiertenversammlung. Letztere setzt sich u. a. aus Vertretern der in den Sprachregionen tätigen Regionalgesellschaften zusammen, welche wiederum eine Aufsicht über die Unternehmenseinheiten in ihrer Sprachregion ausüben (vgl. SRG SSR 2010a).

3.2 Medienpolitische Anforderungen an den öffentlichen Rundfunk

Die SRG ist medienpolitisch auf eine Gemeinwohlorientierung verpflichtet. Diese wird in der Schweiz bisher kaum unter dem Begriff „Public Value", sondern unter dem Begriff „Service public" diskutiert. Im Radio- und Fernsehgesetz (RTVG) aus dem Jahre 2006, der zugehörigen Radio- und Fernsehverordnung (RTVV) von 2007 und der Konzession (Lizenz) von 2007 (aktualisiert 2009) wird die SRG auf die Erbringung eines Service public verpflichtet (vgl. Künzler 2009a: 190–198). Dieser „Service" besteht darin, alle Sprachregionen gleichwertig mit Rundfunkinhalten zu versorgen, einen Beitrag zur freien Meinungsbildung, kulturellen Entfaltung, Bildung und Unterhaltung zu leisten (u. a. indem Eigenproduktionen und einheimisches Kulturschaffen einen wichtigen Stellenwert einnehmen) und sich im gesamten Programmschaffen an hohen qualitativen und ethischen Standards zu orientieren (RTVG Art. 24; Konzession SRG Art. 1–3). Im Online-Bereich darf die SRG SSR zwar tätig sein, allerdings ist dort ihr Handlungsspielraum eingeschränkt, um die privaten Anbieter (v. a. die Verlage) nicht zu stark zu konkurrieren: Ihr Onlineangebot muss einen zeitlichen und thematischen Bezug zu den Rundfunksendungen aufweisen. Im Online-Bereich darf die SRG wie im Radio nicht werben (Konzession SRG Art. 13). Die Erfüllung des Leistungsauftrags wird durch die zuständige Regulierungsbehörde überprüft: Diese gibt jährlich Programmanalysen und repräsentative Publikumsbefragungen in Auftrag (vgl. Troxler 2010: 83).

3.3 Strategien des öffentlichen Rundfunks

Der zunehmende Erfolg der Onlinemedien und die Potenziale der Konvergenz, aber auch der zunehmende finanzielle Druck, der über die Werbekrise und Mindereinnahmen bei den Rundfunkgebühren ausgelöst wurde, haben innerhalb der

SRG eine Debatte ausgelöst, wie sie in Zukunft ihren öffentlichen Auftrag unter diesen veränderten Bedingungen erfüllen kann.

In einem Bericht der Generaldirektion zu Händen des Verwaltungsrats legte die SRG dar, dass sie in zwei Bereichen große strategische Herausforderungen sieht (vgl. SRG SSR 2009: 4f): Erstens in der Digitalisierung und der damit verbundenen Veränderung der Mediennutzung (zunehmend orts-, zeit- und technologieunabhängiger Konsum), und zweitens im *„Zusammenwachsen von Radio, Fernsehen und Online"* (SRG SSR 2008: 3f), das eine *„medienübergreifende, publizistisch-redaktionelle Zusammenarbeit"* ermöglicht (SRG SSR 2009: 4f). In diesem Umfeld will die SRG einen gesamtgesellschaftlichen Mehrwert bieten, indem sie auf allen Medien (Radio, TV, Online) Inhalte anbietet, die sich durch einen hohen Anteil an Eigenproduktionen, hohe Qualität, gesellschaftliche Relevanz und Vielfalt auszeichnen und damit einer zeitgemäßen Erfüllung des Leistungsauftrags dienen (vgl. SRG SSR 2008, 3f; SRG SSR 2009: 5).

Zur Umsetzung dieser strategischen Zielsetzungen initiierte die SRG 2009 das Projekt „Medienkonvergenz und Wirtschaftlichkeit", welches sich aus den beiden Teilprojekten „Optimierung der Supportprozesse" und „Medienkonvergenz" zusammensetzt. Das erste Teilprojekt besteht hauptsächlich aus einer Zusammenlegung und Bündelung von administrativen Bereichen wie Immobilienmanagement, Informatik, Finanz- und Rechnungswesen auf der nationalen Ebene. Damit sollen u. a. durch den Abbau von rund hundert Stellen Einsparungen von zehn Prozent erzielt werden. Die dadurch frei werdenden Mittel sollen für das zweite Teilprojekt „Medienkonvergenz" verwendet werden und damit der Programmproduktion zu Gute kommen. Das Teilprojekt ist derzeit in Umsetzung (vgl. SRG SSR 2010b).

Das zweite Teilprojekt „Medienkonvergenz" sieht eine verstärkte Zusammenarbeit zwischen Fernsehen, Radio und Online in jeder Sprachregion vor. Der Verwaltungsrat legte im März 2009 Rahmenbedingungen für diese sprachregionalen Konvergenzprojekte fest, so die Schaffung einer einzigen, konvergent arbeitenden Unternehmenseinheit in jeder Sprachregion, die Integration thematisch fokussierter Ressorts (z. B. Sport, Nachrichten, Kultur), die nun Inhalte für Radio, TV und Online produzieren sollen, sowie die beiden Vorgaben, dass die Verschmelzung nicht zu Lasten des Radios gehen darf und die bisherigen Studiostandorte beibehalten werden (vgl. SRG SSR 2009: 19f, 42f, 51–61). Innerhalb dieser Vorgaben setzten die vier Regionalgesellschaften die Medienkonvergenz mit Rücksicht auf regionale Besonderheiten unterschiedlich um. Die rätoromanische Unternehmenseinheit setzt auf eine „Vollkonvergenz": Ein Chefredaktor ist für alle Medien zuständig und es wurde ein Newsroom in Betrieb genommen (vgl. SRG.R 2010: 4, 20). In der italienischsprachigen

Schweiz wird ebenfalls eine „Vollkonvergenz" angestrebt, d. h. alle Redaktionen sollen zusammengelegt werden (vgl. Balestra 2009: 11). Allerdings wird an den beiden bisherigen Produktionsstandorten festgehalten. In der deutsch- und französischsprachigen Schweiz geht die Konvergenz etwas weniger weit und im Nachrichtenbereich behalten Radio und TV nach wie vor ihre eigenen Chefredaktoren (vgl. RSR/TSR 2009; SRG.D 2009).

4 Fazit: Vergleich der regulatorischen Anforderungen und Strategien

Über die klassischen Vergleichskategorien und Strategien kleinstaatlicher Strukturpolitiken hinaus lässt sich ein Vergleich zwischen der Schweiz und Österreich auch unter dem Blickwinkel ihre Nähe zur europäischen Regulierungswirklichkeit in den Blick nehmen. Aus dieser Sicht betrachtet zeigt sich, dass etwa in der Schweiz der Begriff des Public Value bislang kaum verwendet wird und das Messinstrument des Drei-Stufen-Tests derzeit kaum ein relevantes Diskussionsthema ist. In Österreich beginnen hingegen diese Regulierungsinstrumentarien europäischer Provenienz mittlerweile ihre Wirkmächtigkeit zu entfalten. Hinsichtlich der strategischen Ausrichtung konzentrieren sich die Maßnahmen des öffentlich-rechtlichen Rundfunks in der Schweiz derzeit vorwiegend auf die Anpassung des Angebots und der Unternehmensstruktur an die digitalisierte Onlinemedienwelt.

In Österreich erleben wir derzeit die Anpassung und Umsetzung der Regulierungsstruktur an die Erfordernisse der europäischen Wettbewerbsregularien, ein Prozess, der in absehbarer Zeit auch in die Schweiz diffundieren dürfte. Den Metaprozessen von Kommerzialisierungs- und Globalisierungstendenzen sind freilich beide Kleinstaaten gleichermaßen ausgesetzt. Nicht zuletzt vor diesem Hintergrund beginnen sich tektonische Verschiebungen durchzusetzen: Für öffentlich-rechtliche Anbieter werden unter gleichzeitiger Beteuerung ihrer Entwicklungsmöglichkeit im Online-Bereich die Betätigung in neuen Medienfeldern eingeschränkt und Beschränkungen auf programmlicher Ebene durchgesetzt. Wie die jüngste Beschlussfassung der Novelle zum ORF-Gesetz zeigte, stützt neuerdings die Medienpolitik unter Berücksichtigung ökonomischer Kalküle von Marktteilnehmern die Reduktion vielfalts- und qualitätssichernder Angebote, und setzt damit Maßnahmen durch, die sich gerade in Kleinstaaten mit einem größeren gleichsprachigen Nachbarmarkt besonders negativ auswirken. Zudem wird die teilweise Finanzierung über Werbegelder für öffentlichrechtliche Anbieter im öffentlichen Diskurs tendenziell als marktschädigendes Vorgehen verhandelt. Wird dieser überwiegend einer ökonomische Ratio gehorchende Weg weiterverfolgt, droht eine Verdrängung des öffentlich-rechtlichen Rundfunks in eine Nische der Qualität und damit in eine Marginalisierung, die mit dem Verlust demokratiepolitischer wie kulturstiftender Relevanz einhergeht und damit geradewegs in die Legitimationsfalle führt.

Gerade aber in Kleinstaaten, die den Marktdynamiken eines größeren gleichsprachigen Nachbarmarkts ausgesetzt sind, kann sowohl aus medienpolitischen aber auch aus ökonomischen Gründen das Zugeständnis eines breiten Angebotsspektrums für öffentliche Rundfunkanbietern gerechtfertigt werden, da – wie ein Vergleich der Schweiz mit Österreich unterstreicht – in Strukturen wie diesen von keiner hinreichend sichergestellten Programmautonomie und Eigentümervielfalt ausgegangen werden kann. Diese Besonderheiten erhöhen gleichzeitig die Anforderungen an die öffentlich-rechtlichen Anbieter im Hinblick auf Transparenz, Verantwortlichkeit und ihren Rechenschaftspflichten der Öffentlichkeit gegenüber (vgl. Trappel 2010: 220). Für Public Broadcaster ist es in einem zunehmend fragmentierten Medienumfeld nur mit einem breit akzeptierten Programmportfolio über unterschiedliche Medienplattformen hinweg möglich, gesellschaftspolitisch erwünschte Integrationseffekte zu erzielen und nachhaltig kulturelle Identität zu stiften. Auch die europäische Kommission hat die Problematik der Kleinstaaten in der neuen Rundfunkmitteilung aus 2009 – wenn auch nur in einem Artikel – ausdrücklich anerkannt. Sie gesteht dort zu,

> „etwaigen Schwierigkeiten mancher kleinerer Mitgliedstaaten Rechnung [zu] tragen, die notwendigen Mittel zu beschaffen, wenn die Kosten des öffentlich-rechtlichen Rundfunks pro Einwohner unter ansonsten gleichen Bedingungen höher sind" (Rundfunkmitteilung 2009, Artikel 42)

Diese Formulierung wurde im Zuge des Konsultationsverfahrens allerdings insofern verändert, als nunmehr nach Interventionen privater Medienanbieter auch „die etwaigen Anliegen anderer Medien in diesen Mitgliedstaaten" zu berücksichtigen sind. Gerade im Bereich der neuen Märkte wie Online oder mobilen Applikationen, die ihrerseits wiederum großen Kommerzialisierungs- und Konzentrationstendenzen unterworfen sind, braucht es nicht nur kleinstaatliche Inseln, sondern fest verankerte Plattformen für Public Value und qualitative Information. Denn:

> „Public service media represent an additional voice within media markets that have strong tendencies towards concentration. And online media developed by media markets do not relieve the overall media landscape from ownership concentration." (Trappel 2008: 320)

Für Kleinstaaten sind bekanntermaßen interne Ressourcen zur Hervorbringung von Qualität nicht selten limitiert und einem besonderen Kommerzialisierungs-druck von außen ausgesetzt.

> „Online media produced by public service broadcasters play an important role in counterbalanc-ing dominant trends such as concentration and commercialization. Attempts to limit PSB activi-ties to radio and broadcasting would eliminate these online voices to the detriment of competi-tion in quality." (Trappel 2008: 321)

Insofern bedarf es einer Stärkung des publizistischen Wettbewerbs durch eine Förderung gerade qualitätsgetriebener Anbieter über die klassischen Mediensek-torengrenzen hinweg. Denn *„in dieser Situation kann ein öffentlich-rechtlicher Anbieter eine Art ‚Trusted Guide' sein, ein verlässlicher Führer im unübersicht-lichen World Wide Web"* (Steemers 2001: 126).

Literatur

Balestra, Dino (2009): Das Publikum bestimmt das Tempo. In: idée Suisse (1). 9–11

Bonfadelli, Heinz/Meier, Werner A. (1994): Kleinstaatliche Strukturprobleme einer europäischen Medienlandschaft. Das Beispiel Schweiz. In: Jarren (Hg.) (1994): 69–90

Bonfadelli, Heinz/Meier, Werner A./Trappel, Josef (Hg.) (2006): Medienkonzentration Schweiz. Formen, Folgen, Regulierung. Bern: Haupt

Christl, Reinhard/Süssenbacher, Daniela (Hg.) (2010a): Der öffentlich-rechtliche Rundfunk in Europa. ORF, BBC, ARD & Co auf der Suche nach dem Public Value. Wien: Falter

Christl, Reinhard/Süssenbacher, Daniela (2010b): Einleitung. In: Christl/Süssenbacher (Hg.) (2010a): 13–17

Collins, Richard (2007): The BBC and „public value". In: Medien & Kommunikationswissenschaft 55. 2. 164–184

Hans Bredow-Institut (Hg.) (2009): Internationales Handbuch Medien. Baden-Baden: Nomos

Hasebrink, Uwe (2007): Public Value: Leitbegriff oder Nebelkerze in der Diskussion um den öffentlich-rechtlichen Rundfunk? In: Rundfunk und Geschichte. 1–2. 38–42

Heinrich, Jürgen/Kopper, Gerd G. (Hg.) (2006): Media Economics in Europe (Informationskultur in Europa, Band 4). Berlin: Vistas

Iosifidis, Petros (2007): Public television in small European countries: Challenges and strategies. In: International Journal of Media and Cultural Politics 3. 1. 65–87

Iosifidis, Petros (Hg.) (2010): Reinventing Public Service Communication. European Broadcasters and Beyond. Houndmills: Palgrace MacMillan

Jarren, Otfried (Hg.) (1994): Medienwandel – Gesellschaftswandel? 10 Jahre dualer Rundfunk in Deutschland. Eine Bilanz. Berlin: Vistas

Jarren, Otfried/Weber, Rolf H./Donges, Patrick/Dörr, Bianka/Künzler, Matthias/Puppis, Manuel (2002): Rundfunkregulierung. Leitbilder, Modelle und Erfahrungen im internationalen Vergleich: Eine sozial- und rechtswissenschaftliche Analyse. Zürich: Seismo

Konzession SRG vom 28.11.2007: Konzession für die SRG SSR idée suisse

Künzler, Matthias (2009a): Die Liberalisierung von Radio und Fernsehen. Leitbilder der Rundfunkregulierung im Ländervergleich. Konstanz: UVK

Künzler, Matthias (2009b): Switzerland. Desire for Diversity without Regulation – A Paradoxical Case? In: International Communication Gazette 71. 1–2. 67–76

Künzler, Matthias/Ledergerber, Andreas (2006): Vielfalt erwünscht, Regulierung abgelehnt. Eine empirische Analyse schweizerischer Parlamentsdebatten. In: Bonfadelli et al. (Hg.) (2006): 279–297

ORF (2010): ORF-Stiftungsrat genehmigt Jahresergebnis 2009. Online: http://kundendienst.orf.at/unternehmen/menschen/gremien/100520_2.html (28.06.2010)

Puppis, Manuel (2009): Introduction. Media Regulation in Small States. In: International Communication Gazette 71. 1–2. 7–17

Puppis, Manuel (2010): Einführung in die Medienpolitik. 2. Auflage. Konstanz: UVK

Republik Österreich, Parlamentsservice. Regierungsvorlage zum ORF-Gesetz sowie Abänderungsanträge. 611 d. B. (XXIV. GP) Online: http://www.parlament.gv.at/PG/DE/XXIV/I/I_00611/pmh.shtml (20.6.2010)

Ridder, Christa-Maria/Langenbucher, Wolfgang R./Saxer, Ulrich/Steininger, Christian (Hg.) (2005): Bausteine einer Theorie des öffentlich-rechtlichen Rundfunks. Wiesbaden: VS

RSR/TSR (2009): Radio Télévision Suisse. Ein neuer Service public in der Suisse romande. Medienmitteilung vom 25.11.2009. Online: http://www.srgssrideesuisse.ch/nc/de/aktuell/konvergenz-effizienz/download/6653/e9d723e0/1214_2009-11-25-Schaffung%2520eines%2520neuen%2520audiovisuellen%2520Service%2520public.pdf/ (28.06.2010)

RTR (2010): Kommunikationsbericht 2009. Wien: RTR

RTVG vom 24.03.2006: Bundesgesetz über Radio und Fernsehen (Schweiz)

RTVV vom 09.03.2007: Radio- und Fernsehverordnung (Schweiz)

Rundfunkmitteilung (2009): Mitteilung der Kommission über die Anwendung der Vorschriften über staatliche Beihilfen auf den öffentlich-rechtlichen Rundfunk

Saxer, Ulrich (2005): Bauvorhaben, Bausteine und Rohbau einer Theorie des öffentlich-rechtlichen Rundfunks. In: Ridder et al. (Hg.) (2005): 13–38

Schulz, Wolfgang (2008): Der Programmauftrag als Prozess seiner Begründung. Zum Vorschlag eines dreistufigen Public-Value-Tests für neue öffentlich-rechtliche Angebote. In: Media Perspektiven. 4. 158–165

Siegert, Gabriele (2006): The Role of Small Countries in Media Competition in Europe. In: Heinrich/Kopper (Hg.) (2006): 191–210

SRG SSR (2008): Strategie.08 Kurzfassung. Gemäss Beschlüssen VR SRG SSR vom 12.12.2007 & 20.2.2008. (28.06.2010)

SRG SSR (2009): Medienkonvergenz und Wirtschaftlichkeit. Bericht des Generaldirektors an den Verwaltungsrat SRG SSR. Beschluss VR SRG SSR vom 18. März 2009. (28.06.2010)

SRG SSR (2010a): Gesellschaftsstruktur. Online: http://www.srgd.ch/nc/ueber-uns/struktur-srg-ssr/gesellschaftsstruktur (28.06.2010)

SRG SSR (2010b): Konvergenz & Effizienz: Eckdaten Bd. 01.06.2010). Online: http://www.srgssrideesuisse.ch/de/aktuell/konvergenz-effizienz/konvergenz-effizienz/ (28.06.2010)

SRG SSR (2010c): Unternehmensstruktur. Online: http://www.srgssrideesuisse.ch/de/srg/unternehmensstruktur/ (28.06.2010)

SRG.D (2009): Medienkonvergenz SRG SSR: Publizistisches und betriebliches Gesamtkonzept für die SRG Deutschschweiz verabschiedet. Medienmitteilung vom 16.12.2009. Online: http://www.srgssrideesuisse.ch/nc/de/aktuell/konvergenz-effizienz/download/6653/7929d59c/1348_16-12-2009-Medienkonvergenz%2520Deutschschweiz.pdf/ (28.06.2010)

SRG.R (2010): RTR 2009 – Vielfältig im Angebot – Sorgen um Finanzen. Medienmitteilung vom 27.04.2010. Online: http://www.rtr.ch/xobix_media/files/rtr/2010/10-conferenza_annuala_rtr-de.pdf (28.06.2010)

Stark, Birgit/Magin, Melanie (Hg.) (2009): Die österreichische Medienlandschaft im Umbruch (Relation: Band 3). Wien: Verlag der Österreichischen Akademie der Wissenschaften

Steemers, Jeanette (2001): Onlineaktivitäten der BBC. Gratwanderungen zwischen Public-Service-Verpflichtungen und kommerziellen Zielen. In: Media Perspektiven. 3. 126–132

Steinmaurer, Thomas (2009a): Das Mediensystem Österreichs. In: Hans Bredow-Institut (Hg.) (2009): 504–517

Steinmaurer, Thomas (2009b): Übergebührlicher Rundfunk? Zum Einfluss der EU-Wettbewerbspolitik auf den öffentlich-rechtlichen Rundfunk. In: Stark/Magin (Hg.) (2009): 147–168

Stiftung Werbestatistik Schweiz (2010): Werbeaufwand Schweiz. Erhebungsjahr 2009. Zürich: Stiftung Werbestatistik Schweiz

Trappel, Josef (2008): Online Media Within the Public Service Realm? Reasons to Include Online into the Public Service Mission. In: Convergence. 14(3). 313–322

Trappel, Josef (2010): Squeezed and Uneasy: PSM in Small States – Limited Media Governance Options in Austria and Switzerland. In: Iosifidis (Hg.) (2010): 209–221

Troxler, Regula (2010): Schweiz. In: Christl/Süssenbacher (Hg.) (2010a): 65–97

Woldt, Runar (2006): Der Wert des öffentlichen Rundfunks in der digitalen Ära. Neue Royal Charter für die BBC. In: Media Perspektiven. 12. 598–606

Wrabetz, Alexander (2009): Kernthesen zur Entwicklung des ORF. Online: http://kundendienst.orf.at/unternehmen/news/parlamentsenquete.html (12.6.2010)

Public Value unter den Bedingungen der Medienkonvergenz
Der öffentliche Wertbeitrag von TIME-Unternehmen

Anke Trommershausen

1 Public Value und Medienkonvergenz

Die Bedeutung von Medien für die Entstehung von Öffentlichkeit und öffentlicher Meinung in pluralistischen Gesellschaften ist historisch dokumentiert und besitzt für eine deliberative Öffentlichkeit (vgl. Habermas 1991/1962) bis heute hohe Relevanz (vgl. Burkart 2002: 390–397). Die grundlegende Funktion von (unabhängigen) Medien – auch als publizistisches Funktionssystem von Gesamtgesellschaft konzeptualisiert (vgl. Ronneberger 1992) – ist eine wichtige Säule von Öffentlichkeit[1]. Die Öffentlichkeit konstituierende Aufgabe von Medien und damit ihr öffentlicher Wertbeitrag (Public Value) hat sich stets in Abhängigkeit von ihrer technologischen Entwicklung sowie institutionellen Organisation gewandelt. Während der öffentliche Wertbeitrag von Medien zu Zeiten der kirchlichen Vorherrschaft vor allem zur Affirmation des Glaubens und zur Konservierung klerikaler Macht, durch die diese Medien institutionalisiert waren, geleistet wurde, erfuhr diese Organisation von Medien durch die Aufklärung und schließlich die politischen Revolutionen im 18. Jahrhundert einen grundlegenden Wandel. Von den Salons über die Bürgerpresse bis hin zur Industrialisierung Europas, in der die Penny Press und die großen Verlagshäuser Europas entstanden, veränderte sich der öffentliche Beitrag dieser Medien aufgrund von Privatisierung, neuen Technologien (Reichweite, Unmittelbarkeit, Aktualität) und sich wandelnder Institutionalisierung (Kirche, Staat, Bürger, Unternehmer, Industrielle) grundlegend (vgl. Faulstich 1994; vgl. Giddens 1996/1990). Mit der Einführung des dualen Rundfunksystems in Deutschland (1984) wurde die Aufgabe der Medien als Wegbereiter öffentlicher Meinung per Gesetzt neu reguliert (Noelle-Neumann et al. 2002: 582–585). Dies geschah vor allem unter den Bedingungen des technologischen Fortschritts. Sowohl die Technologien als auch die Art der Institutionalisierung von Medien befinden sich auch heute wieder in einem grundlegenden Wandel, der auf die Entwicklung von Medien zurückzuführen ist und Auswirkungen auf die Organisation

---

[1] Öffentlichkeit, als jener Ort, an dem öffentliche Interessen verhandelt werden (die griechische Agora vgl. Kleinsteuber 2000: 35), wird auch in der Netzwerkgesellschaft (vgl. Castells 2000) als zentrales Element einer räsonierenden, deliberativen Öffentlichkeit (vgl. Habermas 1991/1962) nicht obsolet. Die Trennung zwischen öffentlich und privat (vgl. z. B. ‚persönliche Öffentlichkeit' bei Schmidt 2009), sowie ihre Institutionalisierung weichen hingegen auf.

und Institutionalisierung ihrer Bereitstellung besitzt. Dies liegt vor allem an der zunehmenden Loslösung der Medienkommunikation von zentralen Institutionen (De-Institutionalisierung), der Globalisierung der Medienkommunikation sowie dem grundlegenden Wandel des Kommunikationsprozesses an sich (vgl. Robertson/Winter 2002; Winter 2006a).

Mit der Loslösung der Medienkommunikation von zentralen Institutionen wandelt sich ihre Legitimation und Kontrolle. Es sind zunehmend private Medienunternehmen, die das öffentliche Gut Medien zur Verfügung stellen. Damit sind nicht nur die klassischen Massenmedien gemeint, sondern vor allem mediale Produkte und Dienstleistungen, die zur Vernetzung des Einzelnen beitragen. Dazu zählen digitale Netzwerkmedien wie Mobiltelefon, Web 2.0-Anwendungen und mobiles Internet. Durch diese Medienangebote werden öffentliche Güter zur Verfügung gestellt, die maßgeblich die heutige öffentliche Kommunikation mitgestalten. Durch die technische Konvergenz unterschiedlicher Medien sowie die Steigerung ihrer globalen Reichweite tritt das Problem der Regulierung und Kontrolle dieser Medien verstärkt auf. Einerseits werden öffentliche Güter zunehmend über den privaten Mechanismus des Marktes alloziiert, andererseits erheben traditionelle Institutionen weiterhin den Anspruch der Regulierung und Kontrolle (v. a. der Staat per Gesetz, Regulierungsbehörden). Dies gestaltet sich durch die Integration zahlreicher Medien in nur einem Gerät oder auf nur einer Plattform als schwierig. Ebenfalls problematisch sind Regulierungen nationaler Reichweite, die auf globaler Ebene zu kurz greifen. Die Legitimation von privaten Medienangeboten hängt daher immer öfter direkt von den normativen Ansprüchen der Nutzer ab. Die Relevanz von Stakeholdern und den hohen Erklärungsgrad der Konzeptualisierung der Medienunternehmung als Stakeholderallianz, in der die unterschiedlichsten Ansprüche verhandelt werden, hat Karmasin bereits herausgearbeitet (vgl. Karmasin 2002: 282). Dieses Bild der Medienunternehmung wird umso relevanter, da sich sowohl die Anzahl als auch die Komplexität der Beziehungen von Medienunternehmen zu ihren Stakeholdern durch die zunehmende Deregulierung und Globalisierung der Medienkommunikation erhöhen.

Weiterhin ist der grundlegende Wandel des Kommunikationsprozesses selbst zu nennen, der auf ein neues Verständnis von Public Value Einfluss nimmt. Winter (2006a) verdeutlicht, dass durch Medienentwicklung der lineare Kommunikationsprozess, wie er in den Massenmedien zugrunde gelegt wird, aufgebrochen wird. Durch die Konvergenz der Momente und Kontexte von Kommunikation kann jeder Einzelne zu jeder Zeit und an jedem Ort sowohl Produzent als auch Rezipient von Kommunikation sein (vgl. Winter 2006a: 210). Um an Medienkommunikation teilzunehmen, beziehungsweise um sie mitzugestalten, ist es ist nicht mehr zwingend notwendig, Mitglied oder Sprecher einer Institution der Massenkommunikation zu sein. Das Feld des massenmedialen Kommunikationsprozesses (vgl. Maletzke 1963) wird aufgebrochen, die Entstehung von Öffentlichkeit und öffentlicher Meinung wird auch an anderen Orten, jenseits massenmedialer Institutionalisierung möglich (z. B. auf Facebook oder Twitter durch die Nutzer selbst). Die Entwicklung neuer Medien wird zum Bezugspunkt gesellschaftlichen Wandels (vgl. Winter 2003), der damit einen Wandel des Verständnisses von Public Value nach sich zieht, den jene Medienunternehmen leisten, die zur Konvergenz der Momente und Kontexte von Kommunikation beitragen.

Dies sind die Medienunternehmen der ehemals getrennten Branchen Telekommunikation, Information, Medien und Entertainment (TIME), die – um konvergente und reichhaltige Medienangebote anbieten zu können – zunehmend zu TIME-Unternehmen konvergieren (vgl. Winter 2006b). Es sind Unternehmen wie die Deutsche Telekom oder Apple, die die heutige öffentliche Kommunikation durch ihre Produkte und Dienstleistungen maßgeblich mitbestimmen. Die Institutionalisierung dieser Medienangebote ist zunehmend privatwirtschaftlich organisiert. Sie stellen Möglichkeiten zur Verfügung, die es dem Einzelnen erlauben, an öffentlicher (wie auch privater Tele-) Kommunikation teilzuhaben. Wenn von Public Value im Sinne des öffentlichen Auftrages und damit auch eines öffentlichen Wertbeitrags von Medienunternehmen und ihren Angeboten gesprochen wird, dürfen die Unternehmen der TIME-Branche nicht nur NICHT außen vor gelassen werden, sondern rücken ins Zentrum der Diskussion, da sie es sind, die immer mehr Einfluss auf die Art und Weise der Entstehung und Organisation öffentlicher Kommunikation nehmen. Es ist ihre Bereitstellung von Möglichkeiten zur Konnektivität sowie von medialen Infrastrukturen, die maßgeblich dazu beitragen, dass sich der Kommunikationsprozess wandelt und die öffentliche Meinung sowie Öffentlichkeit nun auch jenseits massenmedialer Kommunikation entstehen können.

2   Öffentliche Kommunikation und Medienkonvergenz

Mediengüter werden in der Gütertheorie als quasi-öffentliche Güter verstanden (vgl. Kiefer 2005: 134), da sie sowohl öffentlichen als auch privaten Charakter besitzen. Öffentlich deshalb, da sie den Kriterien der Nicht-Ausschließbarkeit und der Nicht-Rivalität im Konsum entsprechen, privat beziehungsweise quasi-öffentlich, da sie auch ein Wirtschaftsgut darstellen, das über den Markt alloziiert wird. Bei öffentlich-rechtlichen Medienanbietern ist dieser Markt ‚nicht perfekt', da die mediale Grundversorgung durch den Staat sicher gestellt wird. Anders verhält es sich bei privaten Medienanbietern, die öffentliche Mediengüter allein über den Marktmechanismus in einem ‚perfekten Markt' (vgl. Kiefer 2005: 136) anbieten, da dieser nicht durch öffentliche Gelder subventioniert wird. Durch die zunehmende Privatisierung und auch technische Rivalität von Medienangeboten geraten gerade bei konvergenter Kommunikation die Kriterien der Nicht-Ausschließbarkeit und der Nicht-Rivalität im Konsum oftmals in die Diskussion. So werden bei Pay-TV-Angeboten eindeutig diejenigen ausgeschlossen, die für das Angebot nicht bezahlen. Auch die Rivalität im Konsum wird oftmals diskussionswürdig, so vor allem bei der Aktualität von Nachrichten (vgl. Karmasin 1998: 319), die nach erstmaligem Rezipieren in ihrer Aktualität gemindert werden. Zu fragen ist nun, wie öffentliche Kommunikation unter den Bedingungen der Medienkonvergenz konstituiert wird und ob Medien noch als quasi-öffentliche Güter gelten und somit TIME-Unternehmen dazu angehalten sind, einen öffentlichen Wertbeitrag zu leisten.

Das Kerngeschäft von TIME-Unternehmen besteht zunehmend darin, Beziehungsmedien zur Verfügung zu stellen. Auf die öffentliche Kommunikation nehmen sie daher vor allem durch die Art und Weise Einfluss, in der durch diese Beziehungsmedien Kommunikation konstituiert wird. Dies trifft im Speziellen auf Telekommunikationsanbieter zu. Bei konvergenter Kommunikation wird es für jeden Einzelnen möglich – anders als bei der Massenkommunikation – öffentliche Kommunikation selbst zu produzieren, zu allozieren und schließlich auch zu rezipieren und mobil zu nutzen. Die neuen Kommunikationsinfrastrukturen, die zur Teilhabe an öffentlicher Kommunikation befähigen, werden über den privaten Mechanismus des Marktes alloziiert, und Kommunikation findet zunehmend in fragmentierten Öffentlichkeiten statt, die in ihrer Summe Öffentlichkeit maßgeblich mit konstituieren. Damit können diese Kommunikationsangebote eindeutig als öffentliche Güter identifiziert werden, da der Zugang zu ihnen als grundlegend für die Teilhabe an Öffentlichkeit zu werten ist. Public Value gilt es dort zu leisten, wo durch die Bezahlung dieser Produkte und Dienstleistung aufgrund sozialer Ungleichheiten Nicht-Ausschließbarkeit bedroht ist (z. B. der Sozialtarif der Deutschen Telekom) oder wo es zur Rivalität im Konsum kommt, z. B. bei Überlastung von DSL-Leitungen, Handy-Netzen etc., die es für die Teilhabe des Einzelnen an Konnektivität jedoch bereitzustellen gilt. Somit können die konvergenten Angebote von TIME-Unternehmen als quasi-öffentliche Güter identifiziert werden.

Es wandelt sich nicht nur die öffentliche Rolle von TIME-Unternehmen (vgl. Punkt 3), sondern es gilt, die öffentliche Kommunikation an sich unter den Bedingungen von TIME-Konvergenz und Medienentwicklung neu zu verstehen. Der Kommunikationsprozess wird immer weniger durch nationale Gesetze reguliert. Vielmehr wird der gesellschaftliche Anspruch zur unternehmerischen Selbstverpflichtung und Co-Regulierung sowie einer nachhaltigen und gesellschaftlich verantwortlichen Art und Weise dieser Kommunikation von den Stakeholdern direkt formuliert und eingefordert (vgl. Pleon 2005). Öffentliche Kommunikation ist aufgrund sinkender Markteintrittsbarrieren, aufgrund neuer Technologien und konvergenter Angebote nicht mehr nur in globalen Medienunternehmen auf oligopolistischen Märkten (vgl. Karmasin 1993) institutionalisiert. Diese stellen vielmehr Möglichkeiten bereit, die es dem Einzelnen erlauben, öffentliche Kommunikation selbst mitzugestalten, mit neuen Technologien jenseits institutioneller Grenzen an Gesellschaft teilzuhaben (politische Blogs, Youtube, Twitter, Facebook etc.). Öffentliche Kommunikation entsteht heute dort, wo der Einzelne Zugang zu Kommunikationsangeboten erhält, die es ihm erst ermöglichen, durch personalisierte Pull-Kommunikation (vgl. Lull 2006) an Öffentlichkeit teilzuhaben beziehungsweise diese mit zu konstituieren. Netzwerke und neue Konnektivitäten bestimmen zunehmend die Produktion und den Austausch gesellschaftlichen Wissens. Die Teilhabe an Konnektivität entscheidet zunehmend darüber, ob und wie der Einzelne überhaupt an Gesellschaft teilhat. Dies ist der zentrale Bereich, in dem es für TIME-Unternehmen in Bezug auf ihr Kerngeschäft neue Bereiche der Verantwortungsübernahme zu identifizieren gilt und durch die sie Public Value erbringen können. Es ist daher notwendig, neue Dimensionen der gesellschaftlichen Verantwortungsübernahme zu benennen, die einen gesellschaftlichen Wertbeitrag der TIME-Unternehmen ermöglichen. Dabei zeigt sich, dass Medienentwicklung nicht nur den Kommunikationsprozess an sich, sondern grundsätzlich die gesellschaftliche Rolle von Medienunternehmen verändert.

3 Die Rolle von TIME-Unternehmen in und für die Öffentlichkeit

Die politische Ökonomie der Medien bot lange Zeit einen umfassenden Erklärungsansatz für die gesellschaftliche Rolle von Medienunternehmen in der und für die Öffentlichkeit (vgl. z. B. Schiller 1996; Herman/Chomsky 2003). Sie grenzt sich von neoklassischen wirtschaftswissenschaftlichen Ansätzen ab und versteht Medienunternehmen nicht als gesellschaftlich isolierten, sondern als zentralen Bereich von Gesellschaft. Sie erklärt die Gesamtzusammenhänge von politischen, soziologischen und ökonomischen Faktoren (vgl. Kiefer 2005: 53), die Einfluss auf die Medienkommunikation besitzen. Dies wird der Medienunternehmung als quasi-öffentliche Institution, die sowohl Wirtschafts- als auch Kulturgüter alloziiert, gerecht (vgl. Karmasin 1998: 319). Durch ein besseres Verständnis der Steuerungsmechanismen zwischen Unternehmen, Staat und Markt, versucht die politische Ökonomie auf der Basis einer historisch-materialistischen Gesellschaftstheorie, Kommunikation und damit auch öffentliche Kommunikation in der Gesellschaft zu erklären. Dabei werden Medienunternehmen als mächtige Institutionen konzeptualisiert. Die politische Ökonomie der Medien versucht die Frage zu beantworten, in welcher Form die kapitalistischen Eigentumsverhältnisse die Produktionsweise der Massenkommunikation beeinflussen und wie stark dies von politischen Entscheidungen abhängt. Dieser Erklärungsansatz basiert auf einem Nationalstaatsverständnis in einem klar abgrenzbaren Kulturraum, einem eindeutig benennbaren Markt sowie den Grundannahmen hegemonialer Wirkungsstrukturen globaler imperialistischer Medienunternehmen (vgl. Schiller 1992). Im Kontext von Konvergenz sowohl von Kommunikation als auch von Medienunternehmen zu TIME-Unternehmen gilt es, diese Annahmen bei der Frage nach der Leistung eines gesellschaftlichen Wertbeitrages zu relativieren. Zentrale Annahmen der politischen Ökonomie der Medien werden diskussionswürdig:

Zunächst ist der materielle Produktionsprozess, der in der politischen Ökonomie der Medien in den globalen Medienunternehmen mit hegemonialem Einfluss verortet wird, durch die Konvergenz der Kommunikation zu relativieren. Neben der unternehmenszentrierten Produktion von Kommunikation kann heute jeder Einzelne Kommunikate produzieren und an seine Peers alloziieren. TIME-Unternehmen treten dabei oftmals als Anbieter von kommunikativen Infrastrukturen und technischen Möglichkeiten auf. Dies deutet darauf hin, dass öffentliche Kommunikation nicht mehr nur von den Massenmedien, die auf entsprechenden Besitzverhältnissen basieren, bereit gestellt wird, sondern von einzelnen Nutzern und Bürgern. Eine Folge dieser neuen Art der Konstitution öffentlicher Kommunikation ist, dass Medienunternehmen nicht mehr alleine über die Themenagenden öffentlicher Meinungsbildung entscheiden. Worüber gesprochen wird und worüber öffentliche Meinung entsteht, wird aus einer

Vielzahl kommunikativer Quellen gespeist, deren Einfluss nicht unbedingt durch die materiellen Besitzverhältnisse von Medienunternehmen determiniert ist (z. B. die Organisation von Flash-Mobs auf Myspace oder Facebook). Zudem ist ein grundlegender Wandel massenmedialer Push-Kommunikation hin zu einer personalisierten Pull-Kommunikation zu beobachten (vgl. Lull 2006), die die Verlagerung kommunikativer Macht auf den Einzelnen mit sich bringt. Macht und Einfluss von Medienunternehmen als Akteure öffentlicher Kommunikation wandeln sich daher grundlegend, da jeder zum Kommunikator und Akteur öffentlicher Kommunikation werden kann (vgl. z. B. Benkler 2006: 63). Dadurch treten Konvergenzunternehmen vor allem als Bereitsteller von medialen Konnektivitätsinfrastrukturen auf, die es dem Einzelnen erlauben, an öffentlicher Kommunikation teilzuhaben. Dieses Verständnis ist neu, da der gesellschaftliche Einfluss von globalen Medienunternehmen relativiert und ihr gesellschaftlicher Wertbeitrag daher neu zu verstehen ist (vgl. Punkt 4). Dieser schleichende Machtverlust von TIME-Unternehmen auf die Themenagenden öffentlicher Kommunikation erhält in Bezug auf ihre eigenen Stakeholder vor allem strategische Relevanz. Denn unter der Prämisse, gesellschaftliche Verantwortung unter den Bedingungen der Medienkonvergenz übernehmen zu wollen und einen gesellschaftlichen Wertbeitrag zu leisten, sollten die Stakeholder, als Mitglieder der Unternehmensöffentlichkeit, besonders beachtet werden. Sie sind es, die aus strategischer Perspektive auch zur Bedrohung für das TIME-Unternehmen werden können (vgl. Post et al. 2002).

Stakeholdermanagement und Medienkonvergenz

In Bezug auf das Stakeholdermanagement sind zwei zentrale Veränderungen zu nennen, die in Anbetracht eines Wertbeitrages zur Unternehmensöffentlichkeit sowie der Konstitution wertvoller Beziehungen zu Stakeholdern besonderer Beachtung bedürfen. Analog zu dem gesamtgesellschaftlichen Wandel der Machtstellung von Medienunternehmen gilt es, dies auch in der strategischen Ausgestaltung der Stakeholderkommunikation zu berücksichtigen. Unternehmen aller Branchen stellen zunehmend fest, dass die Kommunikation über sie sowie ihre Produkte und Dienstleistungen zunehmend außerhalb der von ihnen vorgesehenen Kommunikationskanäle und Öffentlichkeiten stattfindet. So zeigen Studien, dass spezifische Stakeholder ihren Peers mehr Vertrauen schenken als Unternehmensinformationen (vgl. The Nielsen Company 2009; Ketchum 2009). Die Möglichkeiten von Stakeholdern untereinander, aber auch mit Unternehmen in Beziehung zu treten, werden durch die konvergente Kommunikation vielfältiger und liegen zunehmend außerhalb des Machtbereichs von Unternehmen. Markenbezogenes Handeln auf Social Networking Sites ist dafür ein gutes Beispiel, bei dem das Markenimage oftmals außerhalb der Markendefinition des Unternehmens geformt wird. Neben diesem Kontrollverlust über die Kommunikation mit und von Stakeholdern ist als zweiter Punkt das große Potential dieser Entwicklung für die Optimierung der Stakeholderbeziehungen zu nennen. Unternehmen, vor allem jene der TIME-Branche, die den medialen Wandel grundlegend mitgestalten, können die neuen Möglichkeiten digitaler Netzwerkkommunikation auch für die strategische Stakeholderkommunikation nutzen. Die Einsicht, dass Unternehmenskommunikation jenseits des Corporate-Push in Form von Newslettern, Mitarbeiterzeitschriften oder Corporate-TV stattfinden kann und sich in einem Corporate-Pull manifestiert, d. h. in der personalisierten Informationsabfrage und Vernetzung der Stakeholder, kann das Unternehmen strategisch für sich nutzen und gleichzeitig einen Wertbeitrag zur Kommunikation mit ihren Stakeholdern leisten. Es wird immer deutlicher, dass Mitarbeiter durch digitale mobile Medien zwischen privatem und beruflichem Alltag ihre Arbeit selbst organisieren (vgl. Maier 2004) und damit oftmals effizienter und auch kreativer arbeiten (vgl. Csikszentmihalyi 2004). So sind unternehmensinterne Netzwerke, Blogs, Wikis oder virtuelle Teams Beispiele, die die neue Art des In-Beziehung-Tretens der Stakeholder untereinander, aber auch mit dem Unternehmen verdeutlichen und Unternehmensöffentlichkeit auf eine neue Art konstituieren.

Die normative Rolle von TIME-Unternehmen in Gesellschaft sowie aus strategischer Perspektive vor allem gegenüber ihren Stakeholdern wandelt sich grundlegend unter den Bedingungen der Medienkonvergenz und der Konvergenz des Kommunikationsprozesses. Sowohl gesamtgesellschaftlich als auch strategisch fokussiert auf spezifische Stakeholder, bewirkt Medienentwicklung einen Wandel des Verständnisses von Public Value, der sich für TIME-Unternehmen vor allem in der Frage ihrer gesellschaftlichen Verantwortungsübernahme als Bereitsteller quasi-öffentlicher Güter und Dienstleistungen stellt. Vor dem Hintergrund dieser neuen Rahmenbedingungen gilt es daher zentrale Punkte dieser gesellschaftlichen Verantwortung zu benennen, die es erlauben, einen gesellschaftlichen Wertbeitrag und damit Public Value sowohl auf Unternehmens- als auch auf gesamtgesellschaftlicher Ebene zu leisten. Somit sind Produkte und Dienstleistungen digitaler Netzwerkmedien durchaus und gerade als quasi-öffentliche Güter zu sehen, da sie maßgeblich zu öffentlicher Kommunikation beitragen, jedoch von privatwirtschaftlichen TIME-Unternehmen über den Markt alloziiert werden. Nicht die Güter an sich, sondern die Bereitstellung von Möglichkeiten, sind als quasi-öffentliches Gut beziehungsweise Dienstleistung anzusehen. In dem Akt der Zur-Verfügung-Stellung kann ein zentraler Ansatzpunkt zur Erbringung von Public Value gesehen werden.

4 Der öffentliche Wertbeitrag von TIME-Unternehmen

Wie ist vor dem Hintergrund dieser grundlegenden Veränderungen der gesellschaftliche Wertbeitrag von TIME-Unternehmen im Sinne eines Public Value zu konzeptualisieren? Es ist deutlich geworden, dass sich die Art und Weise, in der öffentliche Kommunikation entsteht, wandelt und TIME-Unternehmen die Rolle als Ermöglicher von Kommunikationsinfrastrukturen übernehmen. Anders als zu Zeiten der traditionellen Institutionalisierung öffentlicher Kommunikation durch die Massenmedien nach Mediengattungen, deren Angebote vor allem in Deutschland durch staatliche Regulierung und Kontrolle bereit gestellt wurden, sind es durch Globalisierung und Deregulierung translokale Medienangebote sowie Kommunikations- und Konnektivitätsmöglichkeiten, durch die TIME-Unternehmen als öffentliche Kommmunikatoren auftreten. Durch den Wandel ihrer kommunikativen Macht in der Gesellschaft und speziell gegenüber ihren Stakeholdern kann Public Value nicht mehr nur in der gesetzlichen Festlegung einer Grundversorgung in nicht perfekten Märkten verstanden werden. Vielmehr ist die freiwillige Selbstverpflichtung von privaten TIME-Unternehmen für die Bereitstellung von Dienstleistungen zur konnektivitätsbasierten öffentlichen Kommunikation Einzelner zentraler Faktor ihrer gesellschaftlichen Verantwortung und damit ihres öffentlichen Wertbeitrages. In Anbetracht der dargelegten Veränderungen sehe ich für TIME-Unternehmen vor allem in zwei Punkten die Möglichkeit, Public Value zu generieren:

(1) TIME-Unternehmen zeichnen für die quasi-öffentliche Teilhabe des Einzelnen an öffentlicher Kommunikation auf eine neue Art und Weise verantwortlich.

(2) Für TIME-Unternehmen, die auch Public Value in ihrer Unternehmensöffentlichkeit schaffen wollen, gilt es, die Beziehungen zu ihren Stakeholdern im Kontext von Medienentwicklung neu zu verstehen.

Ad (1): Public Value von TIME-Unternehmen besteht zunächst darin, ihre Rolle als Akteur in der und für die Öffentlichkeit kritisch zu überdenken und die dargelegten Veränderungen ihrer gesellschaftlichen und ökonomischen Macht anzuerkennen. Ein Selbstverständnis als Ermöglicher und Bereitsteller von Kommunikationsdienstleistungen, die nicht selbst die öffentliche Kommunikation darstellen, sondern dem Einzelnen Möglichkeiten der individuellen kommunikativen Teilhabe an Öffentlichkeit bieten, ist hierzu ein erster Schritt. Wird diese Rolle von TIME-Unternehmen anerkannt, so sind es vor dem Hintergrund der Nicht-Rivalität und der Nicht-Ausschließbarkeit im Konsum vor allem der gerechte und faire Zugang zu diesen Kommunikationsinfrastrukturen sowie die Inklusion möglichst aller (auch benachteiligter) Bevölkerungsgruppen, die wichtiger werden. Diese Art des Public Value ist nicht nur eine normative Forderung seitens (spezifischer) Stakeholder (z. B. Menschen mit Behinderung), sondern birgt auch strategische Potentiale, wenn über die Ermöglichung des Zugangs z. B. neue Märkte (in Dritte Welt Ländern) erschlossen werden können. Anders als bei rein öffentlich-rechtlichen Medien, ist für die private TIME-Branche hervorzuheben, dass der gesellschaftliche Wertbeitrag nie ohne ökonomisches Kalkül geleistet werden kann. Dies würde den Ansprüchen des perfekten Marktes, in dem sich diese Unternehmen bewegen, widersprechen. Somit kann vor dem Hintergrund des grundlegenden Wandels des Kommunikationsprozesses und damit des Wandels öffentlicher Kommunikation und der konstitutiven Rolle von TIME-Unternehmen festgehalten werden, dass diese Medienunternehmen quasi-öffentliche Güter im Sinne von ermöglichenden Infrastrukturen zur Verfügung stellen. Der gerechte und faire Zugang zu diesen Dienstleistungen ist als gesellschaftlicher Wertbeitrag zu verstehen, der es dem Einzelnen erlaubt, an Öffentlichkeit teilzuhaben.

Ad (2): Bezüglich der strategischen Relevanz von Public Value im Unternehmenskontext, sind es vor allem die Beziehungen zu den Stakeholdern, d. h. zu ausgesuchten Vertretern der Unternehmensöffentlichkeit, für die es das Thema Public Value neu zu konzeptualisieren gilt. Public Value trägt maßgeblich zum Gemeinwohl bei und ist in der Lage Sozialkapital zu schaffen, mit der Zielsetzung gesamtgesellschaftlicher Verständigung. Die Verständigung und die wertvollen Beziehungen mit Stakeholdern im Unternehmensumfeld besitzen neben dem normativen Anspruch auch instrumentelle und damit strategische Relevanz. Ähnlich wie auf gesamtgesellschaftlicher Ebene, gilt es für TIME-Unternehmen, die neuen Kommunikationsvoraussetzungen ihrer Stakeholder zu verstehen. Wie kann Public Value in Bezug auf Stakeholder geschaffen und so ein nachhaltiges Geschäftsmodell entwickelt werden? Dies ist vor allem über personalisierte, Peer-to-Peer-orientierte und konnektivitätsbasierte Medienangebote realisierbar. So ist es für TIME-Unternehmen grundlegend zu verstehen, dass die kommunikative Vermittlung zwischen ihnen und ihren Stakeholdern nicht mehr alleine in ihrer Macht liegt. Die Festlegung der Kommunikationskanäle, die lange auf Seiten der Unternehmen zu verorten war, trifft heute aufgrund der vielfältigen Kommunikationsmöglichkeiten von Stakeholdern nur noch bedingt zu. Das Image eines Unternehmens formiert sich oftmals in sozialen Netzwerken, in denen sich Kunden, Mitarbeiter, oder Zulieferer treffen. Zentral ist es, die Kommunikationskanäle nach außen zu öffnen, um somit auch Stakeholder zu Wort kommen zu lassen bzw. zu hören, die eventuell nicht zu einem vom Unternehmen initiierten Stakeholder-Dialog eingeladen worden wären. Weiterhin ist es für TIME-Unternehmen wichtig, gegenüber ihren Stakeholdern nicht nur sichtbar zu sein, sondern die Prozesse im Unternehmen nachprüfbar und transparent zu machen (vgl. IBM 2008). Die Containment-Politik, die viele Unternehmen hinsichtlich ihrer Stakeholderkommunikation lange Zeit betrieben haben, funktioniert aufgrund von Medienentwicklung und der vielfältigen Informationsmöglichkeiten durch das Internet nur noch bedingt. Kommunikations- und Informationsgrenzen werden immer weniger von TIME-Unternehmen selbst, als vielmehr von ihren Stakeholdern gesetzt. Auf diese neuen Kommunikationsansprüche gilt es für TIME-Unternehmen, im Sinne eines Wertbeitrages zur Unternehmensöffentlichkeit auf eine neue Art und Weise beizutragen. Um tatsächlich vertrauensvolle Beziehungen zu Stakeholdern aufzubauen und damit in diesem Bereich Public Value für ein nachhaltiges Unternehmensmodell strategisch nutzen zu können, sollten TIME-Unternehmen die zunehmende Individualisierung und kontextspezifischen Handlungen einzelner Stakeholder ernst nehmen, indem sie auf ihre spezifischen Kommunikationsansprüche reagieren. Nur so wird es TIME-Unternehmen gelingen, auch im Unternehmensumfeld Public Value zu leisten und damit mittel- bis langfristig die „License to Operate" zu sichern.

Abschließend kann fest gehalten werden, dass sich das Verständnis von Public Value unter den Bedingungen der Medienkonvergenz wandelt. Dies liegt zunächst an dem grundlegenden Wandel medialer Kommunikation. Diese gesellschaftliche und damit auch öffentliche Kommunikation wird durch die aktive Mitwirkung des Einzelnen als Produzent und Verteiler von Kommunikation maßgeblich verändert. Medienunternehmen wandeln sich im traditionellen Verständnis der politischen Ökonomie der Medien von imperialistischen Machtinstitutionen auf globaler Ebene zu Bereitstellern von Kommunikationsinfrastrukturen, da sie mit ihren Produkten und Dienstleistungen Möglichkeiten zur medialen Vernetzung und damit zur Teilhabe des Einzelnen an Öffentlichkeit bereit stellen. Dies bedeutet, dass sich Public Value vor allem in dieser Bereitstellung von Möglichkeiten manifestiert. Hier gilt es für TIME-Unternehmen, ihre neue Rolle als Akteur in der und von Öffentlichkeit zu verstehen und ihren gesellschaftlichen Wertbeitrag in dem fairen und gerechten Zugang zu digitalen Netzwerkmedien zu identifizieren. Dieser normative Anspruch an TIME-Unternehmen, die quasi-öffentliche Teilhabe des Einzelnen an Öffentlichkeit zu ermöglichen, da sie öffentliche Zugangsmöglichkeiten auf privaten Märkten zur Verfügung stellen, besitzt im Bereich ihrer Stakeholder auch strategische Relevanz. Während Sozialkapital und Public Value mit Stakeholdern lange Zeit aufgrund des Kommunikationsmonopols der Medienunternehmen geschaffen wurden, entsteht Verständigung heute vor allem durch die aktive Teilhabe einzelner Stakeholder an diesem Beziehungsaufbau. Vertrauensvolle und wertvolle Beziehungen mit Stakeholdern sind strategisch höchst relevant.

So gilt es, Public Value unter den Bedingungen der Medienkonvergenz zukünftig neu zu verstehen, theoretisch zu konzeptualisieren und empirisch zu fundieren.

Literatur

Altmeppen, Klaus-Dieter/Karmasin, Matthias (Hg.) (2004): Medien und Ökonomie. Wiesbaden: VS

Behmer, Markus (Hg.) (2003): Medienentwicklung und gesellschaftlicher Wandel. Beiträge zu einer theoretischen und empirischen Herausforderung. Wiesbaden: Westdeutscher Verlag

Benkler, Yochai (2006): The Wealth of Networks. How Social Production Transforms Markets and Freedom. New Haven, Conn.: Yale Univ. Press

Burkart, Roland (2002): Kommunikationswissenschaft. Grundlagen und Problemfelder. Umrisse einer interdisziplinären Sozialwissenschaft. Wien: Böhlau

Castells, Manuel (2000): The Rise of the Network Society. 2. Aufl. Malden, Mass.: Blackwell Publ.

Curran, James/Morley, David (Hg.) (2006): Media and Cultural Theory. London: Routledge

Csikszentmihalyi, Mihaly (2004): Flow im Beruf. Das Geheimnis des Glücks am Arbeitsplatz. Stuttgart: Klett-Cotta

Faulstich, Werner (1994): Grundwissen Medien. München: Fink (UTB für Wissenschaft)

Faulstich, Werner (Hg.) (2000): Öffentlichkeit im Wandel. Neue Beiträge zur Begriffsklärung. Bardowick: Wissenschaftler-Verl. (IfAM-Arbeitsberichte, 18)

Giddens, Anthony (1996/1990): Konsequenzen der Moderne. [Nachdr.]. Frankfurt am Main: Suhrkamp

Habermas, Jürgen (1991/1962): Strukturwandel der Öffentlichkeit. Untersuchungen zu einer Kategorie der bürgerlichen Gesellschaft. 2. Nachdruck. Frankfurt am Main: Suhrkamp-Taschenbuch Wissenschaft

Herman, Edward S./Chomsky, Noam (2003): Manufacturing Consent. The Political Economy of the Mass Media. New York, NY: Pantheon Books

IBM/Institute for Business Value (2008): Attaining Sustainable Growth through Corporate Social Responsibility. Online: http://www-935.ibm.com/services/us/gbs/bus/pdf/gbe03019-usen-02.pdf (27.03.2008)

Karmasin, Matthias (1993): Das Oligopol der Wahrheit. Medienunternehmen zwischen Ökonomie und Ethik. Wien: Böhlau

Karmasin, Matthias (1998): Medienökonomie als Theorie (massen-) medialer Kommunikation. Kommunikationsökonomie und Stakeholder Theorie. Graz; Wien: Nausner & Nausner

Karmasin, Matthias (2002): Medienmanagement als Stakeholder Management. In: Karmasin/Winter (Hg.) (2002): 279–302

Karmasin, Matthias/Winter, Carsten (Hg.) (2002): Grundlagen des Medienmanagements. 2., korrigierte und erw. Aufl. München: Fink

Karmasin, Matthias/Winter, Carsten (Hg.) (2006): Konvergenzmanagement und Medienwirtschaft. München: Fink

Ketchum (2009): Media Myths and Realities. Media in the 21 Century. Online: http://www.ketchum.de/de/STUDIE_MEDIAMYTHS (13.11.2009)

Kiefer, Marie Luise (2005): Medienökonomik. Einführung in eine ökonomische Theorie der Medien. 2., vollst. überarb. Aufl. München: Oldenbourg

Kleinsteuber, Hans J. (2000): Öffentlichkeit und öffentlicher Raum. In: Faulstich (Hg.) (2000): 34–47

Lull, James (2006): The Push and Pull of Global Culture. In Curran/Morley (Hg.) (2006): 44–58

Maier, Matthias (2004): Medienunternehmen im Umbruch. Transformation ökonomischer Dispositive, neue Organisationsstrutkuren und entgrenzte Arbeitsformen. In Altmeppen/Karmasin (Hg.) (2004): 15–42

Maletzke, Gerhard (1963): Psychologie der Massenkommunikation. Theorie und Systematik. Hamburg: Verl. Hans Bredow-Institut

Noelle-Neumann, Elisabeth/Schulz, Winfried/Wilke, Jürgen (2002): Publizistik Massenkommunikation (Das Fischer Lexikon). 4. Aufl. Frankfurt am Main: Fischer

Pleon Kothes Klewes GmbH (Hg.) (2005): Accounting for Good. The Global Stakeholder Report. Online: http://www.pleon.com/fileadmin/user_upload/ordner_pleon_com/ordner_insights/Pleon _GSR05_en.pdf (14.10.2009)

Post, James E./Preston, Lee E./Sauter-Sachs, Sybille (2002): Redefining the Corporation. Stakeholder Management and Organizational Wealth. Stanford, Calif.: Stanford Business Books

Robertson, Caroline Y./Winter, Carsten (Hg.) (2000): Kulturwandel und Globalisierung. Baden-Baden: Nomos

Ronneberger, Franz (1992): Theorie der Public Relations. Ein Entwurf. Unter Mitarbeit von Manfred Rühl. Opladen: Westdeutscher Verlag

Schiller, Herbert I. (1992): Mass Communications and American Empire. 2. ed., updated. Boulder: Westview Press

Schiller, Herbert I. (1996): Information Inequality. The Deepening Social Crisis in America. New York, NY: Routledge

Schmidt, Jan (2009): Das neue Netz. Merkmale, Praktiken und Folgen des Web 2.0. Konstanz: UVK

The Nielsen Company (2009): Consumer Confidence Survey. Consumers Trust Real Friends and Virtual Strangers the Most. Online: http://blog.nielsen.com/nielsenwire/consumer/global-advertising-consumers-trust-real-friends-and-virtual-strangers-the-most/ (17.11.2009)

Winter, Carsten (2003): Der Zusammenhang von Medienentwicklung und Wandel als theoretische Herausforderung. Perspektiven für eine artikulationstheoretische Ergänzung systemfunktionaler Analysen. In: Behmer (Hg.) (2003): 65–102

Winter, Carsten (2006a): Medienentwicklung und der Aufstieg einer neuen Beziehungskunst. In: Karmasin/Winter (Hg.) (2006): 183–216

Winter, Carsten (2006b): TIME-Konvergenz als Herausforderung für Management und Medienentwicklung. In: Karmasin/Winter (Hg.) (2006): 13–51

Public Value als Publikumsauftrag oder Publikumsdesiderat

Helmut Scherer

1 Das Publikum, der vergessene Stakeholder

Der Begriff „Public Value" hat in der aktuellen rundfunkpolitischen Diskussion eine große Bedeutung. Dabei spielt es sicherlich eine Rolle, dass die BBC mit „Creating Public Value" ihren Programmauftrag umschreibt (Hasebrink 2007: 38). Interessanterweise spielt in dieser Debatte ein Einbezug des Publikums keine allzu große Rolle. Natürlich wird immer wieder darauf verwiesen, dass man dies alles für das Publikum tue. *„Das Publikum steht beim Public-Value-Ansatz als zentrale Ansprechgruppe im Mittelpunkt"*, formuliert Troxler (2010a: 92) mit Bezug auf die Schweiz. Die BBC (2004: 19) schreibt: *„Audiences should be at the centre of everything we do."* Es fehlt aber zumeist an Überlegungen, dem Publikum eine aktive Rolle einzuräumen. Dies ist umso bemerkenswerter, als Moore (1995), der *Erfinder* des Begriffes Public-Value-Management, ja explizit betont, dass es darum geht, dass Nutzer und Anbieter bei der Ausgestaltung von Angeboten miteinander interagieren. Die sogenannte Idee der Koproduktion wird vielfach als der Kern der Moore'schen Konzeption angesehen (z. B. Collins 2007: 170; Hasebrink 2007: 38). Moore (1995: 50) verweist in diesem Zusammenhang noch auf einen anderen Aspekt: Die Einbindung der Bürger produziert einen eigenen Public Value. Die Partizipation der Bürger am Gemeinweisen muss in demokratischen Gesellschaften als eigenständiger Wert gelten.

In diesem Beitrag soll die These vertreten werden, dass ein Public-Value-Begriff nur unter der wirkungsvollen Einbeziehung einer Publikumsperspektive sinnvoll ist. Dazu wird zunächst versucht, den Begriff Public Value zu definieren und zu begründen. In dieser Begründung soll deutlich gemacht werden, dass der Einbezug einer Publikumsperspektive dem Begriff Public Value inhärent ist. Weiter soll der Einbezug des Publikums in verschiedenen Ländern kritisch hinterfragt werden. Dabei wird in erster Linie auf die Länderberichte zu Public Value in Christl/Süssenbacher (2010) zurückgegriffen werden. Zusätzlich können die Experteninterviews, welche eine der empirischen Grundlagen dieses Bandes darstellen, analysiert werden. Der Autor möchte sich an dieser Stelle bei den Herausgebern für das zur Verfügung gestellte Material bedanken.

2 Die Publikumsperspektive als integraler Bestandteil des Public-Value-Begriffes

Zumindest in einer Hinsicht herrscht über den Begriff Public Value große Einigkeit: Er ist schwer zu definieren (Gonser/Baier 2010: 126; Neumüller 2010: 55). Einen ersten Zugang kann man aus einer ontologischen Perspektive gewinnen, wenn man die Frage stellt, wofür Public Value eigentlich gut ist. Public Value beschreibt einen *„Mehrwert für alle, um gesellschaftliche Ziele wie demokratische Meinungsvielfalt, Partizipation oder die Vermittlung von Kultur und Bildung zu erreichen (...)"* (Kurp 2007). Die BBC (2004: 5) formuliert als ihren Public-Value-Anspruch *„(...) that broadcasting could make the world a better place."* Das ist natürlich sehr allgemein formuliert und dient letztlich bestenfalls als abstrakte Richtschnur des Handelns. Etwas konkreter werden drei Komponenten des Public Value identifiziert: eine individuelle Komponente, bei der es um die Befriedigung der Bedürfnisse von Individuen geht, ein Wert für die Gesellschaft als Ganzes und ein Wert, der durch den Einfluss auf den Medienmarkt entsteht, etwa durch Ausbildung und kreativen Input (BBC 2004: 28). Auch diese Ausdifferenzierung ist letztlich nicht konkret genug, um in der Praxis zu bestimmen, was Public Value ist. Möglicherweise muss diese Frage in jeweils unterschiedlichen politischen und gesellschaftlichen Konstellationen auch jeweils unterschiedlich beantwortet werden. Die konkrete Bedeutung des Begriffes muss also immer wieder neu bestimmt werden. Nur die Gesellschaft kann die konkreten Zielsetzungen, die Umsetzungen und die erbrachten Leistungen bestimmen und legitimieren (Hasebrink 2007: 40). Public Value setzt die Responsivität des öffentlichen Anbieters für die Interessen des Publikums voraus (Latzl 2010: 237).

> „Public Value gibt es danach nicht an und für sich, sondern nur als Ergebnis eines Verständigungsprozesses, der alle relevanten Stakeholder einbezieht und zugleich flexibel genug ist, um auf die sich verändernden gesellschaftlichen Bedingungen rasch mit entsprechend angepassten gesellschaftlichen Zielsetzungen reagieren zu können" (Hasebrink 2007: 42; vgl. auch Latzl 2010: 237).

Wer anderes als die Bürger kann als legitimer Stakeholder gelten, und somit muss den Bürgern die Möglichkeit gegeben werden, mit den Public-Service-Anbietern zu interagieren. *„Public Value setzt im britischen Konsens in erster Linie einen laufenden Dialog zwischen Anbietern und Nutzern voraus"* (Latzl 2010: 237). Damit stellt sich aber unmittelbar die Frage danach, wie dies angemessen und in legitimer Weise geschehen kann. Die ontologische Perspektive muss also durch eine Prozessperspektive ergänzt werden.

Es erscheint nicht unplausibel, im Markt das Instrument zu sehen, durch das die Ansprüche des Publikums an die Rundfunkanbieter vermittelt werden. Die

Integration von Marktmechanismen in das Rundfunksystem könnte dem Publikum als Nachfrager die Macht geben, bestimmte Programme zu unterstützen. Auch privatwirtschaftliche Unternehmen produzieren Güter von gesellschaftlichem Wert. Das Bäckerhandwerk ist vollständig privatwirtschaftlich organisiert und bietet auf einem Markt Backwaren an. Trotzdem wird ein gesellschaftlicher Mehrwert erreicht. Es kann nicht ernsthaft bestritten werden, dass eine gute und preisgünstige Ernährung einen kollektiven Nutzen hat. Tatsächlich stellt sich die Situation für den Rundfunk aber komplizierter dar.

Moore (1995: 44) sieht eine ausreichende Begründung für die Einrichtung öffentlicher Unternehmen dann gegeben, wenn der Markt nicht in der Lage ist, Angebote zur Verfügung zu stellen, um eine legitime Nachfrage zu befriedigen. Es besteht also Marktversagen. Üblicherweise wird in diesem Zusammenhang mit dem ökonomischen Begriff des öffentlichen Gutes argumentiert. Dies sind Güter, bei denen zum einen keine Rivalität im Konsum besteht und zum anderen niemand vom Genuss des Gutes ausgeschlossen werden kann. Dies hat die unmittelbare Konsequenz, dass eine direkte marktwirtschaftliche Refinanzierung des Gutes nicht möglich ist. Der Rundfunk erfüllt die Kriterien eines öffentlichen Gutes, deshalb hat sich in der privatwirtschaftlichen Organisation von Rundfunk die Finanzierung durch Werbung durchgesetzt. Damit sind aber zwei zentrale Probleme verbunden. Zum einen ist das Publikum nur in einer sehr indirekten Rolle ein relevanter Marktteilnehmer, solange sich Privatfernsehen aus Werbung finanziert. Das bedeutet, dass die Interessen weiter Teile des Publikums nicht berücksichtigt werden, da sie den Marketingstrategen für ihre Ziele irrelevant erscheinen. Die Werbefinanzierung bringt es also mit sich, dass eine Marktsteuerung durch das Publikum nur sehr bedingt möglich ist. Damit ist aus Publikumssicht Marktversagen gewissermaßen vorprogrammiert – nicht werblich relevante Zielgruppen werden nicht bedient – und implizit die Begründung für zumindest eine öffentlich-rechtliche Ergänzung des Angebots vorhanden. Zum anderen muss beachtet werden, dass es keinen effektiven Mechanismus dafür gibt, wie die Zuschauer Qualität belohnen können. Das Publikum hat keine Möglichkeit, seine Präferenzen dadurch abzustufen, dass es bereit ist, für höherwertige Güter einen höheren Preis zu bezahlen (Collins 2007: 174). Somit besteht auch für die Anbieter nur ein geringer Zwang zum Qualitätswettbewerb. Häufig fällt deshalb die Entscheidung für die Nutzung eines Programms auf Basis einer *least objectionable decision*, es wird also häufig nicht das Beste gesucht, sondern das am wenigsten Schlechte akzeptiert.

In dieser Argumentationslinie liegt die Begründung für die Notwendigkeit der Bereitstellung bestimmter Angebote in individuellen Präferenzen. Aus der Aggregation der Einzelinteressen entsteht letztlich der gesellschaftliche Nutzen. In einer zweiten Argumentationslinie wird davon ausgegangen, dass es bei bestimmten Angeboten per se nicht möglich ist, diese in einer marktwirtschaftlichen Konkurrenz zu erzeugen, da es um kollektive Interessen geht (Moore 1995: 44). Das Gemeinwohl entsteht also nicht aus der Aggregation der Einzelinteressen. Der gesellschaftliche Wert dieser Angebote lässt sich nicht in Nachfrage ausdrücken. Es kann also auch keine Regulierung über Nachfrage stattfinden. Wir kommen damit auf die obige Unterscheidung der BBC zurück zwischen der Befriedigung der Bedürfnisse von Individuen und dem Wert für die Gesellschaft als Ganzes (BBC 2004: 28).

Man kann außerdem argumentieren, dass bestimmte Güter durch Marktmechanismen gewissermaßen korrumpiert werden und deshalb aufgrund ihres gesellschaftlichen Wertes frei von Marktzwängen hergestellt werden müssen. So werden zum Beispiel in den Produkten der Hochkultur häufig Gegenstände gesehen, die einen Wert an sich haben, die sich nicht den Zwängen von Angebot und Nachfrage unterwerfen dürfen. Die häufige Forderung an die öffentlich-rechtlichen Rundfunkanstalten, den Werken klassischer Musik mit Respekt zu begegnen und diese nicht für eine Rundfunkausstrahlung in medienspezifischer Weise zu editieren, ist Ausdruck solcher Denkmuster. Da stört man sich dann gerne an *„zerstückelte(n) Werke(n), hemdsärmelige(r) Moderation, fehlende(n) An- und schlampige(n) Absagen, oberflächliche(n) Zweieinhalb-Minuten-Wort-Beiträge(n)"* (Lesle 2004).

Der Unterschied zwischen dem aggregierten Interesse der Einzelnen und dem Gemeinwohl verweist auf eine zentrale Unterscheidung, die bei Moore zu finden ist. Public-Value-Manager sollen ihre Adressaten nicht nur als Konsumenten, sondern auch als Bürger betrachten (Moore 1995: 48). Public-Service-Anbieter sollen demnach ihr Publikum nicht nur als Versammlung von Konsumenten, sondern als Versammlung von Bürgern begreifen. Das macht aber nur Sinn, wenn das Publikum selbst diese Unterscheidung nachvollzieht. Es gibt einige Evidenz, dass die Menschen durchaus von ihrem Nutzungsverhalten abstrahieren und gesellschaftlich orientierte Urteile fällen können. Blumers et al. (2010: 132) belegen, dass das Publikum sehr wohl zwischen persönlich und gesellschaftlich relevanten Themen unterscheiden kann. Es kann gezeigt werden, dass die Zuschauer quer durch die verschiedenen gesellschaftlichen Schichten (Ridder/Engel 2005: 434) und Milieus (Engel/Windgasse 2005: 458) sehr gut zwischen den verschiedenartigen Leistungsanforderungen an öffentlich-rechtlichen und privaten Rundfunk unterscheiden können. Gottschalk (2006: 85f) belegt, dass Personen bereit sind, einen finanziellen Beitrag zum Bereich kultureller Güter zu leisten, auch wenn sie diese selbst nicht nutzen. In einer Studie unter jungen Internetnutzern wurde deutlich, dass diese Gruppe den Wert des öffentlich-rechtlichen Fernsehens hoch einschätzt, obwohl sie dessen Angebote nur zurückhaltend nutzt (Adjei 2007). Das Publikum ist also durchaus befähigt und bereit, über seine eigenen individuellen Präferenzen hinauszudenken.

3 Europäische Perspektiven zur Integration des Publikums in den Public-Value-Prozess

Der Einbezug des Publikums in die Entstehung von Public Value ist bei den befragten Experten nicht unumstritten. Einige Experten sehen es als absolute Notwendigkeit an: *„Ohne Publikum kein Public Value"*, sagt etwa der Medienwissenschaftler Wyss (2009). Der Intendant des Bayrischen Rundfunks Gruber (2009) formuliert: *„Allgemein lässt sich sagen: Das Publikum IST eingebunden, denn es stellt beim Thema Public Value die einzig relevante Größe dar."* Folgerichtig sieht deshalb ZDF-Intendant Schächter (2009) die Bedeutung des Publikums in den Bereichen Legitimation, Management, Evaluation. Michael Ogris, Leiter der Kommunikationsbehörde Austria, geht davon aus, dass nur das Publikum und damit die Gesellschaft definieren kann, was Public Value ist.

> „Aber natürlich ist das Publikum immer ein Thema, weil schlussendlich ist der Public Value und die Werte, die dahinter stehen, nicht etwas, was sich der Michael Ogris daheim im Kämmerchen ausmachen sollte, sondern es ist eine Frage der österreichischen Gesellschaft – was verstehen wir drunter – und nicht eines Einzelnen oder von fünf Einzelnen." (Ogris 2009)

Aber auch Befürworter der Publikumsperspektive gehen davon aus, dass es schwierig ist, diesen Anspruch zu realisieren. Der französische Kommunikationswissenschaftler Miège (2009) sieht vor allem das Problem, dass sich bestimmte Akteure im Publikum dabei in den Vordergrund spielen und die Interessen und Ansprüche der anderen deshalb unter den Tisch fallen. Letztlich wäre also die Fairness dieser Prozesse nur schwer zu gewährleisten. Andere sehen zumindest für manche Bereiche Probleme mit der Publikumsbeteiligung. *„Eine Programmstrategie kann nicht demokratisch erarbeitet werden. Nicht jedes Feedback des Publikums ist angebracht und zeigt Wirkung"*, sagt die Direktorin des Schweizer Fernsehens Deltenre (2009). Möglicherweise könnten bei Einbezug der Publikumsperspektive auch Randthemen zu kurz kommen (Stögmüller 2009).

Andere Positionen sind noch weit kritischer eingestellt. So wird von einigen Experten, wie etwa von Schneider (2009), dem Direktor der Landesanstalt für Medien Nordrhein-Westfalen (LfM), grundsätzlich die Sinnhaftigkeit solcher Bemühungen bezweifelt: *„Das Publikum spielt in der Ermittlung des Public Value prinzipiell keine Rolle. Die Relevanz von Inhalten wird durch die Inhalte, nicht durch die Rezeption definiert."* Neumüller fasst die Meinung der österreichischen Experten dahingehend zusammen, dass die Meinung des Publikums nicht wichtig sei, da es ihm an Kompetenz fehle zu bestimmen, was Public Value sei (Neumüller 2010: 58). Der Publikumsgeschmack sage nichts über den gesellschaftlichen Mehrwert aus, meint der Präsident der Bayerischen Landeszentrale für Neue Medien Ring (2009). Das Publikum entscheide auf einer wenig rationalen Basis, und es sei von Stimmungen abhängig (Grinschgl 2009, Geschäftsführer des Bereichs Rundfunk der RTR). Der dänische Medienwissenschaftler Nissen sieht die Kompetenz des Publikums zumindest als limitiert an, da es nicht immer voraussehen kann, welche Programminhalte es gebrauchen kann (Nissen 2009).

In der Praxis des öffentlich-rechtlichen Rundfunks in Europa lassen sich drei idealtypische Modelle identifizieren, wie die Perspektive des Publikums in den Public-Value-Prozess integriert werden kann: treuhänderische Ansätze, dialogische Systeme und die Anwendung von Marktforschungstechniken. In den verschiedenen europäischen Ländern findet man durchaus unterschiedliche Kombinationen dieser Modelle.

Die Publikumsperspektive kann sozusagen treuhänderisch verwaltet werden. Dies ist immer dann der Fall, wenn gesellschaftliche Akteure gewissermaßen stellvertretend für das Publikum dessen Interessen wahrnehmen und in den Public-Value-Prozess einbringen sollen. Treuhänderische Ansätze sind das Standardmodell, um die Interessen des Publikums abzusichern. In praktisch allen öffentlich-rechtlichen Rundfunksystemen findet man entsprechende Verfahren. Die Treuhänder können individuelle oder kollektive Akteure sein, die Treuhänderschaft kann von demokratisch legitimierten politischen Akteuren oder eigens dafür geschaffenen „unabhängigen" Gremien ausgeübt werden. So ist dies in manchen Ländern die Aufgabe von Regierungen oder Parlamenten, in anderen Ländern werden dafür eigene Einrichtungen geschaffen. Häufig findet man aber auch Mischformen, in denen es eine politische Kontrolle gibt und diese durch zusätzliche Gremien ergänzt wird. In Skandinavien etwa dominieren Modelle, die den politischen Institutionen einen hohen Stellenwert einräumen. In Norwegen ist dies die Aufgabe der Regierung, in Schweden und Dänemark gibt es eine parlamentarische Kontrolle. Dort wird dies ergänzt durch eine gesellschaftlich-pluralistisch besetzte Kommission, die die Mitglieder des Verwaltungsrats wählt (Süssenbacher 2010b). Auch in Frankreich ist der öffentliche Rundfunk im Wesentlichen durch den Staat kontrolliert. Als „Organ zur Publikumseinbindung" gibt es den *conseil consultatif des programmes* (Troxler 2010b).

Häufiger findet man aber eigens zum Zwecke der Rundfunkkontrolle eingerichtete Gremien, deren Mitglieder von zivilgesellschaftlichen Akteuren bestimmt werden. So gibt es in Österreich die Institution des Publikumsrats mit 35 Mitgliedern, die von verschiedenen zivilgesellschaftlichen Organisationen vorgeschlagen werden (Neumüller 2010). In Deutschland haben die pluralistisch zusammengesetzten Rundfunkräte eine bedeutende Rolle bei der Integration der Publikumsperspektive in den Programmauftrag der öffentlich-rechtlichen Rundfunkanstalten (Gonser/Baier 2010). In Großbritannien hat der BBC Trust, der durch unabhängige Persönlichkeiten gebildet wird, die Treuhänderrolle inne (Latzl 2010). Eine andere Möglichkeit sind Publikumsvereine, die letztlich selbst zivilgesellschaftliche Akteure darstellen. Solche Modelle finden wir in der Schweiz (Troxler 2010a) und in den Niederlanden (Süssenbacher 2010a). Eine weitere Alternative stellen Losverfahren dar, wie sie etwa in Frankreich für die zwanzig Mitglieder des *conseil consultatif des programmes* gelten (Troxler 2010b: 246).

Einige der Experten stehen solchen Gremien mit einer gewissen skeptischen Zustimmung gegenüber. „*Es könnten natürlich Interessensvertretungen in einer Art Beirat oder wie auch immer drinnen sein, natürlich hier Konsumentenschutzvertreter oder Ähnliches, bis zu einem gewissen Grad ist das sicherlich hilfreich*" (Ogris 2009). Es werden aber auch deutliche Vorbehalte gegen den Einbezug des Publikums formuliert. Der dänische Medienwissenschaftler Nissen argumentiert:

> „I am – based upon many years of experience – very pessimistic when it comes to involving the audience actively in the debate and evaluation of the Public Service media performance. The voice of the cultural and political elite is easily heard. It is much more difficult to involve the ‚real audience', the masses, which from both a cultural and a political point of view should be the most important focal point for public media." (Nissen 2009)

Hier wird ein zentrales Problem des Treuhändermodells angesprochen. Besonders schwierig ist die Auswahl der Treuhänder. Vordergründig scheinen diese demokratisch legitimiert, wenn demokratisch gewählte Institutionen wie Parlamente oder Regierungen die Treuhänderrolle übernehmen, tatsächlich entsteht aber damit das Problem, dass dann keine Trennung zwischen Staat und Rundfunk besteht und dieser damit seiner Kontrollfunktion kaum nachkommen kann. Bei der Besetzung politikunabhängiger Gremien „*(...) stellt sich natürlich sofort die äußerst schwierige Frage der Zusammensetzung eines solchen Publikumsbeirats*" (Ring 2009). In der Mehrzahl der Fälle haben zivilgesellschaftliche Akteure das Recht, Gremienmitglieder vorzuschlagen oder zu bestimmen. Damit ist aber unmittelbar das Problem gegeben, wer bestimmt, welche Akteure das Recht haben, Mitglieder zu entsenden. Außerdem werden hier organisierte Interessen gegenüber partikularisierten Interessen privilegiert. Mit anderen Worten: Der öffentlich-rechtliche Rundfunk wird zur Beute der Interessenverbände. Damit ist das Publikum aber nur schwerlich wirklich repräsentiert. Wenn, wie dies in einigen deutschen Bundesländern geschieht, die Mitglieder des Rundfunkrates durch die Parlamente oder Landesregierungen bestellt werden, ist wiederum die politische Unabhängigkeit nur schwerlich zu wahren. Die eigentlich charmante Variante des Losverfahrens bringt das Problem mit sich, dass man es möglicherweise mit mangelhaft motivierten und fachlich nicht sehr kompetenten Mitgliedern zu tun hat, welche von den Profis in den Sendeanstalten locker ausgespielt werden können. Trotzdem scheint es die fairste und damit legitimste Lösung zu sein.

Die Vereinsvariante hängt stark von ihrer Ausgestaltung ab. In der Schweiz kann man Mitglied in den vier Regionalgesellschaften werden, die die SRG tragen und damit die für Vereinsmitglieder üblichen Rechte wahrnehmen. Diese Möglichkeit wird aber nur von wenigen in Anspruch genommen (Troxler 2010a: 66f). In den Niederlanden gibt es Rundfunkvereine, die durch das zuständige Ministerium akkreditiert werden und denen festgelegte Sendezeiten zustehen. Für die volle Akkreditierung muss solch ein Verein 150.000 Mitglieder haben (Süssenbacher 2010a: 139). Dieses Modell ist deutlich erfolgreicher, über eine Million Niederländer machen von diesem Institut Gebrauch (Süssenbacher 2010a: 139). Das niederländische Beispiel macht deutlich, dass es Anreize geben muss, damit das Publikum solche Lösungen aktiv unterstützt. Die Möglichkeit, unmittelbar auf das Programm Einfluss zu nehmen, die wir in den Niederlanden vorfinden, ist deutlich aktivierender als das eher bürokratische Modell in der Schweiz.

Diese Überlegungen führen unmittelbar zu einem weiteren Problem. Welche Macht sollen die Treuhänder haben? Vielfach sind die Einflussmöglichkeiten eher bescheiden, der unmittelbare Einfluss auf das Programm ist häufig nicht gegeben. Für Österreich gilt: *„Der Publikumsrat hat keine wirklich weitreichenden Befugnisse"* (Neumüller 2010: 25). Der französische *conseil consultatif des programmes* hat kaum Einfluss, da es an einer klaren rechtlichen Grundlage zu seinen Aufgaben fehlt; *„(…) eine tatsächliche Beteiligung des Publikums an der Programmgestaltung ist nicht gegeben"* (Troxler 2010b: 247). Ohne Machtausstattung sind diese Gremien aber relativ sinnlos. Die Motivation der Akteure, sich zu beteiligen, wäre nicht sehr hoch. Auf der anderen Seite wäre es aber sicherlich nicht sinnvoll, hier mehr als eine übergeordnete Kontrolle auszuüben. Solche Organe verlieren an Legitimation, wenn sie als Zensoren agieren.

Eine andere Möglichkeit, dem Publikum Einflüsse auf den Entstehungsprozess von Public Value einzuräumen, besteht in der Ermöglichung des Dialogs zwischen Programmmachern und dem Publikum. Darin wird das Potenzial gesehen, die demokratische Legitimation der Sendeanstalt zu erhöhen.

„Und in dem Zusammenhang müsste auch so eine öffentliche Debatte einsetzen über Angebote, ist das wünschenswert ist das nicht wünschenswert. (…) Es müsste dieser öffentliche Diskurs viel stärker gesucht werden in dem Zusammenhang und nicht unter dem Motto: ‚Na wir werden uns das schon irgendwie ausreden', sondern etwas stärker die Öffentlichkeit mit einbezogen werden. Das würde der demokratischen Kultur und auch der Akzeptanz des öffentlich-rechtlichen Rundfunks wesentlich helfen." (Grünberger 2009)

Collins (2007: 171) geht davon aus, dass im Rundfunkbereich ein wirkliches Mitarbeiten der Bürger eher schwer zu leisten ist und dieser Anspruch dann in die Anforderung umgesetzt wird, sich gegenüber den Nutzern zu erklären, sich mit ihnen zu beraten und auseinanderzusetzen.

Auch diese Dialoge können auf unterschiedliche Weise gestaltet sein. In Großbritannien gibt es Consultations, zu denen Gebührenzahler eingeladen werden (Latzl 2010: 227). In Dänemark gibt es Dialogforen. Die Mitglieder werden teilweise von Hörer- und Sehervertretungen gewählt (Süssenbacher 2010b: 196; Grarup 2009), womit hier eine Verbindung von Treuhänder- und Dialogmodell zu sehen ist. Eine wichtige Rolle scheinen einfach zugängliche Verfahren für das Einreichen von Beschwerden zu spielen (Maggiore 2009). Das ZDF setzt dabei auf ein einfaches internetgestütztes Beschwerdeverfahren (Schächter 2009). Im Internet sehen ohnehin einige der Experten ein wichtiges Tool, um den Dialog mit dem Publikum zu fördern (z. B. Grarup 2009; Schächter 2009; vgl. auch Gonser/Baier 2010: 12). Die Generalsekretärin der ARD, Verena Wiedemann (2009), beschreibt die vielfältigen Möglichkeiten, die von der ARD genutzt werden:

„Zudem bieten die neuen Medien zunehmend die Chance, dass einzelne Redaktionen in einen intensiveren Dialog mit ihren jeweiligen Publika eintreten. Hierzu bieten sich Chat-Rooms und Foren ebenso an wie Bloggs der verantwortlichen Journalisten. Die ARD bietet zudem z. B. auf ihrem Youtube-Channel die Möglichkeit für Nutzer, dort bereitgestellte Videos öffentlich zu kommentieren." (Wiedemann 2009)

Diese dialogischen Formen der Beteiligung werden aber auch kritisch gesehen. Zum einen produzieren diese Verfahren einen erheblichen Aufwand (Ogris 2009). Außerdem besteht die Befürchtung, dass das Publikum nicht zwischen seiner Rolle als Konsument und als Bürger unterscheiden kann und deshalb vor allem quotenrelevante Themen gefordert werden (Stögmüller 2009). Zu guter Letzt stellt sich natürlich das Problem der selektiven Beteiligung. Es besteht die Gefahr, dass sehr viele sich nie zu Wort melden und dass sich einzelne Personen sehr stark beteiligen. Eine Wirksamkeit der Dialoge vorausgesetzt, könnten dann diese wenigen einen unangemessen großen Einfluss ausüben.

„Es stimmt, dass die Medien des service public Rechenschaft ablegen müssen. (...) Das sollte ebenso gegenüber ihren Zuschauern und Zuhörern geschehen, allerdings darauf achtend, sich nicht auf jene Zuschauer zu beschränken, welche ein starkes Verlangen nach Interaktion mit den Produzenten und Moderatoren haben (s. Reality TV)." (Miège 2009)

Eine Hilfe dabei, ein repräsentatives Bild über die Urteile und Präferenzen des Publikums zu bekommen, können marktforscherische Verfahren sein. Solche

Verfahren werden auch relativ breit angewendet. Die BBC muss die Publikumswirkung ihrer Angebote belegen und hat dazu ein ausgefeiltes Instrumentarium entwickelt (Latzl 2010: 226). Die Zahlungsbereitschaft gilt dabei der BBC als ein angemessener Indikator (Collins 2007: 178f). Auch in anderen Ländern wie z. B. der Schweiz gibt es regelmäßige repräsentative Publikumsbefragungen zur Qualität von Programmen (Troxler 2010a: 83). In Deutschland wird das Publikum mit Hilfe von Instrumenten der Marktforschung beteiligt (Blumers et al. 2010). Dies wird auch von den befragten Experten begrüßt.

> „Ich denke dabei beispielsweise an die Zuschauerforschung im Rahmen der Sendungsentwicklung und -gestaltung. Zuschauer werden bereits im frühen Stadium bei der Konzept- und Pilotentwicklung von Sendungen eingebunden. Auch Grundlagenforschungsprojekte geben den Redaktionen Aufschluss über Zuschauerbedürfnisse und Veränderungen der Nutzungsgewohnheiten." (Schächter 2009)

Eine weitere Anwendung marktforscherischer Methoden besteht in einer evaluativen Analyse des Publikumsverhaltens, die über die reine Bestimmung von Quoten hinausgeht. *„Another – and probably more reliable – way is of course to conduct audience surveys and research mapping how public media is actually used by the audience and finding the preferences of listeners, viewers and online-users"* (Nissen 2009). Geht man davon aus, dass der Public-Value-Ansatz Marktversagen korrigiert, dann ist Qualität zu definieren als die Fähigkeit eines Angebots, legitime Publikumsbedürfnisse in überzeugender Weise zu bedienen. Damit tragen alle Programme zu einem Mehrwert bei, die als zusätzliche Angebote deutlich unterscheidbar von den bisherigen sind und damit nicht nur symbolisch, sondern real die Auswahlmöglichkeiten der Rezipienten erhöhen. Diese Leistung von Programmen könnte man an ihren Potenzialen ablesen, die Struktur des Fernsehpublikums zu verändern. Wenn ein Angebot eine Nutzerschaft versammelt, die in dieser Struktur so bei keinem anderen Angebot anzutreffen ist, dann wäre dies ein Indikator für die Überwindung von Marktversagen. Wenn also ein Programm Nutzer bindet, die sonst kein Fernsehen nutzen, so wäre dies ein gesellschaftlicher Mehrwert.

Die Leistung der Programme lässt sich nicht nur an der Größe und Zusammensetzung ihrer Publika ablesen. Wesentlich bedeutsamer ist die Persistenz der Nutzer. Die entscheidende Frage ist, wie die Zuschauer ein Angebot nutzen. Bleiben sie dabei, oder schalten sie vorzeitig ab? Nutzen sie das Programm durchgängig, oder sind sie immer wieder auf der Suche nach Alternativen? So können auf Basis der vorliegenden Messinstrumente recht einfach Qualitätskriterien gewonnen werden. Diese Analysen können durch die Anwendung spezifischer Marktforschungstechniken vertieft werden. Für den öffentlich-rechtlichen Rundfunk muss nur Klarheit herrschen, dass dies tatsächlich legitime Mittel der Bewertung sind:

„TV products (produced as described before) that do not reach the audience are doomed to disappear. Panels, social science studies on reception could find innovative ways to make sense of the very vague notion of ‚public' or audience (only represented by audience rates for now)." (Baisnee 2009)

4 Schlussbemerkung: Das Publikum verdient Vertrauen

Es kann also keinen begründeten Zweifel daran geben, dass die Einbeziehung der Publikumsperspektive für öffentlich-rechtliche Rundfunkanstalten eine schlichte Notwendigkeit ist. Die Frage bleibt aber, wie diese konkret ausgestaltet werden soll. Dabei geht es zum einen um die möglichen Verfahren und zum anderen um die Frage, wie machtvoll der Einfluss des Publikums sein soll.

Die obige Darstellung sollte deutlich gemacht haben, dass es durchaus eine Fülle von Möglichkeiten gibt, die Vorstellungen und Urteile des Publikums in die Arbeit von öffentlich-rechtlichen Rundfunkanstalten zu integrieren. Keine davon ist perfekt, immer sind Einwände möglich. Die Gremien sind oft relativ unverhohlene Lobbying-Institutionen, die dialogischen Formen privilegieren die Lauten und Hyperaktiven, marktforscherischen Techniken mag es an Tiefe fehlen. Deshalb ist es vernünftig, verschiedene Verfahren sinnvoll miteinander zu kombinieren, damit die Schwächen des einen zumindest partiell durch die Stärken des anderen kompensiert werden.

Dies alles darf kein Diktat sein, den Medien muss ein gewisses Maß an Unabhängigkeit zugestanden werden. Auch die besten Verfahren, das Publikum zu beteiligen, werden nicht hinreichen, um die tägliche Arbeit in Redaktionen bis zum Letzten anzuleiten, und das ist auch gut so. Die Vorgaben und Einstellungen des Publikums müssen immer noch umgesetzt werden, und dazu brauchen Journalisten und Produzenten Autonomie. Eine starre Festlegung würde Innovation behindern. Es wäre aber auch fatal, wenn die Publikumsbeteiligung zum bloßen Ritual verkommt und ohne Einfluss bleibt. Publikumsbeteiligung darf kein zahnloser Tiger sein, nur so ist sichergestellt, dass das Publikum von diesen Möglichkeiten wirklich Gebrauch macht, und nur so ist sichergestellt, dass tatsächlich ein größerer Public Value entsteht.

„In der Form von Berichterstattungsmuster, Darstellungsformen, Journalismuskonzepten, Ansprache des Publikums etc. wird transparent gemacht, in welcher Rolle das Publikum also in das System Journalismus inkludiert wird. Dies muss transparent gemacht und mit Repräsentanten der Gesellschaft immer wieder verhandelt werden." (Wyss 2009)

Viele der Einwände gegen machtvolle Verfahren der Publikumsbeteiligung zeugen letztlich von einem Misstrauen gegenüber dem Publikum. Dies liegt sicherlich auch daran, dass die Debatte um Public Value immer auch eine Debatte um Qualität impliziert und es nicht gerade populär ist, Programmqualität mit einer Perspektive auf das Publikum zu diskutieren. Hier stoßen wir auf das Problem, dass es in der europäischen Kulturtradition ein tief sitzendes Misstrauen gegen die Urteilsfähigkeit des Publikums gibt. Massengeschmack ist ein Schimpfwort. Das Publikum belegt die Qualität von Fernsehangeboten allenfalls durch sein Fernbleiben. Gut und wertvoll ist nur das, was wenige und dann natürlich vor allem gebildete Zuschauer findet. Diese Position ist elitär, sie bedient die Distinktionsinteressen einer selbst definierten Kulturelite. Sie ist in gewisser Weise sogar illegitim, läuft sie doch am Ende darauf hinaus, dass sich die ohnehin Privilegierten noch zusätzlich in der Verfolgung ihrer Interessen öffentlich subventionieren lassen. Wir sollten also insgesamt mehr Zutrauen in die Urteilskraft des Publikums haben. Wir sollten ihm zutrauen, aus der Konsumentenrolle in die Bürgerrolle zu wechseln. Das Publikum verdient Vertrauen, man sollte es ihm schenken.

Literatur

Adjei, Brenya (2007): Einer für Alle und Alle für Einen. Eine empirische Untersuchung über das Image des öffentlich-rechtlichen Rundfunks in der jungen Zielgruppe. Bachelor-Arbeit am Institut für Journalistik und Kommunikationsforschung der Hochschule für Musik und Theater Hannover

BBC (2004): Future of the BBC – Building public value document. Online: http://www.bbc.co.uk/aboutthebbc/policies/text/bpv.html (01.07.2010)

Blumers, Marianne/Gerstner, Oliver/Tebert, Miriam (2010): Wie Zuschauer die Qualität von Fernsehen beurteilen. Qualitätscontrolling im öffentlich-rechtlichen Fernsehen. In: Media Perspektiven. 3. 131–142

Christl, Reinhard/Süssenbacher, Daniela (Hg.) (2010): Der öffentlich-rechtliche Rundfunk in Europa. ORF, BBC, ARD & Co auf der Suche nach dem Public Value. Wien: Falter

Collins, Richard (2007): The BBC and „public value". In: Medien & Kommunikationswissenschaft 55. 2. 164–184

Engel, Bernhard/Windgasse, Thomas (2005): Mediennutzung und Lebenswelten 2005. Ergebnisse der 9. Welle der ARD/ZDF-Langzeitstudie „Massenkommunikation". In: Media Perspektiven. 9. 449–464

Gonser, Nicole/Baier, Barbara (2010): Deutschland. In: Christl/Süssenbacher (Hg.) (2010): 99–134

Gottschalk, Ingrid (2006): Kulturökonomik: Probleme, Fragestellungen, Antworten. Wiesbaden: Verlag für Sozialwissenschaften

Hasebrink, Uwe (2007): „Public Value": Leitbegriff oder Nebelkerze in der Diskussion um den öffentlich-rechtlichen Rundfunk. In: Rundfunk und Geschichte 33. 1–2. 38–42

Kurp, Matthias (2007): Auf der Suche nach der Mehrwertformel. Online: http://www.medienforum.nrw.de/medientrends/specials/rundfunk-public-value-test.html (17.03.2010)

Latzl, Daniela-Kathrin (2010): Großbritannien. In: Christl/Süssenbacher (Hg.) (2010): 201–242

Lesle, Lutz (2004): NDR-Kultur: Ein Radioprogramm zum gepflegten Weghören. DIE WELT, Feuilleton Hamburg, 17. Juni 2004. Online: http://www.dasganzewerk.de/presse/20040617-welt.shtml (01.07.2010)

Moore, Mark H. (1995): Creating public value. Strategic management in government. Cambridge, Mass.: Harvard Univ. Press

Neumüller, Marlies (2010): Österreich. In: Christl/Süssenbacher (Hg.) (2010): 19–64

Ridder Christa-Maria/Engel Bernhard (2005): Massenkommunikation 2005: Images und Funktionen der Massenmedien im Vergleich. Ergebnisse der 9. Welle der ARD/ZDF-Langzeitstudie zur Mediennutzung und -bewertung. In: Media Perspektiven. 9. 422–448

Süssenbacher, Daniela (2010a): Niederlande. In: Christl/Süssenbacher (Hg.) (2010): 135–158

Süssenbacher, Daniela (2010b): Dänemark, Schweden, Norwegen. In: Christl/Süssenbacher (Hg.) (2010): 159–200

Troxler, Regula (2010a): Schweiz. In: Christl/Süssenbacher (Hg.) (2010): 65–98

Troxler, Regula (2010b): Frankreich. In: Christl/Süssenbacher (Hg.) (2010): 243–268

Experteninterviews „Public Value" (Auszug)

Baisnée, Olivier (2009), Institut für Politikstudien, Toulouse. Experteninterview online durchgeführt im Februar 2009

Deltenre, Ingrid (2009), damalige Direktorin des Schweizer Fernsehen. Experteninterview online durchgeführt im März 2009

Grarup, Lars (2009), Media Director, Danmark Radio, Kopenhagen. Experteninterview online durchgeführt im März 2009

Grinschgl, Alfred (2009), Geschäftsführer des Bereichs Rundfunk der RTR. Experteninterview durchgeführt von M. Neumüller und B. Baier am 07.05.2009 in Wien

Gruber, Thomas (2009), Intendant des Bayerischen Rundfunks. Experteninterview online durchgeführt im April 2009

Grünberger, Gerald (2009), Geschäftsführer des Verbands Österreichischer Zeitungen (VÖZ). Experteninterview durchgeführt von R. Troxler und B. Baier am 26.05.2009 in Wien

Maggiore, Matteo (2009), Head of EU and International Policy, BBC. Experteninterview online durchgeführt im April 2009

Miège, Bernard (2009), Prof. em. der Informations- und Kommunikationswissenschaften, Universität Stendhal Grenoble. Experteninterview online durchgeführt im Februar 2009

Nissen, Christian (2009), Medienwissenschaftler, Universität Kopenhagen. Experteninterview online durchgeführt im März 2009

Ogris, Michael (2009), Behördenleiter der Kommunikationsbehörde Austria (KommAustria). Experteninterview durchgeführt von D. Latzl und B. Baier am 11.05.2009 in Wien

Ring, Wolf-Dieter (2009), Präsident der Bayerischen Landeszentrale für Neue Medien. Experteninterview online durchgeführt im Februar 2009

Schächter, Markus (2009), Intendant des ZDF. Experteninterview online durchgeführt im März 2009

Schneider, Norbert (2009), Direktor der Landesanstalt für Medien Nordrhein-Westfalen. Experteninterview online durchgeführt im Februar 2009

Stögmüller, Christian (2009), Vorstandsvorsitzender des Verbands österreichischer Privatsender. Experteninterview durchgeführt von R. Troxler und B. Baier am 13.05.2009 in Wien

Wiedemann, Verena (2009), Generalsekretärin der ARD. Experteninterview online durchgeführt im März 2009

Wyss, Vinzenz (2009), Leiter Forschung, Institut für Angewandte Medienwissenschaft, Zürcher Hochschule für Angewandte Wissenschaften. Experteninterview online durchgeführt im März 2009

Unterhaltungsqualität und Public Value

Bjørn von Rimscha, Miriam de Acevedo & Gabriele Siegert

Die Ansichten darüber, was das Unterhaltungsfernsehen zu Public Value beitragen kann, gehen weit auseinander. Von den Rezipienten wird Unterhaltung genutzt, um in Phantasiewelten einzutauchen, die die Grenzen des Alltags aufheben. Der Zuseher kann sich *„Wünsche und Bedürfnisse befriedigen, die ihm die alltägliche Lebenswelt mit ihren spezifischen Relevanzbereichen versagt"* (Stumm/Dorsch-Jungsberger 1996: 132). Je nach Weltanschauung kann diese Entspannung nun als funktional und gesellschaftlich gewünscht oder als dysfunktional und gesellschaftsschädlich angesehen werden. Die Diskussion um den Wert von Unterhaltung ist so alt wie das öffentliche Fernsehen. Lange bevor der Begriff Public Value als Beschreibung der eigenen Leistung in das Vokabular von Verantwortlichen bei Public-Service-Sendern aufgenommen wurde (vgl. Freedman 2008) wurde gestritten, was der Beitrag der Unterhaltung zum Auftrag der öffentlichen Sender sein könnte. So haben sich z. B. die Mainzer Tage der Fernsehkritik 1970 der Unterhaltung im Fernsehen gewidmet. Der damalige Geschäftsführer der Bavaria Studios propagierte eine paternalistische Meritorik (vgl. Erlei 1992) wenn er erklärt, es sei die Aufgabe der Programmverantwortlichen, das Publikum *„daran zu hindern, das zu wollen, was seinem Nutzen, seiner Freiheit und seiner Orientierung in die Zukunft entgegensteht"* (Gottschalk 1971: 109). Scheuch (1971) dagegen glaubt nicht, dass der öffentliche Rundfunk durch ein erzieherisch gemeintes Unterhaltungsprogramm die Bedürfnisse des Publikums lenken könne.[1] Entsprechend wundert er sich über damals unter Medienschaffenden populäre Forderungen, wonach der öffentliche Rundfunk sich als Anstalt zu Beförderung von Umstürzen verstehen sollte, indem die Rezipienten der Berieselung entrissen werden sollten.

Mit Auftreten der kommerziellen Sender in den 1980er Jahren hat sich die Diskussion verändert. Das kommerzielle Ziel der neuen Sender lässt es sinnvoll erscheinen, die Unterhaltung so zu gestalten, dass sie niemanden ausschließt

---

[1] Gleichwohl wurde dies versucht: Hans Jürgen Weiss erinnert sich an den Versuch mit „volkspädagogischer Intention" das Publikum an Information heranzuführen indem am Donnerstag das Programm weitgehend unterhaltungsfrei war (in Metz und Seeßlen 2009). Gleichzeitig wurden zwischen der ARD und dem ZDF abgesprochen z. B. politische Magazine parallel zu senden um den Unterhaltungssuchenden Zuschauern die Alternative zu nehmen (Bleicher 2001: 503).

und mit einfachen Mitteln emotionale Primärtriebe (z. B. Sexualität und Entspannung) befriedigt. Dem Angebot der kommerziellen Sender wird ein Public Value weitestgehend abgesprochen, vielmehr würden sie zur Verrohung der Gesellschaft und zur Verblödung der Jugend beitragen (vgl. z. B. Kissler 2009). Daneben läuft die Debatte weiter, inwieweit auch „Marienhof" und der „Musikantenstadel" zum öffentlichen Auftrag gehören. Unterhaltung in öffentlichen Sendern bezieht mittlerweile seinen Public Value häufig aus dem Kontrast: Das Angebot gilt als wertvoller, weil bestimmte Themen oder Inszenierungen eben nicht gebracht werden (vgl. z. B. Amgarten 2008). Immer noch ist Public Value jedoch ein zutiefst normativer Begriff, wie Niggemeier mit seiner sarkastischen Definition deutlich macht: *„Public Value ist, wenn das läuft, was ich gerne sehen will"* (Niggemeier 2008: 156). Hier wird Gemeinwohl und individueller Geschmack gleichgesetzt. Das Problem bleibt jedoch, dass sich für informierende und bildende Inhalte leichter als für Unterhaltung feststellen lässt, worin der Nutzen für die Öffentlichkeit besteht. Wenn Public Value als Gemeinwohl oder Meritorik beschrieben wird, müssen diese Begriffe für die Unterhaltung mit Leben gefüllt werden. Gemeinwohl kann, gleichsam als Nebenprodukt, auch bei der Produktion von „Private Value" im kommerziellen TV entstehen. Meritorische Güter werden von kommerziellen Anbietern dagegen per definitionem nicht ausreichend bereitgestellt. Für diesen Beitrag werden wir die letztere Perspektive einnehmen. Nicht alle Sendungen, die der Public Service anbietet, haben meritorischen Charakter. Während sich in den 1970er die Diskussion jedoch um die Frage drehte, was denn das Fernsehvolk wollen sollte, kann nach der Zulassung der kommerziellen Anbieter die Ideologie ein wenig aus der Diskussion herausgenommen werden. Die schlichte Frage lautet: Welche Unterhaltungsangebote werden von den kommerziellen Anbietern nicht bereitgestellt, sind aber aus gesamtgesellschaftlicher Perspektive wünschenswert? Es geht also nicht darum, welche Unterhaltung per se „gut" ist, sondern welche nur dank Gebühren entstehen kann.[2] Lobigs (2004) argumentiert, dass niveauvolle Unterhaltung die Voraussetzung für ein Argument der Meritorik sei. Meritorik und damit Public Value werden somit an einer hohen Qualität festgemacht. In Kleinstaaten wie Österreich oder der Schweiz ist Qualität jedoch nicht der einzige Aspekt von Public Value. Hier geht es auch um die Konstruktion und Pflege von nationaler Identität. So bekommt selbst eine Sendung wie der Musikantenstadl seine Relevanz und Rechtfertigung jenseits der Gebührenakzeptanz (vgl. Binder/Fartacek 2006a). Gleichzeitig wird in kleinen Märkten der Public-Service-Anbieter häufig zu einem erheblichen Anteil auch aus Werbeeinnahmen

---

2   An dieser Stelle soll nicht unerwähnt bleiben, dass der Gesetzgeber z. B. in Deutschland in der
     Meritorik nicht die einzige Begründung für den Public Service sieht. Eine weitere ist z. B.
     auch die erwünschte organisationale Vielfalt.

finanziert, zum einen, weil bei der vergleichsweise geringen Zahl von Gebührenzahler andernfalls die Gebühr prohibitiv hoch sein müsste und zum anderen, weil die Sender in der Regel die wichtigste audiovisuelle Werbeplattform in dem Land darstellen, auf das die Werbung treibende Wirtschaft nicht verzichten will. Somit kann festgehalten werden, dass Public Service Sender in Kleinstaaten in ihrer Werbeabhängigkeit ökonomisch kommerziellen Anbietern ähnlicher sind. Public Value wird eher an der Integrationsleistung als an der Orientierung an Minderheiten oder Eliten festgemacht. Es zeigt sich, dass die Gleichsetzung von Public Value mit Qualität voraussetzt, dass klargestellt wird, was Qualität ausmacht. Im folgenden Abschnitt wollen wir deshalb verschiedene Perspektiven der Qualität von TV-Unterhaltungssendungen beleuchten und aufzeigen, dass nicht alle Aspekte der Qualität gleichermaßen relevant für den Public Value sind.

Perspektiven auf Qualität

Die Forschung zu den Nutzenmotiven legt nahe, dass unterhaltende Inhalte vor allem zur Befriedigung von Bedürfnissen in den Bereichen Ästhetik (Harmonie, Schönheit etc.), Psyche (Ablenkung, Flucht, Stabilität, Entspannung, Freude, aber auch Stimulation und Abwechslung etc.) und Sozialpsyche (Orientierung, Integration, Anerkennung) rezipiert werden (vgl. z. B. Bosshart 2006).
- Aus **Rezipientenperspektive** könnte man solchen Sendungen Qualität zusprechen, welche die genannten Bedürfnisse befriedigen. Dies würde jedoch bedeuten, Qualität weitgehend mit Akzeptanz gleichzusetzen. Wober (1990) stellt dagegen fest, dass das Publikum unterschiedliche Maßstäbe zu Bewertung von Qualität verwendet: Qualitätsurteile lassen sich von Gefallensurteilen unterscheiden und sind deutlich strenger. Qualität wird erkannt[3] und ist sozial erwünscht, wird aber nicht notwendigerweise nachgefragt. Nach einem eindeutigen Indikator für Qualitätsfernsehen befragt, sagen 27 Prozent der Befragten, ein Programm muss kurzweilig und unterhaltsam sein, nur zwölf Prozent nennen Eigenschaften wie informativ oder aufklärend. Informationsprogramme werden stärker mit Qualität assoziiert als Fernsehfilme, diese wiederum stärker als Unterhaltungsshows. Costera Meijer (2005: 37) schließt daraus, dass Qualität als Genrecharakteristikum von ernsthaften Sendungen verstanden wird und nicht als neutrale Eigenschaft, die das Publikum animiert, eine bestimmte Sendung zu sehen. Aber auch die Unterhaltung zum Spaß und Zeitvertreib hat eine soziale Funktion und damit einen

---

3   Das Erkennen wird dabei häufig nicht an einzelnen Programmeigenschaften, sondern an der Gattung festgemacht. Auf Österreich übertragen hieße das z. B., die Zuseher erkennen Dieter Mohr bei „les.art", halten das Programm ggf. wegen seiner Aufmachung für Qualität, und dennoch schaltet ein Großteil um.

Qualität im Sinne des Public Value. Bereits Friedrich Schiller beschrieb die integrierende Leistung der Kunst durch das Teilen von gemeinsam empfundener Freude (vgl. Shusterman 2003: 304).

-   Die **Kommunikatorperspektive** ist weniger untersucht als die Rezipientensicht. In Hand- und Lehrbüchern für die Ausbildung kommt Qualität allenfalls als Signalqualität vor. In den 1990er Jahren haben Nossiter (1991), Blumler (1991), Albers (1992) und Leggatt (1993) jeweils qualitative Interviews mit Produzenten durchgeführt um ihre Arbeitsdefinition von Qualität zu erfassen. Ihre Ergebnisse zeigen, dass Qualität ein relativer Begriff ist, der sich einer eindeutigen Definition entzieht und stattdessen eher als diffuses, aber positiv konnotiertes Ideal dient. Anhaltspunkte finden sich in der technischen Umsetzung, in Produzenteneigenschaften wie z. B. Leidenschaft, in Programmeigenschaften wie z. B. Ernsthaftigkeit und Relevanz, in Innovation, in Ressourcen und schließlich in der Zuschauerreaktion. Insbesondere Produzenten- und Programmeigenschaften sind dabei stark normativ beeinflusst: Relevanz z. B. will definiert sein, und der Wert von Leidenschaft ändert sich ggf. mit ihrem Objekt. Aus Kommunikatorperspektive ist Qualität somit subjektiv: Ziel ist es, eben nicht das naheliegendste und billigste Angebot zu produzieren. Die Erwartung der Gremien von öffentlichen Sendern ist denn auch ein persönliches Engagement der Kommunikatoren für Qualität:

„Hier darf Qualität nicht nur eine Frage des Geldes und des Gehaltes sein. Hier muß, jedenfalls nach meiner Überzeugung, etwas hinzutreten, was mit anerkannter Verpflichtung zu tun hat, dem Gemeinwohl zu nutzen." (ZDF-Fernsehrat Klär 1995)

-   Aus **Distributorperspektive** lässt sich Qualität an der Frage messen, wie gut ein Programm geeignet ist, den Unternehmenszwecken zu genügen. Im Falle von kommerziellen Anbietern bedeutet dies ein gutes Verhältnis zwischen den Beschaffungskosten einer Sendung und den Werbeumsätzen, die mit ihr erzielt werden. Auch Public-Service-Anbieter müssen die Kosten kontrollieren; vor der Quote sollte aber noch die Erfüllung der im Programmauftrag festgelegten gesellschaftlichen und kulturellen Anforderungen stehen. Controlling für Public-Service-Sender beinhaltet deshalb notwendigerweise auch eine Qualitätskomponente. Das Schweizer Fernsehen hat hier eine Vorreiterrolle übernommen (Schlote/Latzel 1998; Wildberger 1994). Bereits 1993 wurde eine Sendungserfolgskontrolle mit drei quantifizierbaren Kriterien eingeführt: (1) Kosten der Sendung, (2) Marktanteil der Sendung und (3) Reputation der Sendung. In letzteres Kriterium fließen sowohl die Akzeptanz beim Publikum, als auch die Resonanz in anderen Medien und der Öffentlichkeit, nicht jedoch die normativ verstandene Relevanz des

Themas ein. Auch bei einem Public-Service-Sender scheint somit das Minimalprinzip zu gelten: Bei minimalen Kosten eine ausreichende Qualität erreichen.

- Die **Perspektive der Kritiker** wird in denjenigen Kriterien deutlich, die bei der Vergabe von Auszeichnungen für einzelne Sendungen angewendet werden. Bei Preisen, die von Peers vergeben werden, spielen vor allem implizite Berufsnormen eine Rolle, aber auch sachfremde wie Sympathie. Bei Preisen, die klare Kriterien anwenden, dominieren formale Kriterien über inhaltliche (Albers 1996). Insgesamt finden sich in der Kritikerperspektive viele subjektive Werturteile mit eigenem Gestaltungswillen. Janke (1980) forderte etwa Fernsehkritik müsse politische Kritik sein.

- In der **Reguliererperspektive** muss die von Gesetz und Gesellschaft vorgegebene Verpflichtung zu Qualität messbar gemacht werden und das Vorhandensein respektive Fehlen zu einem justiziablen Tatbestand gemacht werden. Somit sollte man in der Reguliererperspektive die eindeutigste Definition finden können, welche Eigenschaften Qualität ausmachen. Das Gegenteil ist der Fall. Ein Blick in die relevanten Rechtstexte für Public-Service-Sender in Europa zeigt, dass das Problem der Qualität entweder ausgeblendet oder als unbestimmter Rechtsbegriff nur vage umrissen wird (vgl. den folgenden Abschnitt). Eine klare Definition von Qualität könnte als Zensur missverstanden werden und damit Kunst- und Meinungsfreiheit widersprechen. Es lassen sich zwei Strategien beobachten, wie mit diesem Widerspruch umgegangen wird: Entweder wird Qualität auf der Metaebene adressiert, indem Veranstalter zur Einrichtung eines Qualitätssicherungssystems und zum entsprechenden Reporting verpflichtet werden. Alternativ werden im Programmauftrag nicht abschließende Listen aufgeführt, welche Inhalte und Produktionsformen mindestens vorkommen müssen, und es wird festgehalten, dass sich ganz allgemein das Angebot von Public Service Sendern von der kommerziellen Konkurrenz unterscheiden müsse.

Public Value in der TV-Unterhaltung ergibt sich aus der Qualität, die das Angebot aufweist, wobei Qualität hier insbesondere aus Perspektive der Regulierung verstanden werden muss. Alle anderen Perspektiven auf die Qualität bilden Partikularinteressen ab, die jeweils einen speziellen privaten Value höher gewichten als das Gemeinwohl. Doch auch aus Reguliererperspektive ergibt sich keine eindeutige Definition. Einen erheblichen Einfluss haben die Kontextbedingungen des jeweiligen Medienmarkts, die dazu führen können, dass z. B. entweder Integration oder Vielfalt stärker gewichtet werden. Im folgenden Abschnitt wird insbesondere am Beispiel von Kleinstaaten aufgezeigt, welchen Einfluss die Marktbedingungen auf das Verständnis von Qualität und damit Public Value haben.

Kontextbedingungen der Märkte

Regulierungskonzepte variieren von Land zu Land: Je nach gesellschaftlicher Entwicklungsphase und Größe des Staates kommt es zu bestimmten Regelungsformen für Rundfunkveranstalter. Grundsätzlich tendieren Kleinstaaten zu interventionistischer und protektionistischer Regulierung (Puppis 2009: 14). In Kleinstaaten mit gleichsprachigen Nachbarländern wie z. B. der Schweiz oder Österreich ist die Rundfunklandschaft durch eine hohe Präsenz ausländischer Programme und eine starke Auslandsorientierung des Publikums geprägt. Für TV-Sender in Kleinstaaten ist es daher schwieriger, kulturelle und soziale Leistungen für die Gesellschaft zu erbringen. Durch staatliche Regulierung und eine herausragende Rolle des Public Service wird versucht, die kulturelle Identität des Landes zu wahren, um sich durch die Stärkung der eigenen Kultur vom großen Nachbarn abzugrenzen. „*A small country can only viable affirm its audiovisual identity and produce quality programming by defending the role of public service*" (Burgelman/Pauwels 1992: 174). Doch auch in einigen großen Ländern finden sich Tendenzen, mehr Vorgaben über den Inhalt und die Qualität zu machen. Frankreich sieht sich gegenüber der angelsächsischen Welt häufig in der Defensive, und entsprechend wird in der Regulierung ein Beitrag der TV-Sender zur Pflege der Französischen Sprache und Kultur verlangt. Auf eine weitreichende Selbstkontrolle der Public-Service-Veranstalter vertrauen demgegenüber die deutsche und britische Regulierung (Holznagel/Vollmeier 2003: 278). Die Medienstruktur eines Landes ist mit den Regulierungskonzepten und den damit verbundenen Absichten und Zielen für gebührenfinanzierte TV-Sender wechselseitig verknüpft. Die vom Gesetzgeber formulierten Rahmenbedingungen müssen von den Public-Service-Sendern eingehalten werden. Aber auch private Veranstalter unterliegen einer gesetzlichen Regulierung. Public-Service-Veranstalter dürfen vom Gesetzgeber jedoch nur als staatsunabhängige Organisationen eingerichtet werden. Die Autonomie der Medienschaffenden in der Berichterstattung muss berücksichtigt und gesichert werden (Hoffmann-Riem 2003: 32). Neben den vom Gesetzgeber geschaffenen oder sich aus der Konzession ergebenen Vorgaben für das Handeln von Akteuren der Public Service und kommerziellen Sender bestehen innerhalb der jeweiligen Organisation weitere Dokumente, welche die normativen Vorstellungen und Zielsetzungen der institutionalisierten Regulierungskonzepte in interne Rahmenbedingen übersetzen. Dokumente, wie beispielsweise ein Leitbild, sind nicht ausschließlich auf der normativen Ebene angesiedelt, sondern in der Mittelposition „*zwischen normenvermitteltem Wert und realer Erfahrung*" (Jarren 1996: 74). Diese Dokumente dienen im Sinne einer Selbstverpflichtung als zusätzliche Rahmenbedingung, die ein Veranstalter seinen Mitarbeitenden vorgibt.

In den externen rechtlichen Rahmenbedingungen, welche durch den Gesetzgeber formuliert werden, und in den internen Rahmenbedingungen sind konkrete Vorgaben zur Qualität der Programme Mangelware. Der Qualitätsbegriff wird zwar verwendet, es wird jedoch nicht darauf eingegangen, was Qualität explizit ist und wie Qualität durch die Veranstalter gesichert werden soll. Auch lassen sich keine großen Unterschiede zwischen Public-Service- und kommerziellen Sendern diesbezüglich aufzeigen. Vielmehr sind in den Dokumenten Gemeinsamkeiten darzustellen: Die Trennung von Werbung und Programm, die Einhaltung des Jugendschutzes, der Grundsatz der Meinungsfreiheit, die Sicherung von Meinungsvielfalt und die Erfüllung der Programmquoten sind Verpflichtungen, welche für die Public-Service- und kommerziellen Sender gleichermaßen gelten. Für die Public-Service-Sender gilt, dass sie sich von den kommerziellen Anbietern differenzieren sollen. Hier dominieren in den Gesetzen und Verordnungen unbestimmte Rechtsbegriffe, welche vom Public-Service-Fernsehen mehr „Anspruch", ein höheres „Niveau", mehr Anstrengungen für die Integration der Gesellschaft und für die Kooperation mit der audiovisuellen Branche verlangen. Für die beiden Kleinstaaten Schweiz und Österreich lassen sich konkretere Angaben zur Qualitätssicherung aufzeigen. Im Bereich der Qualität geht die Schweizer Regulierung über den in den Nachbarländern üblichen Rahmen hinaus. Mit der Revision des Radio- und Fernsehgesetzes (RTVG), der Radio- und Fernsehverordnung (RTVV) und der Erneuerung der Konzessionen für die Veranstalter wurde eine Positivkontrolle der Programmqualität eingeführt. Es soll nicht mehr nur nachträglich bei Verstößen gerügt und die Programmaufsicht verdachtsunabhängig institutionalisiert werden. Qualitätsstandards sind in der Konzession benannt und müssen von der Schweizer Rundfunkgesellschaft SRG selbst konkret definiert und veröffentlicht werden. Die Einhaltung dieser Standards wird anhand von externen und internen Programmanalysen und Publikumsbefragungen überprüft. Die SRG ist insofern in Europa ein Einzelfall, als durch die Konzession definiert wird, was unter Qualität zu verstehen ist. Die Programme müssen sich durch „*Glaubwürdigkeit, Verantwortungsbewusstsein, Relevanz und journalistische Professionalität*" (Konzession SRG, Art. 3) auszeichnen. Österreich, als weiterer Kleinstaat, ist intern zwar homogener als die Schweiz, doch auch hier gibt es neben der eigenständigen Kultur einen gleichsprachigen großen Nachbarn, dessen Medien von der Bevölkerung stark genutzt werden. Dies bedeutet auch hier eine gewisse Verletzlichkeit des kleinstaatlichen Kommunikationsraums und die Gefahr einer ökonomischen Abhängigkeit. Anders als in vielen anderen Rundfunkgesetzen im europäischen Raum erwähnt das Bundesgesetz über den Österreichischen Rundfunk (ORF-G) explizit die gesellschaftliche Relevanz der Unterhaltung und fordert ein entsprechendes Verantwortungsbewusstsein ein: „*Die Unterhaltung soll nicht nur die unterschiedlichen Ansprüche berücksichtigen, sondern auch den Umstand, dass sie wie kaum ein anderer Bereich Verhaltensweisen, Selbstverständnis und Identität prägt"* (ORF-G, § 10, Abs. 10). Eine Besonderheit des ORF-G ist der explizite Bezug auf die Mitarbeitenden des Senders. In § 4 Abs. 7 ORF-G heißt es: *„Die Mitarbeiter des Österreichischen Rundfunks sind den Zielen des Programmauftrags verpflichtet und haben an dessen Erfüllung aktiv mitzuwirken."* Insofern sollten ORF Mitarbeitende stärker als andere mit den externen Rahmenbedingungen für ihre Arbeit vertraut sein.

Zusammenfassend lässt sich konstatieren, dass vor allem bei den Public-Service-Sendern aus Kleinstaaten mehr durch den Staat eingegriffen wird, um so vorwiegend die eigene Kultur zu wahren. Durch die strikteren Angaben, vor allem für die Schweizer Public-Service-Sender in Bezug auf Qualität, wird so ein Beitrag zur Schaffung und Sicherung von Public Value geleistet.

Wenn wir nun die vier Qualitätsdimensionen aus der Konzession SRG zur Grundlage nehmen, können wir an Beispielen aufzeigen, welchen Sendungen ein Public Value innewohnt und welchen eher nicht. Leser, die hier auf eine universelle Public-Value-Skala gehofft haben, müssen enttäuscht werden. Public Value verstanden als meritorische Qualität bleibt auch mit den Dimensionen Glaubwürdigkeit, Verantwortungsbewusstsein, Relevanz und Professionalität ein relativer Begriff, der von den jeweiligen Marktbedingungen abhängig ist. Somit kann dasselbe Sendekonzept z. B. in einem Kleinstaat einen meritorischen Public Value aufweisen, in einem größeren Land dagegen kann es ggf. problemlos vom Markt bereitgestellt werden.

Wer hat Public Value? Fallbeispiele

Anhand von konkreten Unterhaltungsangeboten von europäischen Public-Service-Anbietern wird die Messung von Qualität illustriert und mit den Kontextbedingungen in Verbindung gesetzt. „SF bi de Lüt - Über Stock und Stein" (SF1) soll als Beispiel für eine qualitativ hochstehende Sendung mit klarem Public Value beleuchtet werden. „alfredissimo" (ARD) hingegen ist Beispiel für ein Unterhaltungsangebot in der Grauzone am Rande des Public Value, und schließlich soll der Sport als ein Bereich beschrieben werden, in dem Unterhaltungsangeboten gelegentlich kein Public Value attestiert werden kann.

„SF bi de Lüt – Über Stock und Stein" ist eine vom Schweizer Fernsehen eigenproduzierte Sendung, welche jeweils freitags um 20.05 Uhr auf SF1 ausgestrahlt wurde. „SF bi de Lüt" ist keine einzelne Sendung, sondern ein Label, unter dem die Sendungen der Redaktion Volkskultur ausgestrahlt werden. In diesem Rahmen zeigte das SF „Über Stock und Stein" und begleitete den Moderator und seine Hündin in mehreren Etappen quer durch 10 Kantone der Schweiz. Das Ziel der Sendung war es, den Zuschauerinnen und Zuschauern die

Schönheiten und Eigenheiten der Schweiz auf positive und lustvolle Weise zu präsentieren und die Fernsehzuschauerinnen und -zuschauer rechtzeitig zum Start der Wandersaison zum Mit- und Nachwandern anzuregen. „Über Stock und Stein" kann aus mehreren Gründen als Sendung mit Public Value bewertet werden: Bezogen auf die Kleinstaatlichkeit der Schweiz trägt die Reisesendung „SF bi de Lüt – Über Stock und Stein" zur kulturellen Selbstversicherung der Schweiz bei. Die Schweizer Bevölkerung wird anhand der Sendung durch die schönsten Regionen der Schweiz geführt und lernt noch unbekannte Orte der Schweiz kennen. Die kulturelle Selbstversicherung gehört zum Leistungsauftrag des Schweizer Fernsehens. So wird in der Bundesverfassung thematisiert, dass die Public-Service-Sender die Besonderheiten des Landes und die Bedürfnisse der Kantone berücksichtigen sollen (BV, Art. 93). „SF bi de Lüt – Über Stock und Stein" erfüllt durch die Bekanntmachung der Schweizer Regionen diesen Auftrag, und Qualität in diesem Sinne ist gewährleistet. Qualität wird ferner dadurch gesichert, dass die Sendung eine Eigenproduktion darstellt. Bei Eigenproduktionen kann stärker auf qualitativen Anforderungen geachtet und leichter einen Anpassung an die Schweizer Kultur realisiert werden. Angelehnt an Schatz und Schulz (1992) werden die Kriterien Professionalität und Relevanz durch diese Sendung erfüllt. Bezogen auf Qualitätsbewertung in Zusammenhang mit der Rezipienten- und Regulierungsperspektive nach Gehrau (2008) erfüllt diese Unterhaltungssendung auch diese Qualitätskriterien. Aus der Rezipientenperspektive werden die Kriterien Verantwortungsbewusstsein und Glaubwürdigkeit durch den TV-Sender eingehalten. Qualität wird somit durch den Aspekt des Jugendschutzes gewährleistet, denn die Sendung ist sowohl für Erwachsene als auch für Jugendliche konzipiert. Glaubwürdigkeit wird der Sendung dadurch verliehen, dass die Sendung zum Wandern anregen soll und der Moderator selbst durch die Schweizer Regionen wandert. Die Routen und ein Reisetagebuch können unter anderem auf der Webseite gesichtet werden. Aus der Regulierungsperspektive werden die vier in der Konzession formulierten Qualitätskriterien Glaubwürdigkeit, Verantwortungsbewusstsein, Relevanz und journalistische Professionalität eingehalten. „SF bi de Lüt - Über Stock und Stein" kann somit als Beispiel für eine Unterhaltungssendung, welche Public Value bietet, bestimmt werden.

„alfredissimo" ist dagegen ein Beispiel für eine Unterhaltungssendung, deren Public Value weniger klar zu bestimmen ist. Die Sendung wurde von 1994 bis 2006 im Auftrag des WDR produziert und von Alfred Biolek moderiert.[4] Produziert wird die Sendung von der Pro GmbH, welche von Alfred Biolek und Andreas Lichter gegründet wurde. Bei „alfredissimo" wird jeweils ein prominenter Gast in die vorgeblich private Küche eingeladen, um gemeinsam mit Alfred Biolek vor der Kamera zu kochen. Als Sendung, die das Kochen zum Thema hat und kochfreudige Prominente präsentiert, gibt sie dem selber Kochen im Kontrast zum Convenience Food einen gesellschaftlichen Stellenwert, und so kann argumentiert werden, dass „alfredissimo" Public Value bietet. „alfredissimo" leistet weiter Public Value insofern, als sich die Sendung von anderen Kochsendungen differenziert, da sie nicht kommerziell konzipiert ist: Dadurch dass „alfredissimo" komplett vom WDR finanziert wird und somit nicht auf weiteres Sponsoring angewiesen ist, werden in der Sendung keine Markenprodukte präsentiert, welche von den Rezipienten bestenfalls gekauft werden sollen. Bei einer Sendung, welche jedoch durch die Produktionsfirma des Moderators produziert wurde, könnte aus Rezipientenperspektive von den Zuschauern grundsätzlich ein Interessenkonflikt unterstellt werden. Die Redaktion leitet auch aus dem Public-Value-Auftrag keine Verpflichtung zur Promotion von gesunder oder umweltfreundlicher Ernährung ab. Vielmehr ist das Markenzeichen der Sendung die Weinprobe, was allerdings aus Perspektive des Jugendschutzes oder der Suchtprävention nicht unproblematisch ist. Legt man den Maßstab der Substituierbarkeit (Dewenter/Haucap 2009) zugrunde, muss „alfredissimo" der Public Value abgesprochen werden. Die Vielzahl der Kochsendungen auf kommerziellen TV-Sendern im deutschsprachigen Raum belegt, dass keine Marktunvollkommenheit vorliegt, die durch ein Public-Service-Angebot ausgeglichen werden müsste. Dies gilt umso mehr, da „alfredissimo" kaum qualitativer Mehrwert gegenüber der kommerziellen Konkurrenz attestiert werden kann.

Beispiele für Sendungen im Public Service, denen ein Public Value komplett fehlt, lassen sich insbesondere im Kontext von sportlichen Großereignissen ausmachen – dort trifft die Kommerzialisierung des Sports auf das Trennungsgebot im Public Service. Im Vorfeld der Olympischen Spiele in Sydney zeigten neben einigen kommerziellen Sendern auch die BBC und das ZDF die mehrteilige Comedy-Sendung „Road to Sydney", die von Adidas finanziert und in Auftrag gegeben wurde. In je zwei- bis dreiminütigen Episoden trifft ein britischer Komiker auf Medaillenanwärter in diversen Disziplinen und fordert diese im Training heraus. Dies alles findet in einer komplett markenfreien Welt statt – bis auf die Adidas-Kleidung und Ausrüstung (Matthies 2004: 38f). Die Episoden

---

4   Bis heute laufen kontinuierlich Wiederholungen in den Dritten Programmen der ARD.

wurden nicht als Werbespot oder einzelne Sendungen gezeigt, sondern als Element in einer redaktionellen Sportsendung („Grandstand" auf BBC1) (Archer 2000). Aber nicht nur der Einfluss von Werbung treibende Unternehmen stellen den Public Value infrage. Im Sportkontext lässt sich auch eine Einflussnahme von Verbänden beobachten. Im Vorfeld der Olympischen Spiele in Beijing strahlten mehrere Public-Service-Sender Sendungen aus die statt des Gemeinwohls das Wohl des IOCs mehren sollten. Um die Ausstrahlungsrechte zu sichern, hatten sich die in der EBU zusammengeschlossenen Public-Service-Sender verpflichtet, PR-Spots des IOC kostenlos und als redaktionelles Programm getarnt auszustrahlen (Schraven 2008). Weiter mussten die EBU-Sender einen vom IOC in Auftrag gegebenen Film über Beijing ausstrahlen. Sverges Television sendete den Film zwar, distanzierte sich jedoch anschließend (Grimberg/Wolff 2008), die BBC verweigerte die Ausstrahlung. Eine unabhängige Berichterstattung dürfte so erschwert werden und die Unterhaltung wird zur Propaganda, die von der Kommerzialisierung des Sports ablenken soll. Die deutschen Public-Service-Sender zeigten sich nach den Spielen reumütig und wollen in Zukunft dafür sorgen, dass solche Klauseln *„wegverhandelt"* werden (Grimberg 2008).

Fazit

Ähnlich wie in der Fernsehkritik mangels klarer Kriterien die Haltung *„Ich erkenne Qualität, wenn ich sie sehe"* vorherrscht, könnte für die Bewertung von Public Value im Unterhaltungs-TV festgehalten werden: *„Public Value merkt man, wenn er fehlt"*. Selbst wenn Public Value als Qualität verstanden wird, die von der Gesellschaft zwar erwünscht, von den Individuen aber nicht genügend nachgefragt wird, lässt sich nicht einfach eine Checkliste aufstellen, die am Ende ein klares Ergebnis auswirft. Jenseits der unveräußerlichen Menschenrechte wird das gesellschaftlich erwünschte Gemeinwohl ständig neu ausgehandelt. Manche Aspekte mögen ganz verschwinden, andere in ihrer Priorität herauf- oder herabgestuft werden. Prioritäten regeln die Verteilung von begrenzten Ressourcen. Die Bewertung des Public Value kann somit nicht völlig von den Kosten, die bei seiner Produktion entstehen, entkoppelt werden. Die Berücksichtigung von Minderheiteninteressen dient auch im Unterhaltungsbereich dem Public Value. Jedoch sollte die Frage erlaubt sein, welcher Ressourcenaufwand für wie viel Vielfalt von der Gesamtgesellschaft als gerechtfertigt erachtet wird. Und schließlich stellt sich die Frage, wie viel Public Value die Unterhaltung verträgt. Wir haben der Adidas-Serie „Road to Beijing" einen Public Value abgesprochen, gleichwohl ist sie schreiend komisch. Schon 1970 stellte sich Alfred Biolek die Frage, ob man als Entertainer noch unterhaltend ist, wenn man alle Anforderungen des Public Value erfüllt:

„Es ist nicht so schwierig zu erkennen, daß eine Unterhaltungssendung einem bestimmten Geschmack entsprechen muß, daß sie ein bestimmtes Niveau haben soll, daß sie realitätsbezogen oder gar zeitkritisch sein kann. Das Schwierige ist jedoch erst, auch bei Erfüllung all dieser Ansprüche immer noch eine Unterhaltungssendung zu machen" (zitiert in Prager 1971: 114).

Literatur

Albers, Robert (1992): Quality in television from the perspective of the professional program maker. In: Studies in Broadcasting. 28. 7–76

Albers, Robert (1996): Quality in programming from the perspective of the professional programme maker. In: Ishikawa (Hg.) (1996): 101–144

Amgarten, Gabriela (2008): Praxisperspektive: Unterhaltungsproduktion im Service public. In: Siegert/von Rimscha (Hg.) (2008): 116–122

Appel, Eva (Hg.) (2008): Ware oder Wert? Fernsehen zwischen Cash Cow und Public Value. Dokumentation der 41. Mainzer Tage der Fernsehkritik. Mainz: ZDF

Archer, Belinda (2000): Where's the logo? In: The Guardian vom 18.09.2000: 6

Binder, Susanne/Fartacek, Gebhard (2006a): Der Musikantenstadl als die unerforschte „Visitenkarte Österreichs". In: Binder/Fartacek (Hg.): 14–23

Binder, Susanne/Fartacek, Gebhard (2006b): Der Musikantenstadl. Alpine Populärkultur im fremden Blick. Wien: Lit

Bleicher, Joan Kristin (2001). Mediengeschichte des Fernsehens. In: Schanze (Hg.): 490-518

Blumler, Jay G. (1991): In pursuit of programme range and quality. In: Studies of Broadcasting. 27. 191–206.

Blumler, Jay G./Nossiter, Thomas J. (Hg.) (1991): Broadcasting finance in transition. A Comparative Handbook. New York: Oxford University Press

Bosshart, Louis (2006): Theorien der Medienunterhaltung: Aus dem Nichts zur Fülle. In: Frizzoni (Hg.) (2006): 17–30

Burgelman, Jean-Claude/Pauwels, Caroline (1992): Audiovisual policy and cultural identity in small European states: The challenge of a unified market. In: Media, Culture & Society. 14 (2). 169–183

Costera Meijer, Irene (2005): Impact or content?: Ratings vs quality in public broadcasting. In: European Journal of Communication. 20 (1). 27–53

Dewenter, Ralf/Haucap, Justus (2009): Ökonomische Auswirkungen von öffentlich-rechtlichen Online-Angeboten. Marktauswirkungen innerhalb von Drei-Stufen-Tests: Gutachten im Auftrag des VPRT e.V. Online: http://www.vprt.de/get_asset_file.php?mid=19&file=o_document_20090806151124_2009_07_29_VPRT_HaucapDewenter_DST_Gutachten_Oekonomisc heAuswirkungen_Zusammenfassung.pdf (16.02.2010)

Donges, Patrick/Puppis, Manuel (Hg.) (2003): Die Zukunft des öffentlichen Rundfunks. Internationale Beiträge aus Wissenschaft und Praxis. Köln: Herbert von Halem

Erlei, Mathias (1992): Meritorische Güter: Die theoretische Konzeption und ihre Anwendung auf Rauschgifte als demeritorische Güter. Münster: LIT

Freedman, Des (2008): The politics of media policy. Oxford: Polity Press

Friedrichsen, Mike/Göttlich, Udo (Hg.) (2004): Diversifikation in der Unterhaltungsproduktion. Köln: Herbert von Halem

Frizzoni, Brigitte (Hg.) (2006): Unterhaltung. Konzepte, Formen, Wirkungen. Zürich: Chronos

Gehrau, Volker (2008): Fernsehbewertung und Fernsehhandlung: Ansätze und Daten zu Erhebung, Modellierung und Folgen von Qualitätsurteilen des Publikums über Fernsehangebote. München: Reinhard Fischer

Gottschalk, Hans (1971): Die politische Wirksamkeit der unpolitischen Unterhaltung. In: Prager (Hg.) (1971): 103–111

Grimberg, Steffen (2008): Ade, Fahnenschwenker! In: die tageszeitung vom 30.08.2008: 15.

Grimberg, Steffen/Wolff, Reinhard (2008): Das IOC lässt senden: Kostenlose Werbung für Olympia. In: die tageszeitung vom 05.08.2008: 18

Hall, Peter Christian (Hg.) (1995): Qualität hat ihren Preis. Die Zukunftssicherung des öffentlich-rechtlichen Fernsehens. Mainz: ZDF

Heygster, Anna-Luise/Stolte, Dieter (Hg.) (1980): Wirklichkeit und Fiktion im Fernsehspiel. Mainz: v. Hase und Koehler

Hoffmann-Riem, Wolfgang (2003): Kann und soll der öffentliche Rundfunk eine Staatsaufgabe sein? In: Donges/Puppis (Hg.) (2003): 29–51

Holznagel, Bernd/Vollmeier, Ines (2003): Gemeinsame oder getrennte Aufsichten? Ein Überblick über die verschiedenen Ansätze der Beaufsichtigung von öffentlichem und kommerziellem Rundfunk. In: Donges/Puppis (Hg.) (2003): 277–291

Hömberg, Walter/Pürer, Heinz (Hg.) (1996): Medien-Transformation. Zehn Jahre dualer Rundfunk in Deutschland. Konstanz: UVK

Ishikawa, Sakae (Hg.) (1996): Quality assessment of television, Luton: University of Luton Press

Janke, Hans (1980): Interesse und Vermittlung: Was Kritik kritisiert. In: Heygster/Stolte (Hg.) (1980): 71–82

Jarren, Otfried (1996): Das duale Rundfunksystem – politiktheoretisch betrachtet. In: Hömberg/Pürer (Hg.) (1996): 69–80

Kissler, Alexander (2009): Dummgeglotzt: Wie das Fernsehen uns verblödet. Gütersloh: Gütersloher Verlagshaus

Klär, Karl-Heinz (1995): Qualität hat nicht nur einen geldlichen Gegenwert: Man muß sich ihr persönlich verschreiben. In: Hall (Hg.) (1995): 265–267

Klingler, Walter/Roters, Gunnar/Zöllner, Oliver (Hg.) (1998): Fernsehforschung in Deutschland. Themen, Akteure, Methoden. Baden-Baden: Nomos

Konzession SRG: Konzession für die SRG SSR idée suisse vom 28. November 2007

Leggatt, Timothy (1993): Quality in television: The views of professionals. In: Studies of Broadcasting. 29. 37–69

Lobigs, Frank (2004): Niveauvolle Unterhaltung im öffentlich-rechtlichen Fernsehen: Notwendige Voraussetzungen eines Arguments der Meritorik. In: Friedrichsen/Göttlich (Hg.) (2004): 48–64

Matthies, Anja (2004): Virtuelle Werbung: Rechtliche Fragen bei der Übertragung von Sportereignissen im Fernsehen. Hamburg: Kovač

Metz, Markus/Seeßlen, Georg (2009): Von Tutti Frutti ins Dschungelcamp: Privatfernsehen in Deutschland, Zündfunk auf Bayern 2 Radio am 18.10.2009.

Niggemeier, Stefan (2008): Public Value ist, wenn … In: Appel (Hg.) (2008): 155–161

Nossiter, Thomas J. (1991): British television: A mixed economy. In: Blumler/Nossiter (Hg.) (1991): 95–143

ORF-G: Bundesgesetz über den Österreichischen Rundfunk vom 21. September 1984 (zuletzt geändert am 28.12.2007)

Prager, Gerhard (Hg.) (1971): Unterhaltung und Unterhaltendes im Fernsehen. Mainz: v. Hase und Koehler

Puppis, Manuel (2009): Media regulation in small states. In: International Communication Gazette. 71 (7). 7–17

RTVG: Bundesgesetz vom 24. März 2006 über Radio und Fernsehen (RTVG). SR-Nummer: 784.40

RTVV: Radio- und Fernsehverordnung vom 9. März 2007 (RTVV). SR-Nummer: 784.401

Schanze, Helmut (Hg.) (2001): Handbuch der Mediengeschichte. Stuttgart: Alfred Kröner.

Schatz, Heribert/Schulz, Winfried (1992): Qualität von Fernsehprogrammen: Kriterien und Methoden zur Beurteilung von Programmqualität im dualen Fernsehsystem. In: Media Perspektiven. 11. 690–712

Scheuch, Erwin K. (1971): Unterhaltung als Pausenfüller: Von der Vielfalt der Unterhaltungsfunktionen in der modernen Gesellschaft. In: Prager (Hg.) (1971): 13–46

Schlote, Axel/Latzel, Peter (1998): Bewertung von Fernsehsendungen: Chancen und Probleme einer Objektivierung von Programmentscheidungen. In: Klingler et al. (Hg.) (1998): 815–837

Schraven, David (2008): Skurrile TV-Verträge von ARD und ZDF. In: Die Welt vom 23.08.2008: 32

Shusterman, Richard (2003): Entertainment: A question for aesthetics. In: British Journal of Aesthetics. 43 (3). 289–307

Siegert, Gabriele/von Rimscha, Bjørn (Hg.) (2008): Zur Ökonomie der Unterhaltungsproduktion, Köln: Herbert von Halem

Stumm, Mascha-Maria/Dorsch-Jungsberger, Petra E. (1996): Unterhaltungstheoreme bei Platon und Aristoteles: Eine Rückkehr zu den Ursprüngen der Diskussion um Funktionen und Wirkungen von Unterhaltung und der Versuch einer Auswertung fachfremder Literatur als Beitrag zur Klärung des kommunikationswissenschaftlichen Unterhaltungsbegriffes. Berlin: Vistas

Wildberger, Jürg (1994): Das Instrument der Sendererfolgskontrolle.: Schweizer Fernsehen DRS: Mehr Zuschauernähe und schärferes Programmprofil. In: Media Perspektiven. 2. 63–66

Wober, J. Mallory (1990): The assessment of television quality: Some explorations of methods and their results: IBA Research Department research paper. London

Public Value als Selbstdarstellung und Inszenierung

Daniela Süssenbacher

1 Einleitung

Das öffentlich-rechtliche Rundfunksystem befindet sich in Teilen Europas in der Krise. Die Ursachen für diesen Umstand lassen sich leicht in Schlagworte fassen: Pluralisierung, Individualisierung, Kommerzialisierung und technische Innovation (Neue Medien). Als letztlich notwendige Konsequenz der vielgenannten Mediatisierung betrifft diese Krise nur oberflächlich betrachtet öffentlich-rechtliche Anbieter alleine. Tatsächlich handelt es sich um eine Orientierungskrise, die (mehr oder weniger deutlich) weite Teile des Mediensystems betrifft. Dabei zentral sind die Qualitäts- sowie die Ressourcenfrage, die beide eng mit einander verflochten in eine europaweite Legitimationsdebatte münden. Im Zentrum steht dabei die Frage, ob die Medien über das notwendige Finanz- und Humankapital wie auch die notwendige Unabhängigkeit und Kompetenz verfügen, um dem eigenen Anspruch und den Bedürfnissen der Gesellschaft gerecht zu werden. Wenn auch im Diskurs die Ressourcenfrage dominant erscheint, so ist diese Phase der Orientierungskrise doch als überwiegend positiver Prozess zu betrachten, da eine implizierte Orientierungssuche ein nicht zu unterschätzendes Potenzial für Reflexion und Wandlung eingefahrener Strukturen birgt. Der Thematisierung muss dabei aber eine bewusste Mangelerfahrung vorausgehen, soll eine nachhaltige Problematisierung bestehender, auch kulturell bedingter, Handlungs- und Denkmuster erfolgen. Die Diskussion zwingt daher unweigerlich in eine „Selbstverständnisdiskussion" (Imhof 2004: 21).

Die angesprochene Legitimationsdebatte beinhaltet ferner die Frage, ob die vom Diskurs Betroffenen sowie die an ihm Beteiligten[1] die notwendige Trans-

---

[1] Eine Unterscheidung der Anspruchs- und Akteursgruppen ist wichtig, wenngleich schon beim Versuch der Einteilung deutlich wird, dass diese nicht im Sinne einer Entität aufgefasst werden darf. Im Rahmen des Diskurses unterliegen derartige Zu- und Einteilungen zirkulären Wechselverhältnissen sowie Wandlungsprozessen. Im Wesentlichen ließen sich derzeitig als Betroffene öffentlich-rechtliche Anbieter sowie als Beteiligte private Anbieter, Medienjournalisten und Politiker fassen. Das Publikum ist als wichtiger Bestandteil der Mediengesellschaft zwar vom Ergebnis des Diskurses betroffen, aber als schwer fassbare Größe derzeit kaum Thema und noch weniger als Akteur sichtbar. Dennoch stellt gerade das Publikum genauer betrachtet eine der wichtigsten Anspruchsgruppen dar, da sie es ja sind, welchen der öffentliche Mehrwert zugeführt werden soll. Nähere Ausführungen dazu finden sich im Beitrag von Helmut Scherer in diesem Band.

parenz herstellen wollen und können, um ein entsprechend authentisches Kommunikationssetting zu gewährleisten, das letztlich zur Verständigung führen kann (vgl. Habermas 1981).

Dieser Beitrag fokussiert den Public-Value-Diskurs unter dem Blickwinkel einer Selbstverständnis- sowie Selbstdarstellungsdebatte. Um den Rahmen nicht zu sprengen, wird auf den Unterhaltungs-Informationsdiskurs nicht eingegangen, sondern überwiegend auf redaktionelle (respektive journalistische) Segmente Bezug genommen. Diese stellen einen wesentlichen Bestandteil von Vollprogrammen dar und unterliegen als ein Schlüsselelement des Legitimationsdiskurses einer besonderen öffentlichen Beobachtung.

2 Wandlungen (in) der Medienkultur

Kultur und Öffentlichkeit sind geprägt durch eine alles dominierende „Medienlogik", die sich, im Sinne einer Verdichtung bestimmter Muster des Denkens, des Diskurses und der Praxis, über weite Bereiche alltäglichen Seins erstreckt (vgl. Hepp et al. 2010: 32). Medien und Kommunikation stellen dabei zentrale Instanzen eines permanenten zirkulären Prozesses der Wirklichkeitskonstruktion dar, geprägt durch ein zentrales Programm: der Kultur (vgl. Schmidt 2000). Sind Sprache, Kognition und Kultur untrennbar miteinander verbunden, so steht der Begriff Medienkultur laut Kroetz dafür, „dass Medien an der Herstellung und Weiterentwicklung des Bedeutungsgewebes Kultur, an dem wir uns in unserem Handeln und Erleben orientieren und aus dem wir Sinn schöpfen, heute wesentlich beteiligt sind." (Krotz 2010: 98) Wir befinden uns damit in einer „mediatisierten Form menschlichen Zusammenlebens", so Krotz (vgl. Krotz 2010: 101). Die Thematisierung von Mediensozialisation bzw. Medienkultur wird daher zunehmend notwendig, zumal mediatisierte Kommunikation auf den verschiedenen Ebenen unseres Seins Einfluss nimmt und hier letztlich auch einen Wandlungsprozess bewirken kann; der das Individuum, Unternehmen oder auch gesellschaftliche Funktionsbereiche, wie Wirtschaft oder Demokratie, betrifft (vgl. Krotz 2010: 101). Medien sind einerseits „Erlebnisräume", indem sie Menschen spezifische Kommunikationserlebnisse ermöglichen, andererseits sind sie als „Inszenierungsapparate" zu verstehen, die auf bestimmte Sinne abgestimmt sind, besonderer Inhalte, Formate und Dramaturgien bedürfen, so Krotz (vgl. Krotz 2010: 97).

Die Macht der Perspektive

Die machtvolle Position der Medien ist aber auch mit besonderer Verantwortung und zahlreichen Herausforderungen verbunden, liegt ihre längerfristige

Legitimation und Existenzsicherung doch letztlich auch an der möglichst optimalen Erfüllung gesellschaftlich zugewiesener Aufgaben. Diese bestehen im Wesentlichen in Thematisierung und Problematisierung relevanter Sachverhalte sowie in der Förderung des gesellschaftlichen Zusammenhalts. Die Aufgaben öffentlich-rechtlicher Rundfunkbetreiber, aber auch jener Medien, die für sich eine besondere Rolle in der Erzeugung eines gesellschaftlichen Mehrwerts veranschlagen, bestehen ferner in der Schaffung von Transparenz, der Generierung von Öffentlichkeit sowie der Stiftung von Orientierung. Die Vermittlung von Information sowie die Herstellung eines förderlichen Kommunikationsambientes sind dabei Mittel zum Zweck der Förderung bürgerlicher Selbstbestimmung und Artikulation.

Wollen Medienschaffende gesellschaftliche Transparenz herstellen, um ihrer Orientierungsfunktion gerecht zu werden, übernehmen sie damit auch eine im weitesten Sinn pädagogische Funktion.[2] Durch Aktivitäten im Sinne von Aufklärung und Vermittlung von Wissen, soll schließlich die Mündigkeit der Bürger im Hinblick auf den selbstbestimmten Umgang mit Medien gefördert werden. Doch die Erfüllung dieser Aufgabe ist überwiegend mit der Anerkennung, Vermittlung und Setzung von Werten einer Gesellschaft verbunden. Somit schreiben Medien „den pragmatischen Horizont" ihrer Wertegemeinschaft fest (vgl. Adler 2010: 109). Adler artikuliert in diesem Zusammenhang die These, dass Medien „seit der Aufklärung einen Funktionswandel von Wert-*Vermittler* zu Wert-*Setzern*" (Adler 2010:109) durchlaufen. „Moderne Kulturen", so Adler weiter, „tendieren deutlich dazu, sich selbst systemisch nicht mehr über Medien in regulativer, sondern in kultur-*konstitutiver* Funktion zu definieren." (Adler 2010: 109) In der ihnen zugewiesenen Rolle als Vermittler von Wissen verfügen Medien über die „Deutungshoheit über das zu Vermittelnde" sowie über die „Macht der Perspektive" (vgl. Adler 2010: 110).

Die Public-Value-Debatte als kultureller Diskurs

In diesem Zusammenhang nehmen öffentlich-rechtliche Medienunternehmen in Europa einen besonderen Stellenwert ein. Sie sind als Plattform gesellschaftlicher (Selbst-)Thematisierung, als kultureller Diskurs, zu verstehen. Über sie wird deutlich, über welche Themen in welcher Form und in welchem Rahmen gesprochen werden kann. Der Public-Value-Diskurs bietet nun ein plakatives Beispiel dafür, wie diese „Macht der Perspektive" von den verschiedenen Medien umkämpft wird. Dabei nehmen Medien zunehmend in ihren Produkten auf Inhalte anderer Medien Bezug. Es kommt zu einer Produktion medialer Selbst-

---

2   Vgl. dazu die Ergebnisse der Experteninterviews bei Latzl 2010; Neumüller 2010; Süssenbacher 2010a/2010b und Troxler 2010a/2010b sowie Bonfadelli/Meier 2004.

bezüglichkeit. Dies führt zu einem Prozess, der aber nicht zwingend kritische Selbstthematisierung implizieren muss, schließlich geht es um die Sicherung und Legitimierung der eigenen Position. Diese Medialisierung zweiter Ordnung steht vielmehr für eine Form der Medienkultur, geprägt durch selbstgesteuerte inhaltliche Vernetzung. Auf der Suche nach Anschlusskommunikation werden Aufmerksamkeitssynergien eingegangen: Der aktuelle Public-Value-Diskurs offenbart sich somit als Diskursplattform zur Selbstdarstellung, im Sinne der Herstellung notwendiger Transparenz, dient aber auch als Bühne zur Inszenierung, im Sinne eines marketingstrategischen Imagetransfers, wobei die Thematisierung und progressive Einforderung von Werten, wie dies beispielsweise durch bestimmte private Anbieter betrieben wird, durchaus zu überzeugen vermag.[3] Problematisch könnte es aber werden, wenn durch die „Demokratisierung der Medialisierung", wie Adler ausführt, Medien nicht mehr „im Rahmen extramedial übernommener axiomatischer Werte" agieren würden, sondern die „Setzung der Werte (und deren Destruktion) selbst übernehmen" würden: Sich somit vom Werte-Vermittler zum Werte-Generator wandelten (vgl. Adler 2010: 118). Im Rahmen des eingeleiteten Medien- und Gesellschaftsdiskurses wird derzeit zumindest für den Alltagsdiskurs der Bürger deutlich, über welche Themen und Werte in welcher Form und in welchem Rahmen gesprochen werden kann bzw. werden soll und zum Teil wird auch sichtbar, welche Aspekte bisher ausgespart wurden.

3   Medienkultur als Irritationskultur

Betrachtet man das sich im Public-Value-Diskurs reproduzierende Verständnis von Medienkultur, wird die paradox anmutende Situation dieser Institutionen gesellschaftlicher Selbstthematisierung sichtbar: So stellen Medien, öffentlich-rechtliche wie private, einerseits im Rahmen ihrer sozialen und politischen Funktion der Gesellschaft „Problematisierungen" zur Verfügung und wirken so als Komplexitätsgeneratoren. Andererseits dienen sie als Orientierung stiftende Instanzen, welchen durch Selektionserwartungen seitens des Publikums (vgl. Kohring 2004) letztlich eine zentrale Bedeutung als Komplexität reduzierendes Funktionssystem zukommt. Man sieht: In der durch Medien geschaffenen multiperspektivischen Gesellschaft kommt es auf die Perspektive an, gleich ob es sich um Betrachtungen der Medien oder um Betrachtungen über Medien handelt. Es kann nur von einer „scheinbaren Ordnung" gesprochen werden, wie Karmasin anmerkt: „Der mit diesen Veränderungen [Multiperspektivität durch Medien] verbundene Verlust der Ordnung und Orientierung wird in der Medi-

---

3   Siehe dazu beispielsweise den Beitrag von Markus Breitenecker in diesem Buch.

enkultur durch die Medien selbst kompensiert. Die in der Medienkultur herge-
stellte Ordnung ist paradox: Sie beseitigt ein selbst geschaffenes Chaos und
schafft Ordnung durch Unordnung." (Karmasin 2004: 11)

Die Kultur der Widersprüche

In Anlehnung an Münch, der von einer neuen Qualität und Relevanz des Kom-
munikationswachstums spricht und meint, dass sich „Kultur und Gesellschaft in
einem endlosen Prozess des Erzeugens, Abarbeitens und Widererzeugens von
Widersprüchen" (Münch 1991: 20) begeben haben, kann von einer zunehmenden Dynamik gesprochen werden, die durch die Eigenlogik des Mediensystems
in eine alles umfassenden Problematisierungsgesellschaft mündet. Durch das
Primat der Medienlogik kommt es so zu einer permanenten Interpenetration der
gesellschaftlichen Subsysteme. Organisationen müssen ständig mit einer Medienberichterstattung und entsprechenden Fragen rechnen, bedürfen dieser Anschlusskommunikation aber zur Darstellung und Legitimierung ihrer selbst.
Natürlich sind hiervon auch Medien als Organisationen selbst nicht ausgenom-
men, wie der aktuelle Diskurs einmal mehr zeigt.

Der Begriff „Medienkultur" macht eine (kulturelle) Praxis der Medien
und/oder des Umgangs mit Medien sichtbar, die wiederum zur (Re-)Produktion
dieser Kultur führt. Es umschließt somit Beobachtungen 1., 2. und 3. Ordnung.
Dies bezieht sich auf die Alltagspraxis von Rezipienten und Medienschaffenden
und die kritisch-analytische Auseinandersetzung von Wissenschaftlern und
Experten.[4] Dabei muss „Kultur" als Netzwerk von „symbolischen Karten der
Welt" (Winter 1997: 55) verstanden werden, das Konzepte des Denkens und
Handelns bündelt und so das Zusammenleben regelt. Kultur stellt damit ein
System höherer Ordnung, ein System der Differenz und Identität, dar. Der
„blinde Fleck"[5] bildet dabei notwendigerweise den „Angelpunkt der Selbstbe-
obachtung", der erst die Beobachtung der Unterscheidung zwischen unter-

---

4   Dabei handelt es sich bei Rezipienten und Medienschaffende, je nach Abstraktionsniveau der
     Beobachter meist um Beobachtungen 1. oder 2. Ordnung. Lediglich im Rahmen wissenschaft-
     licher Auseinandersetzung oder der Behandlung der Thematik durch Experten kann eine Beo-
     bachtung 3. Ordnung beschritten werden, wenngleich auch hier Beobachtungen 2. Ordnung
     den Regelfall darstellen, bedenkt man die gängige normative Orientierung in der Journalistik,
     die in erster Linie zur Optimierung von Handlungsroutinen im Redaktionsalltag hinzugezogen
     wird.
5   Gerade im blinden Fleck liegt liegen Reflexionsproblem und Reflexionspotenzial gesellschaft-
     licher Thematisierung. Da dieser den Punkt der Unterscheidung darstellt, den zu erfassen und
     zu hinterfragen die kritische Reflexion der Leitdifferenz und damit der Funktionalität eines
     Systems - in hier des Mediensystems - bedeuten würde. (Luhmann 2005) Ausführungen zu
     Bedeutung des blinden Flecks und der damit verbunden „operativen Naivität" des Beobach-
     tens finden sich bei Luhmann (1992: 85f).

schiedlichen Kulturen sowie die Festlegung „richtigen" Handelns erlaubt und der Identitätskonstruktion bzw. -stabilisierung dient.[6]
  Bei der Gestaltung medialer Inhalte werden durch diese Unterschiedlichkeit der einzelnen „Landkarten" immer auch Ambivalenzen und Missverständnisse mitgeführt. Wenn Verstehen beispielsweise durch redaktionelle Beiträge hergestellt wird, so handelt es sich immer um ein „Missverstehen ohne Verstehen des Miss." (Luhmann 2004: 173) „Die Funktion der Massenmedien liegt nach all dem im Dirigieren der Selbstbeobachtung des Gesellschafssystems (...)." (Luhmann 2004: 173) Dabei bieten diese eine Mischung aus Reproduktion und Information, die letztlich „Erneuerung" bzw. „Transformation" erlaubt. In Anlehnung an die Ausführungen Luhmanns lässt sich festhalten, dass Medien gerade in ihrer Darstellung als Informationslieferant nicht ausreichend hinsichtlich ihrer Funktionalität für die Gesellschaft beschrieben werden können. Denn die im geforderten Aktualitätsanspruch verdeutlichte Präferenz für Information greift zu kurz. Information verliert durch Publikation nämlich ihren Neuheitswert und ist einem ständigen Transformationsprozess hin zur Nichtinformation unterworfen. Dies macht deutlich, dass die Funktion von Massenmedien in der „ständigen Erzeugung und Bearbeitung von Irritation" (Luhmann 2004: 174) liegt. Doch kann und darf öffentlich-rechtlicher Rundfunk überhaupt als „Irritationsprogramm" begriffen werden?

4 Public Value: Ein Dilemma des öffentlich-rechtlichen Rundfunks

Im Zuge der Diskussion um Sonderstellung und Sinnhaftigkeit öffentlich-rechtlicher Medieninstitutionen kommt es zu einer Zuspitzung, da hier das „Relevanzproblem" in besonderem Maße Bedeutung erlangt. Selten kommt das redaktionelle Spannungsfeld von Wirtschaftlichkeit, Medialisierungsgebot und Mediationsanspruch stärker zum Ausdruck als in der Entwicklung des Verhältnisses von privaten und öffentlich-rechtlichen Medieninstanzen. Denn das Ziel der Schaffung von Öffentlichkeit für relevante Themen, Akteure und Meinungen zur Selbstverständigung der Gesellschaft wird von Tendenzen der Differenzierung zur Generierung eines optimalen Werbeumfelds zunehmend ausgehebelt. Eine demokratische Gesellschaft ist aber auf mediale Produkte angewiesen, die Orientierungs- und Integrationsfunktionen wahrnehmen. Möchten öffentlich-rechtliche Medien ihrer Rolle als *Dienstleister der Demokratie* (vgl. Lucht 2006) genügen, so müssen sie eine umfassende Zusammensicht bieten, indem sie gesellschaftliche, wirtschaftliche und politisch relevante Standpunkte fair

---

6   Nähere Ausführungen finden sich dazu bei Mary Douglas (1982), Rainer Winter (1997), Dirk Baecker (2003) sowie Matthias Karmasin (2004).

und ausgewogen darstellen (Stichwort: Binnenpluralismus). Im Sinne eines Forumsmediums könnten sie sich bei nachhaltiger Erfüllung dieser Aufgabe einem Idealtypus von qualitätsjournalistischen Formaten annähern (vgl. Arnold 2007).

Gerade im aktuellen Public-Value-Diskurs kommt die medienkulturell bedingte Paradoxie einer sich selbst legitimierenden Ordnungsinstanz deutlicher zum Ausdruck. Dies ist zu wesentlichen Teilen auch auf Lücken und Defizite der Selbstwahrnehmung und -thematisierung der Institution öffentlich-rechtlicher Rundfunk zurückzuführen. Bei der Diskussion darf aber nicht vergessen werden, dass es sich hier um ein synergetisches Gebilde handelt, dessen Verortung ausschließlich in Kombination von Eigenstreben (Selbstthematisierung) und Zuschreibung (Legitimation durch andere gesellschaftliche Instanzen, wie andere Medien, Wissenschaft, Politik – aber auch das Publikum – somit in Alltags-, Fach-, Gesellschafts- und Mediendiskursen) geschieht.

5 „Vertrauen" und „Transparenz" als Werte (selbst-)kritischer Praxis

Kommunikation als Problemzusammenhang zu beschreiben, ist eine notwendige Voraussetzung der Annäherung, soll es darum gehen, Kommunikation als soziales und wechselseitiges Handeln zu begreifen. (Neuberger 1996: 13–15) Kommunizieren und Rezipieren stellen dabei die beiden ineinandergreifenden Handlungsgrößen dar. Gemeinnützig agierende Medien haben hierbei eine Sonderposition inne, erlauben sie im traditionellen, massenmedialen Kontext doch lediglich ein Ineinandergreifen in abstrakter Form: Als *Agentur* (Bauer 2000) für kulturellen Diskurs, die den Rezipienten im Sinne von „Erwartungs-Erwartungen" oder in Form des „impliziten Lesers" in gesellschaftliche Auseinandersetzungen über Sinn und Bedeutung integriert. Das Resultat ist ein Werte generierender, Orientierung stiftender Akt, der die Problematik der Trennung von Objektivitäts- und Relevanzproblem ebenso berührt, wie die Frage nach der Bedeutung von Kommunikation für Konservierung und/oder Transformation. Es liegt aber an der jeweiligen Modell- und Zielausrichtung (von Agierenden wie auch Analysierenden) sowie am Ausmaß des Transparenzwillens, ob das Unterfangen gelingt (oder misslingt), ob es zu Konservierungs- oder Transformationsprozessen kommt.

Medien als Produkte von Denkstilen

Zentrale Bedeutung kommt dabei in erster Linie der Art der Lösung des Relevanzproblems zu, welches von der kulturbedingten Institutionalisierung kommunikativen Handelns abhängt. Dabei gilt es zu bedenken, dass Medien als

Formen der Institutionalisierung von Kommunikation nicht allein als Artefakte, sondern vielmehr als „Mentefakte" (Hartley 1996: 2) zu verstehen sind. Als spezifische Form der Kommunikationsorganisation stehen Medien, auch öffentlich-rechtliche, in der Mediengesellschaft für eine „kapitalistische Form von Sprache", die „Produkte sozialer Technologien" erzeugen.[7] Dies verdeutlicht die Vielgestaltigkeit der Lösungsmöglichkeiten für das Relevanzproblem, entsprechend der Intentionen der Kommunizierenden. Gerade im Zusammenhang mit der in den Programmrichtlinien festgehaltenen Notwendigkeit der Behandlung von Randthemen durch öffentlich-rechtliche oder auch Public-Service-Anbieter wird dies erkennbar (vgl. ORF 2005). In Anlehnung an Ausführungen Pörksens, der sich mit der Bedeutung konstruktivistischen Denkens als Reflexionsbasis eines selbstkritischen Journalismus sowie einer selbstkritischen Journalistik beschäftigt, lässt sich hier formulieren: „Denkstile sind Schreibstile" (Pörksen 2006: 21), gleich ob es sich um einen linearen oder einen audio-visuellen Text handelt. Form und Inhalt sind schwer zu trennen. Die Art und Weise, wie Beiträge gestaltet werden, richtet sich, trotz gesetzter formaler und inhaltlicher Normierung, unweigerlich nach der Intention des Gestalters.

Medien als Teilsystem der Gesellschaft, geben den Akteuren Handlungsorientierungen vor, womit Kontingenzen und Interdependenzen in Handlungssituationen bewältigbar gestaltet werden können (vgl. Schimank 1988: 620–624). Diese Handlungsorientierung sind letztlich nichts anderes als „simplifizierende Abstraktionen, die gesellschaftliche Akteure benutzen, wenn sie konkrete soziale Situationen als Ausprägungen der Handlungslogik eines gesellschaftlichen Teilsystems interpretieren (...)" (Schimank 1988: 634). Es handelt sich dabei somit um *abstrakte Fiktionen*, welche eine Erwartung steuernde Wirkung entwickelt haben. Diese *abstrakten Fiktionen* schlagen sich aber nicht nur auf das Selbstverständnis von Medienschaffenden nieder und wirken hier als Regeneratoren des Vorhandenen bzw. als Generatoren neuer Facetten des Selbigen, sondern sind auch in ihrem Image (der gesellschaftlichen Sicht, der Publikumssicht sowie dem Bild der Konkurrenz auf diese) zu finden.

Vertrauen und Glaubwürdigkeit als Schlüsselfaktoren

Der Aspekt *Vertrauen* ist eng mit dem Faktor *Glaubwürdigkeit* verknüpft, weshalb die beiden Begriffe meist synonym gebraucht werden. Die Forschung ist hier leider oft auf den Aspekt der Rolle der Informationsvermittlung reduziert. Letztlich handelt es sich bei den in der Journalistik angewendeten Konzepten

---

7   Rudi Renger (2004:363) als Vertreter der Cultural Studies spricht in diesem Zusammenhang, in Anlehnung an Dahlgren (1988) und Dijk (1988), von klassischen medialen Produkten ebenso wie von institutionellen und gesellschaftlichen Diskurse der Erhaltung sowie von kritische Praktiken oder Alltagshandlungen.

daher um unspezifische Modelle zur Annäherung an das Phänomen „Medienglaubwürdigkeit". Unspezifisch sind sie deshalb, weil sie sich kaum von allgemeinen Prinzipien der Kommunikation unterscheiden. Der in der Mediengesellschaft zentrale Aspekt der Problemlösungskompetenzen leidet besonders darunter (vgl. Kohring 2004: 73f).

Diese Verkürzung führt dazu, dass Glaubwürdigkeit auf den Aspekt der möglichst objektiven Darstellung sozialer Realität und somit der Fokus auf den zur Objektivität verpflichteten Informationsvermittler beschränkt wird. Der für das Vertrauen des Rezipienten wichtige Faktor „Selektivität" wird dabei völlig außer Acht gelassen. Vertrauen als ein Mechanismus sozialer Komplexitätsreduktion (Vertrauen statt Kontrolle) – nur so ist gesellschaftliche Differenzierung möglich – Vertrauen in Programmierung und Organisationsform, somit in die Funktionalität der einzelnen Subsysteme, bleibt unkalkulierbar (vgl. Kohring 2004: 184f). Wenngleich Kohring sich in seinen Ausführungen auf Journalismus bezieht, verfügen seine Ausführungen auch für Überlegungen zu Grundprinzipien der Planung und Gestaltung öffentlich-rechtlicher Angebote, gleich ob diese dem Informations- oder dem Unterhaltungsbereich zuzurechnen sind, über besondere Relevanz. Der Faktor Vertrauen spielt gerade im öffentlichen Legitimationsdiskurs rund um öffentlich-rechtlichen Rundfunk eine wesentliche Rolle.

Anbetracht der Fülle möglicher Informationsquellen stellen Aufmerksamkeitsgenerierung und Selektion für Qualitätsmedien gerade hinsichtlich Vertrauensbildung und Legitimierung zwei wesentliche Aspekte dar. In Anlehnung an Kohring sind dabei Selektionsdimensionen zu unterscheiden, die aus der Position der Publikumserwartungen hinsichtlich der Funktionalität eines Mediums für Vertrauen besondere Bedeutung erlangen. Dabei handelt es sich um Vertrauen in: Themenselektion, Faktenselektivität, Richtigkeit von Beschreibungen und explizite Bewertungen (vgl. Kohring 2004: 262). Diese Ausführungen Kohrings gelten auch für an Werten orientierte Medien. Betrachtet man beispielsweise die Selbstthematisierung des ORF, so stehen hier Herstellung und Vermittlung von individuellen Werten ebenso im Vordergrund wie gesellschaftliche Werte. Vertrauen (als Individualwert) und Orientierung (als Gesellschaftswert) nehmen dabei einen besonderen Stellenwert ein. Vor allem Themenselektion und Faktenselektivität sind Aspekte, die im Zusammenhang mit der Programmplanung zentral erscheinen. So sollen in öffentlich-rechtlichen Medien unterhaltende und informative Inhalte geboten werden, die u. a. Service, Wissen, Vielfalt, Bürgernähe, Kultur bieten (vgl. ORF 2010). Dies ist eine Zieldefinition, die besondere Selektionsleistungen verlangt.

Transparenz durch kritische Selbstdarstellung

Bedenkt man die Position öffentlich-rechtlicher Medienanstalten in Anbetracht der veränderten medialen Bedingungen, so stellt sich die Frage, wie sich die Selektionsdimensionen auf Publikumserwartungen und Publikumsverhalten auswirken. Die beschriebenen Selektionsdimensionen bedürfen gerade bei Medien mit besonderem gesellschaftlichen Anspruch einer zusätzlichen Größe: der Transparenz. Ein zentrales Anliegen einer solchen als Qualitätsmedium veranschlagten Institution, will sie sich das Vertrauen der Rezipienten/Bürger erhalten, muss daher sein, dass es nicht nur Transparenz über einzelne (auch Minderheiten-) Themen herstellt. Vielmehr sollte es darum gehen, Transparenz über das eigene Unternehmen, seine Aufgaben, Werthaltungen, Prozesse und Produkte herzustellen. Dabei ist ähnlich dem Problemkontext des Medienjournalismus ein „Spagat zwischen Laien- und Fachpublikum" zu bewerkstelligen (vgl. Ruß-Mohl/Fengler 2002: 189). Diese Selbstthematisierung sollte sich nicht ausschließlich auf effiziente Struktur- und Objektbeschreibungen reduzieren. Auch detaillierte Analysen und Hintergrundinformationen, die „mediale und subjektive, öffentliche und persönliche Kommunikationsabsichten (...) miteinander konfrontiert und ko-orientiert" (Bauer 2002: 195) wären wünschenswert. Gerade diese Konfrontation wäre wesentliche Voraussetzung für das Entstehen jener „praktischen Intersubjektivität, die aus der Perspektive von Kommunikationsethik den [... Rezipienten und Bürgern, Anm. d. A.] die Gewinnung von Medienkompetenz erlauben würde" (Bauer 2002: 195).

6 Öffentlich-rechtliche Medien als Plattform und Gegenstand von Inszenierung und Projektion

Gesellschaftliche Wandlungs- und Differenzierungsprozesse fördern in den verschiedensten Bereichen der Medienkultur den verstärkten Einsatz von Prinzipien der Selbstdarstellung und Selbstvermarktung. Erfolg hängt dabei je nach Handlungsfeld und thematischem Kontext mehr oder minder von Selbstdarstellungs- und Inszenierungsfaktoren ab, gleich ob es sich bei den Akteuren um Individuen oder Organisationen handelt. Notwendigkeit und Problematik dieses Zwangs zur Selbstthematisierung und Inszenierung umschreibt Niklas Luhmann treffend, wenn er meint:

> „Bei ihrer Selbstdarstellung verwickelt sich eine Organisation (...) notwendig in gewisse Schwierigkeiten und Paradoxien, die nur dadurch lösbar sind, dass man die Darstellung auf einen Teil der Wirklichkeit beschränkt, dass man nur einige Räume seines Hauses zugänglich macht. Wie für die internen Funktionen der formalen Systeme Symbole und Erwartungen generalisiert werden müssen, so sind im externen Verkehr Idealisierungen erforderlich. Wirklichkeiten sind nicht von selbst akzeptabel." (Luhmann 1972: 112)

Es gelte daher eine „ideale, sozial gefällige Identität" (Luhmann 1972: 115) zu entwickeln und diese nach außen zu kommunizieren, andernfalls komme es zu Anpassungsproblemen. Eine wirksame Selbstdarstellung sei, so Luhmann weiter, für jedes soziale System von zentraler Bedeutung. „Überzeugende Gestaltung ist nur in begrenztem Raum möglich. Sie setzt unzulängliche Bereiche voraus, in denen sie unter Ausschluss der Zuschauer produziert wird." (Luhmann 1972: 115f)

Der Public-Value-Diskurs als Inszenierung 2. Ordnung

In der resultierenden Inszenierungskultur werden Strategien zur Erregung und Steuerung von Aufmerksamkeit in gesellschaftlichen Bereichen angewendet. Dabei kommt es zur Ereigniserzeugung, die in erster Linie der Inszenierung selbst dient und auf den der Gesellschaft bestehenden Werten und den mit diesen verbundenen Wertestrukturen aufbaut. Beschäftigt man sich näher mit den gesellschaftstheoretischen Grundsätzen von Theatralik und Performation, kommt man zum Schluss, dass gesellschaftliche Inszenierung keine wirklich neue Entwicklung darstellt, denn gesellschaftliche Vorgänge waren schon immer grundsätzlich theatralisch und performativ (vgl. Willems 1998; Goffman 1971, 1981 und 2007; Hitzler 1998). So werden seit jeher Ereignisse und Diskurse organisiert, um gesellschaftliche Vorgänge zu verdichten. Diese bieten dann eine symbolische Projektionsleinwand für kollektive Erwartungen, Ängste, Hoffnungen und Wünsche (vgl. Fiebach 1996). Dass hierbei immer schon Legitimierungsansinnen im Hintergrund stehen und Medien als Mittel zum Einsatz kommen, ist naheliegend. Neu ist hingegen, dass nun Medien nicht mehr ausschließlich als Mittel bzw. Träger der Inszenierung eingesetzt werden, sondern sich selbst legitimieren und inszenieren müssen und damit selbst zum Thema erhoben werden, was, wie im Public-Value-Diskurs deutlich wird, sich im Sinne einer Inszenierung 2. Ordnung ausgestaltet. Denn Medien wenden dabei nicht selten die Strategie an, sich zu inszenieren, indem sie sich auf die Performanz andere Medien beziehen.[8]

Analytisch betrachtet geht es bei den Inszenierungen 1. Ordnung darum, durch Thematisierung und damit Herstellung oder Reproduktion von Relationen, Öffentlichkeit, Gesellschaft und Kultur am Laufen zu halten. Medien stellen in diesem Zusammenhang nichts Anderes als eine kulturelle Technik der Herstellung von Anschlusskommunikation dar. Bei der zweiten Ebene geht man nun einen Schritt weiter. Das Gefüge hinter dieser *Kulturtechnik* soll betrachtet

---

8   Ein Beispiel hierfür bietet die Thematisierungsoffensive durch den VÖP (Verband Österreichischer Privatsender) und seiner Mitglieder (beispielsweise der TV-Trailer von Puls 4) im Rahmen des neuen ORF-Gesetzes.

werden. Denn die Beschäftigung mit dem Mediensystem gibt Aufschluss über das Selbstverständnis der Gesellschaft, respektive der Kultur, für welche diese Anschlusskommunikation erzeugt.

Projektionsfläche ORF

Das Funktionssystem öffentlich-rechtlicher Rundfunk ist demnach ein in Veränderung begriffenes Zwischenergebnis eines Prozesses, der aus Rollenzuweisung und Rollenannahme, Rollendefinition und Rollenausgestaltung besteht und somit von mehreren Seiten getragen wird. Öffentlich-rechtlicher Rundfunk dient dabei als Plattform ebenso wie als Projektionsfläche für gesellschaftliche Wünsche und kulturell bedingte Bedürfnisse. „Insofern solche Vorgänge über Medien dargestellt und vermittelt werden, werden nicht die Ereignisse ausgetauscht, sondern die Bedeutung dieser Ereignisse wird kommuniziert, diskutiert oder reflektiert." (Bauer 2002: 197) Betrachtet man also das *Fremdverständnis*, das Image des öffentlich-rechtlichen Rundfunks, so erfährt man über die darin beinhalteten Erwartungen seitens der Gesellschaft, wie sich diese selbst verstehen möchte. Betrachtet man das Selbstverständnis des öffentlich-rechtlichen Rundfunks, so erhält man über die hierin befindlichen Erwartungs-Erwartungen einerseits das Bild, das öffentlich-rechtlicher Rundfunk von sich selbst macht, andererseits jenes Bild, das er von der ihm umgebenen Gesellschaft hat, und schließlich auch das Bild, das er vermutet, dass die Gesellschaft sich von ihm machen würde. Selbst- und Fremdbild fließen somit als Kontextbedingung in alle Handlungsabläufe und die resultierenden Produkte ein.

Betrachtet man nun die Diskussion über Public-Value, wird deutlich, dass unsere Gesellschaft noch stark an Vorstellungen über die Erziehung des Bürgers zur Mündigkeit mittels Vermittlung des durch traditionelle Definitionsmächte festgelegten Wissens verhaftet ist. Angesichts des sinkenden Interesses an klassischem öffentlich-rechtlichen Content (wie Bildungs-, Service- und Informationsprogrammen), bei der Jugend, ist zu befürchten, dass hier eine wichtige Chance der Einbindung der jungen Zielgruppe verschlafen werden könnte.

Leider dürfte auch hier gelten: „Reflexion ist der unwahrscheinlichste Fall einer weitverbreiteten Technik der Relationalisierung." (Luhmann 2005: 90) Mit Relationalisierung ist eine Verweisstruktur gemeint, die zu lebensweltlichen Sinnhorizonten führt. Die dabei verknüpften Relationen sind kontingente Mentefakte, welche Erleben und Handeln ermöglichen und gestalten. Die Verknüpfungen könnten aber auch anders verlaufen. Die Bedingungen der Möglichkeit definieren ihren Charakter. Dem gegenüber ist Reflexion als Prozess zu verstehen, mit dem die entwickelten Relationen und das damit verknüpfte Handeln hinsichtlich der Grundstruktur ihrer Verknüpfung Betrachtung finden. Das Programm oder System versucht ein Verhältnis zu sich selbst herzustellen. Es macht sich selbst zum Thema der Beobachtung und schafft so die notwendige Transparenz, die Partizipation ermöglichen soll.

Relationierung und Reflexion als Chance

Will sich öffentlich-rechtlicher Rundfunk als ein zentrales Kommunikationssystem der Gesellschaft verstehen und damit als Plattform für Relationierung dienen, so darf er sich nicht mit der Herstellung und Konservieren bestehender Relationen begnügen. Vielmehr sollte er den Raum für Reflexionsanstöße bieten, um den Mitgliedern der Gesellschaft das Hinterfragen der hinter dem Bestehenden stehenden Struktur zu ermöglichen. Wer, wenn nicht öffentlich-rechtlicher Rundfunk kann es schaffen das notwendige Maß an Transparenz herzustellen bzw. entsprechende partizipative Räume zu gestalten?

Wenngleich im aktuellen Diskurs der öffentlich-rechtliche Rundfunk ins Zentrum gerückt ist, stellt die Herstellung eines öffentlichen Mehrwerts aber eine Grundaufgabe aller Medienschaffenden dar.[9] Der Public-Value-Diskurs spricht mit dem Begriff Public Value oder Public Service auf abstrakter Ebene an, was im Fachdiskurs mit den formulierten sozialen und politischen Funktionen der Medien, wie beispielsweise Sozialisations- und Integrationsfunktion, Öffentlichkeits- und Artikulationsfunktion sowie Kritik- und Kontrollfunktion, Behandlung findet. Eine kritische Erweiterung des Diskurses kann daher nur als eine Frage der Zeit gesehen werden. Denn angesichts der Multiperspektivität medial gestalteter Öffentlichkeit scheint eine nachhaltige Reflexion von Optionalität und Funktionalität des gesamten Leistungssystems „Medien" nötig.

Wollen öffentlich-rechtliche Medienanbieter den Ansprüchen moderner Gesellschaft entsprechen und dem ihnen zugewiesenen Stellenwert weiterhin gerecht werden, sollten sie sich gerade an diesem Selbstverständigungsdiskurs weniger defensiv, sondern vielmehr aktiv und progressiv beteiligen. In seiner Selbstdarstellung wäre es für seine Positionierung in der Diskussion sinnvoll, würde sich öffentlich-rechtlicher Rundfunk nicht nur als Integrationsprogramm, sondern ebenso als Irritationsprogramm der Gesellschaft begreifen. Dies ist aber nur möglich, wenn er den Public-Value-Diskurs auch nutzen würde, um sich als Irritationsprogramm für sich selbst begreifen zu lernen. Schafft er dies nicht, ist zu befürchten, dass er sich von einer potenziellen Kommunikationsplattform – und damit einer aktiven Rolle der Mitgestaltung gesellschaftlicher Realität – zunehmend in Richtung eines Objekts der Projektion entwickeln wird. Seine Selbstdarstellung würde dann zunehmend konterkariert von den Darstellungen anderer Medien, federführend durch die private Konkurrenz. Das Ergebnis: Eine

---

[9]   Siehe dazu u. a. den Beitrag von Norbert Schneider in diesem Buch.

Inszenierung, die er nicht mehr aussitzen kann ohne seine Legitimation zu verlieren.

Literatur

Adler, Hans (2010): Werte der Aufklärung – Aufklärung der Werte. In: Hepp/Höhn/Wimmer (Hg.) (2010): 109–119

Baecker, Dirk (2003): Wozu Kultur? Berlin: Kadmos

Bauer, Thomas A. (2000): Zukunft der Kommunikationswissenschaft – Kommunikationswissenschaft der Zukunft. In: Medien Journal. Heft 2. 47–58

Bauer, Thomas A. (2002): Die Kompetenz ethischen und ästhetischen Handelns. Medienethik aus medienpädagogischer Perspektive. In: Karmasin (Hg.) (2002): 194–219

Bonfadelli, Heinz/Meier, Werner A. (2004): Informationsgesellschaft oder Mediengesellschaft?. In: Imhof et al. (Hg.) (2004): 57–78

Christl, Reinhard/ Süssenbacher, Daniela (Hg.) (2010): Der öffentlich-rechtliche Rundfunk in Europa. ORF, BBC, ARD & Co auf der Suche nach dem Public Value. Wien: Falter

Douglas, Mary (1982): Essays in the Sociology of Perception. London: Routledge

Fiebach, Joachim (1996): Theatralitätsstudien unter kulturhistorisch-komparatistischen Aspekten. In: Fiebach/Mühl-Benninghaus (Hg.) (1996): 9–67

Fiebach, Joachim/Mühl-Benninghaus, Wolfgang (Hg.) (1996): Spektakel der Moderne. Bausteine zu einer Kulturgeschichte der Medien und des darstellenden Verhaltens. Berlin: Vistas

Goffman, Erving (1971): Verhalten in sozialen Situationen. Strukturen und Regeln der Interaktion im öffentlichen Raum. Gütersloh: Bertelsmann

Goffman, Erving (1981): Strategische Interaktion. München: Hanser

Goffman, Erving (2007): Wir alle spielen Theater. Die Selbstdarstellung im Alltag. München: Piper

Habermas Jürgen (1981): Theorie des kommunikativen Handelns. 2 Bde. Frankfurt am Main: Suhrkamp

Hartley, J. (1996): Popular Reality. Journalism, Modernity, Popular Culture. London: Sage

Hepp, Andreas/Winter, Rainer (Hg.) (1997): Kultur – Medien – Macht. Cultural Studies und Medienanalyse. Opladen: Westdeutscher Verlag

Hepp, Andreas/Höhn, Marco/Wimmer, Jeffrey (Hg.) (2010): Medienkultur im Wandel. Konstanz: UVK

Hepp, Andreas/Höhn, Marco/Wimmer, Jeffrey (2010): Medienkultur im Wandel. In: Hepp et al. (Hg.) (2010): 9–37

Hitzler, Ronald (1998): Das Problem sich verständlich zu machen. In: Willems/Jurga (Hg.) (1998): 93–105

Imhof, Kurt (2004): Einführung. In: Imhof et al. (Hg.) (2004): 19–30

Imhof, Kurt/Blum, Roger/Bonfadelli, Heinz/Jarren, Otfried (Hg.) (2004): Mediengesellschaft. Strukturen, Merkmale, Entwicklungsdynamiken. Wiesbaden: VS

Imhof, Kurt (2006): Mediengesellschaft und Medialisierung. In: Medien & Kommunikationswissenschaft. Heft 54. 191–215

Karmasin, Matthias (Hg.) (2002): Medien und Ethik. Stuttgart: Reclam

Karmasin, Matthias (2004): Paradoxien der Medien. Über Widersprüche technisch erzeugter Wirklichkeiten. Wien: Facultas

Kohring, Matthias (2004): Vertrauen in Journalismus. Theorie und Empirie. Konstanz: UVK

Krotz, Friedrich (2010): Kommunikations- und Medienwissenschaft unter den Bedingungen von Medienkultur. In: Hepp et al. (Hg.) (2010): 93–105

Latzl, Daniela (2010): Großbritannien. In: Christl/Süssenbacher (Hg.) (2010): 201–242

Löffelholz, Martin (Hg.) (2004): Theorien des Journalismus. Wiesbaden: VS

Luhmann, Niklas (1972): Einfache Sozialsysteme. In: Zeitschrift für Soziologie. 1. 51–63

Luhmann, Niklas (1992): Die Wissenschaft der Gesellschaft. Frankfurt am Main: Suhrkamp

Luhmann, Niklas (2005): Selbst-Thematisierung des Gesellschaftssystems. In: Luhmann (Hg.) (2005): 89–127

Luhmann, Niklas (Hg.) (2005): Soziologische Aufklärung 5. Konstruktivistische Perspektive. 2. Auflage. Wiesbaden: VS Verlag

Münch, Richard (1991): Dynamik der Kommunikationsgesellschaft. Frankfurt am Main: Suhrkamp

Neuberger, Christoph (1996): Journalismus als Problembearbeitung. Objektivität und Relevanz der öffentlichen Kommunikation. Konstanz: UVK

Neumüller, Marlies (2010): Österreich. In: Christl/Süssenbacher (Hg.) (2010): 19–63

ORF (2005): Programmrichtlinien (P-RL). Allgemeine Richtlinien des Österreichischen Rundfunks (ORF) für Programmgestaltung, Programmerstellung und Programmkoordinierung in Hörfunk, Fernsehen, Onlinediensten und Teletext. Wien: ORF. Online: publikumsrat.orf.at/prl2006.pdf (15.06.2010)

ORF (2010): Wert über Gebühr. Public Value Bericht 2009/2010. Wien: ORF

Pörksen, Bernhard (2006): Die Beobachtung des Beobachters. Eine Erkenntnistheorie der Journalistik. Konstanz: UVK

Renger, Rudi (2004): Journalismus als kultureller Diskurs. Grundlagen der Cultural Studies als Journalismustheorie. In: Löffelholz, Martin (Hg.) (2004): 359–371

Ruß-Mohl, Stephan/Fengler, Susanne (2002): Scheinheilige Aufklärer? Wie Journalisten und Medien über sich selbst berichten. In: Karmasin (Hg.) (2002): 175–193

Schimank, Uwe (1988): Gesellschaftliche Teilsysteme als Akteurfiktionen. In: Kölner Zeitschrift für Soziologie und Sozialpsychologie. 40/Heft 3. 619–639

Schmidt, Siegfried J. (2000): Kalte Faszination. Medien, Kultur, Wissenschaft in der Mediengesellschaft. Weilerswist: Velbrück

Süssenbacher, Daniela (2010a): Niederlande. In: Christl/Süssenbacher (Hg.) (2010): 135–158

Süssenbacher, Daniela (2010b): Dänemark, Schweden, Norwegen. In: Christl/Süssenbacher (Hg.) (2010): 159–200

Troxler, Regula (2010a): Schweiz. In: Christl/Süssenbacher (Hg.) (2010): 65–97

Troxler, Regula (2010b): Frankreich. In: Christl/Süssenbacher (Hg.) (2010): 243–267

Willems, Herbert (1998): Inszenierungsgesellschaft? Zum Theater als Modell, zur Theatralität von Praxis. In: Willems/Jurga (Hg.) (1998): 23–79

Willems, Herbert/Jurga, Martin (Hg.) (1998): Inszenierungsgesellschaft. Ein einführendes Handbuch. Wiesbaden: Westdeutscher Verlag

Winter, Rainer (1997): Cultural Studies als kritische Mediendimension. Vom „encoding/decoding"-Modell zur Diskursanalyse. In: Hepp/Winter (Hg.) (1997): 47–63

II. Public Value: Auswirkungen in der Praxis

Public Value – Die europäische Dimension

Stoyan Radoslavov & Barbara Thomaß

Zur Einführung

Den Begriff „Public Value" ins Deutsche zu übersetzen, stellt eine große Herausforderung dar – in linguistischer, kultureller, aber vor allem in medienpolitischer Hinsicht. Bei ihrem Eintritt in den deutschsprachigen Diskurs unterlagen verwandte Begriffe, wie „Public Service Broadcasting" und „Public Value Test", bereits einer signifikanten juristischen Anpassung, und ihr Bedeutungsgehalt wurde jeweils auf eine rechtliche Organisationsform (öffentlich-rechtlichen Rundfunk) und einen konkreten Prozessablauf (Dreistufentest) reduziert.

Eine konkrete Übersetzung von Public Value durchzusetzen, wäre gegenwärtig jedoch schwierig, da die Begriffsdeutungshoheit ein hart umkämpftes Terrain darstellt. Je nach Interessenlage und Zielsetzung werden spezifische Aspekte und Implikationen in den Mittelpunkt gerückt (Karmasin 2009: 91). Öffentliche und private Rundfunkanbieter, Bürger und Konsumenten haben divergierende Erwartungen an die Funktionalität des Begriffes. Kompromissformeln wie „Mehrwert für Alle" liefern zwar eine akzeptable Version für alle Beteiligten, sie entbehren jedoch einer aussagekräftigen Begriffsprogrammatik (Hasebrink 2007: 39).

Anstatt im hermeneutischen Sinne weiter nach einer passenden Übersetzung für Public Value zu suchen, diversifiziert der folgende Beitrag drei prägende Begriffsdimensionen und ordnet sie in die jeweiligen medienpolitischen Diskurse ein. Hierzu wird zunächst die Annahme vertreten, dass, abseits ihrer institutionellen Implementierung, (1) Public Value sowohl eine methodische (2) als auch eine inhaltliche Bedeutung (3) aufweist. Während die methodische Perspektive auf den Grundannahmen der Medienmeritorik und Media Governance beruht, setzt sich die inhaltsorientierte Herangehensweise mit drei verschiedenen Vorstellungen von Rundfunk und Gemeinwohl in Europa auseinander und ordnet diesen Vorstellungen konkrete Funktionen zu. Im zweiten Teil des Artikels wird die produktive Kongruenz der Begriffsdimensionen von Public Value mit der normativen Vorstellung einer europäischen Öffentlichkeit erörtert.

Damit die institutionelle Genese des Konzepts präziser eingeordnet werden kann, ist vorab ein kurzer Exkurs über die aktuelle Lage des öffentlichen Rundfunks in Europa notwendig.

1 Public Value als Legitimationsstrategie

Ein halbes Jahrhundert lang lieferte das Knappheitsargument die legitimatorische Grundlage für die Existenz des öffentlichen Rundfunks. Im Zeitalter der Rundfunkpolitik galt die Frequenzknappheit als wichtigster Grund für die binnenpluralistische Regulierung der öffentlichen Kommunikation (Moe 2009: 189). Rundfunkfrequenzen wurden somit öffentlichen (oder auch staatlichen) Institutionen anvertraut, die den nationalstaatlich ausgehandelten gesellschaftlichen Auftrag möglichst ausgewogen und integrativ zu erfüllen hatten.

In den 1980er Jahren beginnt jedoch dieses langjährige öffentliche Rundfunkmonopol mit schwerwiegenden Folgen für die Identität des öffentlich-rechtlichen Rundfunks zu bröckeln. Diese Kausalbeziehung lässt sich am deutlichsten anhand der europaweiten Konvergenzprozesse in fast allen medienrelevanten Bereichen nachvollziehen:

- *Technische Konvergenz:* Kabel, Satellit und vor allem Digitalisierung ermöglichen neue Mediendienste, die eine klare Differenzierung zwischen ehemals abgetrennten Kommunikationskanälen erschweren.
- *Ökonomische Konvergenz:* Die Ökonomisierung der Medienlandschaft und das Aufkommen des privaten Fernsehens führen neue Kommunikations- und vor allem Geschäftsmodelle ein und setzen das Prinzip des Wettbewerbs im Medienbereich allmählich durch.
- *Inhaltliche Konvergenz:* Der wachsende Wettbewerb auf dem Rezipienten- und Werbemarkt führt zu einer systematischen Überversorgung mit homogenen, massentauglichen Unterhaltungsformaten auf Kosten von Informations- und Bildungsangeboten (Collins 2007: 165).
- *Rezeptive Konvergenz:* Fragmentierung, Individualisierung und Präferenzenwandel beim Medienpublikum beeinträchtigen die Beziehung zu den Rezipienten nach dem klassischen Sender-Empfänger-Modell, da eine eindeutige Trennung zwischen Massen- und Individualkommunikation nicht mehr gegeben ist.
- *Geographische Konvergenz:* Mit der Ausweitung der regulativen Kompetenzen der Europäischen Union verliert auch die nationalstaatlich organisierte Regulierung der öffentlichen Kommunikation ihre Unantastbarkeit.
- *Regulative Konvergenz:* Zusätzlich rücken die Regulierungsgrundsätze des Rundfunk- und Telekommunikationsbereichs immer näher, indem vor allem der Rundfunkbereich an Regulierungsschärfe verliert.

Die Entwicklung oben beschriebener Konvergenzphänomene führt zu einem starken Profilverlust der öffentlich-rechtlichen Anbieter in der neuen Medienlandschaft und erhöht somit ihren Legitimationsdruck vor Rezipienten, Wettbewerbern und Regulierern. Leistungskriterien wie Quotenorientierung, Wirtschaftlichkeit und Effizienz werden zwar im Sinne des New Public Managements eingesetzt, um den öffentlichen Rundfunk an die neuen Wettbewerbsbedingungen anzupassen, verfehlen jedoch ihr tatsächliches Ziel *„by hitting the target but missing the point"* (Collins 2007: 169) und bringen einen gravierenden Profilverlust mit sich.

Das Knappheitsargument ist schon lange vielmehr eine Entschuldigung als eine Begründung für die Regulierung der öffentlichen Kommunikation (McCougan 1999: 184). Die Suche nach einer neuen Legitimations- und Identitätsquelle ist überfällig.

Bei der Wiederaufnahme der Diskussionen um die Erneuerung der Royal Charter in Großbritannien veröffentlicht die BBC (2004) ihr Strategiepapier für das nächste Jahrzehnt. Selbst von Kritikern als medienpolitischer Meilenstein und radikaler Paradigmenwechsel bezeichnet (Collins 2007: 167), passt *„Building Public Value"* das klassische Public-Value-Management-Konzept von Mark Moore (1995) an die britischen medien- und kulturpolitischen Bedingungen an und setzt es als *key regulatory criterion* bei der flexiblen Aushandlung des öffentlichen Mehrwerts einzelner Medienangebote ein.

Diese strategische Neuausrichtung erlaubt es der BBC, sich sowohl vom staatlichen Einfluss als auch von den Gesetzen des Medienmarktes abzugrenzen und sich als öffentlich verwalteter Public-Value-Hersteller neu zu profilieren. Besondere Merkmale wie *public service ethos*, *transparency* und *accountability* rücken zunehmend in den Vordergrund (Collins 2007: 177).

Die europaweite Resonanz des neuen Konzeptes ist beachtlich. Das magische Stichwort durchdringt Legitimationsdebatten zum öffentlichen Rundfunk quer durch den Kontinent: Public-Value-Tests überprüfen den öffentlichen Mehrwert bevorstehender Angebote, Public-Value-Berichte deuten das Erbrachte nach neuen Leistungskategorien um. Ähnlich wie Corporate Social Responsibility bei den kommerziellen Anbietern, soll Public Value vor allem den gesellschaftlichen Nutzen und die Verantwortung des öffentlichen Rundfunks aufzeigen (Karmasin 2009: 95).

Die euphorische Implementierung des Konzeptes zum Zwecke der institutionellen Legitimation öffentlicher Rundfunkanbieter birgt jedoch die Gefahr, dass ein Konzept mit enormem Potenzial zur flexiblen Konkretisierung ihres öffentlichen Beitrags lediglich zu einem temporären Instrumentarium ihrer Öffentlichkeitsarbeit marginalisiert wird. Mit anderen Worten: *Public Value is not Public Relations.*

Um einer eventuellen institutionellen Ausbeutung des Begriffes entgegenzuwirken, ist es deswegen erforderlich, Public Value in den einschlägigen medienpolitischen Diskurs einzubetten und anhand bestehender Prämissen und Befunde zu erläutern. Hierzu wird die Frage, was eigentlich Public Value sei, auf zweierlei Weise beantwortet: Public Value ist Methode – Public Value ist Inhalt.

2 Public Value als Methode zur Festlegung des Programmauftrags

Zunächst einmal stellt Public Value einen innovativen methodischen Zugang zur Regulierung der Produktion öffentlicher Güter im Medienbereich dar. Um ihn näher zu erörtern, sind zwei Grundkonzepte mit einzubeziehen: Medienmeritorik und Media Governance.

2.1 Medienmeritorik

Aus ökonomischer Perspektive liefert der aus der Wirtschaftstheorie stammende Ansatz der meritorischen Güter die erste plausible Rechtfertigung für die Aufrechterhaltung des öffentlichen Rundfunks, ohne sich dabei auf die klassische Dichotomie zwischen Wirtschaft und Kultur im Medienbereich zu beziehen. Eine zentrale Rolle wird hierbei der Annahme des Marktversagens zugeschrieben, nach der der Medienmarkt allein nicht in der Lage ist, Güter von öffentlichem Interesse hervorzubringen. Eine Kompensation des Marktversagens wird somit zur Hauptaufgabe der interventionistischen Regulierung im Medienbereich.

Wäre der Medienmarkt heute noch angebotsorientiert, gestaltete sich die Regulierung meritorischer Güter um einiges einfacher. Aufgrund oben beschriebener Konvergenzprozesse geht man jedoch schon lange von einem nachfrageorientierten Markt aus, auf dem die Konsumentensouveränität zur *heiligen Kuh der Medienwirtschaft* geworden ist (vgl. Kops 2005).

In diesem Zusammenhang wird die Bestimmung der Meritorik öffentlicher Güter äußerst problematisch, da ihr Wert zumeist über die individuellen Präferenzen der Medienkonsumenten hinausgeht. Die BBC unterscheidet zwar zwischen „consumer value" und „citizen value" (BBC 2004: 29), die prozedurale Frage allerdings, wer über den citizen value eines Medienangebotes entscheiden darf, bleibt.

Paternalistische Ansätze à la Reith und Musgrave gehen mit dieser Problematik ziemlich rigoros um, indem sie individuelle Präferenzen als verzerrt abwerten und dafür plädieren, dass kompetente externe Entscheidungsträger diese Fehleinschätzung korrigieren (Lobigs 2005: 26). Im nachfrageorientierten Medienmarkt wird diese Herangehensweise als veraltet, elitär und geschmacksdiktatorisch betrachtet. An ihrer Statt wird nach einem demokratischen und rezipientenfreundlichen Entscheidungsmechanismus über den meritorischen Mehrwert neuer Angebote gesucht. Das Public-Value-Konzept scheint hier auf eine interessante Lösung zu verweisen: Media Governance.

2.2 Media Governance

Als normatives Modell steht Media Governance für eine deliberative Demokratisierung der Medienregulierung und fordert die Einbeziehung aller relevanten Stakeholder in den Prozess der Entscheidungsfindung (Haas/Wallner 2007: 132–133). Im Public-Value-Modell erfolgt dies vor allem durch die öffentliche Überprüfung des gesellschaftlichen Mehrwertes neuer Angebote (durch Public-Value-Tests), die mit Hilfe Governance-spezifischer Ansätze wie *transparency* (offene Diskussionen und Anhörungen) und *accountability* (Public-Value-Berichte) ermöglicht wird.

Die Adoption des Public-Value-Ansatzes führt somit zu einer Öffnung des internen Qualitätsmanagements, wonach die Erzielung von citizen value anhand öffentlich-ausgehandelter Qualitätskriterien gemessen wird: Als solche schlägt die BBC vier Orientierungsgrößen vor: *„reach, impact, quality and value for money"* (BBC 2004: 16). Hieraus entsteht ein Governance-Regime (Collins 2007: 166), das durch eine methodische Schärfe und inhaltliche Flexibilität geprägt ist, denn:

> „Es geht nicht um eine taxative Aufzählung von Inhalten und eine Überregulierung des Programmauftrages, sondern um Legitimation und Präzisierung der öffentlich-rechtlichen Kernkompetenz in einem offenen stakeholder-orientierten Verfahren." (Karmasin 2009: 97)

Der *citizen value* der öffentlich-rechtlichen Angebote soll also fallbezogen in einem offenen Dialog mit allen Stakeholdern ausgehandelt werden. Bei dieser Annahme macht sich jedoch bereits die Spannweite zwischen normativen Visionen und empirischen Befunden bemerkbar: Wie intensiv kann die Zivilgesellschaft in solche Entscheidungsprozesse mit einbezogen werden? Und: Wie hoch ist die Gefahr, dass wirtschaftlich motivierte Wettbewerber öffentliche Governance-Diskussionen zu ihren Gunsten lenken? Inwieweit wird das gesellschaftliche Gemeinwohl hierbei berücksichtigt und lässt sich dieses Gemeinwohl objektivieren? An dieser Stelle stoßen wir an die Grenzen der Methodik und betreten bereits das hochproblematische Feld der inhaltlichen Auslegung von Public Value.

3 Public Value und Gemeinwohl – die inhaltliche Dimension

Das ursprüngliche Konzept von Public Value baut auf zwei Grundpfeilern auf: *co-production,* der gemeinsamen Arbeit von Nutzern und Anbietern an der Erfüllung öffentlicher Aufgaben, und *contestability*, der Wettbewerbsorientierung innerhalb des öffentlichen Sektors. Ihre Adaptation in Großbritannien jedoch mildert diese deliberativen Kriterien deutlich ab. Collins führt dies auf die strukturellen Eigenschaften des kulturellen Sektors im Land zurück:

> „[...] the downplaying of the radical potential of Moore's notions of co-production and contestation is characteristic of the appropriation of public value doctrine across the UK cultural sector – rather than subjecting public sector organisations to the rigours of democratic control by users and of markets public value in the UK cultural sector is a matter of a (welcome and laudable) re-orientation of inward looking institutions outward." (Collins 2007: 182)

Dazu muss ebenfalls die spezifische Natur des öffentlichen Rundfunks berücksichtigt werden. *Co-production* auf der einen Seite ist unvereinbar mit den Postulaten der hochgepriesenen Programmautonomie und der journalistischen Qualität der öffentlichen Sender. *Contestability* auf der anderen Seite wird praktisch auf die Bereitstellung von Programmfenstern für unabhängige Produzenten reduziert.

Die Softversion der BBC beinhaltet aber auch einige wertvolle inhaltliche Präzisierungen, die Public Value in konkrete meritorische Werte zergliedert: *„For us, public value is the sum of the civic, social and cultural benefits the BBC delivers when it meets its public purposes"* (Thompson 2006). Diese Werte werden auch für den deutschen Sprachraum aus der modifizierten Public-Value-Version direkt übernommen: Hasebrink unterscheidet ebenfalls zwischen einem demokratischen, einem sozialen und einem kulturellen Wert, an die die Funktionen der öffentlichen Sender zu binden sind (Hasebrink 2009: 10). Born und Prosser würden diese Werteübernahme durch einen übergreifenden Konsens über normative Kernkriterien des öffentlich-rechtlichen Rundfunks in Europa erklären. Den Ergebnissen ihrer vergleichenden Untersuchung zur inhaltlichen Ausgestaltung des öffentlichen-rechtlichen Auftrags nach zählt die Teilhabe des Bürgers am gesellschaftlichen, politischen und kulturellen Leben, neben dem universellen Zugang und der Qualitätssicherung, zu den drei zentralen Aufgaben von Public-Service-Broadcasting in Europa (Born/Prosser 2001: 671).

Die konkrete Auslegung dieser Grundwerte im europäischen Kontext wird jedoch höchstwahrscheinlich in unterschiedliche Richtungen verlaufen. Dies ist vor allem auf die divergierenden Auffassungen von Rundfunk und Gemeinwohl in Europa zurückzuführen. Ausgehend von Hallins und Mancinis Medienregulierungsmodellen (2007) unterscheidet Karmasin drei idealtypische Deutungs-

muster von Public Value (Karmasin 2009: 95), in denen die Funktionen des
öffentlichen Rundfunks jeweils anders gewichtet werden.

3.1 Public Value als öffentliches Gut

Die theoretische Positionierung vom öffentlich-rechtlichen Rundfunk als öffentliches Gut deutet fast automatisch auf seine gesellschaftliche Relevanz und
unterstreicht somit seinen sozialen Wert. Die medienpolitische Umsetzung dieser normativen Beziehung jedoch wird vor allem auf eine Kompensation des
Marktversagens zugespitzt, anhand derer sozialer Ausgleich und Integration zu
gewährleisten sind. Public Value wird somit aus einer medienökonomischen
Perspektive als die öffentlich regulierte Kompensation der Marktmängel und des
Marktversagens in der jeweiligen Medienlandschaft definiert. Sie ist vornehm-
lich dem wirtschaftlsliberalen Regulierungsmodell zuzuordnen und findet ihre
exemplarischste Ausprägung im Vereinigten Königreich. Hier einige Public-
Value-Funktionen, die dieser Herangehensweise zuzurechnen sind:
- Export und Austausch von Programminhalten (global value),
- Förderung der Kreativwirtschaft (creative value),
- Gewährleistung von Wissens- und Bildungsangebote (educational value),
- Förderung der digitalen Infrastruktur (digital Britain) (vgl. BBC 2004: 9).

3.2 Public Value als Kulturgut

Hier wird die Meritorik an die Förderung kultureller und nationaler Identität
gebunden. Public Value wird somit als kulturelles Gegengewicht dem medienökonomischen Paradigma entgegengesetzt. Als Paradebeispiel für diese Auslegung von Public Value wird Frankreich angeführt, wo der *service public* einen
wichtigen Stützpunkt der nationalen Ethnogenese darstellt. Kleinere Staaten wie
Norwegen, Schweden und Dänemark jedoch teilen ebenfalls eine ähnliche kul-
turprotektionistische Auffassung (Moe 2009: 190) und beauftragen ihre öffentlichen Sender mit einschlägigen Funktionen. Hierzu zählen:
- Förderung der eigenen Sprache und Kultur,
- Archivierung kultureller Formen zur Förderung des kulturellen Gedächtnisses,
- Förderung der kulturellen Teilhabe und Integration (vgl. Hasebrink 2009:
  10).

3.3 Public Value als demokratisches Gut

Der dritte Idealtyp wird von der ordnungspolitischen Vorstellung von den demokratischen Aufgaben der Medien dominiert. In ihm bestehen die Hauptauf-
gaben von Public Value darin, die Meinungsvielfalt in der Gesellschaft zu ge-

währleisten und eine aktive Öffentlichkeit zu unterstützen. Anlehnend an Hallin und Mancini (2007) lässt sich diese Sichtweise dem demokratisch-korporatistischen Regulierungsmodell zuordnen und ist in Ländern wie Deutschland, Österreich und den Niederlanden zu finden. Die wichtigsten Funktionen für den öffentlich-rechtlichen Rundfunk wären demnach:
- Gewährleistung von journalistischer Unabhängigkeit, Qualität und Vielfalt, die die öffentliche Meinungsbildung ermöglichen, und
- Förderung der gesellschaftlichen Integration, Partizipation und Medienkompetenz (vgl. Hasebrink 2009:10).

Zusammenfassend lässt sich feststellen, dass Public Value durchaus unterschiedliche inhaltliche Auslegungen aufweist, die innerhalb Europas anders gewichtet werden. Trotzdem stechen zwei modellübergreifende Kernprinzipien heraus:
- Die Gewährleistung von Vielfalt organisatorischer, kultureller und publizistischer Art,
- sowie die Förderung der gesellschaftlichen Teilhabe an öffentlicher Kommunikation.

4   Public Value in europäischer Perspektive

Ist aus den obigen Ausführungen deutlich geworden, dass die einzelnen europäischen Länder – auch die Mitgliedsstaaten der Europäischen Union – ein durchaus unterschiedliches Verständnis von der inhaltlichen Dimension des Public Value haben, so bedeutet dies nicht, dass es vergeblich wäre, auf europäischer Ebene nach einer adäquaten Ausgestaltung des Public Value zu suchen. Mehr noch: Wenn Europa als ein politisches Gemeinwesen mit zunehmender Breite und Tiefe integriert wird bzw. werden soll, stellen sich die Fragen der Gemeinwohlorientierung, die seit jeher im Zusammenhang mit öffentlichem Rundfunk auf der nationalen Ebene zu stellen waren, auch auf europäischer Ebene. Hier ist ein kurzer Exkurs über europäische Öffentlichkeit vonnöten.

4.1 Exkurs: Europäische Öffentlichkeit

Es gibt einen weitgehenden Konsens in der einschlägigen Literatur, dass die europäische Integration von der Entwicklung eines politischen Diskurses, der die nationalen Arenen übergreift, begleitet werden sollte. Hier hat sich der Begriff der europäischen Öffentlichkeit etabliert, der eine Transnationalisierung von Kommunikationsprozessen voraussetzt, die in eine – oder besser vielfältig ineinander verschränkte – europäische Öffentlichkeiten münden sollte. Wie diese Europäisierung von Öffentlichkeit als Prozess vonstattengehen kann, wer ihre wesentlichen Akteure sind, ob sie bereits vorhanden, erst im Werden oder in den Anfängen ist – darüber herrscht dann jedoch Dissens (Latzer/Sauerwein 2006: 16; Trenz 2005; Thomaß 2006).

An anderer Stelle hat die Autorin ausführlich dafür plädiert, öffentlichen Rundfunk in diese Überlegungen zur Entstehung europäischer Öffentlichkeit mit einzubeziehen (Thomaß 2006). Durch die europäische Integration entsteht ein größerer Kommunikationsraum, der einer Begleitung durch eine grenzüberschreitende Öffentlichkeit bedarf. Dabei wurde argumentiert, dass öffentlicher Rundfunk den Vorteil hat, dass er aufgrund der gesellschaftlichen Bindung, die ihn auf grundlegende kulturelle oder gesellschaftliche Zwecke verpflichtet, leichter in den Prozess der Europäisierung von Öffentlichkeiten einzubinden ist. Denn er stellt eine Form der Rundfunkregulierung dar, die auf dem Konsens beruht, dass Rundfunk bestimmte gesellschaftliche und kulturelle Bedürfnisse zu befriedigen hat, die jenseits von Konsumenteninteressen liegen. Dafür wird er in gewissem Maße vor den Kräften des Marktes geschützt (z. B. durch die Rundfunkgebühr), es werden ihm Verpflichtungen auferlegt (z. B. zur Grundversorgung, zur Berücksichtigung von bestimmten Programminhalten zu maßgeblichen Anteilen in seinem Programm), und diese Privilegien und Verpflichtungen werden durch Kontrollstrukturen abgesichert (Syvertsen 2003). Diese Argumentation ist nun genauer im Hinblick auf die oben getroffenen Unterscheidungen zu entwickeln.

4.2 Public Value als demokratischer Wert

Public Value als demokratischer Wert ist eine Antwort auf die Herausforderungen, die sich aus der Konstatierung eines europäischen Demokratiedefizites ergeben. Dieses liegt u. a. in der Struktur der europäischen Kommunikationsprozesse begründet, in der Tatsache, dass die EU-Kommission und der Europarat eher den Anschein erwecken, dass sie öffentliche Debatten und Interventionen meiden, dass sie hinter verschlossenen Türen agieren und sich als alleinige Verteidiger der europäischen Sache sehen (Lauristin 2007: 400). Die europäischen Institutionen arbeiten weniger transparent und sind weniger offen für Partizipation aus der Zivilgesellschaft als die der meisten Mitgliedstaaten und erscheinen eher anfällig für Beeinflussungen seitens Eliten und Lobbyisten (Calhoun 2003: 244).

Demgegenüber macht Calhoun drei verschiedene Formen europäischer Öffentlichkeit aus, die den Blick auf mögliche Leistungen des öffentlichen Rundfunks öffnen könnten. Er identifiziert das offizielle Europa der EU und ihrer Mitgliedsstaaten, die Europa *top-down* von Brüssel aus repräsentieren, sowie eine elitäre Diskursgemeinschaft, die in der öffentlichen Kommunikation erscheint, vielsprachig ist und sich aus Führungskräften aus Politik, Wirtschaft, dem Hochschulwesen und manchen Medien zusammensetzt. Hier werden in der Tat europäische Angelegenheiten von öffentlichem Interesse diskutiert, doch nicht unter Einschluss einer größeren Zahl von EU-Bürgern. Hinzu kommen als dritte Dimension europäischer Öffentlichkeit die Netzwerke von Aktivisten, die eine Vielzahl von Themen in Europa diskutieren (Calhoun 2003: 266f). Diese dritte Dimension, d. h. im weiteren Sinne die Einbeziehung zivilgesellschaftlicher Elemente in europäische Öffentlichkeit, bietet Anknüpfungspunkte für eine lebendige mediale Öffentlichkeit: *„We can speak of a European public sphere, if and when people speak about the same issues at the same time using the same criteria of relevance and are mutually aware of each other's viewpoints"* (Risse 2003: 3). Wenn dieser Satz gilt, dann ist in der Perspektive der Minderung des Demokratiedefizits die Thematisierungsfunktion der Medien angesprochen.

Zwar ist ein relevanter Anteil von Themen mit Europa-Bezug von einer komplexen Triade abhängig, in der politische Akteure, das Publikum sowie die Medien interagieren (Thomaß 2010). Doch lässt sich der Public Value des öffentlichen Rundfunks in dieser Perspektive eben als der Beitrag bestimmen, den er zur Thematisierung europabezogener Themen und Angelegenheit für die Stärkung einer (politischen) Öffentlichkeit und damit für die Minderung des europäischen Demokratiedefizites leistet.

4.3 Public Value als kultureller Wert

Nun wird die Möglichkeit europäischer Öffentlichkeit oft im Zusammenhang mit der Frage einer europäischen Identität und der ihr zugrunde liegenden Werte diskutiert. Public Value als kultureller Wert knüpft an den Überlegungen an, die bei der Entstehung eines – jenseits des Begriffes von Öffentlichkeit weiter zu fassenden – europäischen Kommunikationsraumes vor allem auch die Vielfalt der Kulturen berücksichtigt sehen wollen, die adäquate Foren zur Präsentation und Diskussion brauchen. Es könnte auch an Überlegungen anknüpfen, die einen gemeinsamen Bezug der Bürger der EU-Mitgliedsländer auf gemeinsame europäische Werte als eine Voraussetzung für die Entstehung europäischer Öffentlichkeit sehen (Kumm 2005). Doch werden von anderen Autorinnen durchaus auch Zweifel vorgebracht, ob solche gemeinsamen Werte in den 27 Mitgliedstaaten der EU überhaupt vorzufinden sind (Lauristin 2007; Lacroix 2009) und auch, ob sie nützlich oder wünschenswert sind (Lacroix 2009: 145). So argumentiert Lacroix, dass zum Beispiel der – als ein geteilter Wert unterstellte – gemeinsame Friedenswille angesichts der Irak-Intervention der USA durchaus unterschiedlich ausgelegt und angewandt wurde. Postmoderne Gesellschaften basieren nicht mehr auf geteilten emotionsgeladenen Werten, sondern auf rational als nützlich erachteten Normen (Lacroix 2009: 147). Dies gilt umso mehr für ein Europa, das als politische, wirtschaftliche und kulturelle Entität auf einem Wertepluralismus und einer Poly-Identität – diesen Begriff führte Morin schon 1988 ein – geradezu basieren muss. Europäische Identität sollte also nicht als konkurrierend zu nationalen Identitäten aufgefasst werden, sondern „*as a political practice of refusing and resisting particular identifications*" (Lacroix 2009: 151). Orte, an denen Kommunikation über und gegenseitige Anerkennung von unterschiedlichen Kulturen stattfindet, kann es in vielfältiger Form geben – ein relevanter Ort, dieses auszubauen und zu erproben, kann öffentlicher Rundfunk sein. Public Value in seiner Dimension als Kulturgut realisiert sich also auf europäischer Ebene in der Bereitstellung und im Austausch von unterschiedlichen kulturellen Sichtweisen und Praktiken.

Diese kulturelle Dimension von Public Value lässt sich auch aus einer anderen Perspektive im Hinblick auf Europa begründen. Lauristin konstatiert ein fehlendes Verbindungsglied „*between the public sphere as a space of critical rational debate on public matters* [wie sie oben mit Bezug zum Demokratiedefizit erläutert wurde, Anm. d. A.] *and the realm of everyday practices of ordinary citizens*" (Lauristin 2007: 406). Sie findet dieses fehlende Glied im Konzept des *social imaginary*, wie es Charles Taylor entwickelt hat:

> „By social imaginary, I mean something much broader and deeper than the intellectual schemes people may entertain when they think about social reality in a disengaged mode. I am thinking, rather, of the ways people imagine their social existence, how they fit together with others, how things go on between them and their fellows, the expectations that are normally met, and the deeper normative notions and images that underlie these expectations." (Taylor 2004: 23)

Diese soziale Vorstellungswelt zu nähren und zu bereichern, sind Erfahrungen, auch medial vermittelte Erfahrungen vonnöten, die Public Value des öffentlichen Rundfunks als Kulturgut liefern könnte.

4.4 Public Value als sozialer Wert

Public Value als sozialer Wert bezieht sich auf die Berücksichtigung von Alltagsthemen und entspricht den Erfordernissen, nach denen langfristig gleiche Lebensbedingungen im vereinten Europa geschaffen werden sollen. Hier ist ein Wandel von Leistungsmerkmalen und Funktionen des öffentlichen Rundfunks zu beobachten (Lunt 2009). Hat öffentlicher Rundfunk bisher seine Legitimation durch die Bereitstellung öffentlich relevanter Informationen und die Konstituierung einer offiziellen kulturellen Sphäre erzielt, um Kohärenz in einer sich zunehmend fragmentisierenden Gesellschaft zu befördern (Bohman 2000), so trägt er jetzt durch die Integration von Programmgenres, die auf individuelle Stilbildung und Lebensführung zielen, zu Individualisierung, aber auch einem anderen Bezug zum Publikum bei: „*In other words, PSB has changed, and the change is in the direction of more popular, niche, interactive delivery and diver-*

sity of audience participation and engagement" (Lunt 2009: 132). Damit interpretiert Lunt die genannten Programmangebote „*as an institution of civil society focused on the training of normative political subjects rather than as a medium that educates, informs, and engages people in discussions of issues of public interest aimed at the acceptance of social values.*" (Lunt 2009: 136)

Dies sind Prozesse, die sich mehr oder weniger in allen europäischen Fernsehprogrammen vollziehen, und sie sind deshalb auch in europäischer Dimension zu denken und zu realisieren.

4.5 Public Value als europäischer Wert

Wenn hier also der Gedanke entwickelt wird, dass Public Value als sozialer, demokratischer und kultureller Wert auch in europäischer Perspektive zu entwickeln ist, dann ist zu fragen, welche Voraussetzungen dafür bislang gegeben sind. Lässt sich ein Konstrukt eines „europäischen Programmauftrages" denken, der innerhalb der Debatten zum Public Value ausbuchstabiert wird?

In Deutschland finden sich im Rundfunkstaatsvertrag und in den Landesrundfunkgesetzen nur wenige Hinweise auf einen europabezogenen Programmauftrag. Dieser ist angesprochen, wenn der Rundfunkstaatsvertrag fordert, dass der Hauptteil von Sendungen europäischen Werken vorbehalten werden soll (12. RÄStV, § 6, Abs. 3). Die gesetzlichen Grundlagen, die den Programmauftrag der öffentlich-rechtlichen Sender regeln, machen ihrerseits knappe Vorgaben in europäischer Hinsicht, wenn es zum Auftrag heißt, dass sie „*die internationale Verständigung, die europäische Integration und den gesellschaftlichen Zusammenhalt in Bund und Ländern*" (12. RÄStV, § 11) fördern sollen. Wenn öffentlicher Rundfunk soziale Realität in umfassender Weise reflektieren und begleiten soll, dann muss er Prozesse wie Europäisierung (und auch Globalisierung) in seinen Strukturen und Inhalten aufgreifen.

Die öffentlichen Rundfunkanbieter ARD, ZDF, Arte und Phönix leisten schon jetzt einiges, ihren Fernsehzuschauern Europa vertrauter zu machen, und sie haben auch beträchtliche Ressourcen dafür. Es lassen sich über diese Angebote hinaus aber weitere Aktivitäten denken, die diese Sender konsequenter als einen Faktor europäischer Öffentlichkeit positionieren könnten. Dabei wird durchaus mitgedacht, dass einige der hier aufgestellten Überlegungen Veränderungen der bisherigen medienpolitischen Rahmenbedingungen erfordern würden.

Denkbar ist die Öffnung von Senderäumen. Diese ist de facto schon existent, wenn man beispielsweise an die Sprachräume in Europa denkt, in denen nationale Sender grenzüberschreitend in andere Sendegebiete strahlen. Dies ließe sich systematisch im Verbund öffentlicher Sender ausbauen, beispielsweise durch grenzüberschreitende Vereinbarungen zur Übernahme von öffentlichen

Sendern in die Netze, die auch die Programmangebote kleiner Nationen in die Aufmerksamkeit großer tragen.

Die Erweiterung der nationalen Mandate um eine Betonung der europäischen Dimension wäre eine unabdingbare Voraussetzung für solch eine technisch zu bewerkstelligende Erweiterung der Senderäume. Diese könnte sich dann im Weiteren auch in der Programmgestaltung niederschlagen. Für solche Perspektiven sind natürlich Abstimmungen innerhalb Europas notwendig.

Vielfalt (im Hinblick auf Meinungen, Programmformate und Genres, weltanschauliche Sendungen etc.) gehört zur Grundnorm medienpolitischen und auch programmplanerischen Handelns. Die Erweiterung bzw. Vertiefung dieses Vielfaltsgebotes ließe sich im Hinblick auf europäische Realitäten entsprechend weiter interpretieren.

Eine Zusammenarbeit zwischen den öffentlichen Sendern in grenzüberschreitenden Regionen, wie sie in Einzelfällen (z. B. zwischen rbb und dem polnischen Fernsehen) schon stattfindet, ließe sich europaweit ausbauen.

Die Entwicklung von Austauschbeziehungen könnten den Europa-Gedanken fördern: Gegenseitige Hospitationen von Redakteuren und Journalisten in den öffentlichen Sendern anderer europäischer Länder könnten das gegenseitige Verständnis, Interesse und ganz praktisch auch Recherchemöglichkeiten jenseits der bestehenden Ressourcen fördern.

Die Entwicklung und Diversifizierung von europabezogenen Sendeformaten und Genres macht Europa für den Zuschauer interessanter. Sicherlich sind die bestehenden Formate noch davon entfernt, das ganze mögliche Spektrum auszuschöpfen. Mit der Etablierung von Videobrücken (bei Arte), europäisch dimensionierten Unterhaltungsshows etc. liegen Einzelbeispiele vor, die weiter zu entwickeln wären.

Diese Vorschläge, die nicht immer kompatibel mit der gegenwärtigen Rundfunkregulierung sind und deshalb entsprechende Änderungen voraussetzen würden, setzen auf die bewusste Nutzung eines gesellschaftlich verantworteten Mediums, das für gesellschaftliche Zwecke zu optimieren ist. Sie sollen Public Value als sozialen, demokratischen und kulturellen Wert in europäischer Perspektive konkretisieren und deutlich machen, dass – trotz unterschiedlicher inhaltlicher Auslegungen des Begriffes in den europäischen Ländern – eine Ausgestaltung öffentlich verantworteten Rundfunks in europäischer Perspektive möglich ist.

5 Fazit

In diesem Beitrag ist argumentiert worden, dass Public Value jenseits der Tatsache, dass der Begriff als Legitimationstrategie für öffentliche Rundfunkanbieter gebraucht wurde, eine methodische und eine inhaltliche Dimension enthält. In methodischer Hinsicht – als Modellierung von Verfahren, die Qualität herstellen und sichern sollen und dies möglichst unter breiter bürgerschaftlicher Beteiligung – ist gegenwärtig schwerlich daran zu denken, dass dies auf europäischer Ebene geschehen könnte. Es ist auch fraglich, ob es überhaupt wünschenswert wäre – zu unterschiedlich sind Regulierungs- und Partizipationsstrukturen bei öffentlichen Rundfunkveranstaltern in Europa geregelt. Auch in inhaltlicher Sicht ist bei der gegebenen unterschiedlichen Auslegung des Konzeptes in Europa kein „europäisches Modell" denkbar. Allerdings ist – bei konsequenter Zugrundelegung des Desiderates der Entstehung europäischer Öffentlichkeiten – zu argumentieren, dass der Public Value des öffentliche Rundfunks in europäischer Hinsicht darin besteht, auf vielfältige Weise zur Transnationalisierung von Kommunikation in Europa und damit zur Schaffung europäischer Öffentlichkeiten beizutragen. Im Rundfunkstaatsvertrag ist die Forderung niedergelegt, dass öffentlicher Rundfunk zur europäischen Integration beitragen möge. Dies – kommunikationstheoretisch gewendet – bedeutet, dass er Kommunikationsangebote machen muss, die sich auf Europa beziehen. Der kulturelle, soziale und demokratische Wert des Public Value entspricht also in europäischer Dimension den kulturellen, sozialen und demokratischen Entwicklungsnotwendigkeiten der Europäisierung der Kommunikation.

Literatur

12. RÄStV vom 18.12.2008: Staatsvertrag für Rundfunk und Telemedien, in der Fassung des 12. Staatsvertrages zur Änderung rundfunkrechtlicher Staatsverträge

BBC (2004): Building Public Value. Renewing the BBC for a digital world. London

Berezin, Mabel/Schain, Martin (Hg.) (2003): Europe without Borders: Remapping Territory, Citizenship, and Identity in a Transnational Age. Baltimore, MD and London: The Johns Hopkins University Press

Bohman, James (2000): Public deliberation: Pluralism, complexity, and democracy. Cambridge, MA: MIT Press

Born, Giorgina/Prosser, Tony (2001): Culture and Consumerism: Citizenship, Public Service Broadcasting and the BBC's Fair Trading Obligations. In: The Modern Law Review 64. 5/2001. 657–687

Brandner-Radinger, Ilse (Hg.) (2009): Was kommt, was bleibt. 150 Jahre Presseclub Concordia. Wien: Facultas

Calhoun, Craig (2003): The Democratic Integration of Europe: Interests, Identity, and the Public Sphere. In: Berezin/Schain (Hg.) (2003): 243–274

Collins, Richard. (2007): The BBC and „Public Value". In: Medien und Kommunikationswissenschaft. 2/2007. 164–184

Donges, Patrick (Hg.) (2007): Von der Medienpolitik zur Media Governance? Köln: Herbert von Halem

Haas, Hannes/Wallner, Cornelia (2007): Medienpolitik als gesellschaftliches Projekt. Die Ziele von Media Governance. In: Donges (Hg.) (2007): 127–144

Hallin, Daniel C./Mancini, Paolo (2007): Comparing Media Systems. Three Models of Media and Politics. Cambridge University Press

Hasebrink, Uwe (2007): „Public Value": Leitbegriff oder Nebelkerze in der Diskussion um den öffentlich-rechtlichen Rundfunk? In: Zeitschrift für Rundfunk und Geschichte. 1-2/2007. 38–42

Hasebrink, Uwe (2009): Publizistischer Wert und Qualitäten der Telemedien des ZDF: Begriffserklärung und Einordnung. Ergebnisse einer Expertise für die ZDF Medienforschung

Iosifidis, Petros (Hg.) (2010): Reinventing Public Service Communication: European Broadcasters and Beyond. London: Palgrave Macmillan

Karmasin, Matthias (2009): Public Value: Konturen und Konsequenzen eines Legitimationsbegriffs. In: Brandner-Radinger (Hg.) (2009): 91–99

Kops, Manfred (2005): Soll der öffentlich-rechtliche Rundfunk die Nachfrage seiner Zuhörer und Zuschauer korrigieren. In: Ridder et al. (Hg.) (2005): 341–367

Kumm, Mattias (2005): Thick Constitutional Patriotism and Political Liberalism: On the Role and Structure of European Legal History. In: German Law Journal. 6(2). 319–354

Lacroix, Justine (2009): Does Europe Need Common Values? Habermas vs Habermas. In: European Journal of Political Theory 8/2009. 141–156

Langenbucher, Wolfgang R./Latzer, Michael (Hg.) (2006): Europäische Öffentlichkeit und medialer Wandel. Wiesbaden: VS

Latzer, Michael/ Sauerwein, Florian (2006): Europäisierung durch Medien: Ansätze und Erkenntnisse der Öffentlichkeitsforschung. In Langenbucher/Latzer (Hg.): 10–44

Lauristin, Marju (2007): The European Public Sphere and the Social Imaginary of the ‚New Europe'. In: European Journal of Communication 22/2007. 397–412

Lobigs, Frank (2005): Medienmarkt und Medienmeritorik. Beiträge zur ökonomischen Theorie der Medien. Zürich: IPMZ

Lunt, Peter (2009): Television, Public Participation, and Public Service: From Value Consensus to the Politics of Identity. In: The ANNALS of the American Academy of Political and Social Science 625/2009. 128–138

Mardsen, Chris/Verhulst, Stefaan (Hg.) (1999): Convergence in European Digital TV Regulation. London: Blackstone Press

McCougan, Julian (1999): The Challenge of Convergence to Audiovisual Regulation. In: Mardsen/Verhulst (Hg.) (1999): 175–191

Moe, Hallvard (2009): Status und Perspektiven öffentlich-rechtlicher Onlinemedien. Erfahrungen aus Großbritannien, Norwegen und Deutschland. In: Media Perspektiven. 4/2009. 189–200

Moore, Mark (1995): Creating Public Value. Strategic Management in Government. Cambridge, MA: Harvard University Press

Morin, Edgar (1988): Europa denken. Frankfurt: Campus

Ridder, Christa-Maria et al. (Hg.) (2005): Bausteine einer Theorie des öffentlich-rechtlichen Rundfunks. Festschrift für Marie Luise Kiefer. Wiesbaden: VS

Risse, Thomas (2003): An Emerging European Public Sphere? Theoretical Clarifications and Empirical Indicators. Paper presented at the Annual Meeting of the European Union Studies Association (EUSA), Nashville, TN, 27–30 March. Online: http://www.polsoz.fu-berlin.de/polwiss/forschung/international/atasp/publikationen/4_artikel_papiere/22/index.html (22.02.2010)

Syvertsen, Trine (2003): Challenges to public television in the era of convergence and commercialization. In: Television and New Media 4/2003. 155–175

Taylor, Charles (2004): Modern Social Imaginaries. Durham, NC and London: Duke University Press

Thomaß, Barbara (2006). Public Service Broadcasting als Voraussetzung europäischer . In: Langen-
    bucher/Latzer (Hg.): 318–328.
Thomaß, Barbara (2010): PSB and the European Public Sphere. In: Iosifidis (Hg.) (2010): 63–75
Thompson,   Mark   (2006):   Delivering   Public   Value.   Speech   Online:
    http://www.bbc.co.uk/print/pressoffice/speeches/stories/thompson_smith.shtml (04.02.2010)
Trenz, Hans J. (2005): The European Public Sphere: Contradictory Findings in a Diverse Research
    Field. Online: www.arena.uio.no/events/documents/TRENZFEB05.pdf (22.02.2010)

Public-Value-Tests: Chance oder Schikane?
Europäische Bestandsaufnahme und Expertensicht

Daniela-Kathrin Latzl

1 Public Value als Legitimationsstrategie

Der öffentlich-rechtliche Rundfunk in Europa steckt in einer Legitimationskrise: Seine medienpolitische Sonderstellung durch die (Teil-)Finanzierung aus öffentlicher Hand ist zwar an die Erfüllung von Programmaufträgen geknüpft, Tauglichkeit und Zeitgemäßheit dieses Modells werden allerdings zunehmend von privaten Konkurrenten, Politik und nicht zuletzt auch dem Publikum angezweifelt. Die Rundfunkanstalten sind daher gefordert, die Erfüllung ihres Auftrags und den angemessenen Einsatz finanzieller Ressourcen zu belegen. Eine besondere Herausforderung, denn öffentlich-rechtliche Zielsetzungen wie Auftragserfüllung und Schöpfung eines gesellschaftlichen Wertes lassen sich nicht anhand von klar definierten und allgemein anerkannten Größen wie etwa Quoten oder Gewinnzahlen ausweisen. Zudem können solche quantitativen Parameter alleine auch nicht als maßgebliche Entscheidungsgrundlage für neue Vorhaben öffentlich-rechtlicher Anbieter herangezogen werden, geht es doch darum, wertvoll im Sinne der Gesellschaft zu handeln. Es braucht also komplexere Modelle, um öffentlich-rechtliche Leistungen zu evaluieren und damit sowohl gegenüber dem gebührenzahlenden Publikum als auch gegenüber anderen Marktteilnehmern Rechnung legen zu können.

Seit einigen Jahren gilt „Public Value" als Schlüsselbegriff in der Debatte um Legitimation und Zukunft des öffentlich-rechtlichen Rundfunks und das Vorgehen der BBC in der europäischen Medienlandschaft als wegweisend: Die britische „Mutter" des Public Service Broadcasting hat Mark H. Moores (1995) Managementtheorie für öffentliche Unternehmen scheinbar erfolgreich auf den öffentlich finanzierten Rundfunksektor übertragen (siehe dazu ausführlich BBC 2004; Kaumanns et al. 2007; Coyle/Woolard 2009). Der Public-Value-Test der BBC zur Vorabprüfung neuer und stark veränderter Angebote wurde europaweit diskutiert und schließlich in seinen Grundzügen in der Medienpolitik der EU-Kommission verankert (vgl. Repa 2010: 45–50; Rundfunkmitteilung vom 02.07.2009, §§ 80–91). Bis heute haben sich jedoch kein einheitliches Verständnis von „Public Value" und keine grenzübergreifend tauglichen Evaluierungsmodelle etablieren können.

Zentral für das Public-Value-Management ist die Idee der Ko-Produktion von öffentlichen Gütern durch Anbieter und Nutzer und eine kontinuierliche Überprüfung der Zielerreichung (vgl. Moore 1995: 117). Für den öffentlich-rechtlichen Rundfunk bedeutet das: Seine Zielsetzung, sein Programmauftrag müssen von der Öffentlichkeit mitgetragen und deren Erfüllung laufend selbstkritisch evaluiert werden. Erst durch die Einbeziehung der Gesellschaft kann sich der öffentliche Rundfunk entsprechend positionieren, das Publikum binden und ihm gegenüber Rechenschaft ablegen (vgl. u. a. Troxler et al. 2010; Karmasin 2009; Christl/Süssenbacher 2010).

Der vorliegende Artikel beschäftigt sich auf Basis einer komparativen Untersuchung ausgewählter europäischer Rundfunksysteme daher einerseits mit dem Status quo der Public-Value-Praxis und damit verbundenen Ex-Ante-Evaluierungsmethoden sowie andererseits mit der Einschätzung von MedienexpertInnen aus Wissenschaft und Praxis bezüglich der europäischen Public-Value-Debatte. Der Fokus der Arbeit liegt auf folgenden Fragen:

– Wie wird in den untersuchten Ländern Public Value im Zusammenhang mit der Zieldefinition öffentlich-rechtlicher Anstalten vorab – im Sinne einer Auftragsvorprüfung – evaluiert?
– Wie beurteilen ExpertInnen grenzübergreifende medienpolitische Regelungen der EU im Allgemeinen und Vorabprüfungen im Besonderen?
– Wir wird eine Einbindung des Publikums als zentrale Anspruchsgruppe in den Public-Value-Prozess beurteilt?

Zunächst werden die Auswahlkriterien der untersuchten Länder sowie die Vorgehensweise der Expertenbefragung offen gelegt. Im Anschluss werden zur Skizzierung des Status quo – soweit vorhanden – Evaluierungsmodelle der untersuchten Länder bzw. offizielle Standpunkte zur Vorabprüfung öffentlich-rechtlicher Angebote im Überblick erläutert. Ergänzt wird diese Bestandsaufnahme der europäischen Public-Value-Praxis durch Ergebnisse der Expertenbefragung. Im Fazit werden schließlich Status quo und Expertensicht zusammengefasst, um Vorabprüfungen von Public Value als mögliche Zukunftsstrategie für den öffentlich-rechtlichen Rundfunk in Europa abzuwägen.

2 Forschungsdesign: Länderauswahl und Experteninterviews

Die Untersuchung, auf die sich dieser Artikel bezieht, wurde im Rahmen eines mehrjährigen Forschungsprojekts an der FHWien durchgeführt.[1] Auf Basis einer ausführlichen Literaturauswertung sowie einer Expertenbefragung mittels qualitativer Leitfadeninterviews wurden Länderberichte erstellt, die den Status quo der Rundfunksysteme sowie Expertenstatements umfassen.

2.1 Kriterien für die Auswahl der untersuchten Länder

Auf theoretischer Ebene wurde zur Länderauswahl ein Typisierungsmodell von Medienkulturen nach Hallin und Mancini (2007) herangezogen: Ihre „Three Models of Media and Politics" basieren auf vier Analysedimensionen: der allgemeinen Entwicklung des Medienmarkts, den politischen Rahmenbedingungen, dem Professionalisierungsgrad des Journalismus und dem Ausmaß der Staatskontrolle.

Die Auswahl der zu untersuchenden Länder orientierte sich schließlich an theoretischen sowie an pragmatischen Gesichtspunkten: So schien die Analyse von Österreich ähnlichen Mediensystemen sowie von Best-Practice-Beispielen, die zumindest in einzelnen Bereichen als Vorbild für Österreich herangezogen werden können, am sinnvollsten. Folglich wurden einerseits Länder untersucht, in denen gegenüber den öffentlich-rechtlichen Anbietern ein deutlicher Anspruch auf Public-Service-Leistungen erhoben wird (und die dementsprechend einen großen Anteil an der aktuellen Public-Value-Debatte haben) und andererseits Länder, die durch gewisse Ähnlichkeiten mit dem Mediensystem Österreichs interessante Aspekte und Ideen liefern können.

Die ausgewählten Länder sind somit wie Österreich überwiegend dem *demokratisch-korporatistischen Modell* (hohe Auflagen, Massenorientierung; Nähe zwischen Medien und Politik; hoher Professionalisierungsgrad, institutionalisierte Selbstkontrolle; Staat subventioniert, Pressefreiheit und Public Service vorrangig; vgl. Hallin/Mancini 2007: 143–197) zugeordnet: Deutschland, die Niederlande, die Schweiz, Dänemark, Schweden und Norwegen. Aufgrund der besonderen Bedeutung und der Vorbildrolle der BBC in der Public-Value-Debatte wird zudem Großbritannien als Best-Practice-Beispiel und Vertreter des

---

[1] Das Institut für Journalismus und Medienmanagement erforscht im bisher größten Medienforschungsprojekt Österreichs die Zukunft des Qualitätsjournalismus zwischen öffentlich-rechtlichem Mehrwertgebot und wachsendem Wettbewerbsdruck. Gefördert wird das finanziell, personell, politisch und inhaltlich unabhängige Projekt vom FHplus-Programm der Österreichischen Forschungsförderungsgesellschaft (FFG) und der MA27 der Stadt Wien. Nähere Informationen dazu finden sich auf der Website des Forschungsprojekts unter www.public-value.at.

liberalen Modells (kommerzielle Massenpresse mit mittlerer Auflage; Bericht-erstattung kaum politisch beeinflusst; hoher Professionalisierungsgrad, Selbstre-gulierung; Marktdominanz; vgl. Hallin/Mancini 2007: 198–248) herangezogen. Als Vertreter des *polarisiert-pluralistischen Modells* (niedrige Auflagen, starke Elitenorientierung; große Nähe zwischen Medien und Politik; niedriger Profes-sionalisierungsgrad; starke Staatsinterventionen; vgl. Hallin/Mancini 2007: 89–142) wurde zusätzlich Frankreich gewählt, weil dort die Mediensozialisierung am ehesten jener in Österreich entspricht (vgl. dazu Christl/Süssenbacher 2010: 15–17; zur Kritik dieser Auswahlmethode siehe Troxler et al. 2010).

2.2 Beschreibung der Experteninterviews

Zur Vertiefung der umfassenden Literaturrecherche wurden 31 qualitative Inter-views mit österreichischen und internationalen MedienexpertInnen aus den ausgewählten Ländern geführt. Diese sollten Public Value aus drei Perspektiven beleuchten: Erstens vom Standpunkt der direkt betroffenen bzw. verantwortli-chen Medienunternehmen, zweitens aus dem Blickwinkel der auf rechtlicher Ebene zuständigen Behörden und drittens nach Einschätzungen von unabhängi-gen WissenschaftlerInnen. Mittels offener Fragen wurden die ExpertInnen nach Kernelementen und Tauglichkeit des Public-Value-Begriffs in der Diskussion um den öffentlich-rechtlichen Rundfunk gefragt und nach geeigneten Maßnah-men, um die Herstellung von Public Value zu sichern.

Die 22 internationalen ExpertInnen wurden in E-Interviews befragt, die Ein-ladung dazu erfolgte via Brief und E-Mail. Die sieben offenen Fragen konnten zwischen Februar und Mai 2009 online beantwortet werden. Diese Befragungs-methode hatte den Vorteil, dass die ausländischen ExpertInnen ohne große fi-nanzielle und personelle Ressourcen interviewt werden konnten. Durch die Schriftform traten sprachliche Barrieren im Vergleich zu mündlichen Interviews in den Hintergrund.[2] Zudem bestimmten die Befragten den genauen Zeitpunkt der Online-Befragung selbst und konnten sich somit für die Beantwortung und eventuelle Zusatzrecherchen so viel Zeit nehmen, wie sie wollten. Sie konnten also fundierte und gehaltvolle Antworten geben, in Stichworten oder in ausfor-mulierten Sätzen antworten. Als Nachteil des E-Interviews muss angeführt wer-den, dass eine Gesprächsführung kaum möglich ist; Nachfragen müssen zeitlich verzögert per E-Mail gestellt werden (zur Methode von Online-Interviews vgl. Flick 2007: 336–341). Die eben genannten Vorteile überwogen jedoch vor allem aus forschungsökonomischer Sicht diese Einschränkung deutlich.

---

2   Der Fragebogen war auf Deutsch und Englisch verfügbar. Der Interviewleitfaden sowie die
     Liste aller ExpertInnen sind auf der Website des Forschungsprojekts unter http://www.public-
     value.at/2010/3/15/infos-experteninterviews (22.06.2010) abrufbar.

Die neun österreichischen ExpertInnen konnten im Mai und Juni 2009 face-to-face befragt werden, wobei der Online-Fragebogen als Leitfaden diente. Durch die gezielte Gesprächsführung konnte auf die österreichische Situation näher eingegangen werden. Alle Experteninterviews wurden qualitativ zusammenfassend und vergleichend ausgewertet.

3 Public Value zur Vorabprüfung der Auftragserfüllung

Dieses Kapitel soll einen Überblick über derzeitige Vorabprüfungsmethoden von Public Value und die damit verbundene Eingrenzung des öffentlich-rechtlichen Auftrags in den untersuchten Ländern bieten. Der Status quo reicht dabei von nicht vorhanden bis bürokratisch-aufwändig. Die bestehenden Verfahren sowie weitere offizielle Standpunkte zur Einführung einer solchen Methode werden in diesem Kapitel dargelegt.

3.1 Vorabprüfungen: Die Position der EU-Kommission

In den letzten Jahren hat die EU – angetrieben von zahlreichen Beschwerden privater Mitbewerber – in beihilferechtlichen Verfahren grundsätzliche Entscheidungen zur Vereinbarkeit einer öffentlichen Finanzierung von Rundfunkangeboten mit dem Wettbewerbsrecht getroffen. Ein zentraler und heftig diskutierter Punkt ist die Vorabprüfung von Online-Angeboten: Was in der Diktion der Europäischen Union als „ex ante Prüfung" oder „Amsterdam-Test" festgehalten ist (vgl. Repa 2010: 45), wird in der öffentlichen Diskussion oft als „Public-Value-Test" bezeichnet. Namenspate ist somit das von der BBC – noch ohne den Druck der EU – entwickelte Prüfverfahren zur Genehmigung neuer oder stark veränderter Angebote, das im Anschluss kurz umrissen wird. Vergleicht man die aktuellen EU-Forderungen mit der Methode des mittlerweile bereits erprobten BBC-Prüfverfahrens, zeigt sich, dass es neben dem geborgten Namen noch einige weitere Ähnlichkeiten gibt: So soll die Vorabprüfung grundsätzlich sicherstellen, dass das geplante Angebot den demokratischen, sozialen und kulturellen Bedürfnissen der Gesellschaft dient, wobei der Wettbewerb durch das neue Angebot nicht unverhältnismäßig beeinträchtigt werden darf. Durchführen soll das Verfahren ein von der Geschäftsführung unabhängiges Gremium, das mit eigenen Rechten und Ressourcen ausgestattet ist. Betroffenen Dritten muss die Möglichkeit eingeräumt werden, zu dem geplanten Angebot Stellung zu nehmen, und die Entscheidung muss öffentlich begründet werden (vgl. Rundfunkmitteilung vom 02.07.2009, § 54 und §§ 80–91). Im britischen Verfahren, das sogleich in seinen Grundzügen erläutert wird, waren diese Forderungen bereits vor der Serie an EU-Interventionen erfüllt.

3.2 Großbritannien: Der „Public-Value-Test" – Das Original

Die BBC hat im Zuge ihrer letzten Auftragserneuerung versucht, Public Value anhand verschiedener Indikatoren fassbar und belegbar zu machen. So wurde als Kernstück der neuen Royal Charter, die 2007 in Kraft getreten ist, ein „Public-Value-Test" (PVT) entwickelt und festgeschrieben (vgl. Charter vom 10.10.2006, § 24, Abs. 1). In diesem mehrstufigen Verfahren geht es grundsätzlich darum, den potenziellen Public Value von neuen oder stark veränderten Angeboten der BBC durch eine Vorabprüfung zu bestimmen und das geplante Projekt mit Konkurrenzprodukten am Markt zu vergleichen. Jede mögliche negative Auswirkung auf den Markt muss durch den zu erwartenden Public Value zu rechtfertigen sein (vgl. Agreement vom 30.06.2006, § 26, Abs. 6). Der PVT dient also nicht dem Qualitätsmanagement bestehender BBC-Angebote, sondern bildet vorab die Basis für neue Entscheidungen über Programm- und Serviceleistungen der BBC.

Möchte das Management der BBC ein Angebot ändern oder neu einführen, muss es seine Pläne möglichst detailliert dem BBC Trust vorlegen. Dieses zwölfköpfige Aufsichtsgremium ist vom Management unabhängig und entscheidet darüber, ob ein PVT erforderlich ist. Das Testverfahren ist immer gleich aufgebaut und soll maximal sechs Monate dauern: Im *Public Value Assessment* evaluiert der Trust selbst den voraussichtlichen Public Value des geplanten Angebots. Öffentliche Befragungen sind ein Kernelement und sollen den Nutzen sowie das Verbesserungspotenzial des Angebots erheben. Zudem räumen diese „consultations" den gebührenzahlenden RezipientInnen ein aktives Mitspracherecht – etwa via Online-Fragebögen – ein. Das *Market Impact Assessment* wird zeitgleich extern von der unabhängigen Regulierungsbehörde Ofcom unter Einbeziehung Dritter durchgeführt und liefert dem Trust eine Einschätzung der Marktauswirkungen des geplanten Angebots. Auf Basis dieser beiden Erhebungen trifft der Trust die endgültige Entscheidung, ob das geplante Angebot realisiert werden darf. Bisher wurde in einem einzigen Testverfahren negativ entschieden (Ausbau lokaler Online-Videoangebote), in den übrigen drei PVTs erteilte der Trust seine Erlaubnis vorbehaltlich zusätzlicher Auflagen (vgl. zum PVT u. a. BBC Trust 2007; Coyle/Woolard 2009: 64–88; Collins 2009: 35–38; Gold 2010: 83–87 und als Überblick Latzl 2010: 229–232). Das BBC-Management kritisiert den PVT als schwerfällig und innovationshemmend. Auf der anderen Seite bemängeln aber manche dritte Unternehmen, sie hätten nicht genug Zeit, um fundierte Stellungnahmen bei der Ofcom einzureichen (vgl. Bauer/Bienefeld 2007). Der Trust sieht eine Testdauer von sechs Monaten aber dennoch als guten Kompromiss und lobt den PVT als schnellere und fundiertere Prüfung neuer Angebote – vor der Einführung des PVT musste die BBC geplante Neuerungen mit dem Ministerium für Kultur, Medien und Sport verhandeln (vgl. Collins 2009: 35).

Neben Großbritannien führen bisher nur Dänemark und Deutschland eine Vorabprüfung von neuen oder stark veränderten Angeboten durch. Die Methoden sind durchaus unterschiedlich und werden im Folgenden umrissen.

3.3 Dänemark: Der „Value-Test" als interne Managementaufgabe

Der Auftrag des dänischen öffentlich-rechtlichen Rundfunkanbieters DR (Danmarks Radio) muss alle vier Jahre durch einen Vertrag mit dem Staat erneuert werden. Seit 2007 ist eine Vorabprüfung neuer Angebote festgeschrieben: *„DR shall subject new public service broadcasting services, including on-demand services, to an internal test (‚value test') to ensure that the services meet cultural, democratic and social needs in society"* (Kulturministeriet 2006a, Abs. 7).

Wenn DR zum Ergebnis kommt, dass das geplante Angebot den Value-Test besteht, muss es die Meinung des unabhängigen Radio and TV Boards abwarten. Das Board erwägt ebenfalls, ob das neue Angebot demokratische, kulturelle und soziale Bedürfnisse der Gesellschaft erfüllt, und ob es grundsätzlich von allen Dänen und Däninnen genutzt werden kann. Die endgültige Entscheidung, ob ein geplantes Angebot umgesetzt werden kann, trifft das DR-Management – also im Gegensatz zum britischen Verfahren die Geschäftsführung selbst und kein unabhängiges Gremium. Öffentliche Befragungen und eine Marktprüfung im Rahmen des Value-Tests sind in den offiziellen Dokumenten nicht explizit festgehalten, wenngleich die Bedeutung des Dialogs mit Publikum und Interessensvertretern betont wird (vgl. Kulturministeriet 2006a; besonders Kulturministeriet 2006b; Commission Staff Working Paper 2009: 13f und im Überblick Süssenbacher 2010b: 190f).

Der dänische Value-Test hat also einen ähnlichen Namen wie das aufwändige britische Verfahren, die Einbindung externer Kontrollgremien oder Gutachter sowie betroffener Dritter ist vergleichsweise aber unterentwickelt. Da die EU-Kommission in ihren jüngsten beihilferechtlichen Entscheidungen jedoch stets auf eine Marktprüfung und eine Einbeziehung Dritter bestanden hat, ist zu bezweifeln, dass dieses Evaluierungsmodell den EU-Anforderungen nach strenger Auslegung genügt.

3.4 Deutschland: Methodenstreit um den „Drei-Stufen-Test"

2009 trat in Deutschland der zwölfte Rundfunkänderungsstaatsvertrag in Kraft, der einen so genannten Drei-Stufen-Test für Telemedien-Angebote der öffentlich-rechtlichen Rundfunkanstalten verpflichtend vorschreibt. Der Hintergrund für diesen Beschluss war eine beihilferechtliche Untersuchung der EU-

Kommission aufgrund zahlreicher Beschwerden von privaten Mitbewerbern über die Finanzierung des öffentlich-rechtlichen Rundfunks.

Zuständig für den Drei-Stufen-Test sind die Aufsichtsgremien (Rundfunkrat der ARD bzw. ZDF-Fernsehrat), die auf Basis der Testergebnisse eine Entscheidung treffen. Nach einer Vorprüfung, ob es sich um ein neues bzw. stark verändertes und damit zu testendes Angebot handelt, sollen die drei Stufen des Verfahrens beleuchten, ob das geplante Angebot: (1) zum öffentlichen Auftrag gehört und damit den demokratischen, sozialen und kulturellen Bedürfnissen einer Gesellschaft entspricht; (2) in qualitativer Hinsicht zum publizistischen Wettbewerb beiträgt – wobei Umfang und Qualität bereits vorhandener, frei zugänglicher Angebote, marktrelevante Auswirkungen sowie die meinungsbildende Funktion des geplantes Angebots zu berücksichtigen sind – und ob (3) der finanzielle Aufwand für die Erbringung des Angebotes vorgesehen ist (vgl. 12. RÄStV vom 18.12.2008, § 11f, Abs. 4).

Nachdem das Angebotskonzept vom Intendanten an das zuständige Gremium übermittelt wurde, soll es online veröffentlicht werden. Dann können Dritte mindestens sechs Wochen lang zur geplanten Neuerung oder Änderung Stellung nehmen. Um die marktlichen Auswirkungen abschätzen zu können, müssen die Räte gutachterliche Beratung hinzuziehen; weiters können für alle erheblichen Fragen zur Entscheidung über das geplante Angebot externe Sachverständige mit Gutachten beauftragt werden (vgl. 12. RÄStV vom 18.12.2008, § 11f, Abs. 5; im Gesamtüberblick Pfab 2010: 89–100).

In Deutschland müssen bis Ende August 2010 zudem alle bestehenden Online-Angebote der öffentlich-rechtlichen Rundfunkanstalten nachträglich dem Testverfahren unterzogen werden. Zahlreiche Angebote wurden bereits aus dem Netz gelöscht (vgl. ARD Pressemeldung vom 21.04.2010).

Der Drei-Stufen-Test ist nicht so umfangreich und zeitintensiv wie das Verfahren der BBC angelegt und die Marktauswirkungen sowie die öffentliche Diskussion haben im britischen Modell einen größeren Stellenwert: Im deutschen Modell wird den Stellungnahmen Dritter nicht so viel Zeit anberaumt, der Fokus liegt auf Stellungnahmen von Mitbewerbern, weniger auf der Meinung einzelner GebührenzahlerInnen. Insgesamt ist um den Drei-Stufen-Test ein Methodenstreit entbrannt: Während der Verband Privater Rundfunk und Telemedien (VPRT) die Abwägungen über den Beitrag zum publizistischen Wettbewerb für unzulänglich hält und jedes Testverfahren kritisiert, beklagen die Landesmedienanstalten ein uneinheitliches Vorgehen und haben Experten beauftragt, um den Drei-Stufen-Test zu vereinfachen (vgl. Gonser/Baier 2010: 119f).

3.5 Ansätze in weiteren Ländern

In den anderen untersuchten Ländern war zum Zeitpunkt der Recherche noch kein Vorabprüfungsverfahren verankert. Aufgrund des Drucks der EU-Kommission lassen sich jedoch Entwicklungen in diese Richtung feststellen:

In **Österreich** etwa segnete der Nationalrat im Juni 2010 – nach einem entsprechenden EU-Verfahren – eine „Auftragsvorprüfung" ab: Das neue ORF-Gesetz[3] schreibt ein den EU-Anforderungen entsprechendes Testverfahren unter externer Kontrolle durch einen neu zu schaffenden, fachlich qualifizierten Beirat der Regulierungsbehörde fest, sowie eine Marktprüfung durch die Bundeswettbewerbsbehörde; Dritte sollen mindestens sechs Wochen lang zum geplanten Angebot Stellung nehmen dürfen (vgl. ORF-G neu vom 21.06.2010, §§ 6–6b).

In **Frankreich** lehnen sowohl die Behörden als auch der öffentlich-rechtliche Rundfunk eine Vorabprüfung neuer Angebote ab, es bestünden über den Ziel- und Mittelvertrag bereits ausreichend Evaluierungsmöglichkeiten. Der öffentlich-rechtliche Rundfunk müsse neue Dienste anbieten dürfen, um konkurrenzfähig zu bleiben (vgl. o. V. 2008; France Télévisions 2008; ausführlich Troxler 2010b: 263f).

Weitere offizielle Standpunkte der Mitgliedsstaaten lassen sich aus einer Befragung der EU-Kommission zur Überarbeitung der Rundfunkmitteilung ablesen: Neben Österreich zweifelten auch die **Niederlande** die Sinnhaftigkeit eines Market Impact Assessments an. **Schweden** strich hervor, dass die regelmäßige Erneuerung der befristeten Aufträge ohnehin auf einer breiten öffentlichen Debatte beruhe. **Norwegen** gab an, ein Prüfverfahren unter Einbeziehung aller betroffener Parteien entwickeln zu wollen und in die Hände einer Medienbehörde zu legen (vgl. Commission Staff Working Paper 2009: 12–14).

Die **Schweiz** ist zwar kein EU-Mitglied, die öffentlich-rechtliche SRG steht aber vor ähnlichen Herausforderungen bezüglich der Frage, was öffentlich-rechtlichen Anbietern im Hinblick auf Neue Medien erlaubt sein soll. Ihr Entwicklungsspielraum ist gesetzlich stark beschränkt, so müssen etwa alle Online-Inhalte einen klaren Sendungsbezug haben (vgl. Konzession SRG vom 28.11.2007: Art. 13; im Detail Troxler 2010a: 79 und 91).

---

3   Die Zustimmung des Bundesrats war zu Redaktionsschluss noch ausständig.

4 Public-Value-Tests aus Expertensicht[4]

Wie beurteilen nun die befragten ExpertInnen die derzeitige Praxis und die damit verbunden Herausforderungen? Public Value wird zwar europaweit diskutiert, bisher hat sich in der Debatte über den öffentlich-rechtlichen Rundfunk aber kein einheitliches Verständnis dieses Begriffs durchgesetzt. Die Problematik grenzübergreifender Public-Value-Konzepte und auch einer einheitlichen Vorabprüfung liegt damit auf der Hand. Dennoch gibt es durchaus Expertenstimmen, die einen großen Vorteil im weichen, prozessualen Begriff sehen, denn er bewahre die Komplexität des Kontexts, in dem öffentlich-rechtliche Rundfunkanstalten agieren und auch evaluiert werden sollten. Public Value müsse immer vage definiert bleiben, um einen lebendigen Austausch mit den Anspruchsgruppen der Gesellschaft zu ermöglichen. Unter diesen Rahmenbedingungen könne eine objektive Diskussion über Leistungen und Versäumnisse stattfinden, die ohnehin nicht messbar sind (vgl. dazu etwa Maggiore 2009; Wyss 2009). Hierbei ist die zentrale Frage, wie die Anspruchsgruppen – allen voran das Publikum – in den Public-Value-Prozess sinnvoll eingebunden werden können. Im Gegensatz dazu steht der Wunsch nach einer transparenten Klärung des Begriffs und davon abgeleiteter Beurteilungskriterien, um internationale Vergleiche zu ermöglichen (vgl. Deltenre 2009).

Einheitliche Standards scheinen im Zuge einer Vorabprüfung auf europäischer Basis also erstrebenswert, können dem komplexen Public-Value-Konzept aber nie gänzlich gerecht werden. Des Weiteren betonen die ExpertInnen, dass die Diskussionsstränge von spezifischen Interessen durchzogen sind, es gehe vor allem um Wettbewerbsbedingungen und deren Operationalisierung: *„In dieser Debatte wird Public Value dann zum Instrument von Ideologien, zum rhetorischen Werkzeug um die Deutungshoheit"* (Altmeppen 2009).

Welche Zugänge haben die ExpertInnen also zu grenzübergreifenden EU-Regelungen im Allgemeinen, zu einer einheitlichen Vorabprüfung im Besonderen und zur Einbindung des Publikums in den Public-Value-Prozess?

---

[4] Die Liste der zitierten ExpertInnen findet sich am Ende des Literaturverzeichnisses. Dieses Kapitel gibt nur einen themenbezogenen Ausschnitt aus den Experteninterviews im Gesamtüberblick wieder. Eine umfassende Aufarbeitung der Befragung findet sich in den Länderberichten von Gonser/Baier (2010), Latzl (2010), Neumüller (2010), Troxler (2010a und 2010b) und Süssenbacher (2010a und 2010b).

4.1 Kulturelle Eigenheiten vs. europäischer Einheitsbrei

EU-weiten Einheitsregelungen stehen die ExpertInnen durchaus skeptisch gegenüber und verweisen diesbezüglich auf die kulturelle Autonomie der Länder. Öffentlich-rechtlicher Rundfunk solle in erster Linie Sache der Mitgliedsstaaten bleiben, so der Grundtenor. Allgemein gehaltene Mindeststandards als tragende Basis werden aber von fast allen Befragten befürwortet. Die konkrete medienpolitische Umsetzung und Ausgestaltung von Regulierung und Qualitätssicherung müsse aber den Mitgliedsstaaten selbst überlassen bleiben. Denn die Eigenheiten der Länder, der kulturelle Kontext und die unterschiedlich gewachsenen Mediensysteme – insbesondere die Differenzen in den Regulierungsstrukturen – ließen sich nicht in ein allgemeines Regelwerk einpassen. So seien etwa die Anforderungen an den öffentlich-rechtlichen Rundfunk in Kleinstaaten wie den skandinavischen Ländern grundsätzlich anders einzuschätzen als in Großstaaten und in einem kleinen Land wie Österreich mit einem großen Sprachnachbarn noch einmal anders. Darüber hinaus wird kritisiert, dass sich die Sichtweise der EU-Kommission zu stark an ökonomischen Gesichtspunkten orientiere (vgl. u. a. Cuilenburg 2009, d'Haenens 2009, Engblom 2009, Grarup 2009, Gröndahl 2009, Gruber 2009, Miège 2009, Nissen 2009, Pfab 2009, Ring 2009, Schächter 2009, Schneider 2009, Suter 2009, Unterberger 2009, Wiedemann 2009 und Wrabetz 2009).

4.2 Vorabprüfung auf dem Prüfstand

Die Meinungen zu einer verbindlichen Vorabprüfung neuer öffentlich-rechtlicher Angebote fallen unterschiedlich aus: Während viele ExpertInnen darin durchaus Chancen sehen und auch hier für ein Mindestmaß an Konsens plädieren, sprechen sich andere strikt gegen ein solches Verfahren aus.

In Österreich etwa wird das geplante Vorabprüfverfahren von allen beteiligten Expertengruppen als Chance gesehen: Der Generaldirektor des öffentlich-rechtlichen Rundfunks sieht darin eine Legitimationsmöglichkeit (vgl. Wrabetz 2009), die Interessenvertreter der Privatmedien wollen das Verfahren nutzen, um den Legitimationsdruck auf den öffentlich finanzierten Marktführer zu erhöhen und sein Tätigkeitsfeld zu beschränken (vgl. Stögmüller 2009 und Drumm 2009). Die rechtlichen Experten können der Vorabprüfung auch etwas abgewinnen, warnen aber vor einer Überregulierung, falls auch bestehende Onlineangebote geprüft werden müssten (vgl. Pöschl 2009 und Kogler 2009).

Die niederländischen ExpertInnen hingegen lehnen einen einheitlichen Public-Value-Test vehement ab: Eine Vorabprüfung widerspreche dem niederländischen Mediensystem, das auf eine Prüfung im Nachhinein setzt, um eine zu starke Einbeziehung der Politik in redaktionelle Angelegenheiten zu vermeiden (vgl. Cuilenburg 2009, d'Haenens 2009). Dieses Beispiel zeigt eindrücklich, dass zu strikt gefasste Einheitsregeln die spezifische Rundfunkkultur eines Mitgliedsstaats auf den Kopf stellen können. Auch im Musterland Großbritannien wird eine strikte Übernahme des Public-Value-Tests in europäisches Recht kritisch gesehen:

> „However, the use elsewhere of a public service test clearly needs to be set in context, take account of local political and economic circumstances and be proportionate to the scale of the intervention being planned." (Woolard 2009)

Die Betrachtung der EU-Kommission von Rundfunk als Wirtschaftsgut wird von den meisten Befragten nicht goutiert, da eine zu ökonomische Perspektive den kulturellen und gesellschaftlichen Anforderungen an den öffentlich-rechtlichen Rundfunk nicht gerecht wird. Die aktuelle Debatte und besonders die Vorabprüfung werden daher überwiegend als zu wirtschaftslastig kritisiert: Baisnée (2009) fordert etwa eine stärkere Wertschätzung von „cultural creativity". Nissen (2009) und Hagoort[5] (2009) fürchten, dass kommerzielle Interessen zu viel Gewicht bekommen und die öffentlich-rechtlichen Anbieter zu stark eingeschränkt werden könnten: „*A market impact assessment may seem like a neutral procedure, but it has a built-in tendency to limit the scope of the public service remit*" (Hagoort 2009). Zudem begünstige diese ökonomische Orientierung letztlich multinationale Großkonzerne, was wiederum den Medienmarkt von Kleinstaaten in besonderem Ausmaß beeinflusse (vgl. Gröndahl 2009).

4.3 Das Publikum als Herzstück

Zur Frage, wie das Publikum in den Public-Value-Prozess – also in die Ausverhandlung gesellschaftlicher Aufgaben für den öffentlich-rechtlichen Rundfunk – einbezogen werden soll, macht die EU bislang keine näheren Angaben (vgl. Rundfunkmitteilung vom 02.07.2009, § 87): Diese lockere Regelung, dass „betroffene Akteure" grundsätzlich in das Prüfverfahren eingebunden werden sollen, die Ausgestaltung aber den Mitgliedsstaaten überlassen bleibt, kommt der Forderung nach Mindeststandards entgegen. Andererseits begründet die vage Richtlinie auch Unsicherheit. Das Publikum wird zwar als wichtig erachtet, man findet aber nicht so recht eine praktikable Lösung, wie man es in den Prozess einbinden soll. Diese Unsicherheiten spiegeln sich zum Teil auch in den Expertenstatements wider. Doch zunächst der vorbildliche britische Zugang zur Publikumseinbindung in den Public-Value-Prozess:

---

5   Die Statements von Hagoort, Vorstandsvorsitzender des niederländischen öffentlichen Rundfunks NPO, sind einer Rede vor dem EU-Parlament zur Überarbeitung der Rundfunkmitteilung entnommen.

Die britischen Experten betonen, das Konzept von Public Value bedeute in erster Linie einen Prozess der Nutzereinbindung: *„The audience needs to be placed at the heart of the public value process"* (Suter 2009). Das Publikum sei also das Herzstück erfolgreichen öffentlich-rechtlichen Schaffens. Das bedeute aber nicht, dass man sich rein nach den Präferenzen des Publikums richten dürfe – denn Public Value sei mehr als *„what the public values"*. Aufgabe der öffentlich-rechtlichen Rundfunkanbieter sei es daher, einen Prozess der Präferenzenverbesserung zu generieren. Es gehe um *„responsiveness to the public's refined preferences"* (Maggiore 2009). Man müsse klar zwischen *„need"* und *„demand"* des Publikums unterscheiden und sich dabei an den öffentlich-rechtlichen Zielen orientieren, die im Auftrag klar festgeschrieben sein sollen (vgl. Suter 2009, Levy 2009, Maggiore 2009, Woolard 2009).

Auch die dänischen und schwedischen Experten sehen das Publikum als Herzstück und in der Anbindung an das Publikum den Schlüssel für das Schaffen eines gesellschaftlichen Werts. Sie räumen aber ein, dass es nicht leicht sei, das Publikum einzubinden (vgl. Nissen 2009, Grarup 2009). Public Value bedeute schließlich mehr, als sich nach dessen Vorlieben zu richten:

> „One has though to remember that public media shall on the one hand ‚listen' to the audience, but not follow it blindly. Public media must also provide content which the audience didn't know was needed." (Nissen 2009)

Das Erkennen realer Bedürfnisse sei essentiell und nur anhand eines lebendigen Dialogs könne der öffentlich-rechtliche Rundfunk bestehende Ansprüche als auch eine Veränderung dieser wahrnehmen und erfüllen (vgl. Grarup 2009). Schließlich sei es wichtig, dass das Publikum zwischen kommerziellen und öffentlich-rechtlichen Leistungen klare Unterschiede erkennen könne, damit die Zahlungsbereitschaft für öffentlich-rechtliche Angebote auf lange Sicht erhalten bleibe (vgl. Engblom 2009). Die skandinavische Herangehensweise an das Publikum ist der britischen also sehr ähnlich.

In den weiteren Ländern kristallisieren sich jedoch Unsicherheiten heraus, wie denn mit dem Publikum umzugehen sei, wenngleich die Bereitschaft zur Publikumsdiskussion sehr wohl als Element von Public Value identifiziert wird. Daher ist es umso verwunderlicher, wie skeptisch die Einbindung des Publikums zum Teil gesehen wird und wie indifferent die Vorstellungen davon sind.

In Österreich wollen weder die Vertreter des Rundfunks, noch die anderen Experten die Meinung des Publikums zur Bestimmung von Public-Value-Leistungen heranziehen. Die Befragten des privaten Rundfunks beharren darauf, *„dass es ganz wichtig ist, dass man das Publikum hier nicht einbindet und nicht schaut, wie man die meisten Österreicher zufriedenstellen kann"* (Drumm 2009). Hier wird also eine Einbeziehung des Publikums sofort mit einer Quotenmaximierung in Zusammenhang gebracht, die – wie von den britischen und skandinavischen Experten erläutert – an sich nichts mit Public Value zu tun hat.

In Deutschland steht man vor einer ähnlichen Problematik: Die Expertenmeinungen sind sehr unterschiedlich und reichen von Skepsis bis zu konkreten Vorstellungen, wie das Publikum eingebunden werden könnte. Die Gegner einer Publikumsbeteiligung kritisieren ebenfalls, dass nicht der Massengeschmack entscheidend sein dürfe: *„Die Relevanz von Inhalten wird durch die Inhalte, nicht durch die Rezeption definiert"* (Schneider 2009). Befürworter nennen hingegen inhaltliche Bewertungen des Publikums – wie sie zum Teil schon eingeholt werden – als einfachste Form der Einbeziehung bis hin zu vorsichtigen Vorschlägen zum Einsatz von Publikumsvertretern in Gremien oder die Einrichtung eines eigenen Publikumsrats, wobei die Besetzung als problematisch eingeschätzt wird (vgl. Gonser/Baier 2010: 128).

Auch die Expertenmeinungen in der Schweiz fallen unterschiedlich aus: Während Ramsauer (2009) die Einrichtung eines landesweiten Publikumsrats anregt, hält Deltenre die Erwartungen an Publikumsräte, Imagestudien und Internetforen für überzogen: *„Eine Programmstrategie kann nicht demokratisch erarbeitet werden. Nicht jedes Feedback des Publikums ist angebracht und zeigt Wirkung"* (Deltenre 2009). Der Zwiespalt zwischen Publikumseinbindung und Quotenmaximierung begründe auch den Legitimationsdruck auf den öffentlichrechtlichen Rundfunk: *„Er muss tatsächlich Leistungen erbringen, die von rein privatwirtschaftlich organisierten Medien nicht erbracht werden können. Dies aber auch mit der Beweisführung, viele zu erreichen"* (Wyss 2009).

Die französischen Wissenschaftler schätzen die Berücksichtigung von Publikumsinteressen im Management öffentlich-rechtlicher Rundfunkanstalten als zentral ein (vgl. Baisnée 2009; Miège 2009). Dieses wesentliche Element hätten die Rundfunkunternehmen aber zuletzt aus den Augen verloren, *„so gewöhnt haben sie sich daran, sich um Quoten zu streiten und sich bezüglich sozialer und kultureller Anforderungen nicht infrage zu stellen"*[6] (Miège 2009).

---

6   „(…) habituées qu'elles sont devenues de faire la course à l'audience et de ne pas se mettre en question face aux demandes sociales et culturelles."

5 Fazit

Die EU-Kommission setzt unter dem Druck der ständigen Beschwerden von Privatmedien auf Vorabprüfungen nach britischem Vorbild, stößt damit aber auf teils vehementen Widerstand der Mitgliedsländer, die auf kulturelle Autonomie pochen. Denn die Übertragung des Public-Value-Konzepts, wie es von der BBC in der Debatte um die Zukunft des öffentlich-rechtlichen Rundfunks verankert wurde, impliziert grundlegende Probleme: Das Konzept wurde an die spezifischen Anforderungen des britischen Mediensystems angepasst, das nach Hallin/Mancini (2007) dem liberalen Modell zugeordnet ist und eine starke Marktorientierung aufweist, wobei sich der Markt möglichst selbst regeln soll. Dadurch lässt sich auch der ökonomische Schwerpunkt im britischen Public-Value-Test erklären. Die Kritik der übrigen Länder an der stark von ökonomischen Überlegungen geleiteten Sichtweise der EU-Kommission und besonders am gewünschten Marktprüfungsverfahren ist somit nachvollziehbar: Denn die Rundfunksysteme der übrigen europäischen Länder sind vorwiegend dem demokratisch-korporatistischen Modell zugeordnet, wo Public-Service-Leistungen subventioniert und geschützt und ein Marktversagen verhindert werden soll. Mit der raschen und teilweise nicht ausreichend reflektierten Übernahme des Public-Value-Begriffs haben sich die öffentlich-rechtlichen Rundfunkanstalten daher keinen Gefallen getan, da die private Konkurrenz mit Hinweis auf das vorbildliche britische Vorgehen nun verstärkt eine Berücksichtigung ökonomischer Aspekte reklamieren kann, die von den öffentlich-rechtlichen Anbietern als überbewertet kritisiert und als Schikane gesehen wird.

Die EU-Kommission muss also einen medienpolitischen Mittelweg gehen, um einerseits den konträren Interessen und Motiven der Rundfunkanbieter entgegen zu kommen und andererseits von den Mitgliedsstaaten keinen kompletten Umbruch ihrer spezifischen Medienkulturen zu verlangen. Transparente grenzübergreifende Regelungen können die Legitimation des öffentlich-rechtlichen Rundfunks in Europa grundsätzlich stützen, müssen aber immer ein Kompromiss bleiben – allein schon aufgrund der unterschiedlichen Gegebenheiten in den Mediensystemen und Rundfunkkulturen der Länder. Daher scheint es vernünftig, wenn die genaue Ausgestaltung der Vorabprüfung auf Länderebene entschieden wird und nationale Gegebenheiten – wie die Größe des Staates und der Rundfunkanstalten, das Finanzierungsmodell, die vorhandenen Kontrollorgane und Gremien – ausreichend berücksichtigt werden können. Die Grundzüge des Verfahrens dürfen jedoch nicht zu sehr aufgeweicht werden, wenn das Ergebnis öffentlich-rechtlichen wie privaten Anbietern Rechtssicherheit geben und dem bürokratischen und finanziellen Aufwand unterm Strich tatsächlich Public Value gegenüberstehen soll. Entscheidend für ein sinnvolles Testverfahren scheint daher:

(1) die Absicherung, dass die Ausgestaltung und Durchführung des Verfahrens nicht nur den öffentlich-rechtlichen Anstalten und von ihnen abhängigen Organen alleine unterliegt, da sonst der Verdacht der Einseitigkeit aufkommt, der ein solches Verfahren letztendlich obsolet macht. Externe Kontrollgremien sollten daher den Wert des Testverfahrens sichern und somit auch einer Verschwendung von Gebührengeldern für zahnlose Prüfinstrumente vorbeugen;

(2) die Beharrung der EU-Kommission darauf, dass der Test eine Erhebung möglicher Markteinflüsse eines geplanten Angebots enthalten muss, da sich die Generaldirektion Wettbewerb sonst ihrer eigenen Argumentation beraubt, wieso sie sich überhaupt in die nationale Rundfunkpolitik einmischt. Ein solches Verfahren scheint zwar aufwändig und erfordert externe Expertise, aber gerade diese kann die Unabhängigkeit dieser Teststufe sichern. Und wenn die privaten Mitbewerber im Zuge des Prüfverfahrens auf nationaler Ebene in einem geregelten Rahmen zu Wort kommen, wird Brüssel wohl deutlich entlastet, da supranationale Beschwerden schwerer begründbar sind; und schließlich

(3) die Einbindung des Publikums in einer Form, die einen Ausgleich zwischen gesellschaftlichem Wert und Publikumswunsch ermöglicht, ohne auf Quoten zu schielen. Die Argumentation, dass nicht nur Nutzerpräferenzen ausschlaggebend sein dürfen, oder der zusätzliche Zeitaufwand sollten nicht als Ausreden dafür dienen, das Publikum überhaupt nicht in Entscheidungen einzubeziehen. Denn nur wenn der öffentlich-rechtliche Rundfunk die sich wandelnden Bedürfnisse der Gesellschaft wahrnehmen und in sein Schaffen einfließen lassen kann, können seine Existenzberechtigung und die Zahlungsbereitschaft des Publikums langfristig gesichert werden.

Insofern kann die Implementierung einer Vorabprüfung auf mehrfacher Ebene als Chance gesehen werden: als Chance für Rechtssicherheit sowohl für öffentlich-rechtliche als auch für private Medienunternehmen; als Chance für eine stärkere Rückbindung öffentlich-rechtlichen Tuns an gesellschaftliche Bedürfnisse; und letztendlich als Chance für Medienunternehmen, sich wieder auf ihre eigentlichen Aufgaben zu konzentrieren und mediale Inhalte zu bieten, anstatt Beschwerden einzureichen oder abzuwehren. Dafür braucht es aber ein Mindestmaß an einheitlichen europäischen Standards, die auf Länderebene mit einem möglichst geringen bürokratischen und zeitlichen Aufwand erfüllt werden können. Sonst werden Innovationen gebremst und Entscheidungen immer wieder den langen und strittigen Umweg über Brüssel nehmen.

Literatur

12. RÄStV vom 18.12.2008: Staatsvertrag für Rundfunk und Telemedien, in der Fassung des 12. Staatsvertrages zur Änderung rundfunkrechtlicher Staatsverträge

Agreement vom 30.06.2006: Final Agreement Between the Secretary of State for Culture, Media and Sport and the British Broadcasting Corporation. Crown Copyright

ARD Pressemeldung vom 21.04.2010: Umfangreiche Löschungen in den Telemedienangeboten der ARD. Online: http://www.ard.de/intern/presseservice/telemedien-loeschungen/-/id=8058/nid=8058/did=1441284/1nwnohv/index.html (31.05.2010)

Bauer, Helmut G./Bienefeld, Anna (2007): Der Public Value Test. Ein Vergleich zwischen dem BBC-Modell und dem geplanten Verfahren beim ZDF. In: Funkkorrespondenz. 49. 3–11

BBC (2004): Building Public Value. Renewing the BBC for a digital world. London: BBC

BBC Trust (2007): Public Value Test (PVT): Guidance on the conduct of the PVT, London. Online: http://www.bbc.co.uk/bbctrust/assets/files/pdf/regulatory_framework/pvt/pvt_guidance.pdf (17.06.2010)

Berka, Walter/Grabenwarter, Christoph/Holoubek, Michael (Hg.) (2010): Public Value im Rundfunkrecht. Schriftenreihe Recht der elektronischen Massenmedien Bd. 6. Wien: Manz

Brandner-Radinger, Ilse (Hg.) (2009): Was kommt, was bleibt. 150 Jahre Presseclub Concordia. Wien: Facultas

Charter vom 10.10.2006: Copy of the Royal Charter for the Continuance of the British Broadcasting Corporation. Crown Copyright

Christl, Reinhard/Süssenbacher, Daniela (Hg.) (2010): Der öffentlich-rechtliche Rundfunk in Europa. ORF, BBC, ARD & Co auf der Suche nach dem Public Value. Wien: Falter

Collins, Richard (2009): Die BBC, das Internet und „Public Value". In: Aus Politik und Zeitgeschichte. 9–10. 32–38

Commission Staff Working Paper (2009): Review of the Broadcasting Communication. Summary of the Replies to the Public Consultation. Online: http://ec.europa.eu/competition/state_aid/reform/comments_broadcasting/summary.pdf (14.06.2010)

Coyle, Diane/Woolard, Christopher (2009): Public Value in Practice. Restoring the ethos of public service. London: BBC Trust

Flick, Uwe (2007): Qualitative Sozialforschung. Eine Einführung. Reinbek: Rowohlt

France Télévisions (2008): Réponses de France Télévisions au questionnaire de la Commission européenne sur la révision de la Communication concernant l'application au service public de radiodiffusion des règles relatives aux aides d'Etat. Online: http://ec.europa.eu/competition/state_aid/reform/comments_broadcasting/ft.pdf (15.06.2010)

Gold, Alison (2010): Der Public Value-Test. Das britische Modell. In: Berka et al. (2010): 83–87

Gonser, Nicole/Baier, Barbara (2010): Deutschland. In: Christl/Süssenbacher (Hg.) (2010): 99–134

Gundlach, Hardy (Hg.) (2010): Public Value in der Internet- und Digitalökonomie. Köln: Herbert von Halem [in Druck]

Hagoort, Henk (2009): Statement at the EPP-ED Hearing on the Revision of Broadcasting Communication: Challenge or Threat? Vortrag vom 08.01.2009, Brüssel. Online: http://www.eppgroup.eu/press/peve09/docs/090108hagoort-en.pdf (16.06.2010)

Hallin, Daniel C./Mancini, Paolo (2007): Comparing Media Systems. Three Models of Media and Politics. Cambridge University Press

Karmasin, Matthias (2009): „Public Value": Konturen und Konsequenzen eines Legitimationsbegriffes. In: Brandner-Radinger (Hg.) (2009): 91–99

Kaumanns, Ralf/Siegenheim, Veit/Knoll Eva M. (2007): BBC – Value for Money and Creative Future. Strategische Neuausrichtung der British Broadcasting Corporation. Praxisforum Medienmanagement Bd. 6. München: Reinhard Fischer

Konzession SRG vom 28.11.2007: Konzession für die SRG SSR idée suisse. Schweizerischer Bundesrat

Kulturministeriet (2006a): Public Service Contract between DR and the Danish Minister for Culture for the period from 1 January 2007–31 December 2010. J. Nr. 2004-15402-45
Kulturministeriet (2006b): Appendix 2. Value test of new public service broadcasting services. J. Nr. 2004-15402-4
Latzl, Daniela-Kathrin (2010): Großbritannien. In: Christl/Süssenbacher (Hg.) (2010): 201–241
Moore, Mark H. (1995): Creating public value. Strategic management in government. Cambridge, Mass.: Harvard Univ. Press
Neumüller, Marlies (2010): Österreich. In: Christl/Süssenbacher (Hg.) (2010): 19–63
o. V. (2008): Questionnaire de la Commission concernant la révision de la Communication sur l'application aux services publics de radiodiffusion des règles relatives aux aides d'Etat. Réponse des autorités francaises. Online: http://ec.europa.eu/competition/state_aid/reform/ comments_broadcasting/france.pdf (15.06.2010)
Pfab, Susanne (2010): Public Value nach dem Drei-Stufen-Test. In: Berka et al. (Hg.) (2010): 89–100
ORF-G neu vom 21.06.2010: Bundesgesetz, mit dem das Bundes-Verfassungsgesetz, das KommAustria-Gesetz, das Telekommunikationsgesetz 2003, das Verwertungsgesellschaftengesetz 2006, das ORF-Gesetz, das Privatfernsehgesetz, das Privatradiogesetz und das Fernseh-Exklusivrechtegesetz geändert werden (Beschluss des Nationalrats). Online: http://www.parlament.gv.at/PG/DE/BR/I-BR/I-BR_08327/fname_189375.pdf
Repa, Lukas (2010): Der Public Value im öffentlich-rechtlichen Rundfunk aus Sicht des EU-Wettbewerbsrechts. In: Berka et al. (Hg.) (2010): 37–50
Rundfunkmitteilung vom 02.07.2009: Mitteilung der Kommission über die Anwendung der Vorschriften über staatliche Beihilfen auf den öffentlich-rechtlichen Rundfunk (Text von Bedeutung für den EWR)
Süssenbacher, Daniela (2010a): Niederlande. In: Christl/Süssenbacher (Hg.) (2010): 135–158
Süssenbacher, Daniela (2010b): Dänemark, Schweden, Norwegen. In: Christl/Süssenbacher (Hg.) (2010): 159–200
Troxler, Regula (2010a): Schweiz. In: Christl/Süssenbacher (Hg.) (2010): 65–97
Troxler, Regula (2010b): Frankreich. In: Christl/Süssenbacher (Hg.) (2010): 243–267
Troxler, Regula/Süssenbacher, Daniela/Karmasin, Matthias (2010): Public-Value-Management als Antwort auf die Legitimationskrise und Chance für neue Strategien der Mehrwertgewinnung. In: Gundlach (Hg.) (2010): o. S. [in Druck]

Experteninterviews „Public Value" (Auszug)

Altmeppen, Dieter (2009), Professor für Journalistik, Katholische Universität Eichstätt-Ingolstadt. Experteninterview online durchgeführt im Februar 2009
Baisnée, Olivier (2009), Institut für Politikstudien, Toulouse. Experteninterview online durchgeführt im Februar 2009
Cuilenberg, Jan van (2009), Commissariaat voor de Media, Amsterdam. Experteninterview online durchgeführt im März 2009
Deltenre, Ingrid (2009), damalige Direktorin des Schweizer Fernsehen. Experteninterview online durchgeführt im März 2009
d'Haenens, Leen (2009), Universität Leuven und Universität HC Nijmegen. Experteninterview online durchgeführt im März 2009
Drumm, Corinna (2009), GF „Board TV" des Verbands österreichischer Privatsender. Experteninterview durchgeführt von R. Troxler und B. Baier am 13.05.2009 in Wien
Engblom, Lars-Ake (2009), Institut für Medien und Kommunikation, Universität Jönköping. Experteninterview online durchgeführt im Februar 2009
Grarup, Lars (2009), Media Director, Danmark Radio, Kopenhagen. Experteninterview online durchgeführt im März 2009

Gröndahl, Aulis (2009), Strategic Analysis Group, Sveriges Television, Stockholm. Experteninterview online durchgeführt im Mai 2009

Gruber, Thomas (2009), Intendant des Bayerischen Rundfunks. Experteninterview online durchgeführt im April 2009

Kogler, Michael (2009), Verfassungsdienst des Bundeskanzleramtes, Abteilung für Medienangelegenheiten/Informationsgesellschaft. Experteninterview durchgeführt von M. Neumüller und B. Baier am 04.06.2009 in Wien

Levy, David (2009), Reuters Institute for the Study of Journalism, Department of Politics and International Relations, University of Oxford. Experteninterview online durchgeführt im Februar 2009

Maggiore, Matteo (2009), Head of EU and International Policy, BBC. Experteninterview online durchgeführt im April 2009

Miège, Bernard (2009), Prof. em. der Informations- und Kommunikationswissenschaften, Universität Stendhal Grenoble. Experteninterview online durchgeführt im Februar 2009

Nissen, Christian (2009), Medienwissenschaftler, Universität Kopenhagen. Experteninterview online durchgeführt im März 2009

Pfab, Susanne (2009), GF der ARD-Gremienvorsitzendenkonferenz. Experteninterview online durchgeführt im März 2009

Pöschl, Wolfgang (2009), Vorsitzender des Bundeskommunikationssenats. Experteninterview durchgeführt von M. Neumüller und B. Baier am 04.06.2009 in Wien

Ramsauer, Matthias (2009), Leiter Abteilung Radio und Fernsehen, Bundesamt für Kommunikation. Experteninterview online durchgeführt im Februar 2009

Ring, Wolf-Dieter (2009), Präsident der Bayerischen Landeszentrale für Neue Medien. Experteninterview online durchgeführt im Februar 2009

Schächter, Markus (2009), Intendant des ZDF. Experteninterview online durchgeführt im März 2009

Schneider, Norbert (2009), Direktor der Landesanstalt für Medien Nordrhein-Westfalen. Experteninterview online durchgeführt im Februar 2009

Stögmüller, Christian (2009), Vorstandsvorsitzender des Verbands österreichischer Privatsender. Experteninterview durchgeführt von R. Troxler und B. Baier am 13.05.2009 in Wien

Suter, Tim (2009), Managing Director, Perspective, expert of public policy and regulation in media and communications. Experteninterview online durchgeführt im April 2009

Unterberger, Klaus (2009), Leiter des ORF Public-Value-Kompetenzzentrums. Experteninterview durchgeführt von D. Latzl und B. Baier am 15.05.2009 in Wien

Wiedemann, Verena (2009), Generalsekretärin der ARD. Experteninterview online durchgeführt im März 2009

Woolard, Christopher (2009), former Head of Finance, Economics and Strategy, BBC Trust. Experteninterview online durchgeführt im April 2009

Wrabetz, Alexander (2009), Generaldirektor des ORF. Experteninterview durchgeführt von D. Latzl und B. Baier am 15.05.2009 in Wien

Wyss, Vinzenz (2009), Leiter Forschung, Institut für Angewandte Medienwissenschaft, Zürcher Hochschule für Angewandte Wissenschaften. Experteninterview online durchgeführt im März 2009

Qualitätsjournalismus revisited
Public Value aus Sicht von Medienjournalistinnen und -journalisten in Österreich

Regula Troxler & Nicole Gonser

In der aktuellen Public-Value-Diskussion kursieren eine Vielzahl an Begriffen und unterschiedlichste Auffassungen darüber, was genau Public Value für Medien ausmacht. Schnell sind die Beteiligten bei einer Qualitätsdebatte, die wiederum von den verschiedenen Akteuren ungleich geführt wird. Es wird kompliziert, wenn verschiedene inhaltliche Argumente genannt werden, die auf unterschiedlichen formalen Ausgangspunkten basieren. So kommt es vielfach auch zu Vermischungen und Gleichsetzungen von Public Value und Qualität. Um hier Klarsicht zu erhalten, gilt es diese Auffassungen zu sortieren. Dieser Beitrag konzentriert sich auf eine bestimmte Akteursgruppe, nämlich Journalistinnen und Journalisten, die zusätzlich eine Sonderrolle einnehmen, wenn man eine Subgruppe betrachtet, nämlich Medienjournalistinnen und -journalisten.

Wenn es um Medien geht, sind entsprechend sie es, die über solche Belange berichten. Diese Fachleute haben wie ihre Kolleginnen und Kollegen die Aufgabe, über gesellschaftlich relevante Sachverhalte zu informieren und diese in Zusammenhänge einzuordnen. So sind sie Multiplikatorinnen und Multiplikatoren, aber auch Gatekeeper, was die Auswahl der Medienberichterstattung betrifft. Zu berücksichtigen ist, dass sie zusätzlich einer besonderen Situation ausgesetzt sind, die ihren Arbeitsschwerpunkt betrifft: Sie berichten über Medien, deren System sie ebenfalls angehören. Dies kann Folgen haben, denn indem sie im weitesten Sinne die Arbeit anderer Kolleginnen und Kollegen verfolgen und beurteilen, kann ihre Unabhängigkeit mitunter stärker bedroht sein als in anderen Ressorts (vgl. von Streit 2005: 2).

Die oben genannte Public-Value-Diskussion im Medienbereich wird auch in Österreich weitestgehend als Fachdiskussion geführt, an der hiesige Medienjournalistinnen und -journalisten auf mehreren Ebenen beteiligt sind. Sie berichten und kommentieren als Expertinnen und Experten, sie selektieren bzw. gewichten die Argumente ihrer Berichterstattung und sie handeln dabei als Mitwirkende im Mediensystem. Damit ist ihre Rolle in dieser Debatte bedeutsam und soll im Folgenden näher betrachtet werden. Der Schwerpunkt liegt dabei auf dem Selbstverständnis von österreichischen Medienjournalistinnen und -journalisten zu Public Value, die in der vorliegenden Arbeit dazu eingehend befragt wurden. Ermittelt wurden ihre Auffassungen von Public Value, die für sie relevanten Kriterien, die Überschneidungen und Abgrenzungen zu Quali-

tätsmerkmalen und ihr Verhältnis zu den Beteiligten. Diese vertiefenden Fragestellungen zur Public-Value-Diskussion schließen damit unmittelbar an Studien
an, die das Selbstverständnis von Journalistinnen und Journalisten im Allgemeinen untersuchen. Kaltenbrunner et al. (2008) erhoben so im Frühjahr 2008 mit
einer repräsentativen Befragung von 500 österreichischen Journalistinnen und
Journalisten Einstellungen und Arbeitsweisen dieser Berufsgruppe. Das berufli-
che Selbstverständnis wird, so die Ergebnisse, von der Auffassung geprägt,
neutral und umfassend zu informieren: 70 bis 92 Prozent der Befragten stimmen
diesbezüglichen Items zu.[1] Neben anderen Aussagen sind besonders Vorgaben
zu kritischem Handeln aufschlussreich: Drei Viertel sprechen dem Item „*Kritik
an Missständen zu üben*", etwa ein Drittel der Aussage „*die Bereiche Politik,
Wirtschaft und Gesellschaft zu kontrollieren*" zu (Kraus 2009: 253). Alle Werte
sind dabei höher als in einer Vergleichsstudie mit deutschen Kolleginnen und
Kollegen, was Kraus jedoch nicht damit deutet, dass in Österreich ein besonders
unabhängiger bzw. kritischer Journalismus praktiziert wird, sondern eine außer-
gewöhnliche, ambivalente Berufsbeziehung vorliegt, die in einer „*spezifisch
österreichischen Form der Gesinnungspublizistik*" (Kraus 2009: 255) gipfelt.
Diese Einschätzung sollte Berücksichtigung finden, wenn nachfolgend die Auffassungen österreichischer Medienjournalistinnen und -journalisten zum Thema
Public Value untersucht werden.

    Bevor nun die Ergebnisse im Einzelnen vorgestellt werden, sollen als theore-
tischer Zugang Ansätze vorgestellt werden, die sich mit Public Value und Kriterien von Qualität im Bereich Medien befasst haben.

---

[1]   Werte für Top-Two-Box (stimme voll ganz zu/stimme überwiegend zu auf einer 5er Skala): 92
Prozent: „Mir geht es in meinem Beruf darum,... das Publikum möglichst neutral und präzise
zu informieren."; 89 Prozent: „... komplexe Sachverhalte zu erklären und zu vermitteln.";
79 Prozent: „... die Realität genauso abzubilden, wie sie ist."; 69 Prozent: „... dem Publikum
möglichst schnell Informationen zu vermitteln." (Kraus 2009: 253).

1 Theoretischer Hintergrund

1.1 Public Value als Legitimationsprozess

Massenmedien, und insbesondere der öffentlich-rechtliche Rundfunk, agieren seit jeher im Spannungsfeld von Gesellschaft und Wirtschaft, denn sie produzieren Medienangebote mit dualer Gütereigenschaft: Als Kulturgut zielen sie auf die Herstellung von Öffentlichkeit ab, stellen selbst Kultur dar und her und tragen dadurch besondere Verantwortung für die Gesellschaft. Als Wirtschaftsgut unterliegen Medien wie andere Produkte oder Dienstleistungen ökonomischen Spielregeln und sind auf das Erwirtschaften von Erlösen auf dem Rezipienten- und/oder Werbemarkt ausgerichtet (vgl. Karmasin/Winter 2002: 30f).

Die Auffassungen darüber, welche dieser beiden Dimensionen der Medienunternehmung im Vordergrund stehen soll, divergieren je nach Anspruchsgruppe. Durch aktuelle Entwicklungen der Mediengesellschaft – mit Facetten wie Medialisierung, Individualisierung, Konvergenz – und wirtschaftliche Herausforderungen in Zeiten der Wirtschaftskrise verschärft sich dieser Konflikt: Der Wettbewerb um Aufmerksamkeit einerseits und Werbegelder andererseits wird härter, je mehr Akteure um die knapper werdenden Ressourcen Zeit (Aufmerksamkeit) und Geld buhlen. In dieser Situation beginnen Medien nach neuen Finanzierungsquellen zu suchen, etwa durch multimediale Verwertungsstrategien. Aber auch der Staat als Medienförderer scheint wieder stärker in die Pflicht genommen zu werden, wenn man etwa die aktuelle medienpolitische Debatte in Österreich verfolgt: Private wie öffentlich-rechtliche Medien fordern regelmäßig mehr Subventionen von Staat – sei es aus den Rundfunkgebühren oder aus anderen öffentlichen Geldern. Gleichzeitig scheint aber die Legitimation für die Förderung qualitätsvoller Medieninhalte in der steuern- und gebührenzahlenden Bevölkerung zu sinken.

Unter diesen Rahmenbedingungen fand in den letzten Jahren das Public-Value-Konzept Einzug in den medialen, politischen und öffentlichen Diskurs. Dabei zeichnet es sehr eindrucksvoll das mediale Spannungsfeld Wirtschaft – Kultur nach, denn es wurde ursprünglich als Managementkonzept für den öffentlichen Sektor entwickelt (vgl. Moore 1995) und dient mittlerweile als Legitimationsbegriff für den gesellschaftlichen Wert von Medienangeboten. Bei der Übertragung von Moores Ansatz[2] auf das Management öffentlich-(rechtlich)er Medien treten allerdings einige Probleme auf:
- Bedürfnisse, die durch Medien befriedigt werden sollen, sind sehr divergierend (Information, Unterhaltung, Ablenkung, …) und können oft nicht klar artikuliert werden. Auch der Nutzen, der aus der Medienrezeption gezogen

---

2   Vgl. Beitrag von Neumüller in diesem Band.

werden kann, können Rezipientinnen und Rezipienten oft nicht klar benennen (vgl. Diskussion zum Nutzen- und Belohnungsansatz, etwa Rubin 2009: 169). Somit gestaltet sich die Ermittlung kollektiver Bedürfnisse bei Medien weitaus schwieriger als in klassischen Bereichen der öffentlichen Hand: Bei Krankenhäusern etwa können das Bedürfnis nach ärztlicher Versorgung und der Wert einer gesunden Bevölkerung klar definiert werden.

– Massenmedien richten sich an ein disperses Publikum, das inhomogen und unstrukturiert ist (vgl. Maletzke 1963). Formen der direkten oder indirekten Beteiligung – Moore nennt dies „coproduction" (Moore 1995: 117) – sind daher schwierig zu realisieren. Außerdem ist ein zentrales Element beim öffentlich-rechtlichen Rundfunk i. d. R. ja gerade seine Unabhängigkeit bei der Programmproduktion, sowohl von politischen Einflüssen als auch – in der Erfüllung des Programmauftrags – von reinen Publikumsinteressen (vgl. Collins 2007: 171).

– Das Konzept der Wettbewerbsfähigkeit öffentlicher Unternehmen, das Moore stark betont (vgl. Moore 1995: 54) , wird beim öffentlich-rechtlichen Rundfunk regelmäßig in Frage gestellt, weil gerade jene Leistungen, die nicht ausreichend vom Markt zur Verfügung gestellt werden, durch öffentliche Medien erbracht werden sollen.

Trotz dieser Vorbehalte gegen eine Übertragung des Public-Value-Konzepts für den Medien- bzw. Rundfunkbereich, führten zahlreiche Rundfunkanstalten – allen voran die britische BBC – sowie Regulierungsbehörden und nationale Regierungen in Europa den Public-Value-Begriff in den medienpolitischen Diskurs ein, entfernten sich aber teilweise weit von Moores ursprünglichem Konzept. Die Vielzahl an unterschiedlichen Auffassungen über Public Value resultiert in fehlender einheitlicher Definition und schwammiger Schlagworthaftigkeit, die allzu leicht für unterschiedlichste Interessen instrumentalisiert werden kann.

Aus kommunikationswissenschaftlicher Sicht kann Public Value daher, so die These dieses Beitrags, in erster Linie als kommunikative Legitimationsstrategie für die öffentliche Subvention von Medieninhalten gefasst werden. Je nach nationaler Tradition des „Public Service Broadcasting" und je nach Interessensschwerpunkt stehen dabei unterschiedliche Ansätze im Vordergrund. In einer Studie, die den Public-Value-Diskurs und das Begriffsverständnis in Europa durch Experteninterviews einer systematischen Analyse unterzog, konnten drei Begründungslinien für Public Value ausgemacht werden (vgl. Christl/Süssenbacher 2010; Troxler et al. 2010):

– *Medien als Kulturgut* tragen zur kulturellen Identität einer Gesellschaft bei und sind selbst Teil dieser Kultur. Daher erfüllen öffentliche Medien die gesellschaftliche Aufgabe der Bildung einer kulturellen bzw. nationalen Identität und tragen dafür besondere Verantwortung, was öffentliche Finanzierung rechtfertigt (z. B. Frankreich).

– *Medien als Teil demokratischer Öffentlichkeit* erfüllen durch ihre Informations-, Bildungs- und Forumsfunktion die für Demokratien zentrale Aufgabe der politischen Meinungsbildung. Sie stellen Öffentlichkeit her und regen zur politischen Partizipation an, müssen aber durch die Allgemeinheit finanziert werden, um nicht von spezifischen Interessen vereinnahmt zu werden (z. B. Deutschland, Österreich).

– *Medien als öffentliches Gut* erbringen jene Leistungen, die unter den Bedingungen des freien Marktes hinsichtlich notwendiger Form und Qualität nicht oder nur ungenügend hergestellt werden. Die Finanzierung durch öffentliche Gelder ist gerechtfertigt, wenn dadurch keine negativen Auswirkungen auf den Markt (unfairer Wettbewerb) entstehen (z. B. United Kingdom).

Allen drei Ansätzen ist gemeinsam, dass Public Value nicht als feststehendes Zielkriterium angesehen wird, dessen Erfüllung quantitativ gemessen werden kann. Vielmehr müssen „*über deliberative Prozesse Public Values definiert, in Produkte und Dienstleistungen umgesetzt und in Bezug auf ihren gesellschaftlichen Wert beurteilt werden*" (Knoll 2008: 35). Zu betonen ist, dass dieser Public-Value-Prozess nicht als Erhebung und Durchführung des Willens der Öffentlichkeit zu verstehen ist. Vielmehr können Public-Value-Anbieter auch selbst die Interessen der Gesellschaft durch Information und Diskussion formen.

1.2 Journalistische Qualität als Prozess

Unter ähnlichen Vorzeichen wie heute die Public-Value-Debatte kam im deutschsprachigen Raum Anfang der 1990er Jahre die Diskussion über die Qualität von Medieninhalten in Gang: Der öffentlich-rechtliche Rundfunk hatte an Zuschauerzahlen, Werbegeldern und politischer Bedeutung verloren, weil mit der Öffnung des Marktes für private Anbieter die einstige Monopolstellung unter Druck geraten war:

> „Angesichts der neuen Konkurrenz waren die öffentlich-rechtlichen Anstalten gezwungen, ihren gesellschaftlichen Leistungsbeitrag zu überdenken und deutlicher herauszustellen, aber auch stärker auf Publikumserwartungen einzugehen." (Arnold 2008: 490)

Von Expertinnen- und Expertenseite wurden private Programme aufgrund ‚mangelnder Qualität' kritisiert, während die Bevölkerung die ‚Zwangsgebühren' aufgrund des neuen ‚Gratisfernsehens' in Frage stellte. Für den öffentlich-rechtlichen Rundfunk war die Qualitätsdebatte somit auch eine Legitimationsdebatte (vgl. Meier/Bonfadelli 1994: 46f).

Im Zuge dessen begann sich die Kommunikations- und Medienwissenschaft mit der Frage journalistischer bzw. medialer Qualität intensiver auseinanderzu-

setzen (vgl. etwa Schatz/Schulz 1992; Meier/Bonfadelli 1994; Rager 1994).
Ähnlich wie aktuell beim Public-Value-Diskurs war zunächst eine gewisse
Verzweiflung bei der Begriffsdefinition und Kriterienfindung auszumachen: So
war etwa von einem „Dilemma" der Qualitätsdebatte (Hasebrink 1997: 202),
einem „Versuch, einen Pudding an die Wand zu nageln" (Ruß-Mohl 1994: 94)
die Rede. Mittlerweile ist der Qualitätsbegriff aber klar umrissen, auch wenn
keine universal gültige Definition gefunden wurde, sondern Qualität immer
relativ zu bestimmen ist, und zwar im Bezug auf
–   den normativen Bezugsrahmen (z. B. Politik, Ethik, Ästhetik),
–   die Ebene des Journalismus (z. B. Mediensystem, Medieninstitution, Redak-
    tion, Produktionsprozess, Medieninhalt) und
–   die Perspektive (z. B. Zuschauer, Medienschaffende, Gesellschaft).
Im Rahmen dieses Beitrags kann nicht näher auf die einzelnen Qualitätsmodelle
eingegangen werden, es sei auf zusammenfassende Darstellungen der zahlreichen
wissenschaftlichen Arbeiten bei Fabris (2004) und Hermes (2006) verwiesen.
    Die Qualität publizistikwissenschaftlicher Qualitätsmodelle wiederum kann
laut Saxer (2000: 197) danach beurteilt werden, „wie komplex, integral, kohä-
rent, transparent und operationalisiert sie journalistische Qualität konzipieren."
Im Folgenden werden daher zwei Qualitätsmodelle vorgestellt, die diese Kriterien erfüllen, weil sie journalistische Qualität mehrdimensional, umfassend,
theoretisch fundiert und adäquat operationalisiert beschreiben sowie – aufgrund
ihrer Ausrichtung an journalistischen bzw. redaktionellen Routinen – einen
hohen praktischen Bezug aufweisen. Arnold (2008; 2009) entwickelte ein integratives Konzept, das drei Begründungslinien für Qualitätsanforderungen umfasst:
1) Auf einer *funktionalen-systemtheoretischen Ebene* stehen die Funktionen des
    Journalismus, die historisch und systemtheoretisch abgeleitet werden kön-
    nen, im Vordergrund.
2) Bei der *normativ-demokratieorientierten Ebene* leiten sich Qualitätskriterien
    aus den zentralen Werten der demokratischen Gesellschaft und damit zu-
    sammenhängenden normativen Vorgaben (z. B. Gesetze, Kodizes, Leitbil-
    der) ab.
3) Qualität auf *nutzerbezogener-handlungsorientierter Ebene* ist schließlich
    abhängig von jeweiligen Bedürfnissen der Rezipienten und kann daher nur
    in Relation zu einzelnen Medien, Sendungen oder Zielgruppen definiert
    werden.

Die Tabelle soll einen Überblick über die Qualitätsfaktoren geben, die Arnold systematisch für jede Ebene ableitet.

funktionale-systemtheoretische Ebene	*normativ-demokratieorientierte Ebene*	*nutzerbezogene-handlungsorientierte Ebene*
– Vielfalt – Aktualität – Relevanz – Glaubwürdigkeit – Unabhängigkeit – Recherche – Kritik – Zugänglichkeit – Hintergrundberichterstattung – Regionaler/lokaler Bezug	– Meinungsvielfalt – Wahrhaftigkeit/Richtigkeit – Unabhängigkeit – Recherche – Kritik – Ausgewogenheit – Neutralität/Trennung von Nachrichten und Meinung – Schutz der Persönlichkeit	– Anwendbarkeit (Bezüge zur Lebenswelt des Publikums) – Unterhaltsamkeit

Tab.: Aspekte journalistischer Qualität nach Arnold 2009

Wyss (2002) untersuchte redaktionelles Qualitätsmanagement in Anlehnung an „Total Quality Management" (TQM). TQM ist ein betriebswirtschaftliches Konzept, das Qualität als Führungsaufgabe ansieht und die Orientierung an Prozessen, Personal und Kundschaft in den Mittelpunkt der Qualitätssicherung stellt. Im redaktionellen Qualitätsmanagement macht Wyss (2002: 91–93) in Bezugnahme auf die Strukturationstheorie nach Giddens (1984/1997) *„drei Dimensionen des Wollens, Könnens und Sollens"* aus:

– *Wollen* bezieht sich auf kommunikative Aspekte, die via bestimmte Interpretationsmuster (z. B. „Qualität ist Leitmaxime", „öffentliche Aufgabe", „Publikumszufriedenheit ist Maßstab") eine Verständigung über Qualitätsziele innerhalb der Redaktion bezwecken.

– *Können* bezieht sich auf administrative und ökonomische Aspekte, d. h. inwiefern bestimmte Ressourcen und Machtmittel (z. B. Wissen, Budget, Apparaturen, Teamorganisation, Zielvereinbarungsgespräche) zur Qualitätssicherungen vorhanden sind.

– *Sollen* bezieht sich auf rechtfertigende Aspekte, also die Anwendung von Normen (z. B. journalistische Qualitätsstandards, Leitbilder, Redaktionsstatuten).

Außerdem wirken auf allen drei Ebenen auch externe Interessensgruppen, etwa Ausbildungsinstitutionen, Presserat, Publikumsforschung, Medienpolitik und Medienjournalismus, die ebenfalls in die Analyse einbezogen werden müssen (vgl. Wyss 2002: 93). Ruß-Mohl hatte diese Einflussgrößen auf redaktionelle

Qualitätssicherung bereits 1994 ausführlich dokumentiert und nannte sie „Infra-struktur-Faktor":

> „Gemeint ist mit Infrastrukturen jene Vielzahl von Initiativen und Institutionen, die mit ihren Aktivitäten qualitätssichernd den Journalismus prägen – also auf Journalismus Einfluß nehmen, in der Regel ohne selbst zur Erstellung von Medienprodukten direkt etwas beizutragen." (Ruß-Mohl 1994: 22)

In diesem Zusammenhang betont Ruß-Mohl aber auch die Rolle des Medien-journalismus als qualitätssichernder Faktor: Er sorgt für einen Austausch von Informationen und Meinungen zwischen Medienschaffenden und ihren Publika, aber auch innerhalb der Medienbranche, und trägt (im Idealfall) durch kritische Auseinandersetzung mit Medien und Journalismus zum Diskurs über Qualitäts-fragen bei (vgl. Held/Ruß-Mohl 2000: 374f).

Zusammenfassend kann festgehalten werden, dass journalistische Qualität – ebenso wie Public Value – nicht als feststehendes und messbares Zielkriteri-um, sondern als Prozess „mit *präventiven*, mit *den Produktionsprozeß beglei-tenden* und mit *korrektiven* Elementen" (Ruß-Mohl 1994: 97) gefasst werden muss. Die kommunikationswissenschaftliche Forschung zu diesen Themen muss sich aber um überprüfbare Kriterien bemühen, da bestimmte Medienleis-tungen nicht angemessen mit nur ökonomischen Kenngrößen, die bislang domi-nierend in Public-Value-Tests aufgenommen werden, beschrieben werden kön-nen.

Ausgehend von diesen theoretischen Überlegungen zu Public Value und Qualität setzen wir uns nachfolgend mit konkreten Auffassungen von Medien-journalistinnen und -journalisten auseinander, die im beschriebenen Sinne eine prägende Rolle ausüben. Ihre Erwartungen und Einstellungen gegenüber Me-dienqualität und zur Public-Value-Diskussion sollen in einer qualitativen Studie genauer betrachtet werden.

2 Studien-Design

Um die Einstellungen und Bewertungen derjenigen zu erfassen, die sich berufs-bedingt mit dem Thema Medien befassen und hier als Expertinnen, Multiplika-toren, Medienkolleginnen sowie als Gatekeeper auftreten, wurden österreichi-sche Medienjournalistinnen und -journalisten für Leitfadeninterviews zum Thema Public Value rekrutiert. Die Auswahl bezog bewusst „nur" Printjourna-listinnen und -journalisten ein: Zum einen haben in Österreich lediglich diese Redaktionen auf dieses Ressort spezialisierte Journalistinnen und Journalisten beschäftigt, die alle genannten Rollen ausüben. Zum anderen konnte mit dieser Zusammenstellung, die einschlägige österreichische Qualitäts- und Fachmedien abdeckt, eine bestimmte Gruppe konstant gehalten werden. Dies ist insbesondere mit Blick auf die österreichische Public-Value-Debatte bedeutsam, da sich diese oftmals mit der hiesigen Rundfunkkonstellation auseinandersetzt. Bei der Wahl von ausschließlich Printkolleginnen und -kollegen wird einerseits vermieden, die Sonderrolle der Betroffenen einkalkulieren zu müssen. Andererseits kann verglichen werden, welche gemeinsamen und unterschiedlichen Standpunkte einer spezifischen Medienjournalistinnen bzw. -journalisten-Gattung vorliegen.

Insgesamt wurden im Zeitraum Juli bis September 2009 elf Face-to-Face-Interviews mit Redakteurinnen und Redakteuren bzw. Chefredakteurinnen und -redakteuren österreichischer Qualitätsprintmedien durchgeführt.[3] Der Leitfaden umfasste neun Aspekte im Zusammenhang mit Public Value. So ging es um Berührungspunkte mit dem Begriff Public Value, um eigene Definitionen und Beschreibung elementarer Elemente, Bewertung der Public-Value-Diskussion in Österreich, Einschätzungen zur Rolle des ORF, der österreichischen und europäischen Perspektive, der Medienaufgaben für Rezipientinnen und Rezipienten und die Beachtung gesellschaftlicher Ansprüche in der eigenen Arbeit. Diese Fragedimensionen leiteten auch den Auswertungsleitfaden an, der zudem um Kategorien einer allgemeinen Qualitätsdebatte erweitert wurde, die sich an den zuvor skizzierten theoretischen Überlegungen orientierten. Über das extrahierte und codierte Auswertungsmaterial, das durch die Erfassung per atlas.ti stets an die Originaltranskripte der Interviews rückgebunden werden konnte, erfolgte eine qualitative Analyse (vgl. Mayring & Hurst 2005: 439f; Naderer 2007: 366–391).

3 Ergebnisse

3.1 Public Value – Lehrformel oder Leerformel?

Österreichs Medienjournalistinnen und -journalisten kennen den Begriff Public Value zwar, haben aber oft nur vage oder sehr diffuse Vorstellungen davon, was damit gemeint ist. Die meisten Befragten setzen ihn mit dem ORF, dem öffentlich-rechtlichen Rundfunk, in Verbindung. So definieren sie ihn als Gegenleistungen für Gebühren, womit sich der ORF von privaten Medien unterscheidet: „(...) kurz gesagt, ist es für mich öffentlicher Mehrwert, dass die Anstalt etwas leistet, [das] für die Öffentlichkeit wertvoll [ist], wofür Private das Geld nicht aufbringen wollen" (Rohrer). Im Gegenzug ist aber nicht alles, was der ORF macht, Public Value, weil auch normative Anforderungen damit verbunden

---

3   Die Liste der Interviewpartnerinnen und -partner findet sich im Literaturverzeichnis.

werden, die er nicht immer erfüllt. So muss er seine programmlichen Leistungen am öffentlich-rechtlichen Auftrag ausrichten und für einen hohen Qualitätsstandard seiner Programme sorgen. Da aber über das geltende Recht hinausgehend kein gesellschaftlicher Konsens über die normativen Ziele des öffentlich-rechtlichen Rundfunks herrscht, wird der „*Modebegriff*" (Rohrer) Public Value für je eigene Interessen instrumentalisiert und entsprechend schwammig verwendet. Fleischhacker hält ihn „*für einen klassischen Fall davon, dass man sieht, wie knapp die Worte Lehrformel und Leerformel beieinander liegen. (...) Wer ist die ‚Public'? Was ist der ‚Value'? Das ist eine Definitionsfrage.*"

Zusammenfassend und verallgemeinernd können in den Interviews dennoch vier Kernelemente des Public-Value-Begriffs ausgemacht werden, die allerdings unterschiedlich stark betont, aufeinander bezogen oder voneinander abgegrenzt werden:

– *Orientierung an gesetzlichen Normen* oder anderen Zielvorgaben (z. B. Information, Kultur, Bildung),
– *Differenzierung gegenüber privaten Medien* (z. B. durch Qualitäts- statt Quotenorientierung, Unabhängigkeit),
– *Schaffung von Werten* für die Gesellschaft bzw. die Öffentlichkeit (z. B. Identität, Vielfalt) sowie
– besonders hoher journalistischer *Qualitätsanspruch* an die Programme.

Aus Sicht der befragten Journalistinnen und Journalisten ist es grundsätzlich auch für private Medien möglich, diese Kriterien zu erfüllen. Dies bleibt aber aufgrund fehlender Leitlinien innerhalb der Branche abhängig vom jeweiligen Selbstverständnis der Redaktion bzw. des Verlages: Qualitätsmedien sind aus Sicht der Befragten eher für Public-Value-Leistungen qualifiziert, weil dort nicht nur ökonomische, sondern auch publizistische Ziele verfolgt werden. Hier zeigt sich die enge Koppelung des Public-Value-Begriffs an Qualität. Im nächsten Abschnitt sollen daher die befragten Journalistinnen und Journalisten nach ihren Aussagen zum Thema Qualität typisiert werden, um entsprechende Rückschlüsse auf ihr jeweiliges Selbstverständnis ziehen zu können.

3.2 Vier Qualitätstypen

Qualität ist nicht gleich Qualität – dies konnte bereits oben anhand theoretischer Überlegungen festgestellt werden. Auch die befragten Journalisten haben – obwohl sie sich alle zweifelsfrei als Mitarbeiter von ‚Qualitätszeitungen' bezeichnen (lassen) – divergierende Vorstellungen über Inhalt und Stellenwert von Qualität im Journalismus. Zur Identifizierung von „Qualitätstypen" wurden drei Dimensionen für die Auswertung herangezogen: Erstens sind es die *Qualitätsdefinitionen und -kriterien*, die entsprechend des oben erläuterten Schemas von

Arnold (2009) in drei Ebenen[4] eingeteilt sind. Wer Qualität beurteilen soll[5] und welche Instrumente der *Qualitätssicherung* in welchem Ausmaß institutionalisiert wurden, ist die zweite Dimension. Schließlich werden die Äußerungen zur *Notwendigkeit* einer breit geführten Qualitätsdebatte in die Typenbildung einbezogen. Die Auswertung weist vier Typen aus:

– *Der Idealist/die Idealistin* stellt hohe ethische Ansprüche an Qualitätsjournalismus und argumentiert klar normativ-demokratieorientiert. Qualitätsmedien erfüllen demnach eine öffentliche Aufgabe zur Meinungsbildung: „Qualitätsmedien definieren sich dadurch, dass sie Impulse in demokratierelevante Diskurse geben", sagt ein typischer Vertreter dieser Gruppe (Thurnher). So sind gründliche Recherche, Richtigkeit der dargestellten Informationen und Beachtung des Persönlichkeitsschutzes die zentralen Qualitätskriterien. Der Qualitätsdebatte wird hohe Relevanz beigemessen, und die eigene journalistische Arbeit als Möglichkeit gesehen, diese Debatte in Österreich zu forcieren. Qualitätssicherung wird auch im eigenen Medienunternehmen als wichtige Aufgabe betrachtet, wobei dafür sowohl interne als auch externe Meinungen eingeholt werden. Idealistisch sind dabei die hohen Ansprüche und die Betonung der eigenen Kritikfähigkeit zu sehen: „(...) für eine Qualitätszeitung wie ‚Der Standard' ist einfach wesentlich, dass man (...) Fehler auch eingesteht" (Förderl-Schmid). Dass die Ansprüche in der Praxis oft nicht erfüllt werden können, ist zweitrangig – der Wille zählt. Dieser Gruppe kann auch Loudon zugeordnet werden; teilweise in diese Richtung argumentieren Fidler und Washietl (beide auch Typ 4).

– *Der Praktiker/die Praktikerin* argumentiert auf einer funktionalen Ebene, wobei Qualität nicht theoretisch erörtert und begründet werden muss, sondern „die Leute [gemeint sind Journalisten] sollen sich hinsetzen und sollen recherchieren und dann kommt schon Qualität raus" (Lackner). Zentrale Qualitätskriterien sind demnach Recherche, Einhaltung professioneller Standards sowie Verständlichkeit der Texte. Systematische Qualitätssicherung und Qualitätsdebatten sind nicht wichtig, daher wird die Qualität des eigenen Mediums auch hauptsächlich intern über Feedbackgespräche mit der oder dem Vorgesetzten verbessert. Externe Qualitätsdebatten würden entweder „nichts bringen" (Lackner) oder die journalistische Unabhängigkeit gefährden:

„Ich würde mich sehr unbehaglich fühlen, wenn irgendjemand von außen über ein journalistisches Produkt ein Raster drüberlegt und sagt, das erfüllt [Qualitätskriterien] oder nicht. Das ist Aufgabe der Führung eines Printprodukts." (Rohrer)

---

4   funktional-systemtheoretisch/normativ-demokratieorientiert/nutzerbezogen-
     handlungsorientiert
5   intern durch Vorgesetzte oder Kolleginnen und Kollegen/extern durch Leserschaft, Fachleute
     o. ä.

– *Der Dienstleister/die Dienstleisterin* definiert Qualität auf einer nutzerbezogenen Ebene: Die Erwartungen des Publikums sind der Maßstab für Qualität, daher geht es entweder um eine möglichst gute oder um eine zielgruppenorientierte Vermittlung der journalistischen Inhalte:

„Qualität ist die Erfüllung oder Übererfüllung der Bedürfnisse der Kunden, die man hat. Das heißt, die ‚Kronen Zeitung' hat natürlich höchste Qualität, ist auch sehr gut gemacht, für das Publikum, das sie hat" (Fleischhacker).

Für Mitglieder dieser Gruppe ist externe Qualitätssicherung ein wichtiges Instrument, um zu erfahren, wie die Zielgruppe, aber auch Mitbewerber oder Expertinnen, das jeweilige Medium beurteilen. Auffällig ist, dass mit Käfer und Fleischhacker zwei Befragte diesem Typ entsprechen, die beide bei der „Presse", einem Medium mit wirtschaftsliberaler Grundlinie, arbeiten.

– *Der/die Unbestimmte* äußert sich kaum zu eigenen Qualitätsvorstellungen. Die internen Instrumente der Qualitätssicherung, etwa die sogenannte Blattkritik oder Gespräche mit der oder dem Vorgesetzten, sind ausreichend. Mitglieder dieses Typs halten die Qualitätsdebatte zwar für wichtig, nehmen selbst aber nicht aktiv teil. Baumgartner und Koller sind hier einzuordnen; Rohrer, Washietl und Fidler tendieren aufgrund indifferenter bzw. vager Äußerungen auch zu diesem Typ.

Auffällig ist, dass es laut Auskunft der Befragten in keinem Medium festgeschriebene Qualitätsstandards und strukturierte Qualitätssicherungssysteme gibt. Während dies innerhalb der Redaktionen nicht als mangelhaft beurteilt wird, gibt es durchaus Kritik an dem brancheninternen Mangel an (Selbst-)Kontrolle[6]:
„Ich finde, die Printmedien machen es sich ein wenig zu leicht [in der Qualitätsdebatte], weil es keine Instanz gibt, die deren Qualität misst" (Koller).

3.3 Qualität und Public Value

Die Abgrenzung von Qualität und Public Value ist keine einfache Aufgabe, denn beide Begriffe sind – wie im Theorieteil festgestellt – abhängig von unterschiedlichen definitorischen Perspektiven. Generell sind drei Konstellationen denkbar: (1) Qualität ist ein Kriterium von Public Value, jedoch nicht das einzige. Das bedeutet, dass Qualitätsmedien unter bestimmten Umständen Public Value leisten können, Boulevardmedien hingegen nicht. (2) Qualität ist gleich Public Value. Das heißt, dass alle Qualitätsmedien auch Public Value erbringen. (3) Qualität und Public Value sind unterschiedliche Konzepte, die nicht (unbe-

---

6   Seit 2002 gab es in Österreich keinen Presserat mehr; erst Ende 2009 hat wieder eine Vereinsbildung zur Selbstkontrolle der Presse begonnen.

dingt) zusammenhängen. Das bedeutet, dass prinzipiell auch nicht qualitative Medien zur Schaffung von Public Value beitragen.

Die letztgenannte Option wird von keiner bzw. keinem der befragten Medienjournalistinnen und -journalisten aufgezeigt. Fidler, Föderl-Schmid und Koller tendieren zur zweiten Auffassung:

> „Man könnte genauso gut über Qualitätsjournalismus diskutieren, weil diese beiden Begriffe [Public Value und Qualitätsjournalismus] zu 80 Prozent wahrscheinlich deckungsgleich sind. (…) Wir versuchen Qualitätsjournalismus zu machen, und wenn wir damit die Public-Value-Debatte forcieren können, dann ist mir das sehr recht" (Koller).

Die anderen Befragten sehen Public Value eher als Synonym für öffentlich-rechtlichen Mehrwert und argumentieren laut der ersten Option: An den ORF wird ein besonders hoher Qualitätsanspruch gestellt, weil damit die Gebührenfinanzierung gerechtfertigt werden kann: *„(...) das ist ja auch ein Ding, das in dem Value drinsteht: ein gewisser Qualitätsanspruch, (...) dass das eben hochwertige Dinge sein sollen, um die's da geht"* (Thurnher).

Betrachtet man im Vergleich dazu die Qualitätstypen, so zeigen sich durchwegs Parallelen zur Einstellung gegenüber Public Value: Die Idalistinnen und Idealisten sind gegenüber der Public-Value-Debatte grundsätzlich positiv eingestellt. Sie haben eine relativ differenzierte Auffassung über gesellschaftliche Aufgaben von Medien und betonen die Wichtigkeit der Gebührenlegitimation. Der Praktiker steht dem Public-Value-Diskurs sehr kritisch gegenüber: *„Man sollte gar nichts diskutieren. Man sollte den ORF so sein lassen, wie er ist. Man sollte ihn seine öffentlich-rechtliche Aufgabe erfüllen lassen"* (Lackner). Ähnlich skeptisch ist auch der Dienstleister/die Dienstleisterin, wobei sich die Kritik vor allem gegen die politische Debatte richtet, weil *„da Leute am Werk sind, die nicht einmal wissen, was Public Value ist. Wie sollen die ihn definieren? Die sind einfach zu ungebildet, um diese Diskussion zu führen"* (Fleischhacker). Die vierte Gruppe der Unbestimmten betont zwar die Wichtigkeit des Public-Value-Diskurses, äußert sich allerdings nicht so eindeutig wie die anderen über positive oder negative Gesichtspunkte.

3.4 Das Fremdbild – Der öffentlich-rechtliche Dinosaurier

Da die befragten Medienjournalistinnen und -journalisten Public Value durchgehend mit dem ORF in Verbindung bringen, lohnt sich ein Blick auf ihre Einstellung zum öffentlich-rechtlichen Rundfunk. Alle äußern sich recht ausführlich über den ORF – mitunter deshalb, weil dieses Thema auch in ihrer täglichen Arbeit sehr oft vorkommt. Prinzipiell können alle Befragten als Befürworter des dualen Systems mit einem öffentlich-rechtlichen Sender und privaten Anbietern identifiziert werden, allerdings ist ihre Kritik an der Umsetzung auf politischer wie auf struktureller und programmlicher Ebene vielfältig. Im Zusammenhang mit der Public-Value-Debatte sehen sie folgende Mängel, die auf jeweilige ungünstige Rahmenbedingungen zurückzuführen sind:

– Der ORF habe die „*Gefahr*" der Legitimationskrise nicht bzw. zu spät erkannt. Grund: Der ORF war zu lange an sein Monopol gewöhnt – in Konkurrenz mit den Privaten muss er nun seinen umfassenden Auftrag legitimieren.

– Der ORF reagiere zu passiv und verhalten, teilweise sogar beleidigt auf Kritik. Grund: Die „*Strukturen eines uralten öffentlich-rechtlichen Dinosauriers*" (Loudon) hindern den ORF, flexibel, offen und einstimmig zu handeln.

– Public Value werde nur zur Selbstlegitimierung und Marketing-Zwecken genutzt, anstatt eine breite und offene Diskussion über Ziele und Zukunft des ORF zu führen. Grund: Im unternehmerischen Selbstverständnis fehlt eine visionäre Zieldefinition, und politisch werden eher Postenbesetzungen als die langfristige Positionierung des Unternehmens verhandelt.

– Der ORF lasse in gewissen Bereichen an Qualität zu wünschen übrig, er entwickle sich teilweise zu einem Boulevard-Medium. Grund: Die starke Werbefinanzierung führt zu Quotendruck und damit einer stärkeren Ausrichtung an massentauglichen Inhalten.

Obschon die Befragten die Public-Value-Debatte als gute Möglichkeit beurteilen, die genannten Kritikpunkte zu verbessern, sehen sie sie insgesamt als wenig aussichtsreich, da größere Reformen notwendig wären, als derzeit von der österreichischen Medienpolitik zu erwarten sind. Dies sei auf die österreichische Medienpolitik, die zu abhängig von Eigeninteressen und zu wenig sachlich sei, und das mangelnde Interesse der Bevölkerung daran zurückzuführen. Loudon fasst dies so zusammen:

> „Der Bevölkerung in Summe ist ja Medienpolitik wurscht, die will ein gutes ORF-Programm. (...) damit kann man als Politiker keine Punkte machen, aber wenn es um die Steuerreform geht oder um Pensionsreform (...) oder sonst etwas, da ist man im Tagesgeschäft immer von den Medien abhängig. Das ist einer der Gründe, warum Medienpolitik in Österreich eigentlich nicht stattfindet. Weil es weder die Politiker noch die Leute interessiert. Weil man damit nichts gewinnen kann, man kann sich nur Feinde bei den Medien machen." (Loudon)

Prägnant formuliert sind also in der Public-Value-Debatte je Interessen bestimmter Anspruchsgruppen – Politik, ORF, Verlage, Publikum etc. – zu berücksichtigen. Die befragten Journalistinnen und Journalisten erkennen hier die schwierige Position des ORF in einem Netz aus Abhängigkeiten. Aber wie wird die eigene Rolle in der Public-Value-Debatte gesehen? Sind Österreichs Medienjournalistinnen und -journalisten so selbstkritisch wie sie es vom ORF verlangen? Dies soll im nächsten Kapitel untersucht werden.

3.5 Das Selbstbild – zwischen Wollen, Sollen und Können

Die meisten der befragten Medienjournalistinnen und -journalisten sehen sich als Vermittlerinnen bzw. Erklärer in der Public-Value- bzw. Qualitätsdebatte, indem sie *„den Leuten diesen Sachverhalt näher bringen"* (Lackner). Einige sehen sich bzw. ihr Medium auch als medienpolitische Akteure bzw. Einflussgrößen, wenn durch konzentrierte Berichterstattung – unter anderem im Rahmen einer Initiative der Printmedien[7] – auf die Politik *„ganz gezielt Druck ausgeübt"* (Koller) werden kann. Zwei Befragte sehen sich auch als *„Anwalt des Publikums"* (Baumgartner), weil sie in dessen Interesse *„den ORF an seine öffentliche Aufgabe (...) erinnern"* (Fidler) wollen.

Inwiefern ihnen die Erfüllung dieser Rollen gelingt, wird aber durchaus kritisch gesehen: *„Die Rolle der Medienjournalisten (...) ist da sehr zwiespältig, weil sie einerseits natürlich daran mithelfen, dass der ORF an Image einbüßt, teilweise massiv zu Unrecht, aber nicht wirklich für eine Aufklärung sorgen"* (Loudon). Einerseits – so kritisieren einige – mangle es generell an Medienjournalismus bzw. Qualitätsmedien in Österreich, die das Thema Public Value aufgreifen würden. Andererseits sei das Thema zu abstrakt und fände zu wenig Interesse bei der Leserschaft. Stattdessen sei es einfacher, über bestimmte Sendungen oder Personalrochaden zu berichten: *„Wir hängen uns an Einzelsendungen und Einzelthemen auf und verlieren manchmal das große Ganze aus dem Fokus"* (Baumgartner).

Um eine abschließende Analyse des Standes der Qualitäts- und Public-Value-Debatte in Österreichs Medienjournalismus durchführen zu können, wurden die Interviews in Anlehnung an die oben erwähnten drei Dimensionen des Wollens, Könnens und Sollens im Qualitätsmanagement nach Wyss (2002) ausgewertet. Hierbei zeigt sich, dass der Wille, der kommunikativ über bestimmte Interpretationsmuster geäußert wird („wollen"), sehr hoch ist. So betonen alle befragten Medienjournalistinnen und -journalisten die Ausrichtung ihrer Arbeit bzw. ihres Mediums an Qualität und gesellschaftlichen Zielen. Die Möglichkeiten, Qualität und Public Value zu leisten („können"), werden allerdings ambivalent bis negativ beurteilt: Positiv hervorgehoben werden Instrumente der Qualitätssicherung wie Blattkritiken; finanzielle, zeitliche und kognitive Ressourcen (etwa Förderungen für Qualitätsinhalte, Ausbildungsmaßnahmen, Institutionen der Kontrolle wie der Presserat) sind aus Sicht der Befragten allerdings mangelhaft bis unzureichend. Festgeschriebene Regeln, die das Handeln normativ legitimieren („sollen"), sind den Medienjournalistinnen und -journalisten nicht bekannt. So stellt nur einer der Befragten fest, dass es *„Me-*

---

7 Die Initiative „Rettet den ORF" war eine Aktion österreichischer Zeitungen im März 2009. Siehe www.rettetdenorf.at (01. 06. 2010).

dien [gibt], ganz wenige, die sich selbst Qualitätsziele vorschreiben (...). Das ist sehr rühmlich" (Washietl). Auch auf Nachfrage weiß niemand von entsprechenden Statuten oder Leitbildern im eigenen Medienhaus.

Zusammengefasst sind Österreichs Medienjournalistinnen und -journalisten durchaus um Qualität und Public Value bemüht, sehen ihren Handlungsspielraum allerdings eingeschränkt. Darüber hinaus fehlen einheitliche Auffassungen und verbindliche Regeln.

4 Ausblick

Bereits die Befassung mit theoretischen Zugängen zum Public Value von Medien zeigte die enge Verknüpfung mit Qualitätskriterien. Außerdem wurde deutlich, dass Public Value wie auch journalistische Qualität keine eindeutig messbaren Konstrukte sind, was ihre Überprüfung bzw. Einforderung deutlich erschwert. Diese Aspekte lassen sich gleichermaßen mit der Auswertung der Interviews bestätigen, die mit Fachleuten aus der Praxis, mit Medienjournalistinnen und -journalisten aus Österreich geführt wurden.

So tun sich auch die Befragten schwer, eindeutige Definitionen zu finden. Bei den Versuchen tritt jedoch besonders die Dimension Qualitätsanspruch hervor. Entsprechend differenziert sind hier vier Qualitätstypen (der Idealist/die Idealistin, der Praktiker/die Praktikerin, der Dienstleister/die Dienstleisterin, der/die Unbestimmte) erkennbar, die besonders vor dem Hintergrund von Interesse sind, inwiefern diese spezialisierten Medienleute publizistische Anforderungen umsetzen wollen. Anders gesagt: Wenn Medienjournalistinnen und -journalisten als Agenten von Public Value agieren (sollen), dann ist zu beachten, welche Position sie vertreten. Zwei Typen, die Idealisten und die Praktiker, fühlen sich der gesellschaftlichen Aufgabe bereits stark aus berufsethischen Gründen verpflichtet, die Dienstleister sehen stärker das Bedienen einer Nachfrage als Erfolg. Für die Zukunft ist also vor allem die Gruppe der Unbestimmten aufschlussreich, immerhin erachten sie die Qualitätsdebatte als wichtig. Wenn diese Äußerung nicht mit einem Phänomen der sozialen Erwünschtheit zu tun hat, dann sind es diese Journalistinnen und Journalisten, die stärker anzusprechen sind, um sie als weitere Multiplikatoren in der Public-Value-Diskussion zu gewinnen.

Bedeutsam ist, dass eine Form eines Engagements, nämlich die stärkere Einbindung von qualitätssichernden Maßnahmen für die Medien selbst, von allen Befragten gefordert bzw. ihr bisheriges Fehlen problematisiert wird. Umfassender schätzen die Medienjournalistinnen und -journalisten zwar den Reformbedarf für den öffentlich-rechtlichen Rundfunk ein, nehmen sich selbst jedoch nicht aus, was ihre Rolle in der Public-Value- bzw. Qualitätsdebatte betrifft. Als erfolgversprechend erachten sie weniger externe Vorgaben, die auch als Gefahr für die Unabhängigkeit der Medienarbeit gesehen werden, sondern eher Anreizsysteme wie Förderungen von Qualität oder die Etablierung übergreifender Selbstkontrolleinrichtungen.

Obschon diese Selbstreflexion grundsätzlich anzuerkennen ist, ist auch festzuhalten, dass alle Befragten doch interessensgeleitet bzw. der redaktionellen Leitlinie folgend argumentieren. Wie ernst es ihnen also ist, wenn nicht (nur) von den anderen bzw. vom ORF, sondern konkret vom Hausmedium stärker publizistische Leistungen eingefordert würden, ist besonders vor dem eingangs formulierten Vorwurf der Gesinnungspublizistik zu sehen. Aber es käme auf einen Versuch an, die vorgeschlagenen Maßnahmen für den gesamten Medienbereich zu ergreifen und den Medienjournalismus in die Pflicht zu nehmen.

Literatur

Arnold, Klaus (2008): Qualität im Journalismus – ein integratives Konzept. In: Publizistik 53. 4. 488–508

Arnold, Klaus (2009): Qualitätsjournalismus. Die Zeitung und ihr Publikum. Konstanz: UVK

Bentele, Günter/Hesse, Kurt R. (Hg.) (1994): Publizistik in der Gesellschaft. Festschrift für Manfred Rühl. Konstanz: UVK

Bryant Jennings/Oliver, Mary Beth (Hg.) (2009): Media Effects. Advances in Theory and Research (3rd ed.). New York: Routledge

Christl, Reinhard/Süssenbacher, Daniela (Hg.) (2010): Der öffentlich-rechtliche Rundfunk in Europa. ORF, BBC, ARD & Co auf der Suche nach Public Value. Wien: Falter

Collins, Richard (2007): The BBC and "public value". In: M&K 55. 2. 164–184

Fabris, Hans Heinz (2004): Vielfältige Qualität: Theorien zur Analyse der Qualität des Journalismus. In: Löffelholz (Hg.) (2004): 393–404

Giddens, Anthony (1984/1997): Die Konstitution der Gesellschaft. Grundzüge einer Theorie der Strukturierung. Frankfurt am Main: Campus

Gundlach, Hardy (Hg.) (2010 [in Druck]): Public Value in der Internet- und Digitalökonomie. Köln: Herbert von Halem

Hasebrink, Uwe (1997): Die Zuschauer als Fernsehkritiker? Anmerkungen zum vermeintlichen Mißverhältnis zwischen „Qualität" und „Quote". In: Weßler/Roß (Hg.) (1997): 201–215

Held, Barbara/Ruß-Mohl, Stephan (Hg.) (2000): Qualität durch Kommunikation sichern. Vom Qualitätsmanagement zur Qualitätskultur. Erfahrungsberichte aus Industrie, Dienstleistung und Medienwirtschaft. Frankfurt am Main: F.A.Z.-Institut

Held, Barbara/Ruß-Mohl, Stephan (2000): Qualität durch Kommunikation. In: Held/Ruß-Mohl (Hg.) (2000): 361–376

Hermes, Sandra (2006): Qualitätsmanagement in Nachrichtenredaktionen. Köln: Herbert von Halem

Kaltenbrunner, Andy/Karmasin, Matthias/Kraus, Daniela/Zimmermann, Astrid (2008): Der Journalisten-Report II. Österreichs Medienmacher und ihre Motive. Eine repräsentative Befragung. Wien: Facultas

Karmasin, Matthias/Winter, Carsten (Hg.) (2002): Grundlagen des Medienmanagements (2., korr. u. erw. Aufl.). München: Fink

Karmasin, Matthias/Winter, Carsten (2002): Einleitung: Kontexte und Aufgabenfelder von Medienmanagement. In: Karmasin/Winter (Hg.) (2002): 15–39

Knoll, Eva Marie (2008): Public Value. Aktuelles Stichwort. In: MedienWirtschaft 5. 3. 34–39
Kraus, Daniela (2009): Journalisten und Journalistinnen in Österreich. Merkmale und Einstellungen. In: Stark/Magin (Hg.) (2009): 239–259
Löffelholz, Martin (Hg.) (2004): Theorien des Journalismus: Ein diskursives Handbuch. Wiesbaden: VS
Maletzke, Gerhard (1963): Psychologie der Massenkommunikation. Theorie und Systematik. Hamburg: Bredow-Institut
Mayring, Philipp/Hurst, Alfred (2005): Qualitative Inhaltsanalyse. In: Mikos/Wegener (Hg.) (2005): 436–444
Meier, Werner A./Bonfadelli, Heinz (1994): Medienleistungen. In: ZOOM Kommunikation & Medien. 3. 45–53
Mikos, Lothar/Wegener Claudia (Hg.) (2005): Qualitative Medienforschung: ein Handbuch. Konstanz: UVK
Moore, Mark H. (1995): Creating public value. Strategic management in government. Cambridge, Mass.: Harvard Univ. Press
Naderer, Gabriele (2007): Auswertung & Analyse von qualitativen Daten. In: Naderer/Balzer (Hg.) (2007): 363–391
Naderer, Gabriele/Balzer, Eva (Hg.) (2007): Qualitative Marktforschung in Theorie und Praxis. Grundlagen, Methoden und Anwendungen. Wiesbaden: Gabler
Rager, Günther (1994): Dimensionen der Qualität: Weg aus den allseitig offenen Richter-Skalen? In: Bentele/Hesse (Hg.) (2007): 189–209
Rubin, Alan M. (2009): Uses-and-Gratifications Perspective on Media Effects. In: Bryant/Oliver (Hg.) (2009): 165–184
Ruß-Mohl, Stephan (1994): Der I-Faktor. Qualitätssicherung im amerikanischen Journalismus. Modell für Europa? Zürich: Ed. Interfrom
Saxer, Ulrich (2000): Zur Journalismus-Qualitätsdiskussion. In: Held/Ruß-Mohl (Hg.) (2000): 188–215
Schatz, Heribert/Schulz, Winfried (1992): Qualität von Fernsehprogrammen. Kriterien und Methoden zur Beurteilung von Programmqualität im dualen Fernsehsystem. In: Media Perspektiven. 11. 690–712
Stark, Birgit/Magin, Melanie (Hg.) (2009): Die österreichische Medienlandschaft im Umbruch. Wien: Verl. d. Österr. Akademie der Wissenschaften
Streit, Alexander von (2005): Vernetzte Beobachter. Wie Weblogs den Medienjournalismus ausweiten. Online: www.medienheft.ch/kritik/bibliothek/k23_vonStreitAlexander.html (26. 04. 2010)
Troxler, Regula/Süssenbacher, Daniela/Karmasin, Matthias (2010): Public-Value-Management als Antwort auf die Legitimationskrise und Chance für neue Strategien der Mehrwertgewinnung. In: Gundlach (Hg.) (2010 [in Druck]): o. S.
Weßler, Hartmut/Roß, Dieter (Hg.) (1997): Perspektiven der Medienkritik. Die gesellschaftliche Auseinandersetzung mit öffentlicher Kommunikation in der Mediengesellschaft. Dieter Roß zum 60. Geburtstag. Opladen: Westdeutscher Verlag
Wyss, Vinzenz (2002): Redaktionelles Qualitätsmanagement: Ziele, Normen, Ressourcen. Konstanz: UVK

Interviews

Baumgartner, Bernhard (2009), Wiener Zeitung, Ressortleiter Chronik und Medien. Durchgeführt von R. Troxler am 04.08.2009 in Wien

Fidler, Harald (2009), Der Standard, Ressort Medien. Durchgeführt von D. Latzl am 15.07.2009 in Wien

Fleischhacker, Michael (2009), Die Presse, Chefredakteur. Durchgeführt von M. Neumüller am 08.09.2009 in Wien

Föderl-Schmid, Alexandra (2009), Der Standard, Chefredakteurin. Durchgeführt von D. Latzl am 20.07.2009 in Wien

Käfer, Patricia (2009), Die Presse, Ressort Feuilleton/Medien. Durchgeführt von M. Neumüller am 18.08.2009 in Wien

Koller, Andreas (2009), Salzburger Nachrichten, stellvertretender Chefredakteur. Durchgeführt von D. Latzl am 24.07.2009 in Wien

Lackner, Herbert (2009), profil, Chefredakteur. Durchgeführt von R. Troxler am 05.08.2009 in Wien

Loudon, Sebastian (2009), Horizont, Chefredakteur. Durchgeführt von R. Troxler am 10.07.2009 in Wien

Rohrer, Anneliese (2009), freie Journalistin und Kommentatorin für Die Presse. Durchgeführt von M. Neumüller am 24.08.2009 in Wien

Thurnher, Armin (2009), Falter, Chefredakteur. Durchgeführt von D. Latzl am 05.08.2009 in Wien

Washietl, Engelbert (2009), freier Journalist, u. a. für Die Furche, Der österreichische Journalist, medianet und Die Zeit. Durchgeführt von M. Neumüller am 10.09.2009 in Wien

The BBC, Public Value and Europe

Matteo Maggiore

'*The BBC will use public value to drive all its decisions about the scale and scope of what the organisation does*' – Building Public Value, 2004
This paper is not an academic analysis of public value[1]. Rather, it is a public policy practitioner's view of the process leading to the application of public value to the BBC in the context of Europe-wide debate about the future of public service broadcasting (PSB). It does not reflect the BBC's views but only the author's own.

Introduction/Summary

In 2004 the BBC proposed to apply the notion of public value to guide PSB and assess its performance. This represented a break with the traditional arguments developed by public service broadcasters in Europe. Now, six years later, we know that the impact of that decision on public service broadcasting across the continent was lasting and profound.

For the first time, the BBC formulated a system which would make its plans for new services directly accountable to the public, including the wider media industry. The assessment of proposals would be based on metrics relating, among other things, to quality and market impact. The European Commission extended elements of this accountability system to PSBs across the EU.

Whilst complex, the new framework makes PSB performance more transparent, potentially enhancing the link between PSBs and the public. It also reduced the impact on new BBC services of EU notifications related to state aid rules, as it established a framework for the evaluation of the market impact of publicly funded services which has so far proved satisfactory in taking account of possible EU state aid concerns.

Crucially, the system has offered a viable alternative to drawing stark – and ultimately unsustainable – boundaries around technologies, genres or services PSBs should or should not provide in the age of technological convergence.

---

[1]   Public value, including as applied to the BBC's functioning, is extensively discussed in academic literature. For an initial overview and reference, see D Coyle, Public Value in Practice – Restoring the Ethos of Public Service, at http://www.bbc.co.uk/bbctrust/assets/files/pdf/ regulatory_framework/pvt/public_value_practice.pdf

Building Public Value

The BBC published a policy document called "Building Public Value" on 29 June 2004. Its purpose was to influence the debate about the BBC's own future at the beginning of discussions about its new Royal Charter, which had to be in place by the end of 2006. The target audience was the British public and decision makers.

From the very beginning the document acquired Europe-wide resonance. For the BBC this did not come as a big surprise. Over the previous decade the debate on PSB had progressively overgrown the purely national dimension to become EU-wide. The EU had become a factor in two ways: by taking a direct role, through state aid and competition complaints brought against PSBs in the early nineties and against the European Broadcasting Union's collective sport rights buying system; and by becoming an exchange hub and amplifier for national debates on PSB everywhere in Europe. In the first discussions on technological convergence between 1994 and 1997, for example, the European Commission initially singled out PSB as an obstacle on Europe's progress toward full digitalisation. This line was influenced by debate in countries where hostility between PSB and the commercial sector made it impossible to contemplate a positive PSB complementary to the commercial sector. This radical stance had led to common response by European PSBs, who argued effectively for recognition of their special role and the benefits they brought for the media system as a whole. The EU eventually recognised the importance of PSB and eventually enshrined the recognition of its distinctive contribution in the so-called Amsterdam Protocol[2].

European PSBs generally claim that UK media policy (in particular debates about the BBC and public service broadcasting) resonates in each of their countries and in Brussels, attracting interest even when they do not directly influence local choices. Sometimes the public service broadcasting sector welcomes this. For example, the BBC's bold approach to technological convergence and internet services, broadly supported by the 2004 Department for Culture, Media and Sport (DCMS) review led by Philip Graf, helped other PSBs make the case for the need to extend publicly funded services to the new platforms and media.

Other times, PSBs found the winds blowing across the Channel less helpful to their cause. This was the case in 2001, for example, when the first Broadcasting Communication by the European Commission extended to the whole EU the

---

[2]   1997 Treaty of Amsterdam Amending the Treaty on European Union, Protocol on the system of public broadcasting in the Member State, http://eur-lex.europa.eu/en/treaties/dat/11997D/htm/11997D.html#0109010012

requirement, introduced in BBC practice in the mid-nineties, for PSBs to run their commercial activities at arms' length from publicly funded ones, with clear fair trading arrangements including separate accounting for the public and commercial sides of the business[3]. The practical impact on PSBs that operated on the basis of mixed (public and commercial) funding was considerable, and in principle terms the measure introduced the uncomfortable possibility of operating a distinction between public service and commercial types of content within a single schedule.

Ever since the 1950s the early arrival in the UK of commercial broadcasting has made the BBC acutely aware of changes in the industry and of the disruptive effects they can have on its performance and its very existence. In turn, this contributed to ensuring that the BBC followed two fundamental principles: whenever possible, it is preferable to initiate and drive change to being at the receiving end of policies developed exclusively by others; and in the debate about the organisation and goals of PSB it is crucial directly and openly to engage with the public as well as with policy makers. The result is that the BBC has tended to be especially pro-active in leading discussions on media policy, and that is part of the reason why UK thinking has often been referred to elsewhere in Europe and within the EU.

A pro-active corporate culture helps, but it does not solve every problem under the sun. In 2004 the BBC was at the centre of keener-than-usual international attention due to the events around the Hutton inquiry into the Corporation's reporting of the Iraq war, and the subsequent resignation of both the BBC's Chairman and the Director General in the month of January. The story intrigued and concerned most other European PSBs. The events were clearly traumatic for the Corporation, and the Hutton inquiry marked the closure of a protracted and painful crisis. The BBC could move on and was keen to do so.

However, for a long time some European PSBs continued to read the story as an ominous chapter in the book of political pressure on PSB. The BBC has intense regular contacts with fellow PSBs at all levels, both within the European Broadcasting Union and on a bilateral basis. In all those occasions after January 2004, other PSBs trained a keen eye on the BBC and the UK, fearful of spotting the nefarious signs of growing Government meddling in the editorial and personnel

---

3   Communication from the Commission on the application of state aid rules to public service
     broadcasting, EU OJ 2001 C 320, 15.11.2001, http://eur-lex.europa.eu/LexUriServ/LexUri
     Serv.do?uri=OJ:C:2001:320:0005:0011:en:pdf – section 6.3.2, "Transparency Requirements
     for the State Aid Assessment"

business of the BBC. So it was that Building Public Value saw the light under an unusually bright international spotlight.

The theory of public value on which the BBC drew in its document has been discussed extensively and is well known[4]. Also, Building Public Value was about more than the public value test for new BBC services and governance reform. In a 9-point manifesto, it raised the BBC's contribution to Digital Britain; a strategy for partnerships with the commercial sector; editorial priorities; efficiencies; an ambitious vision for the BBC in UK regions out of London; and a new complaint system, making the BBC more open and responsive to the public. But accountability and control were dominant themes.

As ever, the context matters. The BBC was approaching the expiry of its 10-year Charter in an atmosphere profoundly different from the climate surrounding the debate leading to the 1997-2006 Royal Charter. In 1996 the Charter had been granted following difficult discussions revolving around the BBC's ability to remain relevant in digital convergence. Many were sceptical. An argument often heard at the time was that given the growth of digital media and proliferation of outlets, the BBC was likely to fall behind whatever it did; that users were unstoppably turning to themed and niche services; and that continuing to pay, let alone increase, the licence fee would simply slow down the inevitable demise of PSB and meant throwing good money after bad.

Ten years down the line the commercial PSB sector was in crisis, ITV Digital had collapsed and the BBC had stepped in to save digital terrestrial television, initiating and leading the establishment of Freeview and rapidly making it the fastest-growing television platform in the country. In addition, bbc.co.uk had become the first British content website and a global success story. Contrary to 1996, concerns were now more about the BBC's unfettered dominance of the television, radio and online market than about its ability to survive.

Building Public Value was the BBC's first response to this environment. It aimed to reassure politicians, the public and the rest of the industry that future developments would be subject to scrutiny and would take account of their impact on the wider economy and media ecology. It said: the BBC is not out of control; convergence makes it impossible to draw lines around specific services, technologies or activities that PSBs should or should not undertake; the way to deal with the simultaneous requirements of accountability and flexibility was to devise criteria for measuring the performance and impact of each BBC service

---

4   For a recent and comprehensive review of the theoretical basis for the BBC's public value
     system see Shaun Day and Rob Kenny, "Public Value : Measuring the Performance of Public
     Institutions", Controlling, 2010, Heft 2

on its own merit, and a system capable of applying them. Behind Building Public Value was a strong belief that convergence made it necessary to fundamentally redefine what PSB is for and its place within the media system. There was also, of course, the tactical recognition that if the BBC did not take the initiative, others would step in to fill the vacuum.

Judging from the response Building Public Value received from fellow PSBs around Europe, some found that the document made for unsettling reading. A question often asked was, "Why are you doing this?" Initial readings focused on the tactics of the debate around the Charter and the relationship with the Government following the Hutton affair. Many had trouble accepting that the BBC could concede so much political and principle ground without a clear plan about the tactical returns. And they felt that the ground the BBC was deserting was not just theirs to give: rather, Building Public Value gave away some crown jewels that had been common property of the PSB family: we were giving away their ground, too.

Indeed, Building Public Value marked a discontinuity in the Europe-wide case for PSB in the digital age, principally in three ways:

- It postulated that the performance of PSBs in delivering on their mission could be measured. This ran against the traditional argument deployed by PSBs that delivering on the "democratic, social and cultural needs of society", to quote the EU Amsterdam Protocol, could not be reduced to a series of criteria that could be discretely measured and evaluated;
- It stated that the rest of the media sector – the commercial competition to PSB – should have a say about the PSB's plans. This was anathema to PSBs that operated in countries where hostility between them and the commercial sector was profound, and any talk of complementarity between publicly and commercially funded media was unthinkable;
- Finally, it paved the way for the involvement of external regulators in evaluating PSB performance and impact.

The central conundrum the public value system aimed to address was the proper scope of PSB services in the age of technological convergence. The argument was about setting boundaries around a PSB that, some claimed, was "out of control".

One way to go about it was to draw a line along technologies, platforms or genres: the PSB should only provide radio and TV services, possibly a limited number of online web pages linked to linear programmes; the rest of the "new media" universe should be reserved for the commercial sector. This was the approach favoured by the commercial sector and some regulators, for a mix of intellectual and self-interest reasons. The latter are evident. The former have to do with simplicity and ease of implementation: there is appeal in the notion of writing a limited number of services that PSBs may – or may not – provide. But the BBC argued that the "list" approach would only have provided false and short-lived comfort. The nature of technological convergence is precisely that it blurs the lines between different technologies and platforms, between genres, even between service providers and active users. Ring-fencing PSB activity according to any of those criteria would be unworkable as well as wrong: wrong because it would stop users getting what they want – choice, convenience, interactivity – in exchange for their investment in PSB through the licence fee; and unworkable as technological change makes the distinction between "old" and "new" media fade into insignificance.

Building Public Value offered a viable alternative. The document recognised that the market's demand for consideration of the impact of publicly funded services on the commercial sector was legitimate. It also stressed that the BBC needed to preserve the flexibility and scope necessary to fulfil its public service mission and meet audience expectation for cross-media access to content. The solution was a system that would allow society to take a view about PSB services case by case, based on the merit of each, and following public engagement and debate.

The review of the BBC's Charter was a long process, including a Government Green Paper published in May 2005 ("A Strong BBC, Independent of Government")[5], public seminars led by Lord Burns on all aspects of the BBC's activity[6], a White Paper in March 2006 ("Public Service for All: The BBC in the Digital Age")[7], and reports from Parliament Committees in both Houses, all involving broad public consultations.

The suggestions made in Building Public Value did not survive the debate intact – it would be surprising if they had – but some of the key elements did, notably the broad framework and criteria according to which the BBC's performance would be assessed. The new Charter established an autonomous governance body, the BBC Trust, and gave it powerful tools to control the BBC: purpose remits, service licenses, and the public value test to be applied prior to the launch of any new BBC service or to any significant change to existing services.

---

5   http://webarchive.nationalarchives.gov.uk/+/http://www.bbccharterreview.org.uk/
     have_your_say/green_paper/greenpaper_home.html
6   http://webarchive.nationalarchives.gov.uk/+/http://www.bbccharterreview.org.uk/
     publications/in_pubs/pub_final_advice.html
7   http://webarchive.nationalarchives.gov.uk/+/http://www.bbccharterreview.org.uk/
     have_your_say/white_paper/wp_home.html

The new BBC and the European debate

Interest in Building Public Value prompted a number of informal briefings by the BBC with international partners and stakeholders. These included other PSBs, individually or within the framework of the European Broadcasting Union, and also EU officials and parliamentarians. By the time the new Charter entered into force in January 2007, the European PSB community and the EU institutions were well briefed about the BBC's new governance and accountability system.

The debate on PSB in Brussels was driven by a number of high profile state aid complaints about PSBs brought by commercial broadcasters, and sometimes publishers, in several countries, including Germany, the Netherlands, Denmark, Portugal, Spain, Italy and France. These cases are well known and have been discussed elsewhere. In most of them, the focus was on the PSBs' new media activities. Arguments revolved around the scope of the PSB remit – how far should the PSBs reach into the new media sphere. The Amsterdam Protocol and ECJ jurisprudence set clear principle boundaries for EU influence in this area, which was effectively limited to ensuring that Member States made no "manifest errors" in deciding what PSBs should be mandated to do. However, convergence made principles increasingly difficult to apply in practice. Like the UK and other national jurisdictions, the Commission was rapidly reaching a point where balanced decisions on the boundaries and conditions for publicly funded activity in the digital media required one of two things: either a new *definition* of what constitutes "broadcasting", based on content, technology, access mode, consumer behaviour, or a combination of these and other factors; or a *system* to manage public debate about new PSB initiatives case by case.

Separations based on definitions would have had the superficial appeal of clarity, putting activities on one or the other side of a demarcation separating what PSBs should properly be allowed to do from services uniquely reserved for the commercial sector. But, as already mentioned, technological convergence and changing audience behaviour rapidly make most distinctions meaningless.

The accountability system created by the new BBC Charter fit well with the EU approach to broadcasting: the notion that the public service broadcasting mission consists of a set of quantifiable "additional net costs" to the running of commercial broadcasting. In particular, the inclusion of a market impact assessment conducted by Ofcom as a step within the Public Value Test for planned BBC services appealed to DG Competition's culture as a regulator focussing on the sector's economics.

From the start the Commission took an interest in the way the BBC's governance worked in practice, and the BBC Trust provided a number of informal briefings about the new system. It was around this time – the course of 2007 –

that the key state aid cases on PSB were approaching resolution and the Commission began preparing the review of the Broadcasting Communication. Three considerations prompted the review: the radical evolutions in technology and market context since 2001, which threatened to make some of the provisions in the Broadcasting Communication obsolete; the accumulation of a considerable body of jurisprudence in the form of state aid decisions in the field of PSB over the preceding years; and the need for an open debate about state aid issues in relation to PSB, after years of discussion limited to bilateral interactions between the broadcasters, or the complainants, and DG Competition.

The review took over a year, and debate revolved essentially around the pros and cons of ex ante evaluation of planned PSB services. The BBC Trust engaged with the Commission to ensure that the new BBC system was well understood both in Brussels and in the Member States. It attended several public debates, made submissions at every phase of the consultation, and organised a seminar in London on 27 May 2008 where the Commission and PSBs had an opportunity to discuss the BBC model and issues around the relationship between the commercial and the publicly funded broadcasting sectors.

Where broadcasting is concerned, every country is different and one size never fits all. Whilst the BBC's governance and performance assessment system was the centre of attention for its novelty, only some of its elements and principles could have relevance beyond the UK. These were, essentially, the notion of prior (ex ante) evaluation of PSB services; the requirement that this evaluation should include a market impact assessment; and the requirements of autonomy and independence of the regulatory authorities conducting the assessment.

These features were ultimately included in the final version of the Communication[8]. They led to the introduction of public value-based assessment systems for the PSBs in most EU countries. These systems differ quite widely: the process and target of the German "drei Stufen Test" is not the same as the BBC's PVT, and both differ substantially from streamlined versions implemented in smaller countries like Belgium or Finland. But the EU Communication has turned public value into a common thread linking national debates on PSB services.

---

[8]   Communication from the Commission on the application of State aid rules to public service
       broadcasting,   OJ   2009   C   257,   27.10.2009   http://eur-lex.europa.eu/LexUriServ/
       LexUriServ.do?uri=OJ:C:2009:257:0001:0014:EN:PDF

Public Value and the BBC

The governance and evaluation system put in practice by the BBC Trust is well known, but it helps to summarise it here[9].

The BBC Trust comprises 12 members including the Chairman. Trustees are appointed, normally for 5 years, by HM the Queen in Council upon proposal by the Prime Minister. The BBC Trust represents the interests of UK licence fee payers. It ensures that the independence of the BBC is maintained, exercises stewardship over public money, considers the competitive impact of the BBC's activities on the wider market (including taking into account competition and state aid law), is responsible for ensuring that the BBC is open and transparent and holds the BBC's management to account. Crucially, the BBC Trust approves new services or activities based on a judgement about the public value these services create, taking account of competition and state aid considerations.

The Trust is supported by its own staff – the BBC Trust Unit. A number of processes ensure that the BBC's performance is evaluated on a rolling basis (fig. 1).

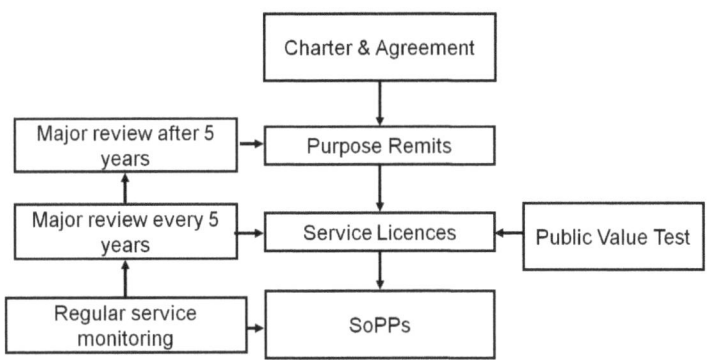

Figure 1 – Performance assessment framework for BBC services – Source: BBC Trust Unit

---

9   For an overview of how the work and structure of the BBC Trust, http://www.bbc.co.uk/ bbctrust/index.shtml

The BBC Trust draws up specifications for each of the BBC's public purposes (Purpose Remits)[10], detailing expected outcomes and the services that should contribute to them. Each BBC service operates under a specific licence which describes, among other things, the service's remit, scope, budgets and objectives. Every year, the Trust approves BBC Statements of Programme Policy (SoPP's) on the Corporation's editorial priorities for the coming 12 months. Service Licenses and Purpose Remits are regularly reviewed and subject to public consultation.

The notion of public value underpins all of the Trust's work. It is the yardstick according to which BBC performance is measured. Nowhere does the concept come to life more vividly than in the Public Value Test (PVT).

PVTs are conducted on all planned BBC services before they are allowed to launch. A PVT is also required to make a substantial change to existing services: large budget variations, new target audiences, different strategies. The PVT is the fullest form of evaluation of a service. It is reserved for public services that include the creation and/or aggregation of content and its delivery to audiences. New activities which are not strictly speaking "services" (but, for example, aim exclusively at distributing content in new ways), as well as commercial activities, are evaluated according to different processes (fig. 2). [11]

---

[10] The BBC's public service mission is defined in 6 public purposes:
- sustaining citizenship and civil society;
- promoting education and learning;
- stimulating creativity and cultural excellence;
- representing the UK, its nations, regions and communities;
- bringing the UK to the world and the world to the UK;
- in promoting its other purposes, helping to deliver to the public the benefit of emerging communications technologies and services and, in addition, taking a leading role in the switchover to digital television.

[11] For a detailed explanation of the criteria followed by the BBC Trust to decide when a PVT should apply see http://www.bbc.co.uk/bbctrust/assets/files/pdf/regulatory_framework/pvt/pvt_guidance.pdf

Approval mechanisms

Activity	Approval mechanism
Public service proposals (e.g. on demand)	Trust conducts a Public Value Test
Other publicly funded activities – referred to in the Charter as 'non-services' (e.g. 'Freesat')	Trust takes account of public value and effect on the wider market in reaching its decision
Commercial activities (e.g. BBC stakes in UKTV, 2Entertain etc)	Kept separate from public service activity and subject to four 'commercial service criteria' set in the Charter/Agreement
Ongoing oversight	Rolling programme of service licence reviews

Figure 2 – Approval mechanisms for BBC services and activities – Source: BBC Trust Unit

The difference between a new service and an activity that is not a service can be subtle, especially as technology blurs the lines between content, distribution and hybrid applications. The BBC Trust is ultimately responsible for deciding how to classify a new proposal from the BBC's Executive. A key consideration for the Trust is the way the public is likely to perceive the new activity: if chances are that most licence fee payers will consider the activity a BBC service in the same way as others, the Trust will take account of this expectation when evaluating the proposal. In any case, public value is at the centre of all the processes conducted by the BBC Trust.

The PVT itself is a process in three parts: the Public Value Assessment (PVA) conducted by the Trust; the Market Impact Assessment (MIA), performed by Ofcom; and the final BBC Trust PVT decision which draws on the outcome of the previous two (fig. 3).

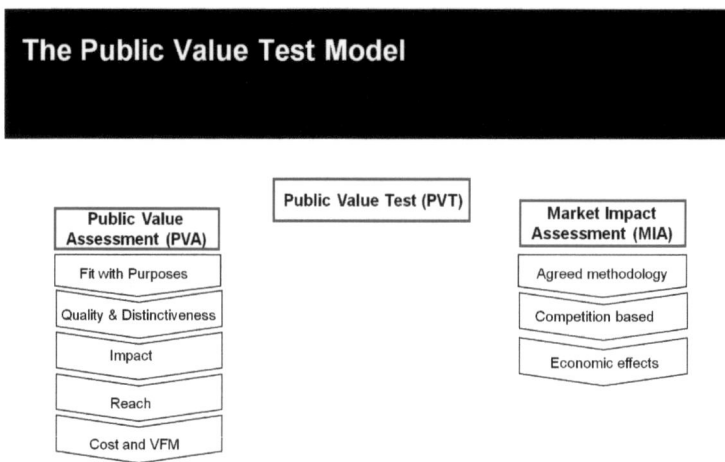

Figure 3 – The Public Value Test – Source: BBC Trust Unit

The PVA is aimed at assessing whether the proposed service or modification is in line with the BBC's mission, and how it would perform based on four key PSB indicators: reach (the number of licence fee payers who would actually use the service); distinctive quality; impact of the service on those who use it and on society; and economic efficiency (Value for Money). The MIA is carried out by Ofcom, the Communications regulator, on the basis of a methodology agreed with the BBC Trust. It aims to measure the likely impact, both positive and/or negative, of the proposed service on the market.

Based on the outcome of PVA and MIA, the Trust makes a final decision. Every phase of the process, including the final consideration, involves public consultation (fig. 4).

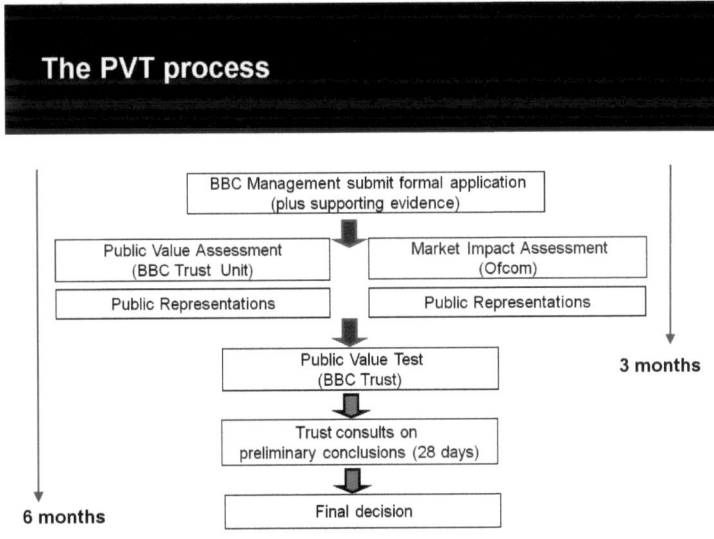

Figure 4 – PVT and public consultation – Source: BBC Trust Unit

There is 6-month target for completing the PVT, although in practice PVTs have sometimes taken longer. The term can be extended when debate proves particularly complex. The main consideration is to ensure that stakeholder consultation and evidence analysis should be thorough and robust.

At the time of writing, the Trust has conducted 5 full PVTs since its establishment:

- On Demand Services (leading to the launch of the BBC iPlayer);

- The launch of the BBC HDTV channel;

- The Gaelic digital TV service BBC Alba;

- Proposals for Local Video[12]

One proposal – the Local Video project – was rejected by the BBC Trust following a PVT. All the other proposals from BBC management were approved subject to modifications. The changes took account of concerns expressed by the public in the course of consultations under the PVT process. These included

---

12   For information on the PVTs, http://www.bbc.co.uk/bbctrust/our_work/pvt/index.shtml

market impact issues raised by competitors, but also concerns about accessibility.

For example, approval of on demand services was subject to limits on the type of content that the BBC could provide (classical music and books were excluded from the offer) and on the degree and duration of content availability (storage was reduced from the proposed 13 weeks to 30 days, with limits on the possibility to download all episodes in series going back longer than 7 days since transmission). This was in response to concerns about the possible competitive impact of the iPlayer. However, other conditions also aimed at extending accessibility and reach, in line with the aspiration of maximising public value (e.g., the obligation to make the service compatible with all IT systems, not just Microsoft; and to develop parental control systems).

The PVT is not a formula. Decisions about PSB services are, and will always remain, a matter of judgment. But the process introduced new features in decision-making about PSBs:

- An evidence-based approach – Measuring PSB is not an exact science, but this is not the same as saying that it is impossible to use a series of metrics to help assess PSB performance. Judgment should be as well informed as possible, based on a widely accepted set of criteria (in the BBC's case, the Reach-Quality-Impact-Value for Money framework).

- Publicity – decisions should be transparent and reached after engagement with stakeholders and the public at large.

- Independence of the PSB regulator – the BBC Trust is autonomous from BBC management, and this gives it the ability to pursue the interests of the public because it operates at arm's length from the BBC's own institutional interests.

- Complementary role of PSB in the media system and the market – the PVT includes consideration of the BBC's impact on the market and the media system as a whole. With public funding comes special responsibility and publicly funded PSBs like the BBC are different from commercial operators. Whilst the BBC competes with the rest of the industry for impact and quality, it ultimately exists to improve the offer of content and services available to all, including across the commercial media. The commercial sector's defeat would not be the BBC's victory if it led to a reduction of diversity and plurality, and the impact on the media market matters in assessing the value of PSB services.

The Impact of the Public Value System

It would be hard to exaggerate the impact the new system had on the BBC's life and corporate culture. Broadcasting is a fast moving, creative industry. Structured processes, protracted debates and rigorous planning about the aims and means of each new idea test the basic instincts of executives whose job is to understand and adapt to the audience's shifting tastes and habits. The public value framework would have brought tensions in the culture of any media organisation.

But the BBC adapted. Under the new system it launched some of the most successful and innovative services it ever produced, including the iPlayer. Clearly the public value framework is complex and generates considerable work. The Executive must line up a body of evidence underpinning its proposals and it must engage with the Trust – and through it, with the public – about issues and questions it may not have initially considered. But the rewards matter:

- The public value framework aims to ensure that the public is involved in shaping the public service offer, based on transparent access to the largest possible body of evidence. It is not a formula: it is a method to help ensure the PSB remains anchored to the interests of its audience. Accountability has now become essential to public support for publicly funded services, and the public value system strengthens the BBC by contributing to its accountability and enhancing its engagement with the public.

- The public value system brings together flexibility and broad consultation. It is a viable and preferable alternative to boundaries between the commercial and the public service media sectors drawn once for all along the wavering lines of technologies, platforms or genres.

- The process should help improve the quality of decisions about BBC services. The key indicator of success is the quality of the services themselves, and tracking their performance under the criteria of Reach, Quality, Impact and Value for Money makes BBC Trust evaluations more robust than any system used in the past. An important measure of the system's performance is that, contrary to BBC services launched under the previous consent framework[13], services approved since 2007 have not so far been successfully challenged outside the context of the BBC Trust PVT process.

---

13 See the state aid complaints against BBC News (http://ec.europa.eu/community_law/ state_aids/comp-1998/nn088-98.pdf) and the BBC Digital Curriculum service, later renamed BBC Jam.

- The public value system does not hamper innovation. Since the establishment of the BBC Trust and the public value system, the BBC has launched some of its most innovative and successful services ever. The timing of PVTs is predictable and linked to the resolution of specific issues. PVTs have sometimes taken longer than the 6-month deadline, but this compares favourably to the previous system where the BBC required consent from the Secretary of State for Culture, Media and Sport. At that time there was no standard process or criteria, and debate about BBC proposals could vary widely according to the circumstances around each specific service[14].

- Acceptance by the European Union of the key criteria applied in the PVT has so far led the UK Government to forego notification of new BBC services approved under the PVT system to the Commission. This was not the case under the previous approval framework, which led to notification to Brussels of all BBC services launched between 2002 and 2003.

The BBC's Charter is renewed every 10 years. Debate about the BBC's role, driven by the pace and depth of change in technology and the media, never stops. Specific arrangements are subject to discussion and may change. But in the UK PSB would now be unthinkable outside of an accountability framework based on public value. A set of clear criteria for assessing the public value of BBC services, evaluation of market impact, public and transparent decision making, have all become essential components of public service broadcasting. The European Commission has extended these principles to the whole EU, leaving some discretion for Member States to adapt them to local circumstances. Like all frameworks, it is imperfect; but within the UK it helps ensure that PSB continues to focus on its special features and role rather than its institutional interests. As accountability becomes increasingly important in shaping public policy, the public value framework strengthens the legitimacy of PSB in the increasingly complex world of digital media.

---

[14] For example, the digital TV channel BBC3 launched in February 2003, 11 months later than planned and than the launch of BBC4, because controversy around the channel's target audience caused the consent process to extend well beyond expectations. The BBC's educational online service Digital Curriculum, later renamed BBC Jam, was proposed in 2002, commissioned by the Secretary of State for Culture, the Media and Sport in 2003, and launched in 2006. It was suspended in 2007 due to controversy about its impact on the market.

Cui Bono? Zur Renaissance gemeinwohlorientierter Medien

Klaus Unterberger

Jammern hilft nicht. Schon gar nicht, wenn es um die Zukunft geht. Leisten wir uns also – zumindest gedanklich – eine Idee, eine Vorstellung, einen Anspruch: Welche Medien würden wir uns angesichts der aktuellen Finanz- und Medienkrisen, der Komplexität gesellschaftspolitischer und kommunikationstechnologischer Herausforderungen wünschen? Wenn wir Fernsehen, Radio und die daraus resultierenden Online-Angebote im Dienst der Allgemeinheit, der Demokratie und eines funktionierendes Gemeinwesens, individuell und gesellschaftlich nützlich, von Grund auf neu erfinden könnten: Welche Qualitätsmerkmale, welchen öffentlichen Wert, müssten diese Medien dann haben? Da wäre wohl:

Ein umfassender **Versorgungsauftrag**: Wenn zutrifft, dass vertrauenswürdige Information und Unterhaltung eine Grundversorgung für die Bevölkerung, eine Art „Grundnahrungsmittel" für die Meinungsbildung urteilsfähiger Bürger/innen darstellen, müsste das für alle Mitglieder der Gesellschaft gelten und nicht nur für in ihrer Kaufkraft kalkulierbare Werbezielgruppen. Wir würden daher föderale Aufträge erfinden, damit gesichert ist, dass nicht nur Menschen in urbanen Zentren hochwertige Medienangebote erreichen, sondern auch jene in den Tälern hinter den Bergen. Wir würden sicherstellen, dass die Vielfalt der Menschen und Meinungen auch dann wahrgenommen wird, wenn sie sich nicht im aktuellen, kommerziellen Trend und dem sozialen, religiösen und ethnischen Mainstream bewegen.[1] Wir würden es als selbstverständlich ansehen, dass Unterhaltung untrennbar mit den Lebenswelten der Menschen in Verbindung steht und es keinen Grund gibt, Unterhaltungsformate kommerziellen Geschäftsinteressen zu überlassen. Abstrus würden wir es finden, würde man die Verbreitung der journalistischen Inhalte gerade in den Online-Medien beschränken, die für zunehmend mehr – insbesondere junge Bevölkerungsgruppen – attraktiv sind, sondern im Gegenteil eine innovative, kreative Entwicklung der neuen digitalen Medien verlangen.

Mit Überzeugung würden wir die **Unabhängigkeit** von Politik und Wirtschaft fordern: Angesichts der offensichtlichen Begehrlichkeiten von Parteien,

---

[1]   Siehe ORF-Gesetz §3(2) Versorgungsauftrag, Föderalismus, §5 besondere Aufträge, Volksgruppen.

Medieneigentümern und kommerziellen Interessen würden wir die Rechte und damit die Unabhängigkeit der Journalist/innen stärken, entsprechende Statute und Richtlinien[2] formulieren. Wir würden zum Ausdruck bringen, dass Gängelungsversuche der Parteien keine Kavaliersdelikte, sondern schlicht demokratiepolitischer Missbrauch sind,[3] und erkennen, dass von Medienzaren, anonymen Investoren und Hedgefonds-Spekulanten gelenkte Medien Qualitätsjournalismus nicht stützen, sondern ihn im Gegenteil nur gefährden.[4] Mit Blick auf die internationale Wettbewerbssituation würden wir die Dringlichkeit erkennen, dem Druck kommerzieller ausländischer Medienkonzerne eine leistungsfähige österreichische Medienplattform entgegenzuhalten.[5]

Wir würden schließlich einen **Funktionsauftrag**[6] definieren, der sicherstellt, dass „meritorische Güter" kein Begriff für die Kommunikationswissenschaft bleibt, sondern nachweisbare Programmproduktion bedeutet. Vielfalt, Zuverlässigkeit, ein Bildungs- und Kulturauftrag, eine weitreichende Kooperation mit der heimischen Kreativwirtschaft[7], Orientierungs- und Integrationsfunktion wären Kriterien der Selbstverpflichtung, die deutlich machen, dass öffentlichrechtlicher Rundfunk „unmittelbar mit den demokratischen, sozialen und kulturellen Bedürfnissen jeder Gesellschaft"[8] verbunden ist und einen Beitrag zum Schutz und zur Förderung kultureller Vielfalt leistet.[9] Wert und Nutzen müssten transparent dokumentiert[10] und im Dialog mit Publikum und Gesellschaft[11] thematisiert werden. Gemeinwohlorientierte Medien sollten den Wandel der Gesellschaft kritisch begleiten, auf aktuelle Veränderungsprozesse reagieren und bereit sein, soziale Verantwortung zu übernehmen.[12] Ein derartiges Anforderungsprofil erstellt, würden wir uns fragen, welche Rahmenbedingungen und Ressourcen notwendig sind, um dieses Leistungsspektrum

---

[2] Siehe ORF-Redakteurstatut, ORF-Programmrichtlinen.
[3] Siehe die zahlreichen öffentlichen Stellungnahmen der ORF-Redakteursvertretung.
[4] Dazu gehört insbesondere die Frage der Eigentumsverhältnisse der Medienkonzerne, der Transparenz, ihrer strategischen Ausrichtung und ihres Beitrages zum Gemeinwohl.
[5] Zurzeit 90 empfangbare TV-Programme in österr. KaSat-Haushalten, 2009: 330 Mio. € Werbelöse an kommerzielle TV-Vermarkter (IP-Gruppe, SevenOne-Gruppe, ATV, sonstige).
[6] ORF-Gesetz, Programmauftrag.
[7] jährlich 95 Mio. € für die österr. Filmwirtschaft (Kinofilmförderung, Film-Fernseh-Abkommen).
[8] Amsterdamer Protokoll, Vertrag über die europäische Union.
[9] Siehe UNESCO-Konvention zum Schutz und Förderung der Vielfalt kultureller Ausdrucksformen.
[10] Siehe ORF-Public-Value-Bericht unter: zukunft.orf.at.
[11] ORF-Publikums- und Expert/innengespräche im Rahmen der ORF-Qualitätssicherung, Schriftenreihe „TEXTE – öffentlich-rechtliche Qualität im Diskurs", ORF DialogForum u. v. m.
[12] z. B.   ORF-Themenschwerpunkte,   ORF-Thementage,   ORF-Integrationspreis,   ORF-Klimaschutzpreis, ORF-Humanitarian Broadcasting: Nachbar in Not, Rat auf Draht, Team Österreich, Licht ins Dunkel u. v. m.

zu ermöglichen. Kontrolle wäre selbstverständlich[13] und unbürokratisch, wissenschaftliche Forschung ein ständiger Begleiter, unabdingbar für Reflexion und Weiterentwicklung, aber auch frei davon, öffentlich-finanzierte Medienproduktion mit Wunscherfüllungsmaschinen, unabhängig von ökonomischen Bedingungen, zu verwechseln. Mit Blick auf die aktuelle Lage der Medienbranche wäre sogar die Finanzierungsfrage, mit aufrechtem Gang zu bewältigen: Politiker/innen, allesamt entlohnt von der öffentlichen Hand, würden darauf verzichten, den finanziellen Beitrag von 48 Cent pro Tag und Gebührenzahler/in[14] als „Zwangsgebühr" zu denunzieren, stattdessen relevante Vergleiche zum Preis-Leistungsverhältnis kommerzieller Medienproduktion herstellen.

Der oft genannte „Public Value" der öffentlich-rechtlichen Anstalten wäre demnach eine richtungsweisende Marschzahl, die auf kontinuierliche Reform und Innovation ausgerichtet ist. Eine Leitwährung für Programmmacher/innen, sich selbstkritisch mit dem öffentlichen Wert, der gesellschaftlichen Relevanz und der Zukunftsfähigkeit ihrer Arbeit auseinanderzusetzen. Gerade weil die aktuellen Krisen der Medienbranche einen Ausweg aus dem Jammertal der Befürchtungen um Qualitätsjournalismus notwendig machen, wäre eine kraftvolle Perspektive naheliegend: Fernsehen, Radio und Onlinekommunikation als öffentliche Aufgabe zu stärken und gegenüber dem Druck kommerzieller Geschäftsinteressen zu schützen – und nicht umgekehrt. Öffentlichkeit, Medienpolitik aber auch Kritiker/innen würden somit eine ganz einfache, aber entscheidende Frage stellen: Wem nützen Medien und wie?

Die Antwort darauf braucht keine Phantasie, sondern nur Umsicht, kritische Analyse und den Entschluss, Gemeinwohlinteresse über die Kommerzialisierung unserer Lebenswelt zu stellen. Wenn öffentlich-rechtliche Medien – europaweit – nicht längst etabliert wären, wir müssten sie – gerade jetzt – erfinden.

---

[13] Siehe Kontrolle durch die ORF-Gremien, ORF-Prüfungskommission und Rechnungshof sowie die Medienbehörde.

[14] 48 Cent pro Tag und Gebührenzahler/in erhält der ORF nach Abzug von Landesabgabe, Kunstförderung und Steuern.

Das Singuläre am dualen System

Norbert Schneider

Eingeklemmt zwischen dem einsamen Singular und dem übervölkerten Plural bezeichnet der Dual solche übersichtlichen Zweiheiten, die sich aus zwei Einheiten bilden, von denen es keine für sich gibt.

Grammatikalisch gesehen finden wir den Dual schon in den alten semitischen Sprachen. Im Hebräischen fällt darunter zum Beispiel die Hüfte. Es gibt sie weder als Singular noch als Plural, sondern nur als rechte und linke, nur zusammen – als Dual. Mediengeschichtlich gesehen gibt es den Dual in Deutschland seit Mitte der 1980er Jahre: als das eine Gefäß für zwei Arten von Rundfunk, den öffentlich-rechtlichen und den privaten.

Es gibt beide einerseits je für sich, andererseits nur als eine Einheit, was wiederum bedeutet, dass beide Einheiten kommunizierenden Röhren vergleichbar aufeinander bezogen agieren. Das eine mit dem Ziel der Grundversorgung, das andere in der Absicht, Gewinne zu machen, dual, indem – der eine mehr, der andere weniger – von einer Balance von Kultur und Kommerz, von Ökonomie und Publizistik lebt; dual vor allem darin, dass der eine mehr, der andere weniger einen Beitrag zur Erfüllung einer öffentlichen Aufgabe leistet.

Was als Dual angelegt ist auf Balance, auf ein angemessenes Verhältnis, steht immer wieder unter dem Druck von Entwicklungen, die diese Balance zerstören können.

So muss der öffentlich-rechtliche Rundfunk, anders als in der Vergangenheit, neue Angebote speziell unter dem Aspekt des Public Value testen lassen, in drei Stufen. Das hat Brüssel verlangt, eine Administration, die den Dual nicht so recht kennt. Dort liebt man den Plural, weil er Wettbewerb erzeugt. Dass dieser dann wieder zu Monopolen tendiert, also zum Singular, sei nur am Rande erwähnt. Ginge es um die Überschrift für einen Bestseller, müsste man – einen anderen Titel zitierend – sagen: *Der Dual ist dem Singular sein Feind.*

Eine andere Entwicklung ergibt sich aus dem Vergleich von Daten zum Programm. Sie stellen mehr als früher die Frage, ob der auch für den privaten Teil des dualen Systems vorgesehene Anteil an der Erfüllung einer öffentlichen Aufgabe eigentlich noch angemessen realisiert wird. Die Vorstellung von einem Vollprogramm, die der deutsche Gesetzgeber in seinen Staatsverträgen nie verändert hat, führt immer öfter zu der Frage, ob diese noch angemessen bedient wird. Die Debatte darüber wird verstärkt seit Herbst 2008 geführt. Sie ist in einem Positionspapier der Landesmedienanstalten zu Nachrichten im privaten Rundfunk im Frühjahr 2010 zugespitzt worden.

Ein drittes Datum kommt hinzu: Die Finanzierung des Rundfunks kennt seit der Übernahme von Pro7Sat.1 als einen neuen Akteur den Finanzinvestor. Die Landesmedienanstalten haben ein Gutachten über diesen Fremdling in Auftrag gegeben. Es ist, vielleicht ein wenig voreilig, überwiegend im Sinne einer Entmythologisierung von Monster und Heuschrecke gelesen und gedeutet worden. Aber man ist ja noch nicht aus allem heraus oder gar aus dem Schneider, nur weil man weder Heuschrecke noch Monster ist. Wenn nur *das* Programm ein gutes Programm ist, das sich am besten verkauft, dann ist das nicht unbedingt eine beruhigende Nachricht für die Vielfalt der Formate und Programme, für ihren Anteil an Public Value; eine Vielfalt, die auch für Investoren gilt, wenn sie Rundfunkbesitz anhäufen; Vielfalt, die mit ihrem Public Value zugleich ein Public Service ist, der in Deutschland nur deshalb nicht öffentlicher Dienst heißen darf, weil einmal ein Gewerkschaft so geheißen hat, zu der auch die Müllfahrer gehören.

Gemeint ist mit Public Service, mit seinem Public Value tatsächlich – und darin in einem höheren Sinne mit der Müllabfuhr eben doch vergleichbar – eine Art von Dienstleistung an der Öffentlichkeit. Sie besteht darin, all das an Informationen zu beschaffen, aufzuarbeiten und zu vermitteln, was die Gesellschaft braucht, um sich in ihren wesentlichen Zuständen und Verlaufsformen zu erkennen und sicher zu fühlen. Um zu wissen, welche Einstellungen und Haltungen in dieser Gesellschaft dominant sind und welche Minderheitenpositionen es gibt. Letztere vor allem müssen in diesem Dienst an der Öffentlichkeit vorkommen, sie sind es, die Schutz und Hilfe brauchen, Mehrheitspositionen setzen sich leichter von selbst durch.

Diese öffentliche Aufgabe war für den öffentlich-rechtlichen Rundfunk nie ein strittiges Thema, sondern eigentlich der Gründungszweck. Das höchste deutsche Gericht hat in diesem Zusammenhang den Begriff der Grundversorgung gewählt, um die Funktion des öffentlich-rechtlichen Rundfunks deutlich zu machen. Die darin anklingende Analogie an die lebensnotwendigen alltäglichen Güter, die ein Mensch braucht, ist durchaus beabsichtigt. Rundfunk ist (was nicht nur die Steuergesetzgebung akzeptiert hat) eine Art von unverzichtbarem Lebensmittel.

In der Tradition dieses Ansatzes hat das Bundesverfassungsgericht, als es privaten Rundfunk erlaubt hat, von vornherein keinen Zweifel daran gelassen, dass auch dieser private Rundfunk an der Erfüllung einer öffentlichen Aufgabe beteiligt ist. Aufgrund eines differenten Unternehmensziels (Grundversorgung versus Gewinnmaximierung) hat das Gericht so etwas wie Rabatt eingeräumt. Privater Rundfunk ist nicht im selben Umfang und in derselben Tiefe auf eine solche öffentliche Aufgabe zu verpflichten, aber auch er hat sich durch Informationsbildungs- und Unterhaltungssendungen in den jeweils gegebenen Möglichkeiten an der Erfüllung dieser Aufgabe zu beteiligen. Das ist und bleibt auch die Grundlage dafür, dass auch der private Rundfunk voll unter dem Schutz des Artikels fünf des deutschen Grundgesetzes und der dort gewährleisteten Rundfunkfreiheit steht. Seine Entwicklung, z. B. die kostenlose Bereitstellung von terrestrischen Frequenzen, folgt dieser Grundidee. Die öffentliche Aufgabe bedeutet, dass auch öffentliche Ressourcen zu ihrer Erfüllung zur Verfügung gestellt werden.

Das Unternehmensziel von Finanzinvestoren begünstigt monokulturelle Entwicklungen. Darunter aber wird als Konsequenz des Geschäftsmodells die Beteiligung an einer öffentlichen Aufgabe, für die sich ein Finanzinvestor nicht interessiert, leiden. Ein Investor will Geld verdienen, das sollte ihm niemand vorwerfen. Doch wenn ein publizistisches Desinteresse im Ergebnis auch zu einem Desinteresse an einer Beteiligung an einer öffentlichen Aufgabe führen kann, dann verlassen wir den geschützten Raum des Artikels fünf Grundgesetz. Dann ist das duale System insgesamt berührt.

Nun kann man sicher fragen, ob es noch immer zeitgemäß ist, und zu der Einsicht gelangen, dass man wohl besser von einem pluralen System ausgehen sollte. Doch solange es dieses plurale System nicht als Basisfiktion für Regulierung gibt, sondern nur als eine anarchische Realität, solange der Gesetzgeber darauf nicht explizit auf neue Angebote, neue Infrastrukturen und neue Nutzergewohnheiten referiert, sondern den Rundfunk im Zentrum der Regulierung behält, muss man den Dual pflegen. Er ist das einzige anerkennte Gefäß, das wir derzeit haben.

Der Wert der ARD-Angebote für die Gesellschaft und den Einzelnen

Verena Wiedemann

Publizistische Leistungen von Medien für die Gesellschaft werden in jüngerer Zeit häufig unter dem englischen Begriff des „Public Value" diskutiert. Aus Sicht des öffentlich-rechtlichen Rundfunks umfasst der publizistische Wert zwei Grundaspekte: den gesellschaftlichen bzw. institutionellen Wert sowie den individuellen Wert der Programmangebote für das Leben jedes einzelnen Bürgers. Nach dieser Definition erbringt die ARD für ihr Publikum seit nunmehr 60 Jahren täglich Public Value. Die Regionalität und Vernetzung der Angebote des föderalen Senderverbunds leisten dazu einen zusätzlichen Beitrag.

Der Wert der ARD für den demokratischen Meinungsbildungsprozess

Eine gut informierte Gesellschaft ist die Voraussetzung für das Funktionieren der Demokratie. Eine freie und demokratische Meinungsbildung, gemeinsame Werte, die Chance zur Orientierung in einer komplexen und sich rasch verändernden Welt, die Integration von Minderheiten, die Möglichkeit zur Teilhabe am lebenslangen Lernen in der Wissensgesellschaft, all dies sind Voraussetzungen für das Gelingen des gesellschaftlichen Miteinanders und für den persönlichen und beruflichen Erfolg des Einzelnen.

Zu diesen Zielen soll die ARD einen spezifischen und unverwechselbaren Beitrag leisten. Als öffentlich-rechtliches Rundfunksystem fällt ihr die Rolle eines Mediums und Faktors des demokratischen Meinungsbildungsprozesses zu. Eine funktionierende Gesellschaft ist eine, in der die Bürgerinnen und Bürger gut informiert und ausgebildet sind und Werte und Erfahrungen miteinander teilen. Dazu bedarf es auch Programmen, die beliebt sind, die die Menschen bewegen und die gemeinsame Erlebnisse stiften.

Die ARD ist als eine Kulturinstitution ausgestaltet, die die Bürger als Kulturgemeinschaft und nicht – wie private Rundfunkangebote – primär als Konsumenten anspricht. Die Mitglieder dieser Kulturgemeinschaft haben alle das gleiche Recht auf Teilhabe und Zugang zu seinen programmlichen Leistungen, unabhängig von ihren finanziellen Möglichkeiten und unabhängig von ihrem Status.

Der Wert der ARD für ihr Publikum

Beim Wert der ARD für den einzelnen Bürger geht es um die Frage, wie die ARD mit ihren Angeboten das Leben jedes Einzelnen bereichert. Jedermann hat Anspruch darauf, etwas für ihn Wertvolles im Angebot der ARD zu finden, das seinem Geschmack und seinen Interessen entspricht. Nicht nur Informations-, Kultur- und Bildungsangebote, die vor allem Minderheiten nutzen, auch die regelmäßig für viele Menschen interessanten Sport-, Unterhaltungs- und Fiktion-Angebote sind geeignet, den spezifischen publizistischen Beitrag der ARD zu vermitteln, wenn auch in unterschiedlicher Intensität und mit unterschiedlichen Schwerpunkten. So sieht es auch das Bundesverfassungsgericht, das den Grundversorgungsauftrag des öffentlich-rechtlichen Rundfunks ausdrücklich weit auslegt: Zum Auftrag gehören grundsätzlich alle Inhalte und Angebotsformen, die zur Erfüllung seiner Funktion beitragen.

Der Wert der ARD-Angebote für die Bürger liegt also darin, dass sie den Einzelnen in seiner individuellen Lebenswelt bereichern. Da die Nachfrage des Publikums sehr unterschiedlich ist, vermag erst ein umfassendes, auch massenattraktives Programmangebot sicherzustellen, dass der Wert der publizistischen Leistungen der ARD tatsächlich alle Bevölkerungsschichten erreicht und nicht nur von einer Informations- und Bildungselite wahrgenommen wird.

Der Wert der ARD für die kulturelle Vielfalt und den gesellschaftlichen Zusammenhalt

Ein für viele Bürger und gesellschaftliche Einrichtungen jenseits des Bildschirms unmittelbar erlebbarer Nutzen der ARD als Kulturträger und als Programmanbieter geht zum Beispiel von den vielen Kultur-Partnerschaften der Landesrundfunkanstalten der ARD mit öffentlichen und privaten Organisationen aus. Die Landesrundfunkanstalten produzieren, veranstalten und ermöglichen ein breites und vielfältiges Kulturangebot, oft gemeinsam mit kommunalen Kulturträgern. Auf diese Weise entstehen bürgernahe Hörfunk- und Fernsehprogramme. Sie helfen zugleich den beteiligten Einrichtungen, mit ihren Anliegen viele Menschen unmittelbar in ihrem Lebensumfeld zu erreichen. Das nationale Erste Programm spiegelt seinerseits durch die Programmübernahmen aus den Regionen die kulturelle Vielfalt des föderalen Deutschlands wider und gewährt den Zuschauerinnen und Zuschauern nachhaltigen Zugang zu den kulturellen Leistungen und Besonderheiten aller Regionen.

Auf diese Weise leistet die Arbeitsgemeinschaft also nicht nur einen Beitrag zum sozialen Zusammenhalt des ganzen Landes. Auch die Programmqualität des Ersten Programms profitiert davon, dass die Redaktionen der Landesrundfunkanstalten in einem Exzellenzwettbewerb miteinander darüber stehen, wer seine Sendungen und Formate erfolgreich im Ersten platzieren darf.

Der zusätzliche Wert der ARD in der digitalen Welt

Um auch in der digitalen Welt weiterhin ihrem Auftrag gerecht werden zu können, zur demokratischen Willensbildung, zum gesellschaftlichen Zusammenhalt und zur kulturellen- und Meinungsvielfalt beizutragen, steht die ARD derzeit vor der Herausforderung, ihre Programmangebote auf ein sich immer weiter ausdifferenzierendes Publikum sowie auf ein sich veränderndes Mediennutzungs-verhalten einzustellen. So erwarten gerade junge Menschen das, was sie interessiert, in einer Form, die sie als zeitgemäß empfinden. Wer zum Beispiel mit dem Servicenutzen von Abrufangeboten aufgewachsen ist, wird sich nur noch selten auf starre Sendezeiten einlassen wollen. Junge Menschen suchen nutzerfreundlich eingebettete Informationen in interaktiven Online-Angeboten. Für die ARD ergibt sich aus dieser Nachfrage die Chance, dass die gezielte und intensivierte Nutzung *on demand* den publizistischen Wert ihrer Programminvestitionen noch deutlich erhöht.

Ein öffentlich-rechtliches Rundfunksystem besitzt das publizistische Potenzial, die individualisierten Nutzungsformen des Internets mit ihren massenmedialen Fernseh- und Hörfunkprogrammen so zusammenzuführen, dass sie der Tendenz zur gesellschaftlichen Segmentierung durch die zunehmende Individualisierung entgegenwirken und auch weiterhin einen gemeinsamen Diskurs aller ermöglichen. Dazu ist aber die angemessene Teilhabe des öffentlich-rechtlichen Rundfunks an den neuen Medien notwendig, was von Verlagen und privaten Rundfunkveranstaltern aufgrund ihrer wirtschaftlichen Eigeninteressen immer öfter und schärfer in Frage gestellt wird.

Die derzeit von den Aufsichtsgremien von ARD und ZDF durchgeführten Dreistufentests zum Telemedienbestand haben in diesem Zusammenhang eine grundsätzliche Bedeutung für die Zukunftsfähigkeit des öffentlich-rechtlichen Rundfunks in Deutschland. Denn der genehmigte Bestand ist zugleich die Basis, von der aus sich künftig entscheidet, ob und wie ARD und ZDF auf die weiteren Entwicklungen der Medien nach entsprechenden Dreistufentests angemessen reagieren können.

Public Value Freier Radios

Helmut Peissl

Der Begriff „Public Value" prägt derzeit in vielen Ländern die medienpolitische Diskussion – dies vor allem hinsichtlich der geforderten Klärung, welche Aktivitäten der öffentlich-rechtliche Rundfunk mit öffentlicher Finanzierung setzten darf und soll, um seinem gesetzlich definierten Auftrag gerecht zu werden. Nur ungenügend wird in diesem Kontext bisher erörtert, welche anderen Akteure in der Rundfunklandschaft öffentliche Leistungen erbringen. Im Rahmen einer umfassenden Auseinandersetzung mit Public Value im Rundfunk darf es aber auch nicht nur um klassische Programmleistungen gehen, vielmehr müssen auch andere Funktionen des Rundfunks für die Gestaltung einer demokratischen Gesellschaft thematisiert werden – etwa die Möglichkeiten der Zugangs zur Produktion von Inhalten und die Vermittlung von Medienkompetenz. Wenn es im Weiteren um öffentlich finanzierte Medienaktivitäten geht, muss auch die Transparenz der Medienorganisationen und die verantwortungsvolle Einbeziehung des Publikums bzw. der aktiven NutzerInnen in den Fokus der Auseinandersetzung gerückt werden. Den Leistungen Freier Radios und allgemeiner des dritten Rundfunksektors gebührt in diese Auseinandersetzung entsprechender Stellenwert.

Community Medien als Spiegel gesellschaftlicher Vielfalt

Der dritte Rundfunksektor mit Freien Radios und Community-TVs – im internationalen Kontext meist als Community Medien definiert – erlebt seit der Jahrtausendwende einen enormen Aufschwung. In Australien umfasst der nichtkommerzielle Rundfunksektor heute 483 lizenzierte Sender und hat damit eine weit größere Verbreitung als der kommerzielle Rundfunk erlangt (Forde et al. 2010: 54). Die Vergabe von über 200 Community Radio Lizenzen in UK in den letzten fünf Jahren, aber auch der enorme Zulauf von interessierten Menschen den die Freien Radios in Österreich erfahren, belegen deutlich, dass der Sektor gesellschaftliche Bedürfnisse bedient, die weder öffentlich-rechtliche noch kommerzielle Sender abdecken. In Österreich nutzen derzeit über 3000 freiwillige SendungsmacherInnen den zugangsoffenen, nichtkommerziellen Rundfunk zur Gestaltung von Programmen in 25 Sprachen. Freie Radios fördern die gesellschaftspolitische Auseinandersetzung und bilden Plattformen lokaler Musik-,

Kunst- und Kulturproduktion. In dieser Funktion unterstützen sie die regionale Entwicklung und sind Impulsgeber oder Träger innovativer Projekte im (trans-) lokalen Kontexten und bilden Lernorte zur Vermittlung vielfältiger Kompetenzen.

Belegt wird diese Bedeutung als „Public Service von unten" durch die wachsende wissenschaftliche Auseinandersetzung mit dem dritten Rundfunksektor. Das Interesse gilt besonders der innovativen Praxis des Sektors, seiner Bedeutung für gesellschaftliche Partizipation und seinem Beitrag zum Empowerment benachteiligter Gruppen (Rodriguez 2001; Atton 2002; Howley 2005; Rennie 2006; Lewis/Jones 2006; Coyer et al. 2007; Cammaerts/Carpentier 2007; Pajnik/Downing 2008; Forde et al. 2010).

Definition von Public Value?

Während die Public Value Debatte den öffentlich-rechtlichen Rundfunk primär unter Legitimationsdruck bringt, öffnet sie für den zugangsoffenen dritten Rundfunksektor Perspektiven im Sinne einer Neubewertung seiner Medienleistungen im öffentlichen Interesse. Als Grundlage dieser Neubewertung bedarf es einer breiten Definition von Public Value, die sich an den Bedürfnissen aktiver BürgerInnen in der demokratischen Gesellschaft sowie an den allgemeinen Menschenrechten als Wertgrundlage orientiert. Zu unterstützen ist deshalb etwa der Vorschlag von Josef Trappel (2009) den Public Value öffentlicher Kommunikation als Summe derjenigen Leistungen zu sehen, die Massenmedien im Dienste der Selbstverständigung demokratischer Gesellschaften erbringen. Mark Moore arbeitet in seinem Text „Creating Public Value – Strategic Management in Government" die spezifischen Anforderungen heraus, unter denen Unternehmungen in öffentlicher Trägerschaft oder Finanzierung ihre Aufgaben erfüllten sollten:

> „Once the public starts producing something with public ressources raised through state authority, it can no longer be viewed independently of citizens' political preferences and desires. The capacity of a public enterprise to satisfy these preferences is, therefore, an important part of its value-creating capabilities." (Moore 1995: 53)

Auch wenn Moore bei seiner Arbeit nicht auf Medien abzielt, bleibt doch festzuhalten, dass wir auch im Kontext Public Value im Rundfunk davon ausgehen können, dass öffentlich finanzierte Medien eine spezielle Verantwortung gegenüber der Gesellschaft haben, die nicht nur in der Gestaltung des Programms sondern auch in der Organisationsstruktur und der Transparenz bei Entscheidungen und ihrer Umsetzung gegenüber der Öffentlichkeit einzufordern ist.

Public Value Freier Radios im europäischen Kontext

Auf der europäischen Ebene werden Public Value Aspekte Freier Radios gleich mehrfach thematisiert: Der Europarat betont die besondere Bedeutung von Community Medien sowohl in Bezug auf ihren Beitrag zur Förderung der Medienvielfalt vor dem Hintergrund wachsender Medienkonzentration (2007) aber auch hinsichtlich ihres Beitrags zu gesellschaftlichem Zusammenhalt und zum interkulturellen Dialog (2009). Im Handbuch Living together fasst Lange die zentralen Aspekte zusammen:

> „In today's radically changed media landscape, community media can play an important role, notably by promoting social cohesion, intercultural dialogue and tolerance, and by promoting a culture of understanding between different ethnic, cultural and religious groups in civil society.
> The Declaration on the role of community media in promoting social cohesion and intercultural dialogue stresses that community media are able to boost public debate, political pluralism and awareness of diverse opinions, notably by providing various groups in society – including cultural, linguistic, ethnic, religious or other minorities – with an opportunity to receive and impart information, to express themselves and to exchange ideas. According to the Declaration, community media have also the capacity of fostering community engagement and democratic participation at local and regional level." (Lange 2009: 32)

Die „Declaration on the Role of Community Media in Promoting Social Cohesion and Intercultural Dialogue" (Council of Europe 2009) wurde vom Ministerkommittee des Europarates beschlossen und stützt sich auf den Expertenbericht „Promoting social cohesion. The role of community media" (Lewis 2008). In ähnlicher Weise thematisiert auch das Europäische Parlament in der „*Resolution on Community Media in Europe*" sowie in der „*Resolution on Concentration and Pluralism in the Media in the European Union*" (European Parliament 2008a und b) die Bedeutung des Sektors und fordert die EU-Kommission auf für mehr Anerkennung und Unterstützung Freier Radios und anderer Community Medien zu sorgen sowie deren Beitrag zu Medienpluralismus und kultureller Vielfalt im Rahmen der Politikgestaltung stärker zu beachten.

Im Zuge der Arbeit am neuen Orientierungsrahmen „*A New Notion of Media*" für eine Medienpolitik im Sinne der Europäischen Menschenrechte im Europarat fordert Jakubowicz (2009) ein grundsätzliches Umdenken bei der Interpretation des Art. 10 EMRK ein. „*Freedom of expression*" sollte demnach künftig als „*right to public expression*" ausgelegt werden. Jakubowicz argumentiert dies unter anderem mit der wachsenden Bedeutung, die unterschiedliche Formen zugangsoffener Medien wie Freie Radios erlangt haben.

Stimmige Selbstverpflichtung als Grundlage

Die hier summarisch dargestellten Aspekte spiegeln sich in den Eigendefinitionen von Community Medien vieler Europäischer Länder wider. Solche Selbstverpflichtungen wurden in vielen Ländern formuliert, bevor es zu einer legalen Anerkennung des dritten Rundfunksektors kam. So fand etwa die Charta der AMARC-Europe in Irland Eingang in die Verordnung zu „Community Radio Policy" der Regulierungsbehörde BCI (2001). In der „*Charta der Freien Radios Österreich*" verpflichten sich die Mitglieder des Verbandes Freier Radios Österreich zu einer Reihe von Grundsätzen:

> „Freie Radios sind unabhängige, gemeinnützige, nicht-kommerzielle und auf kommunikativen Mehrwert ausgerichtete Organisationen, die einen allgemeinen und freien Zugang zu Sendeflächen für Rundfunkveranstaltungen bereitstellen, um die freie Meinungsäußerung zu fördern." (VFRÖ 2007)

Diese seit 1998 freiwillig festgelegte Definition des Sektors wurde 2009 grundsätzlich im KommAustria-Gesetz § 9i übernommen und definiert nun eine rechtlich bindende Voraussetzung für die Konstitution Freier Radios: „*Nichtkommerzielle Veranstalter sind solche, die nicht auf Gewinn ausgerichtet sind und deren Programm keine Werbung beinhaltet und die einen offenen Zugang der Allgemeinheit zur Gestaltung von Sendungen ihres Programms gewährleisten*" (KOG 2010). Zum Aspekt „Partizipation" wird in der Charta weiter festgehalten:

> „Freie Radios stellen Trainings-, Produktions- und Verteilungsmöglichkeiten zur Verfügung. Sie bilden Plattformen lokaler und (über-)regionaler Musik-, Kunst- und Kulturproduktion für gesellschaftspolitische Initiativen und für gesellschaftlich oder medial marginalisierte Communities. Sie laden ihre HörerInnen zur aktiven Beteiligung ein, spiegeln die gesellschaftliche, kulturelle und sprachliche Vielfalt ihrer Ausstrahlungsgebiete wider und fördern den interkulturellen Dialog." (VFRÖ 2007)

Diese Definition geht deutlich über die rechtliche Definition hinaus, da sie gleichsam eine Handlungsanleitung darstellt, an der sich der Betrieb der Radioorganisationen orientieren soll. Weiter definiert die Charta ein Bekenntnis zu transparenter Organisationsform und zu lokalem und regionalem Bezug der Radios.

Schlussfolgerungen

Public Value im Kontext Freier Radios und des dritten Rundfunksektors leitet sich demnach nicht nur auf formaler Ebene durch die nicht-gewinnorientierte Organisationsform ab, wie Lackner (2010: 16) dies nahelegt. Public Value besteht grundsätzlich aus den Aktivitäten und gesellschaftlichen Rollen in lokalen und regionalen Zusammenhängen bei der:

- Organisation von medialer Partizipation und gesellschaftlicher Teilhabe,
- Förderung von Mehrsprachigkeit sowie von kultureller und sprachlicher Vielfalt,
- Erweiterung der Meinungsvielfalt.

Diese besonderen Aspekte Freier Radios bzw. des gesamten dritten Rundfunksektors im Kontext der Debatte um Public Value weitergehend zu analysieren ist dringend notwendig, nicht zuletzt, um eine sachgerechte Debatte über die öffentliche Finanzierung von Medienleistungen führen zu können. Die Freien Radios in Österreich und andere Community Medien sind dabei, sich aktiv in die Auseinandersetzung einzubringen und die Möglichkeiten dieser auch (medien)kritischen Auseinandersetzung zu nutzen.

Literatur

Atton, Chris (2002): Alternative Media. London: Sage

BCI (2001): BCI Policy on Community Radio Broadcasting. Dublin: BCI. Online: http://www.bci.ie/documents/comm_radio_policy.pdf (30.03.2010)

Cammaerts, Bart/Carpentier, Nico (2007) (Hg.): Reclaiming the Media. Communication Rights and Democratic Media Roles. Bristol: Intellect

Council of Europe (2009): Declaration of the Committee of Ministers on the role of community media in promoting social cohesion and intercultural dialogue. Strassbourg: Council of Europe. Online: https://wcd.coe.int/ViewDoc.jsp?id=1409919&Site=CM&BackColorInternet=9999CC&BackColorIntranet=FFBB55&BackColorLogged=FFAC75 (30.03.2010)

Council of Europe (2007): Recommendation Rec (2007) 2 of the Committee of Ministers to member states on media pluralism and diversity of media content. Strassbourg: Council of Europe

Council of Europe/Media Division (2004): Transnational media concentrations in Europe – Report prepared by the AP-MD. Strassbourg: Council of Europe

Coyer, Kate/Dowmunt, Tony/Fountain, Alan (2007) (Hg.): The Alternative Media Handbook. London: Routledge

European Parliament (2008a): Resolution on Community Media in Europe. Adopted the 25th of September 2008. Online: http://www.europarl.europa.eu/sides/getDoc.do?type=TA&reference=P6-TA-2008-0456&language=EN&ring=A6-2008-0263 (30.03.2010)

European Parliament (2008b): Resolution on Concentration and Pluralism in the Media in the European Union. Adopted the 25th of September 2008. Online: http://www.europarl.europa.eu/sides/getDoc.do ?type=TA&reference=P6-TA-2008-0459&language=EN&ring=A6-2008-0263 (30.03.2010)

Forde, Susan/Foxwell, Kerrie/Meadows, Michael (2010): Developing Dialogues. Indigenous and Ethnic Community Broadcasting in Australia. Bristol. Intellect Books

Howley, Kevin (2005): Community Media: People, Places and Communication Technologies. Cambridge: Cambridge University Press

Jakubowicz, Karol (2009): A New Notion of Media. Rede gehalten im Rahmen der Europäischen Konferenz der Minister für Medien und Kommunikationspolitik am 28./29. Mai in Reykjavik. Online: http://www.coe.int/t/dghl/standardsetting/media/Doc/New_Notion_Media_en.pdf (30.03.2010)

KOG (2009): Bundesverfassungsgesetz über die Einrichtung einer „Kommunikationsbehörde Austria" („KommAustria") in der novellierten Fassung vom 17.6.2009 lt. BGBl. I Nr. 52/2009. Online: http://www.rtr.at/de/rf/KOG (30.03.2010)

Lackner, Susanne (2010): Rundfunk und Public Value – ein rechtlicher Ansatz. In: RTR (Hg.) (2010): 13–38

Lange, Yasa (2009) (Hg.): Living Together. A handbook on Council of Europe standards on media´s contribution to social cohesion, intercultural dialogue, understanding, tolerance and democratic participation. Strassbourg: Council of Europe. Online: http://www.coe.int/t/dghl/standardsetting/ media/Doc/livingtogether_en.pdf (30.03.2010)

Lewis, Peter M. (2008): Promoting social cohesion. The role of community media. Report prepared for the Council of Europe's MC-S-MD group. Strassbourg: Council of Europe. Online: http://www.coe.int/t/dghl/standardsetting/media/Doc/H-Inf(2008)013_en.pdf (30.03.2010)

Lewis, Peter M./Jones, Susan (2006) (Hg.): From the Margins to the Cutting Edge. Community Media and Empowerment. New York: Hampton Press

Moore, Mark H. (1995): Creating public value. Strategic management in government. Cambridge, Mass.: Harvard University Press

OSZE (2007): Joint Declaration on Diversity in Broadcasting. Wien: OSZE. Online: http://www.osce.org/documents/rfm/2007/12/28855_en.pdf (30.03.2010)

Pajnik, Mojca /Downing, John D. H. (2008) (Hg.): Alternative Media and the Politics of Resistance. Perspectives and Challenges. Ljubljana: Mirovni Inštitut

Rennie, Ellie (2006): Community Media. A Global Introduction. Lanham: Rowman & Littlefield Publishers

Rodriguez, Clemencia (2001): Fissures in the Mediascape. New York: Hampton Press

RTR (Hg.) (2010): Public Value und privater Rundfunk in Österreich. Band 1/2010, Schriftenreihe der Rundfunk und Telekom Regulierungs-GmbH. Wien: RTR

Trappel, Josef (2009): Public Value aus kommunikationswissenschaftlicher Sicht. Abstract im Rahmen des REM-Rundfunkforums am 17. 9. 2009 in Wien. Abstract in Tagungsmappe RTR, Wien

VFRÖ (2007): Charta der Freien Radios Österreichs - Überarbeitete Version beschlossen in der Generalversammlung am 12. Mai 2007 in Dornbirn. Online: http://www.freie-radios.at/article.php?ordner_id=27&id=194 (30.03.2010)

Public Value Free TV
Die Renaissance öffentlich-rechtlicher Programminhalte

Markus Breitenecker

Seit zehn Jahren verliert der ORF, Österreichs öffentlich-rechtlicher Sender, nicht nur Zuschauermarktanteile und Werbeeinnahmen, sondern – insbesondere in den letzten fünf Jahren – auch sein Image als führende, identitätsstiftende Kultur- und Medieninstitution Österreichs. Der Hauptgrund für den Rückgang des Zuspruchs der Zuschauer, Werbekunden und des Imageverlusts liegt in der abnehmenden Unverwechselbarkeit zwischen öffentlich-rechtlichen TV-Programmen und Programmen von privaten TV-Sendern. Diese mangelnde Differenzierung zwischen Programmen mit einem öffentlichen Auftrag und privaten Programmen kommerzieller Anbieter gefährdet die demokratie- und medienpolitisch essentielle Institution des öffentlich-rechtlichen Rundfunks.

Der öffentlich-rechtliche Rundfunk ist eine der beiden zentralen Säulen einer dualen Rundfunkordnung, die praktisch in ganz Europa das strukturelle Basiskonzept eines funktionierenden Rundfunksystems darstellt. Die Dualität in so einem Rundfunksystem besteht darin, dass sich in einem geordneten und geregelten System zwei grundsätzlich unterschiedliche Organisationsformen von Rundfunk gegenüberstehen: Auf der einen Seite die privaten Anbieter, die außenpluralistisch organisiert zur Meinungsvielfalt beitragen, deren Selbstzweck aber im gewinnorientierten Wirtschaften besteht. Auf der anderen Seite die im Eigentum der Bevölkerungen Europas stehenden öffentlich-rechtlichen Institutionen, die durch staatliche Beihilfen in Form von Steuern oder Zwangsgebühren einen besonderen publizistischen Auftrag zu erfüllen haben und dafür mit Sonderprivilegien ausgestattet werden.

Es ist systemimmanent, dass diese – sich ganz grundsätzlich unterscheidenden Organisationsformen von Rundfunk – unterschiedliche Zwecke erfüllen, gleichzeitig aber im Zusammenspiel ein funktionierendes demokratisches Rundfunkwesen bilden sollen. Wird nun eine der beiden Säulen durch den Gesetzgeber oder eine Rundfunkanstalt, die die Gesetze und den öffentlich-rechtlichen Auftrag missinterpretiert, von ihrer ureigensten, identitätsstiftenden Grundpositionierung entfernt, indem sie sich beispielsweise zu sehr der anderen Säule annähert, beginnt die Dualität in eine labile Schieflage zu geraten, die medien- und demokratiepolitische Gefahren in sich birgt.

Es ist daher Aufgabe des Gesetzgebers, der regulierenden Medienbehörden und des Managements der Rundfunksender, die eigenen Grundaufgaben so zu interpretieren und auszufüllen, dass sie in das europäische und national verfassungsrechtlich vorgegebene Rundfunkverfassungssystem passen. Dabei sind im öffentlich-rechtlichen Rundfunk naturgemäß stärkere gesetzliche Vorgaben und Leitlinien vorgegeben. Auch wenn diese nicht explizit in den österreichischen Rundfunkgesetzen festgehalten werden, muss sich ein öffentlich-rechtlicher Rundfunkveranstalter in Österreich an folgenden Grundprinzipien orientieren und diese im operativen Tagesgeschäft der Programmherstellung berücksichtigen.

Das Prinzip der Staatsfreiheit des Rundfunks

Obwohl man in der derzeitigen medienpolitischen Diskussion den Eindruck gewinnt, dass die politischen Parteien der festen Überzeugung sind, sie seien die Eigentümervertreter des ORF, ist de facto das Gegenteil der Fall. Juristisch gesehen ist der ORF eine Stiftung sui generis, die sich quasi selbst gehört und die gerade unabhängig von staatlichen Institutionen, vor allem vom politischen Parteien, agieren muss. Langläufig wird das so verstanden, dass der ORF im Eigentum der österreichischen Bevölkerung steht, jedenfalls nicht im Eigentum der politischen Parteien. Es ist daher Aufgabe des einfachen Gesetzgebers, die verfassungsrechtliche Vorgabe der Staatsfreiheit und politischen Unabhängigkeit so zu gestalten, dass diese auch tatsächlich exekutiert und kontrolliert werden kann. Außerdem ist es Aufgabe der ORF-Führung, die verfassungsrechtlichen Vorgaben der Staatsfreiheit und die gesetzlichen Ausgestaltungen derselben so zu interpretieren und zu leben, dass diesem rundfunkverfassungsrechtlichen Grundprinzip unzweifelhaft Rechnung getragen wird. Dass dies derzeit nicht der Fall ist, kann man unschwer an den überstarken Verflechtungen zwischen den Parteien und den Führungsorganen des ORF in der täglichen medienpolitischen Praxis erkennen.

Die wirtschaftliche Unabhängigkeit des öffentlich-rechtlichen Rundfunks

Der öffentlich-rechtliche Rundfunk soll zum allergrößten Teil so organisiert sein, dass er nicht nur unabhängig vom Staat und von politischen Parteien ist, sondern auch von wirtschaftlichen Einzelinteressen. Solange es einen Angebotsmarkt im Bereich der Rundfunkwerbung gab, konnte öffentlich-rechtliches Fernsehen auch zum Teil durch Werbeeinnahmen finanziert werden, ohne dass die wirtschaftliche Unabhängigkeit in Gefahr geriet. In Zeiten eines Nachfragemarktes, wie wir ihn in der derzeitigen weltwirtschaftlichen Krise erleben, besteht jedoch die Gefahr, dass wichtige Großkunden ihre wirtschaftlichen Partikularinteressen über die reine Werbebuchung hinaus auch im Bereich redaktioneller Inhalte beim ORF durchbringen können. Der öffentlich-rechtliche Rundfunk muss daher im Gegensatz zur derzeitigen Entwicklung möglichst werbefrei und damit unabhängig von wirtschaftlichen Einzelinteressen organisiert werden. In einem ersten Schritt sind jedenfalls alle Werbeformen zu untersagen, die nicht klar von redaktionellen Inhalten getrennt sind. Es ist daher ein exemplarischer Sündenfall, dass in dem im Juni 2010 neu beschlossenen ORF-Gesetz die Werbemöglichkeiten im ORF sogar noch ausgeweitet wurden, anstatt diese auf ein dem Gebot der Unabhängigkeit entsprechendes erträgliches Maß zurückzuschrauben. Geradezu grotesk erscheint dabei die Tatsache, dass dem ORF Product Placement – also die von redaktionellen Inhalten völlig ungetrennte Integration von bezahlten Produkten ins Programm – ebenso gleichwertig erlaubt wurde wie privaten Anbietern.

Mediale Ausgleichsfunktion

Der öffentlich-rechtliche Auftrag rechtfertigt das Gebührenprivileg auch deshalb, weil er so zu interpretieren ist, dass öffentlich-rechtliches Fernsehen eine mediendemokratiepolitisch wichtige Kompensations- und Ausgleichsfunktion hat. Die zentrale Aufgabe des ORF ist es daher nicht, kommerzielle Programme, die in gleicher Weise vom privaten Rundfunkmarkt hergestellt und angeboten werden, zu duplizieren, sondern vor allem Marktversagen zu kompensieren. Dort, wo der Markt gewisse Inhalte, Bevölkerungsgruppen, redaktionelle Themen oder gewisse Formen und Macharten der redaktionellen Gestaltung nicht leisten kann. Der durch staatliche Beihilfen subventionierte öffentlich-rechtliche Anbieter muss hier verlässlich, kontinuierlich und ausgleichend einspringen. Dabei geht es nicht darum, den ORF auf ein reines Minderheiten- und Nischendasein zu reduzieren, denn auch bei den großen Massenthemen, ja selbst im Unterhaltungsbereich, sollen und müssen Unterschiede in der Herstellung redaktioneller Produkte zwischen privaten und öffentlich-rechtlichen Anbietern publizistisch erkennbar sein. Diese Unterschiede müssen beispielsweise im Unterhaltungsbereich vor allem in medienethischen Gesichtspunkten, wie Persönlichkeitsschutz, Vermeidung von Verächtlichmachung von Protagonisten, medienpädagogischen Ansätzen und moralischen (beispielsweise eine derzeit im ORF vernachlässigte präzise Gesetzestreue) und ethischen Grundvorstellungen geprägt sein. Der ORF sollte für eine Gebührenrechtfertigung im Gegensatz zur derzeitigen Geschäftspraxis keine de facto kommerziellen Tätigkeiten mit staatlichen Beihilfen betreiben, sondern kulturelle Aktivitäten im weitesten – auch bis zur Unterhaltung gehenden Sinn – mit Breitenwirkung. Der öffentlich-rechtliche Rundfunk soll das herstellen, was notwendig ist, um sich in einer diversifizierten, pluralistisch funktionierenden Demokratie westlicher Prägung stärker von den Privaten zu unterscheiden.

Public Value – valide Trennlinie zwischen öffentlich-rechtlich und privat?

Gerald Grünberger

Medien – und Rundfunk im Speziellen – sind eine öffentliche Aufgabe. Nicht nur weil dies rechtlich im österreichischen *Bundesverfassungsgesetz für Rundfunk* so normiert ist, sondern weil das Herstellen von Öffentlichkeit eine der wesentlichen Aufgaben von Medien ist und daher eine besondere Verantwortung gegenüber der Gesellschaft darstellt. Dies kommt auch in der *EU-Richtlinie für Audiovisuelle Mediendienste*, in der der mittlerweile Technologie- und Platt-form-neutrale Begriff der *AV-Mediendienste* für Rundfunk verwendet wird, zum Ausdruck. Die EU-Richtlinie sieht in den Mediendiensten sowohl ein Kultur- als auch Wirtschaftsgut, das wachsende Bedeutung für Gesellschaft und Demo-kratie, wie Sicherung der Informationsfreiheit, der Meinungsvielfalt und des Meinungspluralismus hat.

Rechtlich betrachtet sind somit alle Rundfunkveranstalter – öffentlich-rechtliche wie private Medien – gleichermaßen verpflichtet wie aufgerufen, ihrem Funktionsauftrag entsprechend öffentlichen Mehrwert, also Public Value, zu generieren. Dass dies nicht bloß ein theoretischer Ansatz ist, sondern sich auch durch wissenschaftliche Überprüfung beweisen lässt, hat erst vor Kurzem Julia Wippersberg in einer Studie zum Thema *„Public Value und privater Rund-funk in Österreich"* belegt.[1] Die wesentlichen Ergebnisse ihrer Studie stellen dem privaten Rundfunk in Sachen Public Value ein positives Zeugnis aus. Ins-besondere stellt der private Rundfunk Identifikationspotenzial mit heterogenen österreichischen Lebenswelten her und schafft durch sein Programm gesell-schaftlich wünschenswerte und öffentlich relevante Werte. Ein Umstand, der die im Jahr 2009 gesetzlich verankerte Medienförderung von fünf Millionen Euro pro Jahr für alle privaten Rundfunkanbieter mehr als rechtfertigt.

Gerade die Public-Value-Debatte, die zu Beginn des abgelaufenen Jahr-zehnts von der britischen BBC initiiert wurde, sollte den gesellschaftlichen Mehrwert von öffentlich-rechtlichen Rundfunkangeboten aufzeigen.[2] Insbeson-dere die staatlichen Beihilfen aus den Mitteln der Rundfunkgebühr seien durch die Programme und Sendungsinhalte der Öffentlich-Rechtlichen damit zu recht-

---

[1]   Die Studie wurde durchgeführt am Institut für Publizistik in Wien.
[2]   Der Begriff wurde durch den Wirtschaftswissenschafter Mark Moore geprägt und stellt ein Importprodukt aus den USA dar.

fertigen. Die Beweisführung dazu scheint jedoch im Hinblick auf die zuvor erwähnte Studie problematisch und bedarf einer intensiveren Auseinandersetzung mit der Thematik, welche den Umfang dieses Beitrags zweifelsohne sprengen würde. Auf den ersten Blick zeigt sich jedenfalls, dass diese Debatte in vielen europäischen Ländern mit unterschiedlicher Ernsthaftigkeit und unterschiedlichem Tiefgang geführt wird. In Österreich wird das Thema – neben der wissenschaftlichen Auseinandersetzung an Hochschulen und Universitäten – vor allem vom Österreichischen Rundfunk (ORF) selbst aufbereitet. Ein aufwändig gestalteter Public-Value-Bericht, der allerdings in erster Linie als Public-Relations-Behelf gegenüber der Politik und einer interessierten Teilöffentlichkeit dient, ist das nachhaltigste Ergebnis der bisherigen Bemühungen. Ein breiterer oder gar öffentlicher Diskurs dazu findet nicht statt. Eine Aufgabe, die im aktuellen Entwurf zur Novellierung des *ORF-Gesetzes* der neuen Medienbehörde zugeordnet wird. Ähnliche Kompetenzen für die Medienbehörde wie sie die Ofcom im Vereinigten Königreich besitzt, wären ebenso wünschenswert wie die Weiterentwicklung zu einem Beurteilungs- und Entscheidungstool für die Rundfunkgremien.

Die Trennlinie zwischen öffentlich-rechtlichen und privaten Angeboten ist vor allem unter zwei Aspekten zu sehen: Einerseits geht es um den *publizistischen* und andererseits um den *ökonomischen Wettbewerb*. In wenigen europäischen Ländern – wie zum Beispiel in Österreich – in denen der öffentlich-rechtliche Rundfunk neben beträchtlichen Mitteln aus Rundfunkgebühren überaus großzügig bemessene Werbe- und Einnahmemöglichkeiten von der Medienpolitik zugestanden bekommen hat, verschärft sich naturgemäß die Debatte über die Abgrenzung zwischen den Sektoren.

Der publizistische Wettbewerb am Rezipientenmarkt wird durch neue digitale Angebote und Plattformen zusätzlich angeheizt. Auch hier stellt das Gebührenprivileg der öffentlich-rechtlichen Rundfunkanstalt eine Besonderheit dar. Gerade der ORF, der im europäischen Vergleich nahezu keinerlei Beschränkung im Onlinebereich – weder inhaltlich noch werblich – hat, versteht sich als *trimediales* Medium. Es besteht kein Zweifel, dass der öffentlich-rechtliche Rundfunk die Plattform Internet nutzen soll bzw. darf. Es stellt sich jedoch die berechtigte Frage, ob es bei der Vielfalt, die das *World Wide Web* bietet, ein öffentlich-rechtlich (finanziertes) Internet braucht. Wenn man dies bejaht, ist zu fragen, welche Aufgaben, Inhalte oder Services ein solches Angebot zu erbringen hat und wo die Trennlinie zu privat finanzierten Angeboten zu ziehen ist. Aber auch beim klassischen Rundfunk sind Diskrepanzen bei der Abgrenzung zwischen dem ORF und privaten österreichischen wie deutschen Angeboten festzustellen. Im jüngsten Bericht der Regulierungsbehörde RTR zur Lage des Rundfunkmarktes in Österreich wird im Programm von ORF1 ein Informationsanteil von gerade einmal vier Prozent konstatiert. Ein Wert, den alle privaten Angebote deutlich überbieten. Da hilft auch der im jüngsten Public-Value-Bericht des ORF hervorgehobene Hinweis nicht, dass als wesentliches Unterscheidungsmerkmal alle Hollywood-Blockbuster-Filme und -Serien ohne Werbeunterbrechung zu sehen sind. Eine umfassende Einbeziehung der Nutzer, also der Hörer und Seher, in den Public-Value-Prozess im Sinne einer *public accountability* tut Not.

Hinsichtlich des wirtschaftlichen Wettbewerbs stellt sich die Frage: Was rechtfertigt die mit Beschlussfassung des *ORF-Gesetzes 2010* dann insgesamt zur Verfügung stehenden 580 Millionen Euro an staatlicher Beihilfe? Somit etwas mehr als das Hundertfache dessen, was dem privaten Sektor zur Erfüllung der öffentlichen Aufgaben zur Verfügung steht. Hierbei geht es nicht nur darum, für den Gebührenzahler individuellen Mehrwert zu schaffen, sondern auch für den österreichischen Medienmarkt einen gesellschaftlichen Wert – im Sinne der Medien- und Angebotsvielfalt – zu generieren. Das sollte bedeuten: Die bewusste Entscheidung, nicht alles was der private Markt bietet, ebenso vollziehen zu müssen, Marktversagen zu verhindern und den Markt nicht zu behindern. Dies erfordert natürlich ein massives Umdenken im mittlerweile vorherrschenden Selbstverständnis des öffentlich-rechtlichen Anbieters ORF. Zusätzlich würde die Reduktion der Werbemöglichkeiten, ähnlich wie dies bereits in anderen europäischen Ländern der Fall ist, den Druck auf die Quote in der werberelevanten Zielgruppe mit ungeniertem Kommerzdenken nehmen.

Die Public-Value-Debatte, eingebettet in einen umfassenden Prozess, bei dem sowohl die Rezipienten mit einbezogen als auch die Auswirkungen auf den Medien- und Rundfunkmarkt mittels *Market Impact Assessment* überprüft werden, kann einen wertvollen Beitrag zur Bestandssicherung des öffentlich-rechtlichen Rundfunks im Sinne einer Gebührenlegitimation und Rückbesinnung auf die Kernaufgaben darstellen. Dabei ist darauf zu achten, dass einerseits die Trennlinie zwischen den Erfordernissen, die auf einem *Marktversagen* durch die privaten Anbieter fußen, klar gezogen wird und andererseits eine Messbarkeit des Aufgabenkatalogs (*Programmauftrag*) gegeben ist. Eine Auseinandersetzung mit dem Public Value ohne diese Voraussetzungen muss zwangsläufig diffus bleiben und bietet keinen Mehrwert.

III. Public Value: Kritischer Ausblick

Public Value als integrative Debatte

Daniela Süssenbacher, Nicole Gonser & Matthias Karmasin

Seit der Begriff Public Value in der Diskussion um Medienaufgaben Einzug gehalten hat, zeigt sich die Komplexität des Themas. In der Auswertung der zurückliegenden Debatte wird eines deutlich: Einzelaspekte, die es gilt, genau zu betrachten – und dazu tragen auch die Artikel des vorliegenden Bandes bei –, müssen insgesamt eine integrative Auseinandersetzung anstoßen. Integrativ in mehrfacher Hinsicht. So gilt es sowohl Inhalt und Form der Debatte zum Thema zu machen und damit Zielsetzungen zu fassen, Adressaten einzubinden, den Prozess zu analysieren und Ableitungen zu treffen. Da es sich bei Public Value aber in erster Linie um Kommunikation und damit ein synthetisches Gebilde handelt, ist die analytische Trennung schwierig und werden Inhalt immer wieder auf Form und Form auf Inhalt zurückgeworfen. Zusätzlich sind hinsichtlich der Einbindung von Beteiligten mindestens zwei Ebenen zu berücksichtigen: Einerseits sind in den Diskurs viele Akteure – die Medienunternehmen, die Medienregulierung, die Medienschaffenden, aber auch die Mediennutzenden – einzubeziehen. Andererseits sind alle Aspekte in der europäischen Perspektive länderspezifisch zu deklinieren.

Ursprung BBC

Wendet man sich mit Großbritannien dem Ursprungsland von Public Value zu, zeigt sich, dass die diesbezüglichen Bemühungen nie abgeschlossen sind: *Matteo Maggiore*, der in seinem Beitrag den Einfluss schildert, den die BBC u. a. mit der Entwicklung des Public-Value-Tests für die Europäische Debatte mit sich brachte, betont, dass Rundfunk einen dynamischen Prozess darstellt. Als bewegliche und kreative Industrie, so *Maggiore* weiter, sei es also schier unmöglich, die gesamte Tragweite der Auseinandersetzung mit Public Value vorherzusehen. Der Autor gibt zu, dass dies auch nicht immer angenehm und mit einem beträchtlichen Aufwand verbunden ist. Wesentlich sei aber das Ergebnis der Bemühungen, das u. a. über die Einbindung der Interessen des Publikums, die immer wiederkehrend reflektiert werden, und ein Qualitätsmanagement, das gerade auch den Umgang mit Innovation und Entwicklung berücksichtigt, erfolge. Schließlich stärke die kritische Auseinandersetzung der Public-Service-

Anbieter gerade deren Legitimation in einer zunehmend komplexer werdenden Welt digitaler Medien.

Offenbar sind andere europäische Länder im Vergleich zur BBC noch am Anfang. Die in den hier vorliegenden Beiträgen gesammelten Überlegungen arbeiten als grundsätzlichste Zielsetzung immer wieder heraus, dass stets verschiedene Sichtweisen aller Beteiligten zu berücksichtigen sind. Nach *Matthias Karmasin* ist das Problem der Adaption von Public-Value-Konzepten dabei weniger in der Umsetzung von Managementmaßnahmen zu suchen; vielmehr sei besondere Aufmerksamkeit auf Kontextbedingungen und Rahmenordnung zu legen – hier sind also besonders die Unterschiede etwa zwischen Großbritannien und Kleinstaaten wie die Schweiz oder Österreich zu sehen, wie auch *Bjørn von Rimscha, Miriam de Acevedo* und *Gabriele Siegert* sowie *Matthias Künzler, Manuel Puppis* und *Thomas Steinmaurer* in ihren Beiträgen darlegen.

Sonderrolle Kleinstaaten

Letztere erläutern hierzu die derzeit aktuelle Diskussion, die die Anpassung an Vorgaben und Erfordernisse der europäischen Wettbewerbsregulierung anbelangt, von der Kleinstaaten wie Österreich oder die Schweiz in besonderem Maße betroffen sind. Durch den großen gleichsprachigen Nachbarn Deutschland kommt hier dem öffentlich-rechtlichen Rundfunk eine Sonderstellung zu. Auch im Zusammenhang mit der Sicherung der kontinuierlichen und nachhaltigen einheimischen Rundfunkproduktion ist der Spagat zwischen Qualität und Quote besonders ausgeprägt. Oft droht eine Verdrängung des öffentlich-rechtlichen Rundfunks in eine Nische. Dem damit automatisch verbundenen Verlust der demokratiepolitischen und kulturstiftenden Relevanz folgt eine unlösbare Legitimationsfalle. *Künzler, Puppis & Steinmaurer* plädieren deshalb für eine Stärkung des publizistischen Wettbewerbs durch Förderung qualitätsgetriebener Anbieter, da diese besondere gesellschaftliche Orientierungshilfen darstellen. Um dieser Aufgabe aber gerecht zu werden und einen entsprechenden Zuspruch leisten zu können, verlange dies besondere Transparenz, Verantwortlichkeit und Rechenschaftspflicht.

Hierzu beton *Matthias Karmasin* die Notwendigkeit des Dialogs mit den Stakeholdern, der den wesentlichsten Bestandteil eines erfolgreichen Public-Value-Prozesses bilde. Das Kernproblem bei der erforderlichen Überzeugungsarbeit gegenüber Entscheidungsträgern sei dabei aber, dass Leistungsergebnisse nicht vorab festsetzbar sind, sondern sich erst im Prozess ergeben können. Die Public-Value-Debatte in der Form, in welcher sie sich derzeit darstelle, sei letztlich ein Diskurs um Macht und Kontrolle zu begreifen (vgl. hierzu auch den Beitrag von *Marco Höhn*), wobei Politik und Öffentlichkeit als besagte Stakeholder operieren. Doch erst eine Adaption des Angebots unter Einbindung der

Anspruchsgruppen und ihrer Bedürfnisse entsprechend einer kooperativen Umsetzung der Unternehmensziele gemeinnützig agierender Medien, ermögliche eine nachhaltige Umsetzung des im Diskurs letztlich Geforderten: Medien als Produzenten und Garanten einer deliberativen Öffentlichkeit, im Sinne der Förderung eines emanzipatorischen Mediengebrauchs. Es gehe also um den erfolgreichen Nachweis der Erfüllung einer ureigensten Aufgabe von Medien: Dem Nutzen für die Gesellschaft, wobei rein strategisches Reputationsmanagement längerfristig zu kurz gedacht ist.

Publikum

Die Anforderungen an die beteiligten Instanzen greift *Marlies Neumüller* auf und konkretisiert deutlich in Rückbindung an das Moore'sche Ursprungskonzept von Public Value, das vor allem verlangt, dass sich alle Mitwirkenden engagiert einbringen. Speziell zwei Aspekte unterstreicht dabei die Autorin: In Bezug auf die Organisationen bzw. das Unternehmen verweist *Neumüller* auf deren bzw. dessen Gesamtheit. Damit erinnert sie daran, dass bei der praktischen Umsetzung von Public-Value-Strategien nicht alleine einzelne Produkte zählen, sondern Offenheit darüber hinaus erforderlich ist, was unmittelbar an die von *Karmasin* benannte Notwendigkeit des Dialogs anschließt. Außerdem hebt sie die Bedeutung informierter Bürger hervor, deren Interesse, sich für Public Value einzusetzen, durch medienpädagogische Maßnahmen gestärkt werden müsse.

Marco Höhn, der ebenfalls auf die Rolle der Nutzer eingeht, betrachtet Public Value aus der Perspektive der Medienkultur. Dabei stellt er die Frage in den Raum, ob Public Value eigentlich etwas ist, das die Öffentlichkeit schätzt, oder eher etwas, das ihr gut tut. Wie *Marlies Neumüller* bezieht sich der Autor zunächst auf die Moore'sche Konzeption von Public Value, doch skizziert er einen Aushandlungsprozess, der immer auch konfliktär sei, zumal er zwei widersprüchlichen Prinzipien unterliegt: dem „Wettbewerb" und der „gemeinsamen Entscheidung". Bei der Aushandlung trete die kulturelle Komponente in den Vordergrund. Die Schwierigkeit der Prüfung von Public Value in diesem Zusammenhang verortet *Höhn* daher in kulturelle Eigenheiten, die den Bedeutungszuweisungen innewohnen. Evaluierung rufe, so Höhn, immer die Aspekte Macht, Dominanz und Hegemonie ins Zentrum der Aufmerksamkeit. Der Public-Value-Diskurs ist seiner Meinung nach daher nur als Mehrebenenbetrachtung zu verstehen, wobei es Repräsentation, Aneignung und Identifikation als wichtige Größen zur Beurteilung dieses Wertes für die Allgemeinheit zu berücksichtigen gilt.

Ferner beschäftigt sich auch *Helmut Scherer* in seinem Text mit dem Publikum, geht aber, anders als *Neumüller* und *Höhn*, auf konkrete Partizipationsmöglichkeiten ein. Für ihn gilt das Publikum als legitimer Stakeholder, für den Möglichkeiten der Interaktion mit Public-Service-Anbietern geschaffen werden müssen, denn er stellt fest, dass es aktuell zu wenig vertrauensvoll in die Prozesse einbezogen wird. Nach Moore verweist er auf eine Differenzierung von Medienadressaten als Konsumenten und als Bürger. Dazu belegt er, dass Mediennutzende sehr wohl zwischen persönlichen und gesellschaftlichen Ansprüchen an Medien unterscheiden. Zudem erläutert er auch auf Basis von Expertenbewertungen konkrete Ausgestaltungsmöglichkeiten. Da diese alle nicht perfekt sein können, plädiert er für eine Kombination verschiedener Beteiligungsformen.

Ähnlich folgert *Daniela-Kathrin Latzl*, die die Einbindung des Publikums als relevante Anspruchsgruppe noch einmal stärker vor dem Hintergrund bestehender Regelungen in den europäischen Ländern analysiert. Im Zusammenhang mit den sogenannten Public-Value-Tests verweist sie auf die Unterschiede der europäischen Mediensysteme, so dass simples Übernehmen nicht funktionieren kann. Damit kann es immer nur übergeordnete Standards geben, die aber derart zu setzen sind, dass sie Verbindlichkeiten für die Beteiligten sichern.

Legitimationsdiskusssion

Diesem Problem gehen *Stoyan Radoslavov* und *Barbara Thomaß* nach, die Public Value als Legitimationsstrategie sehen. Dabei stelle, so die Autoren, das Knappheitsargument meist mehr eine Entschuldigung als eine Begründung zur Regulierung dar. Die Autoren proklamieren, dass eine neue Legitimations- und Identitätsquelle notwendig sei und unterstreichen, dass es sich bei dem in der Debatte Geforderten um Public Value und nicht um Public Relations handeln solle. Public Value als demokratischer, kultureller und sozialer Wert steht ihrer Ansicht nach an zentraler Stelle für eine europäische Perspektive. Allerdings scheinen Realisier- bzw. Brauchbarkeit eines europäischen Programmauftrags bei der Betrachtung der Unterschiede fraglich, die in den einzelnen Ländern in Bezug auf Regulierungs- und Partizipationsstrukturen vorliegen.

Ein ähnliches Spannungsfeld ordnet *Matthias Rath*, der wiederum Prinzipien zu umschreiben sucht, die es für die Anspruchsgruppen umzusetzen gelte. Er sieht das Dilemma öffentlicher Erwartungen an ein mediales Angebot, das entsprechend der normativen Vorgaben einerseits entsprechend dem Medienauftrag „Bildung" auf der Angebotsseite definiert werden, andererseits auf der Nachfrageseite die Gebührenfinanzierung legitimieren muss. Öffentlich-rechtliche Angebote finden sich daher zunehmend im Spannungsfeld von Nischenprogramm und gefordertem Quotenbringer wieder. Die geänderte Orientierung von einem Input- hin zu einem Output-Perspektive rückt die Frage nach Norm und Werte ins Blickfeld: Ist Medienqualität in Normen fassbar oder geht dabei der Wert

u. U. verloren? Da Werte immer auch Wertungen bedeuten, müsse es bei der medienethischen Debatte an zentraler Stelle darum gehen, die in der Legitimierungs-Debatte angesetzten Werte auf ihre Plausibilisierung hin zu untersuchen, so Rath. Der Begriff Public Value spiele daher auf eine mediale Öffentlichkeit und Aufmerksamkeit an, die an Kriterien orientiert werden müssen, welche selbst bereits zentral sind für die Konstitution und Reproduktion einer gerechten Öffentlichkeit Diese Kriterien müssten aber, so Rath weiter, um Relevanz zu erlangen, selbst legitimiert sein. Als Prinzip könne dabei Verallgemeinerbarkeit für alle Betroffen über Kommunikation gelten. *Rath* schließt, dass so der Diskurs selbst zu einem Indiz der Realisierung von Public Value werde könne, wenn Medien zu Orten der medienethischen Selbstvergewisserung würden.

Qualitätsdiskurs

Bei der Frage nach dem Wert des öffentlich-rechtlichen Rundfunks für die öffentliche Kommunikation, so auch die Autoren *Christian Steininger* und *Jens Woelke*, wird deutlich, dass der Begriff Öffentlichkeit mit vielfältigem Inhalt beladen ist. Eine kritische Reflexion des Öffentlichkeitsbegriffs sei daher zunächst notwendig, um unweigerlich bestehende Denksperren zu lösen. So geht es um die Besonderheit des Verhältnisses von öffentlich-rechtlichem Rundfunk und Öffentlichkeit im Vergleich zu privaten Rundfunkanbieter, die jedoch auch Öffentlichkeit konstituieren: Müsste es nicht ein Alleinstellungsmerkmal, eine gewisse Unverwechselbarkeit geben? Doch der Medienalltag zeigt eine zunehmende Angleichung privater wie öffentlich-rechtlicher Vollprogramme als Folge der Quotenpolitik, die sich nachteilig auf die Legitimierung des öffentlich-rechtlichen Rundfunks auswirkt. Für diesen geht es aber darum, Vertrauen zu schaffen und durch Programmqualität das eigene Tun zu legitimieren. In diesem Zusammenhang verdeutlichen Steininger und Woelke ein zentrales Problemfeld: Es geht um Beurteilung von Qualität, für die die Dimensionen schwierig zu greifen sind. Der Nachweis von Qualität muss somit zunächst selbst erst die Schwierigkeit der Qualitätsprüfung überstehen.

Auch *Bjørn von Rimscha, Miriam de Acevedo* und *Gabriele Siegert* beschäftigen sich mit der Public-Value-Debatte als Qualitätsdiskurs und setzen dabei den Fokus auf Unterhaltungsqualität. Dabei werden Aspekte von Qualität unter Fokussierung auf Rezipienten-, Kommunikator-, Distributorperspektive sowie der Kritiker- und Regulierungsperspektive genauer betrachtet. Bei TV-Unterhaltung müsse besonderer Bedacht auf die Regulierungsperspektive gelegt werden, da nur hier der gesellschaftliche Wert höher gewichtet werde als Partikularinteressen. Die Autoren verweisen auf kulturbedingte Kontextvariablen, die sich etwa aus den unterschiedlichen Staatsspezifika ergeben und illustrieren dies am Fallbeispiel Schweiz. Gerade hinsichtlich Unterhaltungs-TV ergebe sich hinsichtlich der Erzeugung von Public Value eine deutliche Differenz zwischen Erwünschtem und Nachgefragten. Dieser Umstand ließe sich, so die Autoren nicht einfach mittels Checkliste lösen. Zumal es sich bei Public Value um einen relativen Begriff handle, der die Berücksichtigung mehrerer Dimensionen – Glaubwürdigkeit, Verantwortungsbewusstsein, Relevanz und Professionalität – bedürfe. Sie halten fest: „Public Value merkt man, wenn er fehlt."

Thomas A. Bauer nähert sich dem Public-Value-Diskurs ebenfalls über den Begriff der Unterhaltung, wenngleich er eine Metaebene wählt. Sein Beitrag setzt sich entsprechend mit Unterhaltung als Konversationsmuster der Gesellschaft auseinander. Die Herausforderung sieht *Bauer*, der sich auf ein kritisch-emanzipatorisches Paradigma beruft, darin, die Zielgruppe in ihrer eigenen Lebenswelt zu erreichen. Dabei thematisiert er ein Lebenswelt-Alltagskonzept mit zwei Wirkungsmechanismen: Der Prägung und des aktiven Handelns. Den Terminus Public Value als neue Referenzgröße des Vergleichs von Relevanz, Legitimation und Anspruch, gelte es, so der Autor, hinsichtlich der Intention des Einsatzes zu hinterfragen. Eine Emanzipation von Prototypen täte not und ist auch dabei, wie er feststellt, sich zu entwickeln. Public Value sei nicht als Modell des Öffentlich-Rechtlichen zu verbuchen; vielmehr handle es sich bei Public Value um „ein Modell gerechter Öffentlichkeit und sozial relevanter Verteilung von Gesellschaftlichkeit". Er fokussiert Public Value als Konzept demokratiepolitischer Balance, das von Medienschaffenden einerseits besondere Kompetenz und andererseits einen gesellschaftlichen Vertrauensbeweis von Kommunikationsunternehmen fordert. *Bauer* thematisiert ferner, wie bereits *Matthias Rath*, die im Diskurs mitlaufenden moralischen Komponenten, die es kritisch zu hinterfragen gelte, denn es gehe letztlich nicht um Moral, sondern um politische Kultur. Er merkt auch kritisch die nicht klar argumentativ nachvollziehbare Asymmetrie der Verteilung und Zuerkennung ethischer Kompetenzen an, die im Diskurs immer wieder mitschwinge, ihn teilweise sogar dominiere. Er kommt zum Schluss, dass Unterhaltung als mediales Format der gesellschaftlichen Praxis gerade ein Dispositiv von Public Value darstelle.

Der Beitrag von *Daniela Süssenbacher* beschäftigt sich, ähnlich jenem *Bauers*, mit dem Public-Value-Diskurs als Phänomen gesellschaftlicher Kommunikation. Dabei fokussiert die Argumentation auf Medienanbieter als Anspruchsgruppe der Public-Value-Debatte. Der öffentlich-rechtlichen Rundfunk befinde sich, so seine Performanz im aktuellen Diskurs, im Spannungsfeld zwischen gesellschaftlicher Projektionsfläche und souveränem Selbstdarsteller: Man inszeniere sich oder werde in Szene gesetzt. Konkretisiert am Österreichischen Rundfunk skizziert die Autorin, dass Orientierungskrise und Orientierungssuche sich als bedingende Aspekte darstellen. Sie argumentiert für die Chance der Public-Value-Debatte als Selbstverständnisdiskussion zur Lösung des ORF-

Dilemmas der Erstarrung. Für *Süssenbacher* hat es den Anschein, dass die Liberalisierung des Medienmarktes und die damit verbundenen neuen Freiheiten und Zwänge, von manchen öffentlich-rechtlichen Medienanstalten, darunter auch der ORF, nicht oder zumindest nicht ausreichend wahrgenommen werden. Vielleicht werde aber auch „unbewusst" ausgeblendet, dass es nun die Macht der Perspektive zu teilen gilt. In Anbetracht der wachsenden Konkurrenz an Deutungsmächten dürfte, so die Autorin, die Strategie des Aussitzens wenig Erfolg bringen.

Weitere Anspruchsgruppen

Zwei weitere Beiträge konzentrieren sich auf spezifische Anspruchsgruppen im Public-Value-Diskurs. So setzen sich *Regula Troxler & Nicole Gonser* mit Medienjournalisten auseinander. Diesen komme als Fachjournalisten in Bezug auf das Thema Public Value eine besondere Rolle zu, wie die Autorinnen anmerken. So sind sie Multiplikatoren, aber auch Gatekeeper, und zudem der Situation ausgesetzt, dass sie über ein System berichten, dem sie selbst angehören. Die befragten österreichischen Medienjournalisten setzen überwiegend auf die Inhaltsebene und verknüpfen Public Value eng mit Qualitätsaspekten. Hinsichtlich möglicher Empfehlungen und Ableitungen heben sie einen Umsetzungsaspekt hervor, der oft in den Hintergrund gerät: Anreizsysteme anstelle von Auflagen.

Anke Trommershausen thematisiert in ihrem Beitrag Medien als Anspruchsgruppen im Public-Value-Diskurs. Sie richtet ihren Blick auf die Zukunft von Medienunternehmen im Zusammenhang mit Entwicklungen der Medienkonvergenz. In diesem Zusammenhang unterstreicht sie noch einmal die Prozesshaftigkeit von Public Value angesichts medialer Veränderungen. In Hinsicht auf konvergente Medienunternehmen zu sogenannten TIME-Unternehmen, die vormals getrennte Medienbereiche wie Telekommunikation, Information, Medien und Entertainment zusammenführen, erläutert sie deren öffentliche Rolle. Die Autorin verweist dabei auf Public-Value-Maßnahmen als unternehmerische Strategie. Umgekehrt zeigt sie damit die Möglichkeiten auf, die seitens der Nutzenden bestehen, die stärker als in vormaligen Medienstrukturen aktiv sind. Dies mag trösten, wenn zugleich erkennbar wird, dass Public-Value-Anforderungen im Zuge sich wandelnder Kommunikationsprozesse nicht übersichtlicher werden.

Medienpraktikerinnen und -praktiker

Entsprechend der Zielsetzung und Notwendigkeit, Public Value als integrativen Diskurs zu begreifen und zu führen, beinhaltet die vorliegende Textsammlung auch Beiträge und Anmerkungen aus der Sicht der Medienpraxis. Die Autoren stammen aus dem öffentlich-rechtlichen, privatwirtschaftlichen oder nicht-kommerziellen Mediensektor, aus der Medienaufsicht bzw. Medienpolitik. Den Beiträgen ist gemein, dass sie die Bedeutung und den Stellenwert einer kritischen Thematisierung von Public Value hervorheben. Dabei betonen alle die Bedeutsamkeit von Medien als Kulturprogramme. Diese können den mehr oder weniger ausdefinierten Auftrag, einen gesellschaftlichen Mehrwert zu erbringen, nur unter Berücksichtigung der Bedingung von Prozesshaftigkeit leisten. Ferner wird das Potenzial des Diskurses durch die Konfrontation öffentlich-rechtlicher versus privat-kommerzielle Anbieter deutlich. Die Beiträge der Experten aus der Praxis fokussieren überwiegend auf Zielsetzungen und Ableitungen des Public-Value-Prozesses. Die Beiträge von *Klaus Unterberger*, *Norbert Schneider*, *Gerald Grünberger* und *Helmut Peissl* stellen so deutlich kritische Bezüge zur Prozesshaftigkeit, Form und Inhalt des Public-Value-Diskurses her.

Wenn es um die Definition von Qualitätsmerkmalen geht, so meint *Klaus Unterberger*, sei zunächst als notwendige Basis auf einen umfassenden Versorgungsauftrag sowie die Unabhängigkeit von Politik und Wirtschaft zu fokussieren. Bezugnehmend auf den akademisch geführten Public-Value-Diskurs merkt der Autor kritisch an, wolle man sich von einem wissenschaftlichen in einen nachweislichen Prozess der Umsetzung begeben, so sei zusätzlich zur definitorischen Umschreibung ein Funktionsauftrag notwendig. Public Value könne in diesem Zusammenhang nicht nur als Marschzahl dienen, sondern stelle vielmehr eine Leitwährung für Programmgestalter dar.

Verena Wiedemann setzt sich in ihrem Beitrag mit der Schaffung und Vermittlung gesellschaftlicher und individueller Werte als Kernaspekte publizistischer Leistung auseinander. Sie betont die Notwendigkeit eines nicht zu eng definierten, sondern breit angelegten Grundversorgungsauftrags, da sich anbetracht eines sich weiter ausdifferenzierenden Publikums sowie eines sich ändernden Mediennutzungsverhaltens die Gesellschaft der Gefahr der Segmentierung ausliefere.

Norbert Schneider thematisiert das Verhältnis öffentlich-rechtlicher zu privater Rundfunkanbieter im dualen Rundfunksystem als kommunizierende Röhren. Natürlich, so kommentiert er, indirekt auf Inhalte und Form des Public-Value-Diskurses referierend, könnten die Rahmenbedingungen für beide Seiten auch anders sein. Dennoch urteilt er, müsse man auf beiden Seiten sein Auskommen finden, so lange kein anderes Modell zum Einsatz kommen könne. Schneider merkt weiter an, dass Medien per definitionem aber immer ein gewisser Auftrag, einen Beitrag zum Allgemeinwohl zu leisten, innewohnen müsse. Die Funktion als Kulturgut müsse daher auch bei privaten Anbietern überwiegen, andernfalls könne den Grundsätzen der Rundfunkfreiheit nicht Genüge getan werden.

Öffentlich-rechtlicher und privater Rundfunk stellen, so *Markus Breitenecker*, zwei unter Berücksichtigung ihrer Zwecke gleichwertige Säulen des Europäischen Modells einer funktionierenden Rundfunkordnung dar. Die Problematik des Imageverlustes vermutet der Autor nun in einer Missinterpretation des öffentlich-rechtlichen Auftrags: Da man sich seiner identitätsstiftenden Grundpositionierung entfernt habe, folgte in den letzten Jahren ein zunehmender Verlust seiner Bedeutung als führende, identitätsstiftende Kultur- und Medieninstitution. Das Resultat sei eine medien- und demokratiepolitisch problematische Schieflage. Neben wirtschaftlicher- und politischer Unabhängigkeit müsse daher vor allem das Grundprinzip der medialen Ausgleichfunktion wieder stärker wahrgenommen werden, wobei es weniger um die Gestaltung eines Nischen- oder Minderheitenprogramms ginge, sondern in der Programmgestaltung deutlicher Alleinstellungsmerkmale herausgearbeitet werden sollten.

Auch *Gerald Grünberger* fordert in seinem Beitrag, dass die Trennlinien durch den Public-Value-Prozess deutlicher gezogen werden müssen. Es sei klarer zwischen publizistischem und wirtschaftlichem Mehrwert zu unterscheiden. Der Autor macht aber auch den Mehrwert des Diskurses selbst zum Thema. Vom Prozess sei auch zum Ergebnis zu kommen, merkt *Grünberger* ähnlich der Position *Unterbergers* kritisch an und fährt in seiner Argumentation fort, dass nur bei einer Übersetzung in eine deutliche Unterscheidung der Erfordernisse und einer Überprüfbarkeit der Umsetzung, längerfristig auch von einem Mehrwert des aktuellen Fachdiskurses gesprochen werden könne.

In diesem Diskurs finden andere Akteure der Rundfunklandschaft, die ebenfalls öffentliche Leistungen und damit einen Beitrag zum Public Value erbringen, nur ungenügend Beachtung, argumentiert *Helmut Peissl*. Derzeit würden überwiegend klassische Programmleistungen und Produkte in der Diskussion stehen. Es gelte aber auch, gesellschaftliche Aufgaben sowie die kulturelle Bedeutung von Medienleistungen zu thematisieren, die er am Beispiel Freier Radios erläutert. Der Autor hebt das Potenzial von Public Value hervor, indem durch den Legitimationsdiskurs in Bezug auf öffentlich-rechtliche Programme nun auch die Möglichkeit der allgemeinen Neubewertung von Medienleistungen im öffentlichen Interesse geschaffen werden könnte.

Drei Argumentationsdimensionen

Betrachtet man die Argumentationslinien in den Beiträgen dieses Sammelbands, sind noch einmal zusammenfassend drei große Dimensionen zu erkennen, die mit wertvollen Hinweisen gefüllt wurden. Erstens geht es um Zielsetzungen von Public Value selbst (1. Ebene) sowie um die Zielsetzung und Intentionalität der Public-Value-Diskussion (2. Ebene). Diese sind, wie erläutert, nicht einfach zu fassen. Eine Herangehensweise lässt sich durch die Anspruchsgruppen konkretisieren. So sind für die Medienunternehmen, die Medienregulierung, die Medienschaffenden, die Mediennutzenden je unterschiedliche Absichten und Ziele abzustecken, die gemeinsam Public Value auf beiden Ebenen generieren. Zweitens hat der überwiegende Teil der Beiträge die Prozesshaftigkeit unterstrichen, welcher der Public-Value-Diskurs bzw. dessen Praxis unterliegen. Auch hier sind es wieder die Stakeholder, die ihre Rolle(n) im Dialog ausverhandeln und ausüben (müssen). Drittens müssen nun Schlüsse gezogen werden, die die Zielsetzungen und den Prozess bestmöglich unterstützen. Auch dies kann wieder an den Anspruchsgruppen differenziert werden. Schwer zu fassen sind die Forderungen, die übergeordnete Systeme betreffen: Für die Medienunternehmen bedeutet dies etwa, Public Value als ein Konzept zu verstehen, dass eine Gemeinwohlaufgabe betrifft, der grundsätzlich von allen Medienunternehmen durchaus auch als Teil der Unternehmensstrategie nachgegangen werden kann. Für die Medienregulierung besteht die Anforderung darin, Bestimmungen aufzusetzen und einzufordern, die eine Balance zwischen Rechtssicherheit, gerechtfertigtem Aufwand aller Maßnahmen und Chancen für Public-Value-relevante Medienangebote finden. Konkreter sind Ansprüche, die für bestimmbare Personengruppen einzufordern sind: Für Medienschaffenden etwa muss u. a. konsequent in Aus- und Weiterbildung investiert werden, denn sie als unmittelbar Involvierte und Praktiker benötigen umfassende Sachkompetenz, die ihnen Souveränität gegenüber den anderen Anspruchsgruppen gibt. Für die Mediennutzenden gilt es, u. a. durch medienpädagogische Maßnahmen Interesse und Wissen zu vermitteln, um sie als gleichberechtigte Partner im Diskurs aufzustellen. Beide Bildungsoffensiven sollten wiederum Effekte auf die anderen Anspruchsgruppen haben.

Auch die Wissenschaft hat in diesem Zusammenhang eine gesellschaftliche Aufgabe: Sie muss diese Prozesse verfolgen, analysieren und mit mehr Nachdruck Schlussfolgerungen in die Praxis einbringen.

Verzeichnis der Autorinnen und Autoren

Miriam De Acevedo; *1980; Lic. phil.; Assistentin am Institut für Publizistikwissenschaft und Medienforschung der Universität Zürich (IPMZ) in der Abteilung Medienökonomie und Management, Arbeitsschwerpunkte: Medienökonomie und Medienmanagement, vor allem Management der Unterhaltungsproduktion und Medienmarketing.
Kontakt: m.deacevedo@ipmz.uzh.ch

Thomas A. Bauer; *1945; Univ. Prof. Dr.; Ordinarius für Kommunikationswissenschaft am Institut für Publizistik und Kommunikationswissenschaft der Universität Wien. Arbeitsschwerpunkte: Medienpädagogik und Kommunikationskultur, audiovisuelle Medien und deren kulturelle Entwicklung, Didaktik für Kommunikationsberufe, Kommunikationskultur in Unternehmen und Kommunikation als Instrument der Führung. Seit 2008 wissenschaftlicher Partner des „Public Value"-Forschungsprojekts an der FHWien.
Kontakt: thomas.bauer@univie.ac.at

Markus Breitenecker; *1968; Mag.; Studium der Rechtswissenschaften an der Universität Wien. Geschäftsführer der SevenOne Media Austria GmbH (ProSiebenSat.1 Austria Gruppe) und PULS 4-Gründer.
Kontakt: markus.breitenecker@sevenonemedia.at

Nicole Gonser; *1971; Dr.; Diplom-Sozialwissenschaftlerin, Diplom-Medienwissenschaftlerin. 2000–2003 Referentin für Werbung und Programmanalysen in der Landesmedienanstalt von Rheinland-Pfalz (LMK). 2003–2009 wissenschaftliche Mitarbeiterin am Institut für Journalistik und Kommunikationsforschung (IJK) an der Hochschule für Musik und Theater Hannover. Seit November 2009 Projektleiterin des Forschungsprojekts „Public Value" an der FHWien. Arbeitsschwerpunkte: Rundfunksystem, Rundfunkgeschichte, ältere Menschen & Medien, Mediensozialisation.
Kontakt: nicole.gonser@fh-wien.ac.at

Gerald Grünberger; *1969; Mag.; Studium der Publizistik und Kommunikationswissenschaft an der Universität Wien. 2006–2008 stellvertretender Geschäftsführer des VÖZ (Verband Österreichischer Zeitungen), seit 2008 VÖZ-Verbandsgeschäftsführer.
Kontakt: gerald.gruenberger@voez.at

Marco Höhn, *1971; Dipl.-Soziologe, Universitätslektor am IMKI (Institut für Medien, Kommunikation und Information) der Universität Bremen. Arbeitsschwerpunkte: Jugend- und Medienkulturen, Medienökonomie und -soziologie.
Kontakt: marco.hoehn@uni-bremen.de

Matthias Karmasin; *1964; Univ. Prof. DDr.; Ordinarius und Vorstand des Instituts für Medien- und Kommunikationswissenschaft an der Universität Klagenfurt. Arbeitsschwerpunkte: Medienethik, Medienökonomie und Wirtschaftsethik. Mit-Initiator und Autor mehrerer empirischer Studien zum Berufsstand der Journalisten und zur Rolle der Ethik im Journalismus. Seit 2008 wissenschaftlicher Partner des „Public Value"-Forschungsprojekts an der FHWien.
Kontakt: matthias.karmasin@uni-klu.ac.at

Matthias Künzler; *1975; Dr. phil.; Oberassistent am Institut für Publizistikwissenschaft und Medienforschung der Universität Zürich (IPMZ). Arbeitsschwerpunkte: Mediensystem Schweiz, Mediensysteme in komparativer Perspektive, Medienpolitik, Mediengeschichte, Rundfunkliberalisierung, öffentlicher Rundfunk, qualitative Methoden.
Kontakt: m.kuenzler@ipmz.uzh.ch

Daniela-Kathrin Latzl; *1985; Mag. (FH); Diplomstudium am Institut für Journalismus & Medienmanagement der FHWien. 2009-2010 wissenschaftliche Mitarbeiterin des Forschungsprojekts „Public Value" an der FHWien. Arbeitsschwerpunkt: junge Zielgruppen.
Kontakt: public.value@fh-wien.ac.at

Matteo Maggiore; *1948; M. A.; Studium der Geschichte und Internationale Beziehungen an der Universität von "La Sapienza" in Rom. Derzeit Europäischer Vertreter der BBC (BBC Group Controller of International Policy).
Kontakt: matteo.maggiore@bbc.co.uk

Marlies Neumüller; *1980; Mag. (FH); Diplomstudium am Institut für Journalismus & Medienmanagement der FHWien. Arbeitsschwerpunkte: Mediensystem Österreich, Diversity. Seit Herbst 2008 wissenschaftliche Mitarbeiterin des Forschungsprojekts „Public Value" an der FHWien.
Kontakt: marlies.neumueller@fh-wien.ac.at

Helmut Peissl; *1961; Mag.; Obmann des Verbandes Freier Radios Österreich, Vize-Präsident des Community Media Forum Europe. Arbeitsschwerpunkte: Beratung und Vernetzung von Bürgermedien in Österreich und Europa, Projektentwicklung und Ausbildungskonzeption, Medien und Minderheiten.
Kontakt: helmut.peissl@freie-radios.at

Manuel Puppis; *1977; Dr. phil.; Oberassistent am IPMZ – Institut für Publizistikwissenschaft und Medienforschung der Universität Zürich. Arbeitsschwerpunkte: Medienpolitik und Medienregulierung, Governance- und Organisationsforschung, politische Kommunikation, Presseräte im Ländervergleich, öffentlicher Rundfunk, qualitative Methoden.
Kontakt: m.puppis@ipmz.uzh.ch

Stoyan Radoslavov; *1983; B.A.; Wissenschaftliche Hilfskraft am Lehrstuhl für Mediensysteme im internationalen Vergleich am Institut für Medienwissenschaft der Ruhr-Universität Bochum. Arbeitsschwerpunkte: Europäische und internationale Kommunikationspolitik, Public Service Broadcasting.
Kontakt: stoyan.radoslavov@rub.de

Matthias Rath; *1959; Prof. Dr. phil. habil., Dr. phil., Dipl.-Päd. (Univ.); Professor für Philosophie an der Pädagogischen Hochschule Ludwigsburg. Arbeitsschwerpunkte: angewandte Ethik, vor allem Medienethik, empirische Medien- und empirische Bildungsforschung sowie Grenzfragen zwischen Philosophie und Sozialwissenschaften.
Kontakt: rath@ph-ludwigsburg.de

Bjørn von Rimscha; *1978; Dr.; Oberassistent am Institut für Publizistikwissenschaft und Medienforschung der Universität Zürich (IPMZ) in der Abteilung Medienökonomie und Management. Arbeitsschwerpunkte: Medienökonomie und Medienmanagement (speziell von Medienproduktion), Unterhaltung und Kommunikatorforschung.
Kontakt: b.vonrimscha@ipmz.uzh.ch

Helmut Scherer; *1955; Prof. Dr.; Professor für Kommunikations- und Medienwissenschaft und Direktor des Instituts für Journalistik und Kommunikationsforschung (IJK) an der Hochschule für Musik und Theater Hannover. Arbeitsschwerpunkte: empirische Kommunikations-, Rezeptions- und Medienwirkungsforschung, Politische Kommunikation und Öffentlichkeit, öffentliche Meinung. Wissenschaftlicher Partner des „Public Value"-Forschungsprojekts an der FHWien.
Kontakt: helmut.scherer@ijk.hmt-hannover.de

Norbert Schneider; *1940; Prof. Dr.; Direktor der Landesanstalt für Medien NRW (seit 1993), Studium der evangelischen Theologie und Publizistik an den Universitäten Tübingen, Marburg und Hamburg (1959 bis 1964); Mitglied der Kommission zur Ermittlung der Konzentration im Medienbereich (KEK).
Kontakt: info@lfm-nrw.de

Gabriele Siegert; *1963; Prof. Dr.; Ordinaria für Publizistikwissenschaft und Direktorin des Instituts für Publizistikwissenschaft und Medienforschung der Universität Zürich (IPMZ). Arbeitsschwerpunkte: Medienökonomie und Medienmanagement, vor allem Management der Medienproduktion und Medienmarken sowie Werbung.
Kontakt: g.siegert@ipmz.uzh.ch

Christian Steininger; *1972; Mag. Dr. Priv.-Doz.; Studium der Publizistik und Kommunikationswissenschaft, Volkswirtschaftslehre und Politikwissenschaft an der Universität Wien. 2008 bis 2010 Universitätsprofessur für Medienökonomie am Fachbereich Kommunikationswissenschaft (Universität Salzburg). 2006–2010 Vertretungs- bzw. Gastprofessuren an den Universitäten Freiburg (CH), Zürich und Wien. Arbeitsschwerpunkte: Medienökonomik und -politik, Medien- und Kommunikationstheorie, Programm- und Werbeforschung.
Kontakt: christian.steininger@sbg.ac.at

Thomas Steinmaurer; *1963; Mag. Dr.; Ass.-Prof. am Fachbereich Kommunikationswissenschaft der Universität Salzburg. Arbeitsschwerpunkte: Medienstrukturen und Mediensysteme, Mediensystem Österreich, medialer und gesellschaftlicher Wandel, Mediatisierung, Kommunikationsgeschichte.
Kontakt: thomas.steinmaurer@sbg.ac.at

Daniela Süssenbacher; *1973; Mag.; Studium der Publizistik und Kommunikationswissenschaft, Psychologie und Soziologie an der Universität Wien. Seit 2004 wissenschaftliche Mitarbeiterin am Institut für Journalismus & Medienmanagement der FHWien. Seit 2007 Bereichsleiterin für Kommunikationswissenschaft. Seit 2008 Key Researcherin mit Arbeitsschwerpunkte: Journalistik und Medienkultur.
Kontakt: daniela.suessenbacher@fh-wien.ac.at

Barbara Thomaß; *1957; Prof. Dr.; Professorin für Mediensysteme im internationalen Vergleich am Institut für Medienwissenschaft der Ruhr-Universität Bochum. Arbeitsschwerpunkte: Internationale Kommunikation, Politik und Ökonomie von Medien und Kommunikation, Mediensysteme in West- und Osteuropa, europäische Medienpolitik, Medienethik und journalistische Ethik.
Kontakt: barbara.thomass@rub.de

Anke Trommershausen; *1975; M. A.; Dr.; Studium der Angewandten Kulturwissenschaften an der Universität Lüneburg. Wissenschaftliche Mitarbeiterin an der Universität Lüneburg sowie am Institut für Journalistik und Kommunikationsforschung (IJK) der Hochschule für Musik und Theater in Hannover, derzeit dort Lehrbeauftragte. Arbeitsschwerpunkte: Strategisches Medienmanagements (Fokus: Corporate Social Responsibility in Medienunternehmen), digitale Netzwerkmedien, Cultural Studies, qualitative Forschungsmethoden.
Kontakt: anke.trommershausen@ijk.hmt-hannover.de

Regula Troxler; *1985; Mag. (FH); Diplomstudium am Institut für Journalismus & Medienmanagement der FHWien. Seit Herbst 2008 wissenschaftliche Mitarbeiterin des Forschungsprojekts „Public Value" an der FHWien. Arbeitsschwerpunkte: Neue Medien und junge Zielgruppen.
Kontakt: regula.troxler@fh-wien.ac.at

Klaus Unterberger; * 1962; Dr.; Studium der Politikwissenschaft an der Universität Wien. Seit 1982 Redakteur im ORF-Fernsehen. Derzeit: ORF Generaldirektion, Leiter des Public Value Kompetenzzentrums.
Kontakt: klaus.unterberger@orf.at

Verena Wiedemann; Dr. LL.M.; Studium der Rechtswissenschaften in Hamburg und Berkeley. Von 1993 bis 2006 Leitung des ARD-Verbindungsbüros in Brüssel. Seit 2006 Generalsekretärin der ARD (Berlin).
Kontakt: kontakt@ard-generalsekretariat.de

Jens Woelke; *1969; Dr. M.A.; Akademischer Rat, Studium der Publizistik- und Kommunikationswissenschaft, Rechtswissenschaft und Politologie an der Freien Universität Berlin. 2002–2009 Universitätsassistent am Fachbereich Kommunikationswissenschaft der Universität Salzburg, seit 2009 Akademischer Rat am Institut für Kommunikationswissenschaft der WWU Münster. Arbeitsschwerpunkte: Rezeptions- und Wirkungsforschung, Mediensystem- und Fernsehprogrammforschung, Strategische Kommunikation und Werbeforschung.
Kontakt: jens.woelke@uni-muenster.de

Journalismus

Christina Holtz-Bacha (Hrsg.)
**Die Massenmedien
im Wahlkampf**
Das Wahljahr 2009
2010. 375 S. Br. EUR 39,95
ISBN 978-3-531-17414-3

Olaf Jandura /
Thorsten Quandt (Hrsg.)
**Methoden der
Journalismusforschung**
2011. ca. 350 S. Br. ca. EUR 29,95
ISBN 978-3-531-16975-0

Josef Kurz / Daniel Müller / Joachim
Pötschke / Horst Pöttker / Martin Gehr
Stilistik für Journalisten
2., erw. u. überarb. Aufl. 2010. 369 S. Br.
EUR 34,95
ISBN 978-3-531-33434-9

Thomas Leif (Hrsg.)
Trainingshandbuch Recherche
Informationsbeschaffung professionell
2., erw. Aufl. 2010. 232 S. Br. EUR 29,95
ISBN 978-3-531-17427-3

Thomas Morawski / Martin Weiss
**Trainingsbuch
Fernsehreportage**
Reporterglück und wie man es macht –
Regeln, Tipps und Tricks. Mit Sonderteil
Kriegs- und Krisenreportage
2. Aufl. 2011. ca. 245 S. Br. ca. EUR 19,95
ISBN 978-3-531-17609-3

Andreas Wrobel-Leipold
**Warum gibt es die Bild-Zeitung
nicht auf Französisch?**
Zu Gegenwart und Geschichte der
tagesaktuellen Medien in Frankreich
2010. 169 S. Br. EUR 19,95
ISBN 978-3-531-17543-0

Erhältlich im Buchhandel oder beim Verlag.
Änderungen vorbehalten. Stand: Juli 2010.

www.vs-verlag.de

VS VERLAG

Abraham-Lincoln-Straße 46
65189 Wiesbaden
Tel. 0611.7878-722
Fax 0611.7878-400

MIX
Papier aus verantwortungsvollen Quellen
Paper from responsible sources
FSC® C105338

If you have any concerns about our products,
you can contact us on
ProductSafety@springernature.com

In case Publisher is established outside the EU,
the EU authorized representative is:
Springer Nature Customer Service Center GmbH
Europaplatz 3, 69115 Heidelberg, Germany

Printed by Libri Plureos GmbH
in Hamburg, Germany